구속사의 관점에서 본
시편 파노라마

구속사의 관점에서 본
구약성경 파노라마

시편 · 하 (증보판)

초판 1쇄 발행 1997년 11월 8일
증보 1쇄 발행 2012년 5월 21일
증보 2쇄 발행 2015년 11월 1일

지은이   유도순
펴낸이   유효성
펴낸곳   도서출판 머릿돌

등록번호   제17-240호
등록일자   1997년 5월 20일
주소   서울 동작구 노량진1동 205-7
       TEL. 031-607-7678 / Mobile. 010-94728327
       http://edendongsan.onmam.com
E-mail   yoodosun@hanmail.net / yoohs516@hanmail.net

총판   기독교출판유통
       경기도 고양시 일산동구 장항동 585-12
       (031) 906-9191

ISBN : 978-89-87600-65-9 (03230)

구속사의 관점에서 본

시편 파노라마(하)

유 도 순 지음

머릿돌

차례

머리말

시편을 대할 때에 시인(詩人)은 시적인 관점으로 보려고 할 것이요, 교육자는 교훈적인 면을 찾으려고 할 것입니다.

그러나 망극하신 구속의 은총을 입은 자들은 주님께서 친히, "시편에 나를 가리켜 기록된 모든 것이 이루어져야 하리라"(눅 24:44) 말씀하신 그리스도를 만나려 할 것입니다.

시편에는 그리스도의 "탄생, 고난, 부활, 승귀, 재림" 등 전 사역이 다 계시되어 있습니다. 표현양식이 "시"로 되어 있기 때문에 구구절절이 영광스러움이 농축(濃縮)이 되어 있는 것입니다.

그러므로 시편을 해설한다는 것은 불가능에 속합니다. 한 편을 가지고 한권의 책으로도 모자랄 것입니다. 참으로 시편은 성경 66권에 대한 집약이요, 보물창고라 할 수가 있습니다. 저는 "시편 파노라마"를 오직, 예수 그리스도와 복음을 증거하기 위해서 썼습니다. 그리고 이것은 제가 주님을 처음 만났을 때의 약속입니다.

그러므로 본서를 읽는 분들이, "우리가 메시아를 만났다"(요 1:41)하고 말하게 된다면 더 바랄 것이 없다 하겠습니다. 이를 위해서가 아니라면 "시편 파노라마"를 쓸 이유가 무엇이란 말인가?

주님께서는 가룟 유다를 가리켜, "차라리 나지 않았다면 좋을 뻔하였다" 하고 말씀하셨습니다. 유다만이 아닙니다. 이 땅에 태어났다가 그리스도를 만나지 못하고 떠난다면 그 누구라도 "차라리 나지 않았다면 좋을 뻔한 사람"인 것입니다.

"시편 파노라마"는 전에 쓴 책의 증보판이 아니라, 다윗이 향수한 나이만큼 된 제 자신이 경건에 이르기를 사모하는 마음으로 다시 쓴 책입니다. 이 책을 읽으시는 분들도 하루에 한 편씩을 묵상한다면 6개월 정도를 동행하는 것이 될 것입니다.

도움을 드리기 위해서 성경 본문을 도표로 나타냈고, 도표의 번호와 해설의 번호를 일치하도록 했습니다. 바라기는 읽으시는 모든 분들에게, "주의 말씀을 열므로 우둔한 자에게 비취어 깨닫게"(119:130) 하시기를 구할 뿐입니다.

유도순 목사

메시아왕국의 예표로 세우신 다윗왕국

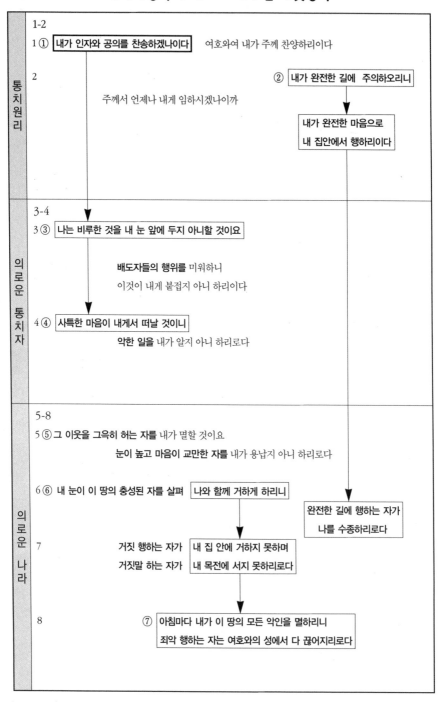

통치원리

1-2

1 ① 내가 인자와 공의를 찬송하겠나이다   여호와여 내가 주께 찬양하리이다

2

주께서 언제나 내게 임하시겠나이까

② 내가 완전한 길에 주의하오리니

내가 완전한 마음으로
내 집안에서 행하리이다

의로운 통치자

3-4

3 ③ 나는 비루한 것을 내 눈 앞에 두지 아니할 것이요

배도자들의 행위를 미워하니
이것이 내게 붙접지 아니 하리이다

4 ④ 사특한 마음이 내게서 떠날 것이니
악한 일을 내가 알지 아니 하리로다

의로운 나라

5-8

5 ⑤ 그 이웃을 그윽히 허는 자를 내가 멸할 것이요
눈이 높고 마음이 교만한 자를 내가 용납지 아니 하리로다

6 ⑥ 내 눈이 이 땅의 충성된 자를 살펴 나와 함께 거하게 하리니

완전한 길에 행하는 자가
나를 수종하리로다

7

거짓 행하는 자가   내 집 안에 거하지 못하며
거짓말 하는 자가   내 목전에 서지 못하리로다

8

⑦ 아침마다 내가 이 땅의 모든 악인을 멸하리니
죄악 행하는 자는 여호와의 성에서 다 끊어지리로다

101편
메시아왕국의 예표로 세우신 다윗왕국

내가 인자와 공의를 찬송하겠나이다 여호와여 내가 주께 찬양하리이다(시 101:1).

101편은 "다윗의 시"라는 표제가 있는데, 내용은 다윗이 왕위(王位)에 오르면서, "내가 인자와 공의를 찬송하겠나이다"(1) 하고, 하나님의 마음에 합한(행 13:22) 왕이 될 것을 하나님 앞에 선서하듯 하는 왕의 헌장(憲章)이라할 수가 있습니다.

신명기 17장에 왕에 대한 규례가 있는데, "그가 왕위에 오르거든 레위 사람 제사장 앞에 보관한 이 율법서를 등사하여 평생에 자기 옆에 두고 읽어서 그 하나님 여호와 경외하기를 배우며 이 율법의 모든 말과 이 규례를 지켜 행할 것이라"(신 17:18-19) 하십니다. 다윗은 지금 말씀대로 하고 있는 셈입니다.

첫째 단원은 통치원리이고, 둘째 단원에서 먼저 자신을 다스리고, 그런 후에 셋째 단원에서 신하를 이렇게 다스리겠습니다 하는 구조입니다.

그런데 다윗 왕국은 메시아왕국의 예표로 세우셨다는 점입니다. 본문에서 이를 볼 수 이어야 하고, 현재적으로 주님의 피로 사신 몸된 교회를 이와 같이 섬겨야 한다는 것으로 적용이 되는 것입니다.

첫째 단원(1-2) 인자와 공의로 통치원리를 삼겠습니다

둘째 단원(3-4) 나는 의로운 통치자가 되겠습니다

셋째 단원(5-8) 의로운 왕국이 되게 하겠습니다

첫째 단원(1-2) 인자와 공의로 통치원리를 삼겠습니다

첫째 단원은 101편에 대한 명제(命題)와 같은 원론(原論)이요, 그 이하는 이에 대한 상론(詳論)이라 할 수가 있습니다. 그러므로 1-2절에 확고해야만 전체를 바로 파악할 수가 있는 것입니다.

① 먼저 통치원리인데, "내가 인자와 공의를 찬송하겠나이다"(1상) 합니다.

㉠ "인자와 공의"는 하나님의 양대 속성이라 할 수 있는 중요한 요소인데, 우리는 앞에서 시편이 하나님의 "인자와 성실"을 얼마나 강조하고 있는가를 대한 바가 있습니다. 다윗은 "인자와 공의로 통치원리를 삼겠습니다" 하고, 선서를 하고 있는 셈입니다.

㉮ "인자"만 있고 공의가 시행이 되지 않는 나라는 나약한 나라가 되고, ㉯ 반대로 "공의"는 시행이 되나 "인자"가 없는 나라는 제국주의적(帝國主義的)인 나라가 되고 마는 것입니다.

㉡ 그리고 이점은 오늘날 교회가 명심해야할 점이기도 합니다.

㉮ 공의는 시행이 되는데 "인자"를 잃어버린 교회가, "그러나 너를 책망할 것이 있으니 너의 처음 사랑을 버렸느니라"(계 2:4) 하신 "에베소교회"요, ㉯ 반대로 인자는 있는데 "공의"가 시행이 되지 않는 교회가, "그러나 네게 책망할 일이 있노라 자칭 선지자라 하는 여자 이세벨을 네가 용납함이니"(계 2:20) 한 두아디라교회입니다. 그렇게 되면 혼합종교가 되고 맙니다.

이점은 개인 신앙에도 적용이 됩니다. "사랑, 사랑, 은혜, 은혜"하면서 "분별력"이 없는 성도가 있는가 하면, 분별력은 있는데 마치 검사와 같이 남을 판단하는 성도도 있는 것입니다. 그러므로 균형(均衡)과 조화를 이루는 것이 성숙한 그리스도인인 것입니다. 다윗이 "인자와 공의를 찬송 하겠다"는 말은, 하나님의 두 속성을 받들겠다는 뜻과 같은 것입니다. 그래서 "여호와여 내가 주께 찬양하리이다"(1하) 하는 것입니다.

② 그리고는 "내가 완전(完全)한 길에 주의하오리니"(2상) 합니다.

㉠ 이점에서 "완전"이란 흠이 없는 상태를 가리키는 것은 아닐 것입니다. 첫 절에서 말씀한 통치 이념인 "인자와 공의"를 시행함으로 하나님을 본받는 자가 되겠습니다. 하는 뜻으로 보아야 할 것입니다.

주님께서도 산상수훈에서, "그러므로 하늘에 계신 너희 아버지의 온전하심과 같이 너희도 온전하라"(마 5:48) 하셨습니다. 사도 바울도 "그러므로 사랑을 입은 자녀같이 너희는 하나님을 본받는 자가 되라"(엡 5:1) 합니다. 부모와 자녀는 닮음의 관계입니다. 참으로 우리가 사모해야할 말씀입니다.

㉡ 그런데 2절의 구조(構造)를 보면,

㉮ "내가 완전한 길에 주의하오리니"(2상)와, ㉯ "내가 완전한 마음으로 내 집안에서 행하리이다"(2하) 하는 사이에, ㉰ "주께서 언제나 내게 임(臨)하시겠나이까"(2중) 하는 간절한 소원이 끼어 있는 구조임을 보게 됩니다.

㉢ 여기에는 두 방면의 뜻이 있다 하겠습니다.

㉮ 첫째는 이처럼 "완전한 길"로 행한다는 것은 자력만으로는 불가능하고, 하나님께서 공급해주시는 힘으로만이 가능하다는 뜻입니다.

그렇습니다. 그가 골리앗을 제압할 수 있었던 것도, 기름부음을 받았을 때에 "여호와의 신으로 크게 감동", 즉 임하여주셨기 때문에 가능한 것이었습니다. ㉯ 둘째는 다윗 왕국이 장차 도래할 메시아왕국의 예표임을 고백하는 말이라 할 수가 있습니다. 그래서 "언제나 임하시겠나이까" 하는 것입니다. 다윗은 법궤를 운반해 오면서도, "문들아 너희 머리를 들지어다 영원한 문들아 들릴지어다 영광의 왕이 들어가시리로다"(24:9) 하고 노래했습니다. 즉 자신이 왕이 아니라, 진정한 왕이 임하실 것을 고백하고 있는 것입니다. 이것이 "인자와 공의로 통치원리를 삼겠다"는 뜻입니다.

둘째 단원(3-4) 나는 의로운 통치자가 되겠습니다

둘째 단원의 중심점은 "나는 이런 왕이 되겠습니다" 하는 선서라 할 수가 있습니다. 서론에서 말씀드린 대로 101편은 "왕의 헌장"이라 할 수가 있는데, 그래서 선서(宣誓) 자를 가리키는 "나"라는 말이 19번이나 등장합니다. 수신제가(修身齊家) 후에 치국평천하(治國平天下)라는 말이 있듯이, 다윗은 먼저 자신을 다스리겠다고 선서를 하는 것입니다.

③ "나는 비루한 것을 내 눈 앞에 두지 아니할 것이요"(3상) 합니다.

㉠ 즉 첫 절에서 언급한 "공의"에 어긋난 것은 안중에도 두지 않겠다는 단호한 결의입니다. 그리고 "배도(背道)자들의 행위를 미워하니 이것이 내게 붙접지 아니 하리이다"(3하), 즉 근접(近接)도 하지 못하게 하겠다는 것입니다. 지도자들이 측근(側近)을 잘못 두었다가 구설수에 오르는 것을 자주 보게 되는데, 이런 말씀을 좌우명으로 삼는다면 얼마나 좋겠습니까?

④ "사특한 마음이 내게서 떠날 것이니"(4상) 합니다.

㉠ "무릇 지킬만한 것보다 더욱 네 마음을 지키라"(잠 4:23) 하신, "마음"을 지키겠다는 다짐입니다. 그래서 "악한 일을 내가 알지 아니 하리로다"(4하) 합니다. "마음"을 지키는 자에게 바른 행동이 뒤따르게 되는 것입니다. 이와 같이 한다면 무엇을 더 바랄 것이 있겠는가? 이것이 "나는 의로운 통치자가 되겠습니다" 하는 선서입니다.

셋째 단원(5-8) 의로운 왕국이 되게 하겠습니다.

셋째 단원의 중심점은 "이런 자는 기용을 하지 않고, 충성된 자를 살펴 나와 함께 거하게"(6) 하겠다는 다짐입니다.

⑤ 5-7절에서 크게 세 가지 유형의 악한 자는 기용하지 않겠다고 다짐을 합니다.

㉠ 첫째는 "그 이웃을 그윽히 허는 자를 내가 멸할 것이요"(5상) 합니다.

㉡ 둘째는 "눈이 높고 마음이 교만한 자를 내가 용납지 아니 하리로다"(5하) 합니다. 왕의 목전에서는 동료를 은근히 헐뜯으면서 아부하고, 뒤에서는 "교만하게" 군림하는 자가 간신(奸臣)들의 특성입니다. 이런 자들은 "멸하고, 용납지 아니할 것이라" 하고 다짐을 합니다.

㉢ 셋째는 "거짓 행하는 자가 내 집 안에 거하지 못하며 거짓말 하는 자가 내 목전에 서지 못하리로다"(7) 합니다. 계시록에 나오는 메시아왕국의 성격에는, "무엇이든지 속된 것이나 가증한 일 또는 거짓 말하는 자는 결코 그리로 들어오지 못하되(계 21:27), 거짓말을 좋아하며 지어내는 자마다 성밖에 있으리라"(계 22:15) 하고, "거짓말"이 강조되어 있습니다.

㉣ 이로 보건대 성경이 말씀하는 "거짓말"은 생각같이 단순한 문제가 아닙니다. 왜냐하면 주님은 당시의 종교지도자들을 향해서, "너희는 너희 아비 마귀에게서 났으니, 이는 저가 거짓말쟁이요 거짓의 아비가 되었음이니라"(요 8:44) 하고, 신학적인 문제로 말씀하시기 때문입니다. 누가 거짓선지자인가? 성경을 곡해하여 사람들에게 영합하는 거짓말을 하는 자들입니다. 그런 자들은 성안에 들어오지 못하고 밖에 추방을 당하게 되리라 하십니다.

⑥ 반면 "내 눈이 이 땅의 충성된 자를 살펴 나와 함께 거하게 하리니 완전한 길에 행하는 자가 나를 수종하리로다"(6) 합니다.

㉠ 6절과 7절의 대조를 주목해보시기를 바랍니다.

㉮ "충성된 자와, 거짓 행하는 자"가 대조되어 있고, ㉯ "거하게 하리니"와 "거하지 못하며"가 대조되어 있습니다. ㉰ 그리하여 "내 목전(目前)에 서느냐? 서지 못하느냐"(7하)가 문제입니다.

㉡ 지금 우리는 다윗 앞에 거하느냐, 거하지 못하느냐, 서느냐 서지 못하느냐를 논하고 있는 것이 아닙니다. 주님께서 "충성되고 지혜 있는 종이 되어 주인에게 그 집 사람들을 맡아 때를 따라 양식을 나눠줄 자가 누구뇨 주인이 올 때에 그 종의 이렇게 하는 것을 보면 그 종이 복이 있으리로다"(마 24:45-46) 하신, 주님 앞에 서느냐 서지 못하느냐를 다루고 있는 것입니다.

⑦ 그리하여 "아침마다 내가 이 땅의 모든 악인을 멸하리니 죄악 행하는 자는 여호와의 성에서 다 끊어지리로다"(8) 하는 결론에 이르게 됩니다.

㉠ "아침마다, 악인을 멸하리라"는 말은, "나 여호와가 이같이 말하

노라 다윗의 집이여 너는 아침마다 공평히 판결하여 탈취당한 자를 압박자의 손에서 건지라"(렘 21:12) 하신 말씀과 상통합니다. 이처럼 고대에는 아침에 재판을 하였다고 합니다. 이는 악을 척결하는 것으로 하루의 일과를 시작하겠다는 그런 의미가 있습니다.

ⓛ "내가 인자와 공의를 찬송하겠나이다"(1) 하고 시작된 101편은, "죄악 행하는 자는 여호와의 성에서 다 끊어지리로다"(8하) 하는 것으로 마치고 있습니다. "여호와의 성"(城)이란 1차적으로 예루살렘 성을 가리키는 것이지만 현재적으로는 교회요, 궁극적으로는 메시아왕국을 가리킵니다.

101편에는 "완전"이라는 말이 3번(2, 2, 6)이나 등장하는데 지상의 나라에는 완전(完全)이란 없는 것입니다. 이런 맥락에서, "다윗왕국은 메시아왕국의 예표"요, 그래서 "의로운 왕국이 되게 하겠습니다" 하고 선서를 하는 것입니다. 이것이 "메시아왕국의 예표로 세우신 다윗왕국"입니다.

적용

101편의 온전한 성취는 메시아왕국이라 하여도, "너희는 먼저 그의 나라와 그의 의를 구하라" 하신 대로, 자신과 가정과 교회를 섬기는 원리로 삼아야 마땅합니다. 하나님이 우리의 가정과 교회를 직접 다스리시는 것이 아니라, 우리를 왕 같은 제사장으로 삼으셔서 다스리기를 원하신다는 각성이 필요합니다.

그러므로 성경은 "사람이 자기 집을 다스릴 줄 알지 못하면 어찌 하나님의 교회를 돌아보리요"(딤전 3:5) 하는 것입니다. 왕 같은 제사장인 형제 옆에는 성경이 펴 있어야 하고, 이를 상고하며, "인자와 공의"로 섬기기를 사모하십시다.

묵상

㉠ 인자와 공의로 통치원리를 삼겠다는 말씀에 대해서,

㉡ 나는 의로운 통치자가 되겠다는 덕목들에 대해서,

㉢ 101편의 통치원리가 우리에게 어떻게 적용이 되는가에 대해서.

시편 102편 개관도표
시온을 건설하시고 영광 중에 나타나실 것을 바라봄

주의 분노를 인함이라	**1-11**
	1 ① 여호와여 내 기도를 들으시고 나의 부르짖음을 주께 상달케 하소서
	2 나의 괴로운 날에 주의 얼굴을 내게 숨기지 마소서
	주의 귀를 기울이사 내가 부르짖는 날에 속히 내게 응답하소서
	3 ② 대저 내 날이 연기 같이 소멸하며 내 뼈가 냉과리 같이 탔나이다
	4 내가 음식 먹기도 잊었음으로 내 마음이 풀 같이 쇠잔하였사오며
	5 나의 탄식 소리를 인하여 나의 살이 뼈에 붙었나이다
	6 나는 광야의 당아새 같고 황폐한 곳의 부엉이 같이 되었사오며
	7 내가 밤을 새우니 지붕 위에 외로운 참새 같으니이다
	8 ③ 내 원수들이 종일 나를 훼방하며 나를 대하여 미칠 듯이 날치는 자들이 나를 가리켜 맹세하나이다
	9 나는 재를 양식 같이 먹으며 나의 마음에는 눈물을 섞었사오니
	10 이는 주의 분과 노를 인함이라 주께서 나를 드셨다가 던지셨나이다
	11 내 날이 기울어지는 그림자 같고 내가 풀의 쇠잔함 같으니이다
시온을 건설하시는 하나님	**12-22**
	12 ④ 여호와여 주는 영원히 계시고 주의 기념 명칭은 대대에 이르리이다
	13 주께서 일어나사 시온을 긍휼히 여기시리니 지금은 그를 긍휼히 여기실 때라
	정한 기한이 옴이니이다
	14 주의 종들이 시온의 돌들을 즐거워하며 그 티끌도 연휼히 여기나이다
	15 ⑤ 이에 열방이 여호와의 이름을 경외하며 세계 열왕이 주의 영광을 경외하리니
	16 대저 여호와께서 시온을 건설하시고 그 영광 중에 나타나셨음이라
	17 여호와께서 빈궁한 자의 기도를 돌아보시며 저희 기도를 멸시치 아니하셨도다
	18 ⑥ 이 일이 장래 세대를 위하여 기록되리니 창조함을 받을 백성이 여호와를 찬송하리로다
	19 여호와께서 그 높은 성소에서 하감하시며 하늘에서 땅을 감찰하셨으니
	20 이는 갇힌 자의 탄식을 들으시며 죽이기로 정한 자를 해방하사
	21 ⑦ 여호와의 이름을 시온에서, 그 영예를 예루살렘에서 선포케 하려 하심이라
	22 때에 민족들과 나라들이 모여 여호와를 섬기리로다
후손이 굳게 서리이다	**23-28**
	23 ⑧ 저가 내 힘을 중도에 쇠약케 하시며 내 날을 단촉케 하셨도다
	24 나의 말이 나의 하나님이여 나의 중년에 나를 데려가지 마옵소서
	⑨ 주의 년대는 대대에 무궁하니이다
	25 주께서 옛적에 땅의 기초를 두셨사오며 하늘도 주의 손으로 지으신바니이다
	26 천지는 없어지려니와 주는 영존하시겠고
	그것들은 다 옷 같이 낡으리니 의복 같이 바꾸시면 바뀌려니와
	27 주는 여상하시고 주의 년대는 무궁하리이다
	28 주의 종들의 자손이 항상 있고 그 후손이 주의 앞에 굳게 서리이다 하였도다

102편
시온을 건설하시고 영광 중에 나타나실 것을 바라봄

대저 여호와께서 시온을 건설하시고 그 영광 중에 나타나셨음이라(시 102:16).

102편에는 "곤고한 자가 마음이 상하여 그 근심을 여호와 앞에 토하는 기도"라는 표제가 있습니다. 그래서 어느 개인의 참회(懺悔)하는 시로 보기가 쉽습니다만 내용은 그렇게 단순하지가 않습니다.

먼저 전체적인 구조(構造)를 파악하는 것이 곁길로 빠지지 않고 바르게 해석하는 비결이 됩니다. 첫째 단원(1-11)과, 셋째 단원(23-24)은 인칭(人稱)이 모두 "나"로 되어 있으나, 중간에 있는 둘째 단원(12-22)에는 "나"라는 인칭은 한마디도 없고 "시온"이라는 언급이 4번이나 등장하면서, "열방, 열왕(15), 민족들과 나라들이 모여 여호와를 섬기리로다"(22) 하는 구조입니다.

이를 내용적으로 분류를 하면,

㉮ 첫째 단원은 환난 중에 처한 현재 상황이고, ㉯ 둘째 단원은 예언적인 말씀인데, 여기가 102편의 중심부입니다. 이를 진술한 후에 결론 부분에서는 간구와 확신으로 마치고 있는 내용으로 되어 있습니다.

이런 맥락에서 본문에 등장하는 "나"는 개인일 수도 있고, 징벌을 당한 이스라엘 백성을 가리키는 것일 수도 있습니다. 중요한 점은 102

편을 통해서 나 자신과 온 인류의 소망이 어디에 있는가를 깨닫는 일입니다. 그것은 "여호와께서 시온을 건설하신다(16)는 점과, 창조함을 받을 백성이 여호와를 찬송하리로다"(18) 하는 말씀에서 구할 수가 있는 것입니다.

첫째 단원(1-11) 주의 분노를 인함이라
둘째 단원(12-22) 시온을 건설하시는 하나님
셋째 단원(23-28) 후손이 굳게 서리이다

첫째 단원(1-11) 주의 분노를 인함이라

첫째 단원의 중심점은 "이는 주의 분과 노를 인함이라"(10)에 있습니다. 즉 하나님의 분노를 사서 이처럼 곤고한 처지가 되었다는 말입니다. 이것이 현재적인 상황입니다.

① "여호와여 내 기도를 들으시고 나의 부르짖음을 주께 상달케 하소서"(1),

㉠ "나의 괴로운 날에 주의 얼굴을 내게 숨기지 마소서 주의 귀를 기울이사 내가 부르짖는 날에 속히 내게 응답하소서"(2) 합니다. "괴로운 날과, 부르짖는 날"이 있는데, 괴로운 날은 부르짖는 날이기도 합니다. 이로 보건대 102편의 배경이 바벨론에 의하여 예루살렘이 멸망을 당한 상황으로 여겨집니다.

② "대저 내 날이 연기 같이 소멸하며 내 뼈가 냉과리 같이 탔나이다"(3),

㉠ "내가 음식 먹기도 잊었음으로 내 마음이 풀같이 쇠잔하였사오

며 나의 탄식소리를 인하여 나의 살이 뼈에 붙었나이다"(4-5) 합니다.
문자만을 본다면 "나"라는 사람이 중병을 앓고 있는 것으로 여길 수
도 있습니다. 그런데 102편 전체의 의미문맥으로 보면, 예루살렘의 패
망으로 인한 민족적인 비애를 마치 자신이 중병을 앓고 있는 것으로
표현하고 있는 것으로 여겨집니다.

예레미야 선지자도 예루살렘이 심판당한 것을, "나의 살과 가죽을
쇠하게 하시며 나의 뼈를 꺾으셨고, 활을 당기고 나로 과녁을 삼으심
이여 전동의 살로 내 허리를 맞추셨도다"(애 3:4, 12-13) 하고 표현합
니다. 몸 된 교회의 고난은 곧 지체들의 고난과 같기 때문입니다.

ⓛ 그래서 "나는 광야의 당아새 같고 황폐한 곳의 부엉이 같이 되
었사오며 내가 밤을 새우니 지붕 위에 외로운 참새 같으니이다"(6-7)
합니다. 이 고독과 비애를 예레미야 애가에서는, "이를 인하여 내가
우니 내 눈에 눈물이 물같이 흐름이여 나를 위로하여 내 영을 소성시
킬 자가 멀리 떠났음이로다 원수들이 이기매 내 자녀들이 외롭도다"
(애 1:16) 합니다.

③ 8-10절은 당면한 환난이 무엇인가에 대한 정보를 제공해줍니다.
"내 원수들이 종일 나를 훼방하며 나를 대하여 미칠 듯이 날치는 자
들이 나를 가리켜 맹세하나이다"(8) 하고, "미칠 듯이 날치는 원수들
의 훼방"이라는 진술에서, 기자의 고난이 육신의 질병이 아님이 드러
나고,

㉠ "나는 재를 양식 같이 먹으며 나의 마심에는 눈물을 섞었사오니
이는 주의 분과 노를 인함이라 주께서 나를 드셨다가 던지셨나이다"
(9-10상) 하는데서, 당면한 고난이 죄에 대한 징벌임이 드러냅니다.
"던지셨다"는 표현은 성전을 건축하는 솔로몬에게, "내가 거룩하게

구별한 이 전(殿)이라도 내 앞에서 던져버리리니"(왕상 9:7) 하신 경고를 연상하게 합니다. 이것이 "주의 분노를 인함이라"입니다.

둘째 단원(12-22) 시온을 건설하시는 하나님

둘째 단원의 중심점은 "여호와께서 시온을 건설하신다"(16)는데 있습니다. 이는 시온이 파괴를 당한 상태임을 암시해주고 있는데, 예루살렘이 파괴당한 것은 인간이 범한 죄의 결과요, 이를 건설하시는 것은 하나님의 주권적인 은혜입니다. 이는 예언적인 말씀입니다.

④ "여호와여 주는 영원히 계시고 주의 기념 명칭은 대대에 이르리이다"(12) 합니다.

㉠ "주는 영원히 계시고, 주의 기념 명칭", 즉 주의 이름은 대대로 기억하게 되리라는 말은 참으로 중요한 고백입니다. 왜냐하면 첫째 단원의 비애와 낙망을 단번에 날려버리는 선언이기 때문입니다. 이에 대한 상론(詳論)이 26-27절인데,

㉮ "천지는 없어지려니와 주는 영존(永存)하시겠고 그것들은 다 옷 같이 낡으리니 의복 같이 바꾸시면 바뀌려니와 주는 여상(如常)하시고 주의 년대는 무궁(無窮)하리이다" 합니다. ㉯ 무슨 뜻이냐 하면, 예루살렘은 파괴를 당하고, 성전 건물은 불에 타고, 자신들은 포로로 끌려와 옷처럼 낡아질 지라도, 하나님의 거룩하신 이름과, 언약과, 계획은 폐하여짐이 없이 영원하리라는 고백인 것입니다.

㉡ 이점이 계속되는 진술에 더욱 분명히 나타나는데, "주께서 일어나사 시온을 긍휼히 여기시리니 지금은 그를 긍휼히 여기실 때라 정한 기한이 옴이니이다"(13) 합니다. 이는 세 마디로 되어 있는데,

㉮ "주께서 일어나사" 합니다. 인간이 절망하는 지점에서 하나님은

"일어나시리니 이는 너희를 긍휼히 여기려 하심이라"(사 30:18), 즉 일을 시작하신다는 것입니다. 이렇게 하심은 자격이 있어서가 아니라, ㉯ "긍휼히 여기시리니" 한, 하나님의 "긍휼" 때문이라는 것입니다. "지금은 그를 긍휼히 여기실 때라" 합니다. "지금"은 어떠한 때인가? 첫째 단원(1-11)의 때, 즉 "나는 광야의 당아새 같고 황폐한 곳의 부엉이 같이 되었사오며 내가 밤을 새우니 지붕 위에 외로운 참새 같으니이다"(6-7) 한, 외롭고도 처량한 때입니다. ㉰ 그러나 "정한 기한이 옴이니이다" 합니다. 하나님이 하시는 일은 "때가 찬 경륜"(엡 1:9) 가운데 행하십니다. "때가 차매 하나님이 그 아들을 보내사 여자에게 나게"(갈 4:4) 하심같이, "바벨론에서 70년이 차면 내가 너희를 권고하고 나의 선한 말을 너희에게 실행하여 너희를 이곳으로 돌아오게 하리라"(렘 29:10) 하고 약속하셨던 것입니다.

㉣ 이 약속을 믿기에, "주의 종들이 시온의 돌들을 즐거워하며 그 티끌도 연휼(憐恤)히 여기나이다"(14) 합니다. "시온의 돌들, 그 티끌"이라는 표현은 파괴당하여 폐허가 된 상황을 상상하기에 족합니다. 그런데 "돌들을 즐거워하고, 연휼", 즉 연민의 정을 가지게 된다니 이런 일이 어떻게 가능하단 말인가?

돌아오게 하고 회복시켜주겠다고 약속하신 하나님의 "인자와 성실"을 믿기 때문입니다. 이를 믿는 자는 파괴당한 벽돌, 기와조각 하나까지도 손으로 쓰다듬고, 가슴에 껴안으면서, 소망 중에 즐거워할 수가 있다는 것입니다.

⑤ 그런데 이점에서 유념해야할 점은 하나님께서 회복하시고자 하는 일은, 파괴당한 예루살렘을 재건하는 차원이 아니라는 점입니다. 이점이 "이에 열방(列邦)이 여호와의 이름을 경외하며 세계 열왕이

주의 영광을 경외하리니"(15) 하는 말씀에 나타납니다.

㉠ 이것이 어떻게 가능하여지는가? 여기 102편의 요절이 등장하는데, "대저 여호와께서 시온을 건설하시고 그 영광 중에 나타나심"(16)으로 가능해진다는 것입니다. 그러면 "여호와께서 건설하신다"는 "시온"이란 무엇을 뜻하는가?

㉡ 이는 물리적인 건설을 의미하는 것이 아닙니다. 이에 대한 답변을 사무엘상 7장에서 구할 수가 있는데, 성전건축을 소원하는 다윗에게 하나님께서는 "네가 나를 위하여 나의 거할 집을 건축하겠느냐, 여호와가 너를 위하여 집을 이루고"(삼하 7:5, 11), 즉 건설해주시겠다고 약속을 하셨습니다. 이것이 "시온을 건설하신다"는 구속사적 의미입니다.

이점을 이사야 선지자는 "여호와께서 시온을 세우셨으니 그의 백성의 곤고한 자들이 그 안에서 피난하리라"(사 14:32) 말씀하고, 아모스 선지자를 통해서는 "그날에 내가 다윗의 무너진 천막을 일으키고 그 틈을 막으며 그 퇴락한 것을 일으켜서 옛적과 같이 세우고"(암 9:11) 하십니다.

㉡ "시온을 건설하시고 그 영광 중에 나타나심"(16)이 2차에 걸쳐서 나타나게 되는데,

㉮ 첫 번째는 "그 영광을 보니 아버지의 독생자의 영광이요 은혜와 진리가 충만하더라"(요 1:14) 한, 그리스도의 초림으로 나타나게 되고, ㉯ 두 번째는 "복스러운 소망과 우리의 크신 하나님 구주 예수 그리스도의 영광이 나타나심을 기다리게 하셨으니(딛 2:13) 한, 재림으로 완성이 될 말씀인 것입니다. ㉰ 이런 맥락에서 "시온을 건설하시고"의 1차적인 성취는, "내가 이 반석 위에 내 교회를 세우리니"(마 16:18) 하신 시온성과 같은 교회요, ㉱ 그 완성은 "보라 하나님의 장

막이 사람들과 함께 있으매 하나님이 저희와 함께 거하시리니 저희는 하나님의 백성이 되고 하나님은 친히 저희와 함께 계셔서"(계 21:3) 한, 하나님의 나라건설인 것입니다.

⑥ 그래서 "이 일이 장래 세대를 위하여 기록되리니 창조함을 받을 백성이 여호와를 찬송하리로다"(18) 하고, 장래에 되어질 일이라 말씀합니다.

㉠ "창조함을 받을 백성"이라 말씀하십니다. 이는 "그런즉 누구든지 그리스도 안에 있으면 새로운 피조물이라"(고후 5:17) 하는 재창조를 가리킵니다.

㉡ 그래서 "여호와께서 그 높은 성소에서 하감하시며 하늘에서 땅을 감찰하셨으니 이는 갇힌 자의 탄식을 들으시며 죽이기로 정한 자를 해방하사"(19-20) 하십니다.

㉮ 79:11절에서도 "갇힌 자의 탄식으로 주의 앞에 이르게 하시며 죽이기로 정한 자를 주의 크신 능력을 따라 보존하소서" 했습니다. "갇힌 자와 죽이기로 정한 자"(20)가 누구인가? "먹는 날에는 정녕 죽으리라" 하신 아담의 후예들이요, ㉯ "죽기를 무서워하므로 일생에 매여 종노릇 하는 모든 자를 노아주려 하심이니"(히 2:15) 하는, 바로 우리들입니다.

⑦ 왜 이렇게 행해주시는가? "여호와의 이름을 시온에서, 그 영예를 예루살렘에서 선포케 하려 하심이라"(21) 하고, 목적을 말씀하는데 하나님의 "이름과 영예"를 위해서라는 것입니다. 구원계획에는 "여호와의 이름과 영예"가 걸려있다는 말씀입니다.

㉠ 그리하여 "때에 민족들과 나라들이 모여 여호와를 섬기리로다"

(22) 하는 결론에 이르게 되는 것입니다.

ⓛ 영광스러운 둘째 단원을 마치기 전에 다시 한번 본문을 관찰해 보시기를 바랍니다.

㉮ 첫째 단원에는 "나"라는 인칭이 무려 21번이나 등장합니다. 결론이 무엇인가? "내 날이 기울어지는 그림자 같고 내가 풀의 쇠잔함 같으니이다"(11) 하는, "쇠잔"(衰殘)입니다. ㉯ 그런데 둘째 단원에는 "나"라는 호칭이 단 한번도 등장하지 않고, 전부가 주 여호와 하나님께서 행해주실 일들뿐입니다.

ⓒ 인간의 행위는 "심판, 멸망, 파괴, 절망"을 가져왔으나 하나님의 행사는,

㉮ "건설하시고(16), ㉯ (재)창조하시고(18), ㉰ 죽이기로 정한 자를 해방하시고(20), ㉱ 영광 중에 나타나시어(16), ㉲ 민족들과 나라들이 모여 여호와를 섬기리로다"(22) 하는데 이르게 됩니다. 이것이 "시온을 건설하시는 하나님"입니다.

셋째 단원(23-28) 후손이 굳게 서리이다

셋째 단원의 중심점은, "그 후손이 주의 앞에 굳게 서리이다"(28) 하는데 있습니다. 어찌하여 "후손"을 말하는가? 이런 뜻입니다. "이 사람들은 다 믿음을 따라 죽었으며 약속을 받지 못하였으되 그것을 멀리서 보고 환영하며"(히 11:13), 즉 자신들은 그날을 보지 못할지라도, 정한 때가 되면 약속하신 대로 시온을 건설하시고 영광 중에 나타나실 것을 믿는 다는 뜻입니다. 그래서 "그 후손이 주의 앞에 굳게 서리이다" 하는 것입니다.

⑧ 그러나 지금은 "저가 내 힘을 중도(中途)에 쇠약케 하시며 내 날

을 단축케 하셨도다"(23) 합니다.

㉠ 시편 기자는 멀리 바라보던 둘째 단원의 비전에서 시선(視線)을 현재 상황으로 돌리고 있는 것입니다. 이런 맥락에서 "내 힘을 중도에 쇠약케 하셨다"는 진술을 개인의 일로 국한시켜서는 아니 될 것입니다. 왜냐하면 구속사란 "중도에 쇠약케" 되는 일이 비일비재(非一非再)하기 때문입니다. 그러나 징벌하시기 위해서 중도에 쇠약케 하실지라도, "상한 갈대를 꺾지 아니하며 꺼져가는 등불을 *끄지*"(사 42:3) 아니하셨던 것입니다.

⑨ 24-28절은 영존하시는 하나님의 영원성과, 풀과 같이 시들고 떨어질 수밖에 없는 인간의 유한성을 대조적으로 진술하는 내용입니다. "나의 말이 나의 하나님이여 나의 중년에 나를 데려가지 마옵소서 주의 년대는 대대에 무궁하니이다"(24),

㉠ "주께서 옛적에 땅의 기초를 두셨사오며 하늘도 주의 손으로 지으신바니이다 천지는 없어지려니와 주는 영존하시겠고 그것들은 다옷 같이 낡으리니 의복 같이 바꾸시면 바뀌려니와 주는 여상(如常)하시고 주의 년대는 무궁하리이다"(25-27) 합니다. 무슨 뜻인가?

㉡ 현실이 아무리 암담하다 하여도 하나님의 불변성과 영원하심에 근거하여, 하나님의 언약과 계획하심도 변함이 없이 성취가 된다는 점을 증거하려는 것입니다. 예레미야 선지자도 애가(哀歌)서에서 "여호와여 주는 영원히 계시오며 주의 보좌는 세세에 미치나이다"(애 5:19) 합니다. 그 여호와가 우리 하나님이시기 때문에 낙망하지 않는다는 말씀입니다.

그런데 놀라운 것은 본문 25-27절을 히브리서 1:10-12절에서 인용하여, "아들에 관하여는 하나님이여 주의 보좌가 영영하며 주의 나라의 홀은 공평한 홀이니이다" 하고 그리스도의 영원불변한 신성(神性)을 증거하고 있다는 점입니다. 이점에서 "시온을 건설하시고 영광 중에 나타나신다"는 말씀이 그리스도를 통하여 성취될 예언임이 확고해집니다.

ⓒ "괴로운 날에, 부르짖는 날에"(2) 하고 시작된 102편은, "주의 종들의 자손(子孫)이 항상 있고 그 후손이 주의 앞에 굳게 서리이다"(28) 하는, 확고한 소망으로 마치고 있습니다. 즉 아브라함과 다윗의 자손으로 그리스도를 보내셔서, 천하 만민이 구원의 복을 받게 될 것을 확신한다는 뜻입니다. 이것이 "시온을 건설하시고 영광 중에 나타나실 것을 바라봄"입니다.

적용

신약의 성도들은 "시온을 건설하시고 영광 중에 나타나신" 임마누엘 이후를 살아가고 있습니다. 그런데 우리들에게도 "괴로운 날, 부르짖는 날"은 있습니다. 그런 중에서도 "내가 다시 와서 너희를 내게로 영접하여 나 있는 곳에 너희도 있게 하리라"(요 14:3) 하신 약속을 믿기에, 영광 중에 나타나실 재림을 기다리고 있는 것입니다.

묵상

ⓐ "시온을 건설하시고 영광 중에 나타나신다"는 의미에 대해서,

ⓑ "장래 세대를 위한, 창조함을 받을 백성"에 대해서,

ⓒ "후손이 굳게 서리이다"에 대해서.

시편 103편 개관도표
죄악을 사하시고 구속하신 하나님 찬양

여호와를 송축하라	**1-5** 1 ① 내 영혼아 여호와를 송축하라 내 속에 있는 것들아 　　　다 그 성호를 송축하라 2　　 내 영혼아 여호와를 송축하며 그 모든 은택을 잊지 말지어다 3　　　　　　　 ② 저가 네 모든 죄악을 사하시며 네 모든 병을 고치시며 4 네 생명을 파멸에서 구속하시고 인자와 긍휼로 관을 씌우시며 5　　　　 좋은 것으로 네 소원을 만족케 하사 네 청춘으로 독수리 같이 새롭게 하시는도다
자비롭고 은혜로우신 하나님	**6-19** 6　　　　 ③ 여호와께서 의로운 일을 행하시며 압박당하는 모든 자를 위하여 판단하시는도다 7　　　　 그 행위를 모세에게, 그 행사를 이스라엘 자손에게 알리셨도다 8 ④ 여호와는 자비로우시며 은혜로우시며 　　　 노하기를 더디 하시며 인자하심이 풍부하시도다 9　　　　　 항상 경책치 아니하시며 노를 영원히 품지 아니하시리로다 10 ⑤ 우리의 죄를 따라 처치하지 아니하시며 　　　 우리의 죄악을 따라 갚지 아니하셨으니 11　　　　　　　　　　이는 하늘이 땅에서 높음 같이 　　　　　　　　　　그를 경외하는 자에게 그 인자하심이 크심이로다 12　　 ⑥ 동이 서에서 먼 것 같이 우리 죄과를 우리에게서 멀리 옮기셨으며 13　　　 아비가 자식을 불쌍히 여김 같이 여호와께서 자기를 경외하는 자를 불쌍히 여기시나니 14　　　 이는 저가 우리의 체질을 아시며 우리가 진토임을 기억하심이로다 15　　 ⑦ 인생은 그날이 풀과 같으며 그 영화가 들의 꽃과 같도다 16　　　 그것은 바람이 지나면 없어지나니 그 곳이 다시 알지 못하거니와 17　　　 여호와의 인자하심은 자기를 경외하는 자에게 영원부터 영원까지 이르며 　　　　 그의 의는 자손의 자손에게 미치리니 18　　 ⑧ 곧 그 언약을 지키고 그 법도를 기억하여 행하는 자에게로다 19 ⑨ 여호와께서 그 보좌를 하늘에 세우시고 　　　 그 정권으로 만유를 통치하시도다
송축하라	**20-22** 20 ⑩ 능력이 있어 여호와의 말씀을 이루며 그 말씀의 소리를 듣는 너희 천사여　 여호와를 송축하라 21　　　 여호와를 봉사하여 그 뜻을 행하는 너희 모든 천군이여　 여호와를 송축하라 22　　 여호와의 지으심을 받고 그 다스리시는 모든 곳에 있는 너희여　 여호와를 송축하라 　　　　　　 내 영혼아　 여호와를 송축하라

103편
죄악을 사하시고 구속하신 하나님 찬양

여호와는 자비로우시며 은혜로우시며 노하기를 더디 하시며 인자하심이 풍부하
시도다(시 103:8).

103편은 다윗의 시인데 중심점은 도표에 표시된 대로 7번이나 촉
구하고 있는 "여호와를 송축하라"는 찬양에의 초대에 있습니다. 어찌
하여 여호와를 찬양하라 하는가? 핵심은 "자비로우시고 은혜로우셔
서(8), 죄악을 사하시고(3), 죄를 따라 처치하지 아니하시며, 죄악을
따라 갚지 아니하셨으니(10), 죄과를 우리에게서 멀리 옮기셨으며"
(12) 하고, 4번이나 강조하는 사죄의 은총에 대한 찬양입니다.

이점에서 명심해야할 점은 "사죄"하심이 그냥 되어지는 것이 아니
라 "네 생명을 파멸에서 구속하시고"(3) 한, 구속으로만이 가능하여진
다는 사실입니다. 왜 이렇게 행해주셨는가? 4번 등장하는 인자(4, 8,
11, 17)하심으로 말미암은 것인데, "인자하심이 풍부하시도다(8), 인
자하심이 크심이로다(11), 인자하심은, 영원까지 이르며"(17) 합니다.

103편의 구조(構造)는, 여호와의 성품과 행사를 증거하는 둘째 단
원을 중심으로, 첫째 단원과, 셋째 단원에서는 "여호와를 송축하라"
하고 촉구하는 구조로 되어 있습니다. 그러니까 중심점이 둘째 단원
에 있는 것입니다.

첫째 단원(1-5) 내 영혼아 여호와를 송축하라

둘째 단원(6-19) 자비롭고 은혜로우신 우리 하나님

셋째 단원(20-22) 다스리심을 받는 너희는 여호와를 송축하라

첫째 단원(1-5) 내 영혼아 여호와를 송축하라

첫째 단원의 중심점은 "송축하라와, 은택을 잊지 말라"는 말씀에서 구할 수가 있습니다. 그런데 자기가 자신에서 설교하는 구조로 되어 있습니다. 그래서 인칭이 "나"로 되어 있습니다.

① "내 영혼아 여호와를 송축하라 내 속에 있는 것들아 다 그 성호를 송축하라"(1) 하고 촉구합니다.

㉠ 어찌하여 이처럼 찬양하라고 촉구하는가? "내 영혼아 여호와를 송축하며 그 모든 은택을 잊지 말지어다" 하고, 베풀어주신 "은택" 때문이라는 것입니다.

② 3-5절은 베풀어주신 "은택"이 무엇인가를 진술하는 내용인데,

㉠ "저가 네 모든 죄악을 사하시며",

㉮ "네 모든 병을 고치시며"(3), ㉯ "네 생명을 파멸에서 구속하시고", ㉰ "인자와 긍휼로 관을 씌우시며"(4), ㉱ "좋은 것으로 네 소원을 만족케 하사", ㉲ "네 청춘으로 독수리 같이 새롭게 하시는도다"(5) 합니다.

이 말씀을 대할 때에 우리의 시선이 "네 모든 병을 고치시며"에 쏠리기 쉽습니다. 그러나 핵심은 "네 모든 죄악을 사하시고, 네 생명을 파멸에서 구속하시고"에 있는 것입니다. 중풍 병을 고침 받는 것보다, "네 죄 사함을 얻었느니라"(막 2:5)가 우선인 것입니다.

ⓛ 그러므로 "네 모든 병을 고치시며"(3하)를, 육신의 병에 국한시키어 믿기만 하면 무슨 병이든지 고침을 받는 양 강조하는 것을 조심해야만 합니다. 왜냐하면 이는 보편적으로 일어나는 일이 아니기 때문입니다. "사람의 심령은 그 병을 능히 이기려니와 심령이 상하면 그것을 누가 일으키겠느냐"(잠 18:14) 하신, 심령이 소생하는 것이 근본적인 해답인 것입니다. 3절 안에는 "모든 죄악을 사하시며, 네 모든 병을 고치시며"(3)가 함께 등장하는데, 만일 "모든 병"이 낫지 않는다면 "모든 죄악을 사하시며"도 함께 믿지 못하게 될 것이기 때문입니다.

ⓒ "인자와 긍휼로 관을 씌우셨다"는 말은, 우리 생명을 파멸, 즉 지옥만을 면하게 해주신 것이 아니라, 왕관을 씌워주시듯이, 하나님의 자녀가 되는 권세를 주시고, "왕 같은 제사장"의 지위에 올려주셨음을 가리킵니다. 이 은택을 잊지 않는 자라면 여호와를 송축하지 않을 수가 없을 것입니다.

ⓓ 같은 맥락에서 "좋은 것으로 네 소원을 만족케 하신다"는 점도, 일반은총보다는 특별은총에 맞추어야 할 것입니다. 마태복음에서 "구하는 자에게 좋은 것으로 주시지 않겠느냐"(마 7:11) 한 것을, 누가복음의 병행구절에서는 "구하는 자에게 성령을 주시지 않겠느냐"(눅 11:13) 하고 말씀하십니다.

이처럼 자기가 자신에게 설교할 줄을 아는 사람은 경건한 사람이라 할 수가 있습니다. 다윗은 다른 사람을 가르치기에 앞서 먼저 자신에게 "내 영혼아 여호와를 송축하라" 하고 촉구하는 것입니다.

둘째 단원(6-19) 자비롭고 은혜로우신 하나님

둘째 단원에서는 인칭이 "나"에서 "우리"로 바뀌고 있는데, 교회 공동체에 베푸신 은택을 진술하는 내용입니다. 중심점은, "자비로우시며 은혜로우시며 인자하심이 풍부하시다"(8)는데 있습니다.

③ "여호와께서 의로운 일을 행하시며 압박당하는 모든 자를 위하여 판단하시는도다"(6) 합니다.

㉠ "압박당하는 자"에게는 "의로운 일"을 행하시고, 압박하던 자는 "판단", 즉 심판하셨다는 것입니다. 이 말씀은 "내가 애굽 사람의 무거운 짐 밑에서 너희를 빼어 내며 그 고역에서 너희를 건지며 편 팔과 큰 재앙으로 너희를 구속하여"(출 6:6) 하신 말씀으로 인도해줍니다.

㉡ 그래서 "그 행위를 모세에게, 그 행사를 이스라엘 자손에게 알리셨도다"(7) 하는 것입니다. "알리셨다" 말씀하는데, 모세를 통해서 알려주신 것이 무엇인지 말해줄 수가 있습니까? 핵심적인 것은, "모세는 장래에 말할 것을 증거하기 위하여 하나님의 온 집에서 사환으로 충성하였다"(히 3:5) 하고 말씀합니다.

바로의 노예였던 이스라엘 백성들을 유월절 어린양의 피로 구속하여 내신 예표를 통해서, 그리스도를 통한 영적 출애굽을 "증거"케 하셨던 것입니다. "내가 그 가운데서 행한 표징을 네 아들과 네 자손의 귀에 전하게 하려 함이라"(출 10:2) 하신, 이것이 "모세와 이스라엘 자손에게 알리신" 핵심적인 행사인 것입니다.

④ 왜 이렇게 행해주셨는가? "여호와는 자비로우시며 은혜로우시며 노하기를 더디 하시며 인자하심이 풍부하시도다 항상 경책치 아니하시며 노를 영원히 품지 아니하시리로다"(8-9) 합니다.

㉠ 이는 하나님의 자기 계시인데 성경의 축을 이루는 주제 중 하나입니다. 이를 처음으로 계시하신 것은 출애굽 당시 송아지우상을 섬겼을 때(출 34:6)입니다. 그 후로 이스라엘 백성들은 어려운 일을 당

할 때마다 이 말씀을 붙잡고 간구하고, 위로와 격려를 받으면서 끊임없이 계승(민 14:8; 욜 2:13; 욘 4:2; 대하 30:9; 느 9:17; 시 86:15)시켜 내려왔던 것입니다.

⑤ 하나님께서 "우리의 죄를 따라 처치(處置)하지 아니하시며 우리의 죄악을 따라 갚지 아니하신"(10) 것은 이 성품 때문입니다.

㉠ "우리의 죄악을 따라 갚지 아니하셨다" 말씀하는데, 여기서 멈출 수는 없습니다. 왜냐하면 신약성경이, "저희의 죄를 저희에게 돌리지 아니하시고, 하나님이 죄를 알지도 못하신 자로 우리를 대신하여 죄를 삼으셨다"(고후 5:19, 21) 하고 말씀하기 때문입니다.

㉡ 이점이 "이는 하늘이 땅에서 높음 같이 그를 경외하는 자에게 그 인자하심이 크심이로다"(11) 하는 말씀 속에 함의되어 있습니다.

⑥ "동이 서에서 먼 것 같이 우리 죄과를 우리에게서 멀리 옮기셨으며"(12) 하는데, 이렇게 행해주실 것을 이미 모세를 통해서 알려주셨는데,

㉠ 대 속죄일에 두 염소를 택하여 하나는 속죄제로 드리고 다른 하나는, "아론은 두 손으로 산 염소의 머리에 안수하여 이스라엘 자손의 모든 불의와 그 범한 모든 죄를 고하고 그 죄를 염소의 머리에 두어 미리 정한 사람에게 맡겨 광야로 보낼지니 염소가 그들의 모든 불의를 지고 무인지경에 이르거든 그는 그 염소를 광야에 놓을 지니라"(레 16:21-22) 하고, 알려주셨습니다.

㉠ 다윗은 이 은택을 알았기에, "동이 서에서 먼 것 같이 우리 죄과를 우리에게서 멀리 옮기셨다" 하고 진술할 수가 있었고, ㉯ 세례요한도 이를 알았기에, "예수께서 자기에게 나아오심을 보고 가로되 보라

세상 죄를 지고 가는 하나님의 어린양이로다"(요 1:29) 하고 증거하였던 것입니다.

ⓛ 하나님은 "아비가 자식을 불쌍히 여김 같이 여호와께서 자기를 경외하는 자를 불쌍히 여기시나니 이는 저가 우리의 체질을 아시며 우리가 진토(塵土)임을 기억하심이로다"(13-14) 하고 말씀합니다.

㉮ 이 말씀을 통해서 두 방면의 뜻을 생각할 수가 있는데, 첫째는 인간은 피조물로써 하나님 의존적이라는 것입니다. ㉯ 둘째는, "저가 우리의 체질을 아시며 우리가 진토임을 기억하심이로다" 하는 것은, 자력구원의 불가능성을 아셨다는 뜻이 있습니다.

이 이점을 78편에서도, "오직 하나님은 자비하심으로 죄악을 사하사 멸하지 아니하시고 그 진노를 여러 번 돌이키시며 그분을 다 발하지 아니하셨으니 저희는 육체뿐이라 가고 다시 오지 못하는 바람임을 기억하셨음이로다"(78:38-39) 하십니다.

⑦ 그래서 "인생은 그날이 풀과 같으며 그 영화가 들의 꽃과 같도다 그것은 바람이 지나면 없어지나니 그곳이 다시 알지 못하거니와"(15-16),

㉠ "여호와의 인자하심은 자기를 경외하는 자에게 영원부터 영원까지 이르며 그의 의는 자손의 자손에게 미치리니"(17) 합니다. 그렇다고 아무에게나 이렇게 행해주시는 것이 아니라, "자기를 경외하는 자", 즉 불쌍히 여겨주시기만을 구하는 자에게 라고 말씀합니다.

⑧ 이점이 "곧 그 언약을 지키고 그 법도를 기억하여 행하는 자에게로다"(18) 하시는 말씀에도 나타납니다.

㉠ 둘째 단원은 전체가 하나님께서 행해주신 은혜인데 이에 대한

인간의 응답이 무엇이어야 하는가? 자비로우시고 은혜로우신 하나님을 "경외하는"(17) 일입니다. 그러면 어떻게 하는 것이 하나님을 경외하는 것인가?

㉮ 첫째는 "그 언약을 지키는 것"이라 말씀합니다. ㉯ 둘째는 "그 법도를 기억하여 행하는 자"(18)라고 말씀합니다. "언약"은 믿음과 관계가 되고, "법도"는 행함과 연관이 있습니다. 언약을 믿는 자에게는 그 법도를 행함이 따르기 마련이라는 말씀입니다.

㉺ 이점에서 사활적으로 중요한 점을 상기시키고자 합니다. 그것은 다윗이 말씀하는 "지켜야할 언약"이 무엇인가 하는 점입니다. 하나님과의 관계는 언약의 관계입니다. 그런데 엄밀히 말하면 신구약을 관통하고 있는 언약은 오직 아브라함과 다윗에게 세워주신 "메시아 언약" 하나뿐이라는 사실에 확고해야만 합니다.

왜냐하면 죄로 말미암아 단절이 되었던 하나님과의 관계를 유지시켜주는 것은 시내 산 언약, 즉 인간의 행위로 되는 것이 아니기 때문입니다. 그 불가능성이 돌비가 깨어지는 것을 통해서 시내 산 현장에서 명백하게 드러났습니다.

인류의 시조의 범죄로 말미암아 단절이 된 하나님과의 관계를 유지시켜주는 것은, "원복음-아브라함 언약-다윗 언약"으로 이어지는, 즉 하나님께서 주권적으로 세워주신 메시아언약 곧 복음뿐인 것입니다. 그리고 언약을 지키는 "믿음과 법도"를 행하는 순종도 둘이 아니라 하나라는 사실입니다.

그러므로 복음을 보수(保守)하지 못하면 윤리적으로도 실패하게 되는 것입니다. 율법은 구원만 주지 못하는 것이 아니라, 성화도 이루게 할 수가 없는 것입니다. "생명을 파멸에서 구속하시고, 법도를 행하게" 할 수 있는 원동력은 오직 하나님의 "자비, 은혜, 인자,"가 이끌어주셔야만 가능한 것입니다.

이점을 에스겔서에서는, "새 영을 너희 속에 두고 새 마음을 너희에게 주되 너희 육신에서 굳은 마음을 제하고 부드러운 마음을 줄 것이며, 너희로 내 율례를 행하게 하리니"(겔 36:26, 27) 하십니다.

⑨ "여호와께서 그 보좌를 하늘에 세우시고 그 정권으로 만유를 통치하시도다"(19) 합니다.

㉠ "여호와께서 의로운 일을 행하시며"(6) 하고 시작한 둘째 단원은 "만유를 통치하시도다"(19) 하고 마치고 있는데, 이는 메시아왕국을 전망하는 종말적인 말씀입니다. 왜냐하면 성경이 "만물로 저에게 복종케 하셨은즉 복종치 않은 것이 하나도 없으나 지금 우리가 만물이 아직 저에게 복종(服從)한 것을 보지 못하고"(히 2:8) 하고 말씀하기 때문입니다. 이것이 "자비롭고 은혜로우신 하나님"입니다.

셋째 단원(20-22) 다스림을 받는 너희는 여호와를 송축하라

셋째 단원의 중심점은 도표에 표시된 대로 4번이나 강조되어 있는, "여호와를 송축하라"는데 있습니다. 103편의 구조는, 가운데 여호와의 성품과 행사를 배치하고, 앞뒤로 여호와를 송축하라는 구조로 되어 있습니다. 누구들에게 촉구하고 있는가?

⑩ "능력이 있어 여호와의 말씀을 이루며 그 말씀의 소리를 듣는 너희 천사여 여호와를 송축하라 여호와를 봉사하여 그 뜻을 행하는 너희 모든 천군이여 여호와를 송축하라"(20-21) 합니다. 그러면 "천군 천사"가 누구를 가리키는가 하는 점입니다.

㉠ 다윗은 하늘에 있는 천군 천사를 염두에 두고 한 말이라 하여도

신약성경은,

㉮ "모든 천사들은 부리는 영으로서 구원 얻을 후사들을 위하여 섬기라고 보내심이 아니뇨"(히 1:14) 말씀하고, ㉯ 바울은, "내가 교회 일꾼이 된 것은 하나님이 너희를 위하여 내게 주신 경륜을 따라 하나님의 말씀을 이루려 함이니라"(골 1:25) 하고, "능력이 있어 여호와의 말씀을 이루며, 여호와를 봉사하여 그 뜻을 행하는" 자는 천사들이 아니라 구속함을 얻은 그리스도의 군사들이라고 말씀합니다.

㉡ 그래서 "여호와의 지으심을 받고 그 다스리시는 모든 곳에 있는 너희여 여호와를 송축하라"(22상) 하고, 천군 천사에 국한시키지 않고, "지으심을 받고, 다스리심을 받는" 모든 자에게로 확대해서 말씀하는 것을 보게 됩니다. 그렇다면 "능력이 있어 여호와의 말씀을 이루며, 여호와를 봉사하여 그 뜻을 행하는" 자는,

㉮ "여호와를 경외하는 자"(11, 13, 17), ㉯ "곧 그 언약을 지키고 그 법도를 기억하여 행하는 자들"(18), ㉰ "여호와의 지으심을 받고, 다스리심을 받는"(22) 곧 형제라고 말할 수가 있는 것입니다.

㉢ "내 영혼아 여호와를 송축하라"(1) 하고 시작한 103편은, "내 영혼아 여호와를 송축하라"(22하) 하고 마치고 있습니다. 다른 사람 어찌하든지 나는 "언약을 지키며, 그 법도를 행하며, 여호와의 말씀을 듣고, 그 말씀을 이루며, 여호와를 봉사하며, 여호와를 송축하겠다"는 굳은 결의가 나타나 있습니다. 이것이 "죄악을 사하시고 구속하여주신 하나님 찬양"입니다.

적용

본문을 통한 적용은, "생명을 파멸에서 구속하여주시고, 인자와 긍휼로 관을 씌워주신" 하나님의 행사를 찬양하는 일입니다. 그리고

"언약을 지키고" 순종의 삶을 사는 것입니다. 순종의 삶이란 "여호와를 봉사하여 그 뜻을 행하는" 것입니다.

묵상

㉠ "내 영혼아" 하고 자신에게 설교하는 경건성에 대해서,

㉡ "모세와 이스라엘에게 알리셨다"는 하나님의 행사에 대해서,

㉢ 여호와의 말씀을 이루는 천군 천사에 대해서.

시편 104편 개관도표
첫 창조를 통해서 재창조를 바라봄

하 나 님 이 지 으 신 첫 창 조	**1-19**	
	1	① 내 영혼아 여호와를 송축하라 여호와 나의 하나님이여 주는 심히 광대하시며 존귀와 권위를 입으셨나이다
	2	② 주께서 옷을 입음 같이 빛을 입으시며 하늘을 휘장 같이 치시며
	3	물에 자기 누각의 들보를 얹으시며 구름으로 자기 수레를 삼으시고 바람 날개로 다니시며
	4	바람으로 자기 사자를 삼으시며 화염으로 자기 사역자를 삼으시며
	5	땅의 기초를 두사 영원히 요동치 않게 하셨나이다
	6	옷으로 덮음 같이 땅을 바다로 덮으시매 물이 산들 위에 섰더니
	7	주의 견책을 인하여 도망하며 주의 우뢰소리를 인하여 빨리 가서
	8	주의 정하신 처소에 이르렀고 산은 오르고 골짜기는 내려 갔나이다
	9	주께서 물의 경계를 정하여 넘치지 못하게 하시며 다시 돌아와 땅을 덮지 못하게 하셨나이다
	10	여호와께서 샘으로 골짜기에서 솟아나게 하시고 산 사이에 흐르게 하사
	11	들의 각 짐승에게 마시우시니 들 나귀들도 해갈하며
	12	공중의 새들이 그 가에서 깃들이며 나무가지 사이에서 소리를 발하는도다
	13	저가 그 누각에서 산에 물을 주시니 주의 행사의 결과가 땅에 풍족하도다
	14	③ 저가 가축을 위한 풀과 사람의 소용을 위한 채소를 자라게 하시며 땅에서 식물이 나게 하시고
	15	사람의 마음을 기쁘게 하는 포도주와 사람의 얼굴을 윤택케 하는 기름과 사람의 마음을 힘 있게 하는 양식을 주셨도다
	16	여호와의 나무가 우택에 흡족함이여 곧 그의 심으신 레바논 백향목이로다
	17	새들이 그 속에 깃을 들임이여 학은 잣나무로 집을 삼는도다
	18	높은 산들은 산양을 위함이여 바위는 너구리의 피난처로다
	19	여호와께서 달로 절기를 정하심이여 해는 그 지는 것을 알도다
저 희 가 죽 어 흙 으 로 돌 아 감	**20-29**	
	20	④ 주께서 흑암을 지어 밤이 되게 하시니 삼림의 모든 짐승이 기어 나오나이다
	21	젊은 사자가 그 잡을 것을 쫓아 부르짖으며 그 식물을 하나님께 구하다가
	22	해가 돋으면 물러가서 그 굴혈에 눕고
	23	⑤ 사람은 나와서 노동하며 저녁까지 수고하는도다
	24	여호와여 주의 하신 일이 어찌 그리 많은지요 주께서 지혜로 저희를 다 지으셨으니 주의 부요가 땅에 가득하니이다
	25	저기 크고 넓은 바다가 있고 그 속에 동물 곧 대소 생물이 무수하니이다
	26	선척이 거기 다니며 주의 지으신 악어가 그 속에서 노나이다
	27	이것들이 다 주께서 때를 따라 식물 주시기를 바라나이다
	28	주께서 주신즉 저희가 취하며 주께서 손을 펴신즉 저희가 좋은 것으로 만족하다가
	29	⑥ 주께서 낯을 숨기신즉 저희가 떨고 주께서 저희 호흡을 취하신즉 저희가 죽어 본 흙으로 돌아가나이다
창 조 하 사 새 롭 게 하 심	**30-35**	
	30	⑦ 주의 영을 보내어 저희를 창조하사 지면을 새롭게 하시나이다
	31	여호와의 영광이 영원히 계속할지며 여호와는 자기 행사로 인하여 즐거워하실 지로다
	32	⑧ 저가 땅을 보신즉 땅이 진동하며 산들에 접촉하신즉 연기가 발하도다
	33	나의 평생에 여호와께 노래하며 나의 생존한 동안 내 하나님을 찬양하리로다
	34	나의 묵상을 가상히 여기시기를 바라나니 나는 여호와로 인하여 즐거워하리로다
	35	죄인을 땅에서 소멸하시며 악인을 다시 있지 못하게 하실지로다 내 영혼아 여호와를 송축하라 할렐루야

104편
첫 창조를 통해서 재창조를 바라봄

주의 영을 보내어 저희를 창조하사 지면을 새롭게 하시나이다(시 104:30).

104편은 천지 만물을 창조하시고, 주관하시는 하나님의 광대(廣大)하심을 찬양하는 내용으로 되어 있습니다. 그러므로 내용이 창세기 1장과 상응하는 바가 있습니다. 그런데 우리는 "하나님이 그 지으신 모든 것을 보시니 보시기에 심히 좋았더라"(창 1:31) 하신 첫 창조세계에, 죄가 들어옴으로 "땅은 너로 인하여 저주를 받고, 땅이 네게 가시덤불과 엉겅퀴를 낼 것이라"(창 3:17-18) 하고 파괴당한 사실을 알고 있습니다.

그러므로 104편을 통해서 말씀하시려는 중심점은 "주의 영을 보내어 저희를 창조하사 지면을 새롭게 하시나이다"(30) 하는, 재창조에 있는 것입니다. 그리하여 다시는 파괴당함이 없이, "여호와의 영광이 영원히 계속할지며 여호와는 자기 행사(재창조의 행)로 인하여 즐거워하실 지로다"(31) 하는 것입니다. 시편 기자는 "나의 묵상을 가상히 여기시기를 바라나니"(34) 하는데, 이를 상고하는 우리에게도 은총을 베푸시기를 기원합니다.

첫째 단원(1-19) 하나님이 지으신 첫 창조

둘째 단원(20-29) 저희가 죽어 흙으로 돌아감

셋째 단원(30-35) 저희를 창조하사 새롭게 하심

첫째 단원(1-19) 하나님이 지으신 첫 창조

첫째 단원은 하나님이 지으신 첫 창조의 광대함을 찬양하는 내용입니다. 그래서 창세기 1장과 상응하는 바가 있습니다.

① 104편은 "내 영혼아 여호와를 송축하라"(1상) 하고 시작하여, "내 영혼아 여호와를 송축하라"(35하) 하고 마치는 구조입니다. 이런 구조는 "다윗의 시"라는 표제가 있는 103편과 같은 구조입니다. 이로 보건데 104편도 다윗의 시로 볼 수가 있습니다.

㉠ 그러면 "내 영혼아 여호와를 송축하라" 하는 다윗은 여호와의 무엇을 송축하라 하는가?

㉮ 103편에서는 송축해야할 이유로, "네 생명을 파멸에서 구속하시고" 한, "구속사역"에 맞추었습니다. ㉯ 그런데 104편에서는 송축하라는 이유를, "주의 영을 보내어 저희를 창조하사 지면을 새롭게 하나이다"(30) 한, "재창조"에 초점을 맞추고 있는 것입니다.

그리고 "구속사역과, 재창조"는 둘이 아니라 하나인 그리스도에게서 성취될 메시아왕국에 대한 비전인 것입니다. 왜냐하면 새 하늘과 새 땅은, 구속함을 얻은 자들이 주님을 모시고 영원히 살아갈 하나님의 나라이기 때문입니다.

㉡ "여호와 나의 하나님이여 주는 심히 광대하시며 존귀와 권위를 입으셨나이다"(1하) 합니다. 이는 두 마디로 되어 있는데,

㉮ 광활한 우주(宇宙)를 통해서 이를 창조하신 하나님의 광대하심이 어떠한가를 깨닫게 되고, ㉯ 우주 만물의 아름다움을 통해서 "존귀

와 권위를 입으셨나이다" 하고, 마치 영광스러운 어의(御衣)를 입어 위의(威儀)를 갖춘 왕을 묘사하듯 하고 있는 것입니다.

② 그래서 "주께서 옷을 입음 같이 빛을 입으시며 하늘을 휘장 같이 치시며"(2) 한 묘사는 창세기 1:3절의 "빛이 있으라 하시매 빛이 있었고" 한 말씀과 상응하고 있는데, 이 빛이 하나님의 옷인 양 묘사하고 있는 것입니다.

㉠ 그리고 이어서 진술하기를, "물에 자기 누각의 들보를 얹으시며 구름으로 자기 수레를 삼으시고 바람 날개로 다니시며 바람으로 자기 사자를 삼으시며 화염으로 자기 사역자를 삼으시며 땅의 기초를 두사 영원히 요동치 않게 하셨나이다"(3-5) 하는 것입니다.

㉡ "옷으로 덮음 같이 땅을 바다로 덮으시매 물이 산들 위에 섰더니"(6) 하는 묘사는, "물 가운데 궁창이 있어 물과 물로 나뉘게 하라"(창 1:6) 하신 말씀과 상응하고, 8절의 "산은 오르고" 한 것은, "천하의 물이 한곳으로 모이고 뭍이 드러나라"(창 1:9) 한 말씀을 연상하게 합니다.

③ "저가 가축을 위한 풀과 사람의 소용을 위한 채소를 자라게 하시며 땅에서 식물이 나게 하시고"(14) 한 말씀은, "하나님이 가라사대 땅은 풀과 씨 맺는 채소와 각기 종류대로 씨 가진 열매 맺는 과목을 내라 하시매 그대로 되었다"(창 1:11)는 말씀과 상응합니다.

㉠ 이점에서 주목하게 되는 점은, "사람의 마음을 기쁘게 하는 포도주와 사람의 얼굴을 윤택케 하는 기름과 사람의 마음을 힘 있게 하는 양식을 주셨도다"(15) 하고, "사람"을 부각시키고 있다는 점입니다. 왜냐하면 하나님은 자기 형상대로 사람을 지으셔서, 하나님을 대

리하여 만물을 다스리게 하시고, 만물을 대표하여 하나님을 섬기게 하셨기 때문입니다.

ⓛ 나라의 요소는 "왕과 백성"인데 하나님은 사람을 자기 백성으로 삼으셨던 것입니다. 이들이 하나님의 통치에 순복했다면 얼마나 좋았겠는가? 그러므로 사람의 타락은 자신만의 불행이 아니라 모든 피조물들을 고통하며 탄식하게 만들었던(롬 8:22) 것입니다.

둘째 단원(20-29) 저희가 죽어 흙으로 돌아감

둘째 단원의 중심점은, "저희가 죽어 흙으로 돌아가나이다"(29)에서 구할 수가 있습니다. 이는 창세기 3:19절에서 "너는 흙이니 흙으로 돌아갈 것이니라" 하고 선언하신 말씀입니다. 그러니까 둘째 단원에서 창세기 3장의 타락을 보게 된다는 것입니다. 이점이 104편을 해석하는 열쇠가 됩니다.

④ "주께서 흑암을 지어 밤이 되게 하시니 삼림의 모든 짐승이 기어 나오나이다"(20),

㉠ "젊은 사자가 그 잡을 것을 쫓아 부르짖으며 그 식물을 하나님께 구하다가 해가 돋으면 물러가서 그 굴혈에 눕고"(21-22),

⑤ "사람은 나와서 노동하며 저녁까지 수고하는도다" 하는, 23-29절의 진술 내용은, 타락 이후의 광경, 즉 지금 우리들의 고달픈 삶의 모습이라 할 수가 있는데,

⑥ "주께서 낯을 숨기신즉 저희가 떨고 주께서 저희 호흡을 취하신즉 저희가 죽어 본 흙으로 돌아가나이다"(29) 하는 "죽음"으로 마치

는 것을 보게 됩니다.

이처럼 "죽음"이 있다는 것은, "하나님이 보시기에 심히 좋았더라" 하신 타락 이전의 세계가 아니라, 죄로 말미암아 사망이 왔다는 타락 이후의 세계상인 것입니다.

㉠ 이런 문맥에서 "여호와여 주의 하신 일이 어찌 그리 많은지요 주께서 지혜로 저희를 다 지으셨으니 주의 부요가 땅에 가득하니이다"(24) 하고, 하나님의 위대하심을 감탄해하는 의도가 무엇인가? 시편 기자는 104편을 통해서 무엇을 말씀하려는 것인가? 첫 창조를 예찬하고 있는가? 아니면 재창조인가?

그 의중을 마지막에 등장하는 "죄인은 땅에서 소멸하시며, 악인을 다시 있지 못하게 하실 지로다"(35)에서 구할 수가 있습니다.

㉮ 이처럼 부족함이 없이 부요하게 지어주셨건만 인간이 배은망덕 하였다는 것과, ㉯ 그러므로 이제라도 "여호와를 송축하라"는 구원 초청을 하고 있는 것입니다. 궁극적으로 104편도 "천지 만물"이 아닌 그리스도를 증거하고 있다 하겠습니다. 이점을 다음 단원에서 보게 될 것입니다.

셋째 단원(30-35) 저희를 창조하사 새롭게 하심

104편의 중심점은 셋째 단원에 있는데 핵심은, "저희를 창조하사 지면을 새롭게 하신다"(30)는데 있습니다. 문제는 관점입니다. "새롭게 하신다"는 뜻을, 가을에 풀은 시들고 낙엽은 떨어지나 이듬해 봄에 다시 소생케 하신다는, 자연현상으로 보는 견해가 대부분입니다.

그런데 "저희를 창조하사 지면을 새롭게 하신다"는 말씀은, "저희가 죽어 본 흙으로 돌아가나이다"(29) 한 진술과 결부시켜 해석되어야만 합니다. 왜냐하면 이는 "타락"을 가리키는 것이기 때문입니다. 본문에서 타락을 보지 못하면 "새롭게 하신다"는 회복도 보지를 못하게 됩니다.

그렇게 되면 "주의 영(靈)을 보내어" 저희를 새롭게 하신다는 "주의 영"이 필요 없는 것이 되고 또한 결론에 이르러, "죄인을 땅에서 소멸하시며 악인을 다시 있지 못하게 하실지로다"(35) 한 종말적인 말씀을 우습게 만드는 것이 되고 맙니다.

⑦ "주의 영을 보내어 저희를 창조하사 지면을 새롭게 하시나이다"(30) 합니다.

㉠ "저희를 창조하사"라는 "저희" 속에는 만물만이 아니라, "사람은 나와서 노동하며 저녁까지 수고하는도다"(23) 한, "사람"도 포함되었다고 보아야만 합니다. 왜냐하면 사람을 새롭게 하지 아니한, 만물의 새로움은 의미가 없기 때문입니다.

102:18절을 보십시오. "이 일이 장래 세대를 위하여 기록되리니 창조함을 받을 백성이 여호와를 찬송하리로다" 하고 말씀합니다. 또한 성경은 마지막 부분에 이르러서 "다시 사망이 없고 애통하는 것이나 곡하는 것이나 아픈 것이 다시 있지 아니하리니 처음 것들이 다 지나갔음이러라" 하신 후에, "보라 내가 만물을 새롭게 하노라"(계 21:4, 5) 하고 말씀합니다.

㉡ 그렇다면 전적타락 한 인간을 어떻게 "새롭게" 할 수가 있단 말인가? "주의 영을 보내어"라고 말씀하는데 이는, "또 새 영을 너희 속에 두고 새 마음을 너희에게 주되 너희 육신에서 굳은 마음을 제하고 부드러운 마음을 줄 것이며"(겔 36:26) 하신 방도 외에는 다른 방법은 없는 것입니다. 주님은 "물과 성령으로 나지 아니하면 하나님의 나라에 들어갈 수 없느니라"(요 3:5) 하십니다.

ⓒ 이점이, "여호와의 영광이 영원히 계속할지며 여호와는 자기 행사로 인하여 즐거워하실 지로다"(31) 한 말씀에 더욱 분명히 나타납니다. 이는 두 마디로 되어 있는데,

㉮ 첫째는 "여호와의 영광이 영원히 계속할지며" 한 말씀입니다. 이것이 "피조물이 다 이제까지 함께 탄식하며 함께 고통하는 것을 우리가 아나니"(롬 8:22) 한 타락한 세상을 두고 한 말이며, "여호와의 영광이 영원히 계속할지며"가 주님의 구속사역이 없이 가능한 것이란 말인가? ㉯ 둘째는 "여호와는 자기 행사로 인하여 즐거워하실 지로다" 한 말씀인데, 이 "자기 행사"가 첫 창조의 행사를 가리키는 것이란 말인가? "즐거워하실" 행사는 "주의 영을 보내어 저희를 창조하사 지면을 새롭게 하시나이다"(30) 한 재창조의 행사인 것입니다.

⑧ 이런 맥락에서 "저가 땅을 보신즉 땅이 진동하며 산들에 접촉하신즉 연기가 발하도다"(32) 한 말씀은 주님의 재림 때에 되어질 종말적인 말씀인 것입니다.

㉠ "그때(시내 산 강림)에는 그 소리가 땅을 진동하였거니와 이제는 약속하여 가라사대 내가 또 한 번 땅만 아니라 하늘도 진동하리라 하셨느니라"(히 12:26) 하고 말씀합니다. 이날을 바라보기에, "나의 평생에 여호와께 노래하며 나의 생존한 동안 내 하나님을 찬양하리로다"(33) 하는 것입니다.

다윗이 "평생에, 생존할 동안" 찬양하겠다는 이유가 첫 창조로 인해서인가? 다윗언약에 근거한 재창조를 바라보기 때문이란 말인가?

㉡ "나의 묵상을 가상히 여기시기를 바라나니 나는 여호와로 인하여 즐거워하리로다"(34) 하는 묵상이, 과거 지향적인 첫 창조를 묵상했기 때문인가? 재창조에 대한 언약을 믿기 때문인가를 생각해보시

기를 바랍니다.

㉑ 그런데 그날은 즐거워하는 날만은 아닙니다. 왜냐하면, "죄인을 땅에서 소멸하시며 악인을 다시 있지 못하게 하실지로다"(35상) 하는 심판의 날이기도 하기 때문입니다. ㉯ 그리하여 "내 영혼아 여호와를 송축하라"(1) 하고 시작한 104편은, "내 영혼아 여호와를 송축하라" 하면서, "할렐루야"(35하) 하고 영광을 돌림으로 마치고 있습니다. 이 것이 "저희를 창조하사 새롭게 하심"이요, "첫 창조를 통해서 재창조를 바라봄"입니다.

적용

첫 창조의 사역은 참으로 경이롭습니다. 그러나 재창조의 역사는 비할 수 없이 더욱 영광스러운 것입니다. 현재의 고난은 장차 우리에게 나타날 영광과 족히 비교할 수 없도다 하십니다.

첫 창조는 만물을 다 창조하신 후에 맨 나중에 사람을 지으셨습니다. 이는 인간이 살아갈 환경을 먼저 조성하시기 위해서입니다. 그런데 재창조는 "그런즉 누구든지 그리스도 안에 있으면 새로운 피조물이라"(고후 5:17) 하고, 제일 먼저 사람을 새롭게 하셨습니다. 여기에는 재창조함을 받은 성도들을 "세상의 빛과 소금"으로 삼으시려는 의도가 있다 하겠습니다.

묵상

㉠ 하나님이 지으신 첫 창조의 광대하심에 대해서,

㉡ "저희가 죽어 본 흙으로 돌아가나이다" 한 타락에 대해서,

㉢ "주의 영을 보내어 저희를 창조하사 새롭게 하시나이다"에 대해서.

시편 105:1-25 개관도표
언약을 기억하시고 이루시는 하나님

감사와 전파	1-4	
	1 ①	여호와께 감사하며 그 이름을 불러 아뢰며
		그 행사를 만민 중에 알게 할지어다
	2	그에게 노래하며 그를 찬양하며 그의 모든 기사를 말할지어다
	3	② 그 성호를 자랑하라 무릇 여호와를 구하는 자는 마음이 즐거울 지로다
	4	여호와와 그 능력을 구할지어다
		그 얼굴을 항상 구할지어다

아브라함 이삭 야곱의 하나님	5-15	
	5-6 ③	그 종 아브라함의 후손 곧 택하신 야곱의 자손 너희는
		그의 행하신 기사와 그 이적과 그 입의 판단을 기억할지어다
	7	그는 여호와 우리 하나님이시라 그의 판단이 온 땅에 있도다
	8 ④	그는 그 언약 곧 천대에 명하신 말씀을 영원히 기억하셨으니
	9	이것은 아브라함에게 하신 언약이며 이삭에게 하신 맹세며
	10	야곱에게 세우신 율례 곧 이스라엘에게 하신 영영한 언약이라
	11 ⑤	이르시기를 내가 가나안 땅을 네게 주어 너희 기업의 지경이 되게 하리라 하셨도다
	12	때에 저희 인수가 적어 매우 영성하며 그 땅에 객이 되어
	13	이 족속에게서 저 족속에게로, 이 나라에서 다른 민족에게로 유리하였도다
	14	사람이 그들을 해하기를 용납지 아니하시고 그들의 연고로 열왕을 꾸짖어
	15	이르시기를 나의 기름 부은 자를 만지지 말며 나의 선지자를 상하지 말라 하셨도다

애굽으로 들어감	16-25	
	16 ⑥	그가 또 기근을 불러 그 땅에 임하게 하여 그 의뢰하는 양식을 다 끊으셨도다
	17	한 사람을 앞서 보내셨음이여 요셉이 종으로 팔렸도다
	18	그 발이 착고에 상하며 그 몸이 쇠사슬에 매였으니
	19	곧 여호와의 말씀이 응할 때까지라 그 말씀이 저를 단련하였도다
	20	왕이 사람을 보내어 저를 방석함이여 열방의 통치자가 저로 자유케 하였도다
	21	저로 그 집의 주관자를 삼아 그 모든 소유를 관리케 하고
	22	임의로 백관을 제어하며 지혜로 장로들을 교훈하게 하였도다
	23 ⑦	이에 이스라엘이 애굽에 들어감이여 야곱이 함 땅에 객이 되었도다
	24	여호와께서 그 백성을 크게 번성케 하사 그들의 대적보다 강하게 하셨으며
	25	또 저희 마음을 변하여 그 백성을 미워하게 하시며 그 종들에게 교활히 행하게 하셨도다

105:1-25
언약을 기억하시고 이루시는 하나님

그는 그 언약 곧 천대에 명하신 말씀을 영원히 기억하셨으니(시 105:8).

시편 105편은, 78편, 106편 등과 함께 역사(歷史) 시(詩)인데, 하나님께서 이루어 오신 구속사(救贖史)를 노래로 진술하면서, "여호와께 감사하며, 그 행사를 만민 중에 알게 할지어다"(1) 하는 내용입니다. 본문에는 표제가 없지만 1-15절의 내용이, 다윗이 법궤를 예루살렘에 안치한 후에 찬양하게 한 역대상 16:8-22절에도 수록되어 있는 것으로 보아 다윗의 시로 여겨집니다.

105편은 하나님께서 아브라함에게, "가나안 땅을 네게 주어 기업이 되게 하리라"(11) 하시는 언약으로부터 시작하여, 야곱 대에 애굽으로 들어갔다가(23), 모세를 들어서 애굽으로부터 "은금을 가지고 나오게 하시어"(37), 약속의 땅 가나안을 "저희에게 주시는"(44)는데까지, 약 5백년 기간의 구속의 역사를 진술하는 내용입니다. 왜 이렇게 행해주셨는가? 중심점은 도표에 표시된 대로, "이것은 아브라함에게 하신 언약이며 이삭에게 하신 맹세며 야곱에게 세우신 율례 곧 이스라엘에게 하신 영영한 언약이라"(9-10) 한, 아브라함, 이삭, 야곱에게 세워주신 언약을 이루시기 위해서라는데 있습니다.

그리고 명심해야할 핵심은 "아브라함, 이삭, 야곱"에게 세원주신 언약이, 그의 자손으로 그리스도를 보내시어 천하 만민을 구원하시려는 메시아언약이라는 점입니다. 이러한 역사 시는 우리로 하여금 어찌하여 성경을 구속사라는 관점으로 보아야만 하는가 하는 도전을 받게 합니다. 분량 상 두 문단(1-25, 26-45)으로 나누고, 여기서는 첫째부터 셋째 단원까지를 상고하겠습니다.

첫째 단원(1-4) 감사하며 알게 하라
둘째 단원(5-15) 한 가문을 택하여 언약을 세우심
셋째 단원(16-25) 애굽으로 들어가 종이 됨
넷째 단원(26-36) 모세를 들어 애굽에서 나오게 하심
다섯째 단원(37-45) 약속하신 대로 가나안 땅을 주심

첫째 단원(1-4) 감사하며 알게 하라

첫째 단원은 서론적인 말씀인데 그러므로 중심점은 "감사와 전하라"는데 있습니다. 주권적으로 언약을 세워주시고, 이루어나가시는 하나님의 구원행사를 생각할 때에 감사와 찬양을 드리지 않을 수가 없다는 것입니다.

① "여호와께 감사하며 그 이름을 불러 아뢰며 그 행사를 만민 중에 알게 할지어다"(1) 합니다.

㉠ 하나님의 주권적인 언약을 통해서 무조건적인 은혜를 입은 자들이 해야 할 일은 두 가지로 요약이 되는데, 하나님을 향해서는 "감사"하는 일이고, 사람들을 향해서는 하나님의 행사를 "알게 하는" 전파입니다.

㉡ 이점을 2절에서는, "그에게 노래하며 그를 찬양하며 그의 모든

기사를 말할지어다" 합니다. 그러면 "감사, 찬양, 전파"해야 할 하나님의 "행사"가 무엇인가? 구약의 성도들에게는 유월절 어린양의 피를 통한 "출애굽"으로 주어졌고, 신약의 성도들에게는 그리스도의 십자가 보혈을 통한 영적 출애굽으로 주어진 것입니다.

② 그래서 "그 성호를 자랑하라 무릇 여호와를 구하는 자는 마음이 즐거울 지로다"(3) 합니다.

㉠ "그 성호"란 여호와의 거룩하신 이름을 가리키는데, "그 성호를 자랑하라"는 것은 하나님 자신을 자랑하라"는 것입니다. 이는 1-2절에서 말씀한 "행사"와 "기사"보다 우선하는 것이며 더욱 높은 신앙의 단계인 것입니다.

㉮ 왜냐하면 나에게 이렇게 행해주셨기 때문에 감사하고 찬양한다면, 그렇게 행해주시지 않는다면 원망할 수도 있기 때문입니다. 아닙니다. 다니엘의 세 친구는 극렬히 타는 풀무에 던짐을 받는 상황에서도, "그리 아니 하실지라도"(단 3:18) 하고 말할 수 있었던 것은 다름 아닌 "그 성호를 자랑"했기 때문입니다. ㉯ 그래서 "여호와를 구하라" 하십니다. 하나님의 손에 있는 무엇이 아니라, 하나님 자신을 구하라는 것입니다. 경건한 사람들은 "하나님을 알게 하옵소서"(호 6:3; 엡 1:17) 하고, 하나님 자신을 알기를 사모했던 것입니다.

㉡ 그런 후에 "여호와와 그 능력을 구할지어다 그 얼굴을 항상 구할지어다"(4) 합니다.

㉮ "그 능력을 구할지어다", ㉯ "그 얼굴을 항상 구할지어다" 말씀하는데, 경건한 자들은 자신에게 향하신 하나님의 얼굴을 가리시는 것(30:7)을 가장 두려워했던 것입니다. 이점을 80편에서는 "주의 얼굴빛을 비취사 우리로 구원을 얻게 하소서"(80:3, 7, 19) 하고, 3번이

나 간구하고 있습니다. 이것이 "감사하며 찬양하며 알게 하라"입니다.

둘째 단원(5-15) 한 가문을 택하여 언약을 세우심

둘째 단원의 중심점은 3번 등장하는 "언약"에 있습니다. 105편은 하나님께서 아브라함에게 세워주신 언약으로부터 시작(8-10)하여, "그 거룩한 말씀과 그 종 아브라함을 기억하셨음이로다"(42) 하고 언약으로 마치는 구조입니다. 이것이 중심축입니다.

왜냐하면 하나님과의 관계는 언약의 관계요, 모든 근거가 언약에 있기 때문입니다. 그러므로 신약성경도 "아브라함과 다윗의 자손 예수 그리스도의 세계라"(마 1:1) 하고, 언약에 근거하여 시작하고 있습니다.

③ "그 종 아브라함의 후손 곧 택하신 야곱의 자손 너희는"(5상) 합니다.

㉠ "아브라함의 후손, 야곱의 자손"이라는 말은 의미심장합니다. 이스라엘 백성들은 "아브라함의 후손"들이 분명하지만, "이스라엘"이라는 이름은 야곱을 통해서 하사하신 이름이기 때문입니다. 그러므로 엄밀히 말하면 이스라엘이라는 국가적인 조상은 야곱이요, 아브라함은 "언약"의 조상이라 할 수가 있습니다. 그래서 "아브라함은 하나님 앞에서 우리 모든(믿음으로 구원 얻은) 사람의 조상이라 기록된바 내가 너를 많은 민족의 조상으로 세웠다 하심과 같으니"(롬 4:16-17) 하고 말씀하는 것입니다.

㉡ "그의 행하신 기사와 그 이적과 그 입의 판단을 기억할지어다 그는 여호와 우리 하나님이시라 그의 판단이 온 땅에 있도다"(5하-7) 합니다. 기억하라는 "그의 행하신 기사와 그 이적"이란, 출애굽의 행

사를 가리킵니다. 하나님은 어찌하여 야곱의 자손들을 애굽으로 들어가게 하셨으며 또한 인도하여 내셨는가?

④ 이점을 8-15절에서 진술하고 있는데, "그는 그 언약 곧 천대에 명하신 말씀을 영원히 기억하셨으니"(8),

㉠ "이것은 아브라함에게 하신 언약이며 이삭에게 하신 맹세며 야곱에게 세우신 율례 곧 이스라엘에게 하신 영영한 언약이라"(9) 합니다. 하나님께서 모세에게 나타나셔서 하신 첫 말씀이, "나는 네 조상의 하나님이니 아브라함의 하나님, 이삭의 하나님, 야곱의 하나님이니라"(출 3:6) 하셨습니다.

㉡ 조상들에게 세워주신 것을, "언약, 맹세, 율례"(9-10)라고 표현하고 있음을 유념하시기 바랍니다. 왜냐하면 119편에만도 "율례"라는 말이 22번 이상 언급하면서, "주의 율례를 지키게 하소서"(119:5) 합니다. 그런데 이럴 경우 대번에 "모세 율법을 지키라는 말씀이구나" 하고 생각하기 때문입니다. 그런데 본문은 "야곱에게 세우신 율례 곧 이스라엘에게 하신 영영한 언약(言約)이라" 하고, "율례와 언약"을 같은 의미로 말씀하고 있다는 점입니다.

㉢ 그러면 어찌하여 언약이 율례라는 뜻도 되는가? 하나님께서는 아브라함에게, "네 자손으로 말미암아 천하 만민이 복을 얻으리라" 하고 "언약"을 세워주어졌습니다. 그런데 모세(출애굽) 때 이르러서는 아브라함에게 세워주신 메시아언약이 "유월절 어린양, 5대제사(祭祀), 3대 절기" 등으로 주어졌던 것입니다. 이를 실체가 오시기까지 망각하지 않도록 자손 대대로 지키라 명하셨기 때문에 "율례"라 하는 것입니다. 이점을 강조하는 이유는 구약을 강론할 때에 모세 율법만을 내세우고, 아브라함에게 세워주신 메시아언약이 실종되는 과오를

범하고 있기 때문입니다.

㉣ 왜 그렇게 되는가? 성경을 구속사라는 맥락(脈絡)으로 보지를 않고 교훈적인 점(点)으로 보기 때문입니다. 그리하여 메시아언약, 즉 복음을 잃어버리게 되는 것입니다. 그러므로 복음의 변증서라 할 수 있는 갈라디아서에서 사도 바울은, "내가 이것을 말하노니 하나님의 미리 정하신 언약을 사백 삼십년 후에 생긴 율법이 없이 하지 못하여 그 약속을 헛되게 하지 못하리라"(갈 3:17) 하고 변증하고 있는 것입니다. 그러면 아브라함, 이삭, 야곱에게 세워주신 언약이 무엇인가?

⑤ "이르시기를 내가 가나안 땅을 네게 주어 너희 기업의 지경이 되게 하리라 하셨도다"(11) 합니다.

㉠ 아브라함에게 세워주신 언약은,

㉮ "땅을 주리라, ㉯ 자손을 주리라, ㉰ 천하 만민이 복을 받으리라" 한, 세 가지인데, 핵심은 "자손을 주리라"는 말씀입니다. "가나안 땅"(11)은 자손 곧 그리스도가 탄생할 땅을 예비하심이요, 아브라함의 자손으로 그리스도를 보내셔서 천하 만민으로 하여금 구원의 복을 받게 하시려는 것이기 때문입니다.

㉡ 아브라함에게 언약을 세워주실, "때에 저희 인수가 적어 매우 영성하며 그 땅에 객이 되어 이 족속에게서 저 족속에게로, 이 나라에서 다른 민족에게로 유리하였도다"(12-13) 하는데, 이는 아브라함이 가나안 땅에 들어간 후 야곱까지의 형편을 말씀함입니다.

아브라함, 이삭, 야곱의 대는 인수(人數)가 불과 몇 명에 지나지 않은 한 가문이었고, 정착을 하지 못하고 이리 저리 유리하는 나그네에 불과하였습니다. 이들에게는 두 가지 위험에 노출되어 있었는데,

㉮ 첫째는 히위 족속의 추장 세겜이 "우리와 통혼하자"(창 34:9) 하

고 제의한 대로 동화될 위험이고, ⓗ 둘째는 아브라함이 애굽으로 내려가고, 이삭이 그랄로 내려감과 같이 약속의 땅을 떠날 위험입니다.

ⓒ 그러나 "사람이 그들을 해하기를 용납지 아니하시고 그들의 연고로 열왕을 꾸짖어 이르시기를 나의 기름 부은 자를 만지지 말며 나의 선지자를 상하지 말라 하셨도다"(14-15) 하고, 하나님께서 강권적으로 보존(保存)하여주셨다고 말씀합니다. 여기서 초점이 가나안이라는 "땅"에서, "나의 기름 부은 자를 만지지 말며 나의 선지자를 상하지 말라" 하고 하나님이 택하신 "사람"으로 옮겨지고 있는 것을 보게 됩니다.

ⓔ 우리가 창세기에서 보는바 대로 하나님께서 주권적으로 저들을 보호해주시지 않으셨다면 아브라함의 자손으로 그리스도를 보내셔서 천하 만민으로 복을 받게 하시려는 하나님의 구원계획은 중간에 실패로 돌아가고 말았을 것입니다.

하나님은 아브라함의 아내 사라를 그랄 왕 아비멜렉에게 빼앗길 위기에서, "이제 그 사람의 아내를 돌려보내라 그는 선지자라"(창 20:7) 하고, 열왕을 꾸짖어 만지지 못하게 하고 해하지 못하게 하셨던 것입니다. 이를 염두에 두고 한 말씀일까요? 사도 요한은 성도들을 가리켜, "하나님께로서 나신 자가 저를 지키시매 악한 자가 저를 만지지도 못하느니라"(요일 5:18) 하고 말씀합니다.

ⓜ 이점에서 족장들을 가리켜 "나의 기름 부은 자, 나의 선지자"라 부르고 있다는 점을 유념해야만 합니다. "아브라함, 야곱"은 그리스도에게서 성취될 예언적인 말을 하고 있는데 이는 선지자의 영에 의한 것이었습니다. 이것이 "한 가문을 택하여 언약을 세우심"입니다.

셋째 단원(16-25) 애굽으로 들어가 종이 됨

셋째 단원의 중심점은, "이에 이스라엘이 애굽에 들어감이여 야곱이 함 땅에 객이 되었도다"(23)는 말씀에 있습니다. 이는 야곱이 70명의 가족을 이끌고 애굽으로 내려간 것을 가리킵니다.

이렇게 하신 것은 "출애굽"을 통해서 보여주시려는 계획이 있으셨기 때문입니다. 그러므로 유념해야할 점은 "기근이 있게 하심, 한 사람을 앞서 보내심, 이스라엘을 애굽에 들어가게 하심, 은금을 가지고 나오게 하심" 등이 모두가 하나님의 주권(主權)적인 행사로 말씀하고 있다는 점입니다.

⑥ "그가 또 기근을 불러 그 땅에 임하게 하여 그 의뢰하는 양식을 다 끊으셨도다"(16) 하는데, 이는 창세기 42:1절을 가리키는 것으로 야곱이 애굽으로 내려가게 된 동기를 말씀하려는 것입니다.

㉠ "한 사람을 앞서 보내셨음이여 요셉이 종으로 팔렸도다"(17) 합니다. 표면만을 본다면 요셉은 형들의 시기에 의하여 애굽으로 팔려가게 된 것으로 여겨지지만 배후에는 하나님의 섭리하심이 있으셨다는 것입니다. 구약의 성도들에게 이런 통찰력이 있었다는 것은 경이로운 일입니다. 이는 성경을 구속사라는 관점으로 보기 때문에 가능한 것입니다.

㉡ "그 발이 착고에 상하며 그 몸이 쇠사슬에 매였으니 곧 여호와의 말씀이 응할 때까지라 그 말씀이 저를 단련하였도다"(18-19) 합니다. 오늘의 설교자들은 구속사의 수레바퀴가 훨씬 진전(進展)된 신약시대에 세움을 받았음에도 이런 말씀을 대할 때에 하나님의 의도는 외면한 채, 교훈만을 일삼고 있다는 것은 부끄러운 일입니다.

㉢ "왕이 사람을 보내어 저를 방석함이여 열방의 통치자가 저로 자

유케 하였도다 저로 그 집의 주관자를 삼아 그 모든 소유를 관리케 하고 임의로 백관을 제어하며 지혜로 장로들을 교훈하게 하였도다"(20-22) 하는데 이는 종으로 팔려간 요셉이 애굽의 총리대신이 되기까지의 약 16년간의 역사를 압축한 것입니다.

⑦ "이에 이스라엘이 애굽에 들어감이여 야곱이 함 땅에 객이 되었도다"(23),

㉠ "여호와께서 그 백성을 크게 번성케 하사 그들의 대적보다 강하게 하셨으며 또 저희 마음을 변하여 그 백성을 미워하게 하시며 그 종들에게 교활히 행하게 하셨도다"(24-25) 하는 말씀은, 창세기를 거쳐 출애굽기 1장까지의 역사입니다. 이점에서 유념해야할 점은 시편 기자는 철두철미 하나님의 주권(主權)을 앞세우고 있다는 점입니다.

㉮ 기근이 임하게 하신 것도(16) 하나님이 주권적인 행사요, ㉯ "요셉이 종으로 팔린 것"(17), ㉰ "야곱이 애굽으로 내려가게 된 것"(23), ㉱ "애굽에서 번성케 하신 것도"(24), ㉲ 심지어 "그 백성을 미워하게 하시며 그 종들에게 교활히 행하게 하셨도다"(25), 즉 이스라엘 백성들을 노예 취급을 하도록 허용하신 것도 하나님의 주권적인 행사라고 말씀합니다. 왜냐하면 이들을 해방시키는 출애굽을 통해서 영적 출애굽, 즉 사탄의 노예에서 자유케 되는 구원의 방도를 계시하시기 위해서였기 때문입니다.

㉡ 어찌하여 성경을 구속사의 관점에서 보아야만 하는가?

㉮ 첫째는 하나님의 주권을 세워드리기 위해서입니다. 구속사란 하나님이 계획하시고 언약하시고 주권적으로 성취해나가시는 역사이기 때문입니다. 설교자들에게는 하나님의 주권을 세워야할 책임이 있는 것입니다. ㉯ 둘째는 하나님의 선하심과 신실하심을 증거하기

위해서입니다. 하나님은 "내가 나의 거룩함으로 한번 맹세하였은즉 다윗에게 거짓을 아니할 것이라"(89:35) 하심 같이, 언약하신 바는 반드시 지켜주시는 신실하신 하나님이십니다. 그리고 성경이 곧 언약서인 것입니다. ㉐ 셋째는 언약서인 성경의 권위와, 이에 대한 확신을 갖게 하기 위해서입니다. 지금까지 성취해 오신 구속의 역사를 증거함으로 하나 남은 재림의 약속도 분명히 이루어주실 것이라는 확신을 갖게 되는 것입니다. ㉑ 넷째는 정체성에 대한 각성을 위해서입니다. 나 자신도 창세기에서 시작하여 계시록에서 완성이 되는 구속사의 동일 선상에 서 있다는 자각을 하게 됩니다. 이것은 각자의 사명과 위치가 무엇인가를 일깨워주는 중요한 각성인 것입니다. ㉒ 다섯째는 신앙의 성숙을 위해서입니다. 이상의 확신을 통해서 신앙이 견고하여지고, 이전보다 더욱 하나님을 사랑하며, 찬양하며 증거하게 되는 것입니다. 이렇게 해서 야곱의 자손이 애굽에 들어가게 된 것입니다.

적용

여호와께 감사하고 찬양하고 전파해야할 내용은 구속의 은총입니다. 그 은총이 구약의 성도들에게는 유월절 어린양의 피로 말미암은 출애굽으로 주어졌고, 신약에서는 예수 그리스도의 구속으로 성취가 된 것입니다. 이것이 주님 오시는 날까지 보수해야할 "율례"(45)요, 증거 해야 할 복음인 것입니다.

묵상

㉠ 첫째 문단에서 말하는 역사적인 내용이 어디서 어디까지인가?

㉡ 핵심이 되고 근거가 되는 말씀이 무엇인가?

㉢ 감사하고 찬양하고 전해주어야 할 내용이 무엇인가?

시편 105:26-45 개관도표
애굽에서 나와 약속의 땅으로 들어감

애굽에서 나오게 하심	**26-36**
	26 ① 또 그 종 모세와 그 택하신 아론을 보내시니
	27 저희가 그 백성 중에 **여호와의 표징을 보이고** 함 땅에서 기사를 행하였도다
	28 ② **여호와께서 흑암을 보내사** 어둡게 하시니 그 말씀을 어기지 아니하였도다
	29 저희 **물을 변하여 피가 되게 하사** 저희 물고기를 죽이셨도다
	30 그 땅에 **개구리가 번성하여** 왕의 궁실에도 있었도다
	31 여호와께서 말씀하신즉 **파리 떼가** 오며 저희 사경에 이가 생겼도다
	32 비 대신 **우박을 내리시며** 저희 땅에 화염을 내리셨도다
	33 저희 포도나무와 무화과나무를 치시며 저희 사경의 나무를 찍으셨도다
	34 여호와께서 말씀하신즉 **황충과 무수한 메뚜기가 이르러**
	35 저희 땅에 모든 채소를 먹으며 그 밭에 열매를 먹었도다
	36 ③ 여호와께서 또 저희 땅의 모든 장자를 치시니 곧 저희 모든 기력의 시작이로다
약속하신 땅을 주심	**37-45**
	37 ④ 그들을 인도하여 은금을 가지고 나오게 하시니 그 지파 중에 약한 자가 하나도 없었도다
	38 그들의 떠날 때에 애굽이 기뻐하였으니 저희가 그들을 두려워함이로다
	39 ⑤ 여호와께서 **구름을 펴사 덮개를 삼으시고** 밤에 **불로 밝히셨으며**
	40 그들이 구한즉 메추라기로 오게 하시며 또 하늘 양식으로 그들을 만족케 하셨도다
	41 반석을 가르신즉 물이 흘러나서 마른 땅에 강 같이 흘렀으니
	42 ⑥ 이는 그 거룩한 말씀과 그 종 아브라함을 기억하셨음이로다
	43 그 백성으로 즐거이 나오게 하시며 그 택한 자로 노래하며 나오게 하시고
	44 열방의 땅을 저희에게 주시며 민족들의 수고한 것을 소유로 취하게 하셨으니
	45 이는 저희로 그 율례를 지키며 그 법을 좇게 하려 하심이로다 할렐루야

105:26-45
애굽에서 나와 약속의 땅으로 들어감

이는 그 거룩한 말씀과 그 종 아브라함을 기억하셨음이로다(시 105:42).

둘째 문단의 중심점은 "모세를 보내시어(26), 그들을 인도하여 나오게 하셨다"(37), 즉 출애굽하게 하셨다는데 있습니다. 이것이 자력으로 되어졌단 말인가? 아닙니다. 하나님의 주권적인 행사로 되어진 것인데, 유월절 어린양의 피로 되어졌던 것입니다.

하나님께서는 이 표징을 보여주시고, 자손 대대로 전하게 하시려고 야곱의 자손들을 애굽으로 들어가게 하셨던 것입니다. 넷째와 다섯째 단원을 상고하게 됩니다.

첫째 단원(1-4) 감사하며 알게 하라
둘째 단원(5-15) 한 가문을 택하여 언약을 세우심
셋째 단원(16-25) 애굽으로 들어가 종이 됨
넷째 단원(26-36) 모세를 들어 애굽에서 나오게 하심
다섯째 단원(37-45) 약속하신 대로 가나안 땅을 주심

넷째 단원(26-36) 모세를 들어 애굽에서 나오게 하심

① "또 그 종 모세와 그 택하신 아론을 보내시니"(26),

㉠ "저희가 그 백성 중에 여호와의 표징을 보이고 함 땅에서 기사를 행하였도다"(27) 합니다. 이 말씀은 모세와 아론이 이스라엘 백성과 바로 앞에서 행한 이적을 가리킵니다. 그런데 "여호와의 표징"이라 말씀함을 유념하시기를 바랍니다. 이는 요한복음에서 주님이 행하신 이적을 "표적"이라 표현하고 있는 것과 같은 맥락입니다.

② 28-36절까지는 도표에 표시된 대로 10가지 표징에 대한 진술인데,

㉮ "여호와께서 흑암을 보내사 어둡게 하시니 그 말씀을 어기지 아니 하였도다"(28), ㉯ "저희 물을 변하여 피가 되게 하사 저희 물고기를 죽이셨도다"(29), ㉰ "그 땅에 개구리가 번성하여 왕의 궁실에도 있었도다"(30), ㉱ "여호와께서 말씀하신즉 파리 떼가 오며 저희 사경에 이가 생겼도다"(31), ㉲ "비 대신 우박을 내리시며 저희 땅에 화염을 내리셨도다 저희 포도나무와 무화과나무를 치시며 저희 사경의 나무를 찍으셨도다"(32-33), ㉳ "여호와께서 말씀하신즉 황충과 무수한 메뚜기가 이르러 저희 땅에 모든 채소를 먹으며 그 밭에 열매를 먹었도다"(34-35) 합니다.

③ 그리고 마지막으로 "여호와께서 또 저희 땅의 모든 장자(長者)를 치시니 곧 저희 모든 기력의 시작이로다"(36) 하는 말씀을 주목하게 합니다.

㉠ 왜냐하면 27절에서 말씀한 "여호와의 표징"이, 출애굽기 10장에서는 장자를 심판하신 것으로 말씀하고 있기 때문입니다. 하나님께서

바로를 굴복시키는데 10가지 재앙이 다 필요했단 말인가?

㉮ 하나님께서는 "한 가지 재앙을 바로와 애굽에 내린 후에야 그가 너희를 보낼지라"(출 11:1) 하셨습니다. 하나님은 이를 처음부터 알고 계셨습니다. 그런데도 먼저 9가지 재앙을 내리게 하신 것은 출애굽의 근거가 "유월절 어린양의 피"에 있다는 점을 부각시키기 위해서였던 것입니다. ㉯ 이점이 "나의 표징을 그들 중에 보이기 위함이며, 내가 그 가운데서 행한 표징을 네 아들과 네 자손의 귀에 전하게 하려 함이라"(출 10:1, 2) 하신 말씀에 분명히 나타납니다. ㉰ 이를 구속사의 맥락으로 보면 아브라함에게, "네 씨로 말미암아 천하 만민이 복을 얻으리라"(창 22:18) 언약하셨는데, 그렇다면 어떤 방법에 의하여 구원을 얻게 되는가를 보여주신 계시사건이었던 것입니다. 즉 유월절 어린양이 이스라엘의 장자를 위하여 대신 죽임을 당한 예표를 통해서 보여주신 것입니다. 그리고 이를 실체가 오시기까지 잊지 않게 하시려고 대대로 "유월절"을 지키라 명하셨던 것입니다.

다섯째 단원(37-45) 약속하신 대로 가나안 땅을 주심

④ "그들을 인도하여 은금을 가지고 나오게 하시니 그 지파 중에 약한 자가 하나도 없었도다"(37) 하고, 드디어 출애굽을 하게 됩니다.

㉠ "그들의 떠날 때에 애굽이 기뻐하였으니 저희가 그들을 두려워함이로다"(38) 합니다.

⑤ "여호와께서 구름을 펴사 덮개를 삼으시고 밤에 불로 밝히셨으며"(39) 하는데,

㉠ 이 예표에 대하여 이사야서에서는, "여호와께서 그 거하시는 온

시온 산과 모든 집회 위에 낮이면 구름과 연기, 밤이면 화염의 빛을 만드시고 그 모든 영광 위에 천막을 덮으실 것이며 또 천막이 있어서 낮에는 더위를 피하는 그늘을 지으며 또 풍우를 피하여 숨는 곳이 되리라"(사 4:5-6) 하고, 복음시대에 성취될 것을 예언하고 있습니다.

ⓒ "그들이 구한즉 메추라기로 오게 하시며 또 하늘 양식으로 그들을 만족케 하셨도다 반석을 가르신즉 물이 흘러나서 마른 땅에 강 같이 흘렀으니"(40-41) 하고, 만나와 생수를 공급해주신 것을 진술합니다. 이점을 78:25절에서는 "사람이 권세 있는 자의 떡을 먹음이여 하나님이 식물을 충족하게 주셨도다" 합니다.

㉮ 그런데 광야에서 하루라도 없어서는 아니 되는 것이 "양식과 물"인데, 이 예표가 신약성경 요한복음 6장에서는, "내가 곧 생명의 떡이로라"(요 6:48) 하고, 성취되고, ㉯ 7장에서는 "누구든지 목마르거든 내게로 와서 마시라"(요 7:37) 하고 실체로 주어지는 것입니다.

⑥ 왜 이렇게 행해주셨는가? "이는 그 거룩한 말씀과 그 종 아브라함을 기억하셨음이로다"(42) 하십니다.

㉠ 이점을 출애굽기 2장에서는, "하나님이 그 고통소리를 들으시고 아브라함과 이삭과 야곱에게 세운 그 언약을 기억하사 이스라엘 자손을 권념하셨더라"(출 2:24-25) 합니다.

ⓒ "그 백성으로 즐거이 나오게 하시며 그 택한 자로 노래하며 나오게 하시고 열방의 땅을 저희에게 주시며 민족들의 수고한 것을 소유로 취하게 하셨으니 이는 저희로 그 율례를 지키며 그 법을 좇게 하려 하심이로다 할렐루야"(43-45) 합니다. 묻습니다. 시편 105편을 상고한 이제도, "저희로 그 율례를 지키며 그 법을 좇게 하려 하심이로다" 한 말씀을 모세 율법으로 한정을 할 것입니까? 그렇게 말한다면

그 사람은 "의문의 직분"(고후 3:7) 자라고 말할 수밖에 없습니다.

하나님께서 아브라함, 이삭, 야곱에게 세워주신 언약이 무엇이며, 애굽으로 내려 보내셨다가 출애굽하게 하신 의도가 무엇이며, 어떤 표징이 저들을 출애굽 하게 하였는가를 생각해 보시기를 바랍니다.

ⓒ "여호와께 감사하며, 그 행사를 만민 중에 알게 할지어다"(1) 하고 시작한 105편은, "이는 그 거룩한 말씀과 그 종 아브라함을 기억하셨음이로다"(42) 하고, 아브라함에게 세워주신 언약으로 마치고 있습니다. 이것이 "언약을 기억하시고 이루시는 하나님"입니다. 할렐루야!

적용

주님께서는 십자가를 앞에 놓으시고, "내가 이를 위해서 이 때에 왔나이다"(요 12:27) 하고 말씀하셨습니다. 그렇다면 모세는 무엇을 위해서 그때에 세움을 받았는가? "출애굽"이라고 말하겠습니까? 성경은 "모세는 장래에 말할 것을 증거하기 위하여"(히 3:5), 즉 출애굽 사건을 통해서 그리스도를 통한 영적 출애굽을 증거하기 위해서 세움을 받았다는 말씀입니다. 그렇다면 "나는 무엇을 위하여 이 때에 세움을 받았는가" 하고 묻게 됩니다. 본문은 "여호와께 감사하며, 그 행사를 만민 중에 알게 할지어다"(1) 합니다. 우리가 감사하고 만민 중에 알게 해야 할 하나님의 행사는 자기 아들을 통하여 구속하여주신 복음인 것입니다.

묵상

ⓐ 표징을 보이셨다는 표징에 대해서,

ⓑ 구름과 불로 덮개를 삼아주셨다는 이사야의 예언에 대해서,

ⓒ 아브라함을 기억하셨다는 점에 대해서.

시편 106편 개관도표
인간의 거짓됨과 하나님의 인자하심

감사와 간구	1-5	
	1 ①	할렐루야 여호와께 감사하라 그는 선하시며 그 인자하심이 영원함이로다
	2	뉘 능히 여호와의 능하신 사적을 전파하며 그 영예를 다 광포할꼬
	3	공의를 지키는 자들과 항상 의를 행하는 자는 복이 있도다
	4	② 여호와여 주의 백성에게 베푸시는 은혜로 나를 기억하시며 주의 구원으로 나를 권고하사
	5	나로 주의 택하신 자의 형통함을 보고 주의 나라의 기쁨으로 즐거워하게 하시며 주의 기업과 함께 자랑하게 하소서
홍해에서의 불신	6-12	
	6	③ 우리가 열조와 함께 범죄하여 사특을 행하며 악을 지었나이다
	7	우리 열조가 애굽에서 주의 기사를 깨닫지 못하며 주의 많은 인자를 기억치 아니하고 바다 곧 홍해에서 거역하였나이다
	8 ④	그러나 여호와께서 자기 이름을 위하여 저희를 구원하셨으니 그 큰 권능을 알게 하려 하심이로다
	9	이에 홍해를 꾸짖으시니 곧 마르매 저희를 인도하여 바다 지나기를 광야를 지남 같게 하사
	10	저희를 그 미워하는 자의 손에서 구원하시며 그 원수의 손에서 구속하셨고
	11	저희 대적은 물이 덮으매 하나도 남지 아니하였도다
	12	이에 저희가 그 말씀을 믿고 그 찬송을 불렀도다
광야에서의 거역	13-33	
	13	⑤ 저희가 미구에 그 행사를 잊어버리며 그 가르침을 기다리지 아니하고
	14	광야에서 욕심을 크게 발하며 사막에서 하나님을 시험하였도다
	15	여호와께서 저희의 요구한 것을 주셨을지라도 그 영혼을 파리하게 하셨도다
	16	⑥ 저희가 진에서 모세와 여호와의 성도 아론을 질투하매
	17	땅이 갈라져 다단을 삼키며 아비람의 당을 덮었으며
	18	불이 그 당 중에 붙음이여 화염이 악인을 살랐도다
	19	⑦ 저희가 호렙에서 송아지를 만들고 부어 만든 우상을 숭배하여
	20	자기 영광을 풀 먹는 소의 형상으로 바꾸었도다
	21	애굽에서 큰 일을 행하신 그 구원자 하나님을 저희가 잊었나니
	22	그는 함 땅에서 기사와 홍해에서 놀랄 일을 행하신 자로다
	23	그러므로 여호와께서 저희를 멸하리라 하셨으나 그 택하신 모세가 그 결렬된 중에서 그 앞에 서서 그 노를 돌이켜 멸하시지 않게 하였도다
	24	⑧ 저희가 낙토를 멸시하며 그 말씀을 믿지 아니하고
	25	저희 장막에서 원망하며 여호와의 말씀을 청종치 아니하였도다
	26	이러므로 저가 맹세하시기를 저희로 광야에 엎더지게 하고
	27	또 그 후손을 열방 중에 엎드러뜨리며 각지에 흩어지게 하리라 하셨도다
	28	⑨ 저희가 또 바알브올과 연합하여 죽은 자에게 제사한 음식을 먹어서
	29	그 행위로 주를 격노케 함을 인하여 재앙이 그 중에 유행하였도다
	30	때에 비느하스가 일어나 처벌하니 이에 재앙이 그쳤도다
	31	이 일을 저에게 의로 정하였으니 대대로 무궁하리로다
	32	⑩ 저희가 또 므리바 물에서 여호와를 노하시게 하였으므로 저희로 인하여 얼이 모세에게 미쳤나니
	33	이는 저희가 그 심령을 거역함을 인하여 모세가 그 입술로 망령되이 말하였음이로다
가나안에서의 범죄	34-48	
	34	⑪ 저희가 여호와의 명을 좇지 아니하여 이족들을 멸하지 아니하고
	35	열방과 섞여서 그 행위를 배우며 36 그 우상들을 섬기므로 그것이 저희에게 올무가 되었도다
	37	저희가 그 자녀로 사신에게 제사하였도다
	38	무죄한 피 곧 저희 자녀의 피를 흘려 가나안 우상에게 제사하므로 그 땅이 피에 더러웠도다
	39	저희는 그 행위로 더러워지며 그 행동이 음탕하도다
	40	⑫ 그러므로 여호와께서 자기 백성에게 맹렬히 노하시며 자기 기업을 미워하사
	41	저희를 열방의 손에 붙이시매 저희를 미워하는 자들이 저희를 치리하였도다
	42	저희가 원수들의 압박을 받고 그 수하에 복종하게 되었도다
	43	여호와께서 여러 번 저희를 건지시나 저희가 꾀로 거역하며 자기 죄악으로 인하여 낮아짐을 당하였도다
	44 ⑬	그러나 여호와께서 저희의 부르짖음을 들으실 때에 그 고통을 권고하시며
	45	저희를 위하여 그 언약을 기억하시고 그 많은 인자하심을 따라 뜻을 돌이키사
	46	저희로 사로잡은 모든 자에게서 긍휼히 여김을 받게 하셨도다
	47	⑭ 여호와 우리 하나님이여 우리를 구원하사 열방 중에서 모으시고 우리로 주의 성호를 감사하며 주의 영예를 찬양하게 하소서
	48	여호와 이스라엘의 하나님을 영원부터 영원까지 찬양할지어다 모든 백성들아 아멘 할지어다 할렐루야

106편
인간의 거짓됨과 하나님의 인자하심

그러나 여호와께서 자기 이름을 위하여 저희를 구원하셨으니 그 큰 권능을 알게 하려 하심이로다(시 106:8).

106편도 105편과 같은 구속의 역사를 진술하는 역사(歷史) 시입니다. 다른 점은 105편이 하나님께서 행해주신 행사에 초점을 맞춘 반면, 106편은 거역한 인간의 거짓된 행위에 초점을 맞추고 있습니다. 도표에서 보시는 바대로 먼저 "여호와의 인자하심에 감사하라"(1) 한후에, "열조가 홍해에서 거역한 일로 시작하여(7), 저희를 열방의 손에 붙이시기까지"(41)의 패역의 역사를 진술하고 있는데 이것이 멸망받아 마땅한 인간이 행한 문제입니다.

하나님께서는 이 문제에 대해 어떻게 해답을 해주셨는가? 두 번이나 "그러나"(8, 44) 하고, "그러나 여호와께서 자기 이름을 위하여 구원하셨도다(8), 저희를 위하여 언약을 기억하셨다"(45) 하고 말씀합니다. 인류의 소망과 해답이 오직 여기에 있는 것입니다.

첫째 단원(1-5) 감사와 간구
둘째 단원(6-12) 홍해에서의 불신앙
셋째 단원(13-33) 광야에서의 거역

넷째 단원(34-48) 가나안에서의 패역

첫째 단원(1-5) 감사와 간구

첫째 단원은 106편의 서론이라 할 수가 있는데 여호와의 인자에 대해 감사하면서 긍휼을 구하는 것으로 되어 있습니다.

① "할렐루야 여호와께 감사하라 그는 선하시며 그 인자하심이 영원함이로다"(1) 합니다. 이 같은 서두(序頭)가 107편, 118편 등에도 나옵니다. 이처럼 시편에서는 특히 "여호와의 인자"를 찬양하는 것이 자주 등장합니다. 이는 무가치한 자들에게 베풀어주신 은혜를 가리키는 말씀입니다.

㉠ "뉘 능히 여호와의 능하신 사적을 전파하며 그 영예를 다 광포할꼬"(3) 하는데, "사적(事蹟)이란 출애굽으로부터 이제까지 행해주신 구속의 역사를 가리키는 것으로 "여호와의 능하신 사적과 영예"는 너무나 위대하고 영광스럽기 때문에 이를 다 전파한다는 것은 그 누구도 불가능하다는 말씀입니다.

㉡ "공의를 지키는 자들과 항상 의를 행하는 자는 복이 있도다"(3) 합니다. 이는 이처럼 인자하신 하나님께 대하여 공의를 지키며 의를 행함으로 보답을 했다면 얼마나 복을 받았을 것인가 하는 뜻인데, 그러나 거짓된 인간은 얼마나 하나님께 패역했는가를 말씀하려는 것입니다.

② 그래서 "여호와여 주의 백성에게 베푸시는 은혜로 나를 기억하시며 주의 구원으로 나를 권고하사 나로 주의 택하신 자의 형통함을 보고 주의 나라의 기쁨으로 즐거워하게 하시며 주의 기업과 함께 자

랑하게 하소서"(4-5) 하고 간구합니다,

㉠ 간구하는 내용 안에는 "주의 백성, 주의 구원, 주의 택하신 자, 주의 나라, 주의 산업" 등, 자신들이 "주의 나라, 주의 백성"임을 강조하고 있는데, 하나님 앞에 변변치 못한 백성일지라도 긍휼히 여겨 주십사 하는 간구입니다.

둘째 단원(6-12) 홍해에서의 불신앙

둘째 단원은 출애굽 과정에서 성실하지 못했음을 진술하는 내용입니다.

③ "우리가 열조와 함께 범죄하여 사특을 행하며 악을 지었나이다 우리 열조가 애굽에서 주의 기사를 깨닫지 못하며 주의 많은 인자를 기억치 아니하고 바다 곧 홍해에서 거역하였나이다"(6-7) 합니다.

㉠ 이는 크신 권능으로 애굽 바로의 권세에서 구원하여 주셨는데도 이를 기억치 아니하고 홍해에 직면하여, "애굽에 매장지가 없으므로 우리를 이끌어 내어 이 광야에서 죽게 하느뇨"(출 14:11) 하고 거역했던 일을 상기시키는 말입니다.

문제는 열조만이 그러했던 것이 아니라, "우리가 열조와 함께 범죄하여", 즉 자신들도 조금도 개선되지 않고 있다는데 있습니다. 그리고 이를 상고하는 우리 자신들도 시련에 직면하면 신뢰하지 못하고 저들과 다를 바가 없이 불평하고 원망하는 것이 문제인 것입니다.

④ "그러나 여호와께서 자기 이름을 위하여 저희를 구원하셨으니 그 큰 권능을 알게 하려 하심이로다"(8) 합니다.

㉠ 우선적으로 "자기 이름을 위하여"라는 점이 중요합니다. 구원

계획에는 하나님의 이름과 영광이 걸려 있다는 점입니다. 그리하여 원망하는 저들을 버려두시지 않고

ⓛ "이에 홍해를 꾸짖으시니 곧 마르매 저희를 인도하여 바다 지나기를 광야를 지남 같게 하사 저희를 그 미워하는 자의 손에서 구원하시며 그 원수의 손에서 구속하셨고 저희 대적은 물이 덮으매 하나도 남지 아니 하였도다"(9-11) 하고, 홍해를 육지 같이 인도하셨음을 진술합니다.

ⓒ 그러자 "이에 저희가 그 말씀을 믿고 그 찬송을 불렀도다"(12) 하는데, 인간은 얼마나 간사합니까? 홍해를 건넌 후에,

㉮ 모세는 "여호와여 신 중에 주와 같은 자 누구니이까 주와 같이 거룩함에 영광스러우며 찬송할만한 위엄이 있으며 기이한 일을 행하는 자 누구니이까 주께서 오른손을 드신즉 땅이 그들을 삼켰나이다 주께서 그 구속하신 백성을 은혜로 인도하시되 주의 힘으로 그들을 주의 성결한 처소에 들어가게 하시나이다"(출 15:11-13) 하고 찬양했고, ㉯ "미리암이 손에 소고를 잡으매 모든 여인도 그를 따라 나오며 소고를 잡고 춤을 추면서, 너희는 여호와를 찬송하라"(출 15:20, 21) 했던 것입니다. 그러면 이제부터는 계속적으로 신뢰를 나타낼 것인가?

셋째 단원(13-33) 광야에서의 거역

셋째 단원은 광야교회 때에 거역한 것을 진술하는 내용입니다. 바로 앞 12절은 "찬송을 불렀도다" 했는데,

⑤ "저희가 미구(未久)에 그 행사를 잊어버리며 그 가르침을 기다리지 아니하고 광야에서 욕심을 크게 발하며 사막에서 하나님을 시험하였도다"(13-14) 합니다.

㉠ "그 가르침을 기다리지 아니하고", 이것이 불신앙입니다. "사람이 여호와의 구원을 바라고 잠잠히 기다림이 좋도다"(애 3:26), 이것이 신뢰하는 믿음인 것입니다.

㉡ "여호와께서 저희의 요구한 것을 주셨을지라도 그 영혼을 파리하게 하셨도다"(15) 합니다. "저희의 요구한 것을 주셨을지라도", 이것이 허용(許容)입니다.

㉮ 그들은 주의 인도하심을 "기다리고", 고기를 구하지 말았어야만 했습니다. 왜냐하면 결과는 "그 영혼이 파리하게" 되었기 때문입니다. ㉯ 이는 "고기가 아직 이 사이에 있어 씹히기 전에 여호와께서 백성에게 대하여 진노하사 심히 큰 재앙으로 치셨으므로 그곳 이름을 기브롯 핫다아와라 칭하였으니 탐욕을 낸 백성을 거기 장사함이었더라"(민 11:33-34)를 가리킵니다. 왜 허용하셨는가? "기브롯 핫다아와", 즉 <탐욕 = 무덤>임을 교훈하시기 위해서입니다.

"저희에게 당한 이런 일이 거울이 되고 또한 말세를 만난 우리의 경계로 기록하였느니라"(고전 10:11) 합니다. 구약교회가 "만나"로 만족하지 못하고 고기를 구했다는 것은 현대교회에 큰 경종으로 다가옵니다. 그런데 이 "거울"을 들여다보면서도 우리는 무엇을 구하는데 열을 올리고 있는가?

⑥ "저희가 진에서 모세와 여호와의 성도 아론을 질투하매 땅이 갈라져 다단을 삼키며 아비람의 당을 덮었으며 불이 그 당 중에 붙음이여 화염이 악인을 살랐도다"(16-18) 합니다.

⑦ "저희가 호렙에서 송아지를 만들고 부어 만든 우상을 숭배하여 자기 영광을 풀 먹는 소의 형상으로 바꾸었도다"(19-20) 합니다.

㉠ 여기 중요한 요점이 등장하는데 그것은 "바꾸었도다" 한 말입니다. 저들은 자신들을 애굽에서 인도하여 내신 살아계시는 하나님을 인간의 수공물인 우상으로 바꾸었던 것입니다.

예루살렘이 멸망한 치명적인 죄가 무엇인지 아십니까? 하나님은 메시아를 통해서 천하 만민에게 복을 주시려는데 저들은 우상을 통해서 복을 받으려 한, 메시아언약을 우상으로 바꿔치기 한 죄 때문입니다. 현대교회는 생명의 주를 탐심이라는 우상과 바꿔치기 하고 있는 것이 아닌가?

㉡ "애굽에서 큰일을 행하신 그 구원자 하나님을 저희가 잊었나니 그는 함 땅에서 기사와 홍해에서 놀랄 일을 행하신 자로다"(21-22) 합니다. "구원자 하나님을 저희가 잊었나니" 하는데, 13절에서도 "잊어버리며" 하고, 7절에서는 "기억치 아니하고" 합니다. 사람은 잊어버리고, 기억치 아니하나, 그러나 하나님은 "그 언약을 기억하시고"(45) 합니다.

㉢ "그러므로 여호와께서 저희를 멸하리라 하셨으나 그 택하신 모세가 그 결렬된 중에서 그 앞에 서서 그 노를 돌이켜 멸하시지 않게 하였도다"(23) 합니다.

⑧ "저희가 낙토(樂土)를 멸시하며 그 말씀을 믿지 아니하고 저희 장막에서 원망하며 여호와의 말씀을 청종치 아니 하였도다"(24-25) 합니다.

㉠ 여기 두 번의 치명적인 죄를 언급하고 있는데 그것은,

㉮ "금송아지 우상숭배와, ㉯ 10족장의 반역사건"입니다.

이것이 치명적인 죄가 되는 것은, "이스라엘아 이는 너희를 애굽 땅에서 인도하여 낸 너희 신이로다(출 32:4), 우리가 한 장관을 세우

고 애굽으로 돌아가자"(민 14:4) 했기 때문인데, 이는 명백한 반역이었던 것입니다.

ⓛ "이러므로 저가 맹세하시기를 저희로 광야에 엎더지게 하고 또 그 후손을 열방 중에 엎드러뜨리며 각지에 흩어지게 하리라 하셨도다"(26-27) 합니다. 이점에서 유념해야할 점은, 23절에서는, "모세가 그 결렬된 중에서 그 앞에 서서 그 노를 돌이켜 멸하시지 않게 하였도다" 말씀하고, 26절에서는 "저희로 광야에 엎더지게 했다" 하고 말씀하는데, 어떤 뜻인가? 여기에는 설명이 필요합니다.

㉮ 하나님께서 "내가 그들에게 진노하여 그들을 진멸하고 너로 큰 나라가 되게 하리라"(출 324:10) 하셨습니다. "너로 큰 나라가 되게 하리라" 하심은 이스라엘의 선민(選民)됨을 파기하시겠다는 뜻입니다. ㉯ 그러자 모세는 "주의 종 아브라함과 이삭과 이스라엘을 기억하소서 주께서 주를 가리켜 그들에게 맹세하여"(출 32:13) 하고, "언약하시고 맹세로 보증하여주신" 것을 붙잡고 매달리자 뜻을 돌이키시니라 합니다. 선민 됨을 폐하시지는 아니하셨으나 그러나, 반역한 개인은 벌하셨다는 뜻입니다.

다시 말하면 선민 이스라엘을 통해서 그리스도를 보내시려는 구원 계획은 철회하지 않으셨다는 말씀입니다.

⑨ "저희가 또 바알브올과 연합하여 죽은 자에게 제사한 음식을 먹어서 그 행위로 주를 격노케 함을 인하여 재앙이 그 중에 유행하였도다"(28-29) 하는 진술은 민수기 25:1-13절에 대한 언급인데, 요단 동편 모압 평지, 즉 약속의 땅 가나안의 문턱에서 일어난 사건입니다.

㉠ 그러므로 이는 대적의 마지막 궤계라 할 수가 있습니다. 그때에 "염병으로 죽은 자가 이만 사천 명이었더라"(민 25:9) 합니다. 얼마나

분한 일인가? 그 고비만 넘겼더라면 꿈에 그리던 약속의 땅에 들어갈 수가 있었는데 문턱에서 낙오자가 되고 만 것입니다.

ⓛ "때에 비느하스가 일어나 처벌하니 이에 재앙이 그쳤도다 이 일을 저에게 의로 정하였으니 대대로 무궁하리로다"(30-31) 하는 것은, 이스라엘 남자가 미디안 여인과 음행하는 것을 비느하스가 창으로 꿰뚫어 죽인 것을 가리킵니다.

이점을 하나님께서는 "비느하스가 나의 질투심으로 질투하였다"(민 25:11), 즉 하나님의 질투심을 대신 발한 것이라 하십니다. 이에 "그 후손에게 영원한 제사장 직분의 언약이라" 말씀하셨던 것입니다. 이점을 본문에서는 "의로 정하셨으니 대대로 무궁하리로다" 합니다. 이것이 의분(義憤)인데 오늘날도 비느하스와 같은 하나님의 질투심을 발할 자가 요청되는 시대입니다.

⑩ "저희가 또 므리바 물에서 여호와를 노하시게 하였으므로 저희로 인하여 얼이 모세에게 미쳤나니 이는 저희가 그 심령을 거역함을 인하여 모세가 그 입술로 망령되이 말하였음이로다"(32-33) 한 진술은 민수기 20:10-13절에 대한 언급입니다. 이상은 광야교회 때에 거역한 일들로 말세를 만난 현대교회의 거울이 되는 것입니다.

넷째 단원(34-48) 가나안에서의 패역

넷째 단원은 가나안에 입성한 후 106편을 기록할 당시까지의 기간에 범한 인간의 거짓됨을 진술하는 내용입니다.

⑪ "저희가 여호와의 명을 좇지 아니하여 이족들을 멸하지 아니하고 열방과 섞여서 그 행위를 배우며 그 우상들을 섬기므로 그것이 저

희에게 올무가 되었도다"(34-36) 합니다.

㉠ 이는 사사기에 대한 언급인데 1장에는 "쫓아내지 못하였다"는 말이 9번이나 등장합니다. 그러다가 "이스라엘 자손은 마침내 가나안 사람과 헷 사람과 아모리 사람과 브리스 사람과 히위 사람과 여부스 사람 사이에 거하여 그들의 딸들을 취하여 아내를 삼으며 자기 딸들을 그들의 아들에게 주며 또 그들의 신들을 섬겼더라"(삿 3:5-6) 하고, 세속화가 되고 말았던 것입니다.

㉡ "저희가 그 자녀로 사신에게 제사하였도다 무죄한 피 곧 저희 자녀의 피를 흘려 가나안 우상에게 제사하므로 그 땅이 피에 더러웠도다 저희는 그 행위로 더러워지며 그 행동이 음탕하도다"(37-39) 한 것은 레위기와 신명기(레 18:21: 신 18:10)에서도 경계하고 있는 가나안의 우상숭배 제도였는데, 선민 이스라엘도 감염이 되었던 것입니다. 이 악풍이 "또 그 아들을 불 가운데로 지나게 하며 점치며 사술을 행하며 신접한 자와 박수를 신임하여 여호와 보시기에 악을 많이 행하여 그 진노를 격발하였으며"(왕하 16:3: 21:6) 하고 왕정 말기인 므낫세 시대까지 이어졌던 것입니다.

⑫ "그러므로 여호와께서 자기 백성에게 맹렬히 노하시며 자기 기업을 미워하사 저희를 열방의 손에 붙이시매 저희를 미워하는 자들이 저희를 치리하였도다 저희가 원수들의 압박을 받고 그 수하에 복종케 되었도다 여호와께서 여러 번 저희를 건지시나 저희가 꾀로 거역하며 자기 죄악으로 인하여 낮아짐을 당하였도다"(40-43) 하는데,

㉠ "여러 번 저희를 건지셨다"는 것은 사사시대의 7번의 악순환을 비롯하여, "너희 열조가 애굽 땅에서 나온 날부터 오늘까지 내가 내 종 선지자들을 너희에게 보내었으되 부지런히 보내었으나 너희가 나

를 청종치 아니하며"(렘 7:25-26) 한 패역을 가리킵니다.

ⓒ "저희가 꾀로 거역하며" 한 것을 78편에서는, "그러나 저희가 입으로 그에게 아첨하며 자기 혀로 그에게 거짓을 말하였으니"(78:36) 합니다.

⑬ 44-45절은 역사적인 진술에 대한 결론이라 할 수가 있는데, "그러나" 하고 시작이 됩니다. 인간은 이처럼 거짓되고 패역하였음에도, "그러나 여호와께서 저희의 부르짖음을 들으실 때에 그 고통을 권고하시며"(44) 합니다.

같은 역사적인 기사를 진술하고 있는 78편에서도 "그러나(23, 36), 그럴지라도"(78:32, 56) 하고, 인간의 거짓됨에도 불구하고 하나님의 참되심을 나타내는 "돌이키심"을 말씀합니다.

㉠ 왜 이렇게 해주셨는가? "저희를 위하여 그 언약을 기억하시고 그 많은 인자하심을 따라 뜻을 돌이키사 저희로 사로잡은 모든 자에게서 긍휼히 여김을 받게 하셨도다"(45-46) 합니다. 여기 인간의 패역에도 불구하고 "그러나" 하고 뒤집는 결정인 동기가 등장하는데 그것은 "언약을 기억하시고" 한 "언약"입니다.

㉡ 이 "언약"은 맹세로 보증하여 주신 아브라함에게 세워주신 언약이요, "그러나 나의 인자함을 그에게서 다 거두지 아니하며 나의 성실함도 폐하지 아니하며 내 언약을 파하지 아니하며 내 입술에서 낸 것도 변치 아니 하리로다 내가 나의 거룩함으로 한번 맹세하였은즉 다윗에게 거짓을 아니할 것이라"(89:33-35) 하신 메시아언약인 것입니다.

㉢ "언약을 기억하시고" 라는 말은 6-43절까지 진술한 인간의 패역을 단번에 날려버리는 은혜인 것입니다. 이점을 사도 바울은 "그러나 죄가 더한 곳에 은혜가 더욱 넘쳤나니"(롬 5:20) 하고 말씀합니다.

오직 여기에 인류의 구원의 소망이 있고, 문제에 대한 해답이 있다는 점을 말씀하려는 것이 106편의 기록목적입니다.

⑭ 그리하여 불신과 반역과 탐욕과 거짓됨으로 가득했던 106편은, "여호와 우리 하나님이여 우리를 구원하사 열방 중에서 모으시고 우리로 주의 성호를 감사하며 주의 영예를 찬양하게 하소서 여호와 이스라엘의 하나님을 영원부터 영원까지 찬양할지어다 모든 백성들아 아멘 할지어다 할렐루야"(47-48) 하고 마치고 있는 것입니다.

이것이 "인간의 거짓됨과 하나님의 인자하심"입니다.

적용

하나님은 "일을 행하는 여호와, 그것을 지어 성취하는" 언약의 하나님이십니다. 믿음이란 언약에 대한 성실한 응답입니다. 그리고 구원계획에는 "자기 이름을 위하여"(8) 한 하나님의 명예가 걸려 있다는 점입니다. 언약을 믿는 믿음과, 이름이 거룩히 여김을 받으시옵소서 하는 실천 윤리는 신앙생활에 있어서 가장 중요한 두 가지 요점입니다.

묵상

㉠ 출애굽과 광야에서 범한 인간의 거역이 무엇인가에 대해서,

㉡ 가나안에 입성하여서 범한 죄가 무엇인가에 대해서,

㉢ 두 번의 "그러나" 하고 돌이키심에 대한 하나님의 신실하심에 대해서.

시편 107편 개관도표
구속함을 받은 자의 감사와 선포

감사와 선포	1-3
	1 ① 여호와께 감사하라 그는 선하시며 그 인자하심이 영원함이로다
	2 여호와께 구속함을 받은 자는 이 같이 말할지어다
	여호와께서 대적의 손에서 저희를 구속하사 3, 동서남북 각 지방에서부터 모으셨도다

네 가지 상황을 통한 구원 예시	4-32
	4 ② 저희가 광야 사막 길에서 방황하며 거할 성을 찾지 못하고
	5 주리고 목마름으로 그 영혼이 속에서 피곤하였도다
	6 이에 저희가 그 근심 중에 여호와께 부르짖으매 **그 고통에서 건지시고**
	7 또 바른 길로 인도하사 거할 성에 이르게 하셨도다
	8 * 여호와의 인자하심과 인생에게 행하신 기이한 일을 인하여 그를 찬송할찌로다
	9 저가 사모하는 영혼을 만족케 하시며 주린 영혼에게 좋은 것으로 채워주심이로다
	10 ③ 사람이 흑암과 사망의 그늘에 앉으며 곤고와 쇠 사슬에 매임은
	11 하나님의 말씀을 거역하며 지존자의 뜻을 멸시함이라
	12 그러므로 수고로 저희 마음을 낮추셨으니 저희가 엎드러져도 돕는 자가 없었도다
	13 이에 저희가 그 근심 중에 여호와께 부르짖으매 **그 고통에서 구원하시되**
	14 흑암과 사망의 그늘에서 인도하여 내시고 그 얽은 줄을 끊으셨도다
	15 * 여호와의 인자하심과 인생에게 행하신 기이한 일을 인하여 그를 찬송할찌로다
	16 저가 놋문을 깨뜨리시며 쇠 빗장을 꺾으셨음이로다
	17 ④ 미련한 자는 저희 범과와 죄악의 연고로 곤난을 당하매
	18 저희 혼이 각종 식물을 싫어하여 사망의 문에 가깝도다
	19 이에 저희가 그 근심 중에 여호와께 부르짖으매 **그 고통에서 구원하시되**
	20 저가 그 말씀을 보내어 저희를 고치사 위경에서 건지시는도다
	21 * 여호와의 인자하심과 인생에게 행하신 기이한 일을 인하여 그를 찬송할찌로다
	22 감사제를 드리며 노래하여 그 행사를 선포할찌로다
	23 ⑤ 선척을 바다에 띄우며 큰 물에서 영업하는 자는
	24 여호와의 행사와 그 기사를 바다에서 보나니
	25 여호와께서 명하신즉 광풍이 일어나서 바다 물결을 일으키는도다
	26 저희가 하늘에 올랐다가 깊은 곳에 내리니 그 위험을 인하여 그 영혼이 녹는도다
	27 저희가 이리 저리 구르며 취한 자 같이 비틀거리니 지각이 혼돈하도다
	28 이에 저희가 그 근심 중에서 여호와께 부르짖으매 **그 고통에서 인도하여 내시고**
	29 광풍을 평정히 하사 물결로 잔잔케 하시는도다
	30 저희가 평온함을 인하여 기뻐하는 중에 여호와께서 저희를 소원의 항구로 인도하시는도다
	31 * 여호와의 인자하심과 인생에게 행하신 기이한 일을 인하여 그를 찬송할지로다
	32 백성의 회에서 저를 높이며 장로들의 자리에서 저를 찬송할지로다

하나님의 징벌과 인자	33-43
	33 ⑥ 여호와께서는 강을 변하여 광야가 되게 하시며 샘으로 마른 땅이 되게 하시며
	34 그 거민의 악을 인하여 옥토로 염밭이 되게 하시며
	35 또 광야를 변하여 못이 되게 하시며 마른 땅으로 샘물이 되게 하시고
	36 주린 자로 거기 거하게 하사 저희로 거할 성을 예비케 하시고
	37 밭에 파종하며 포도원을 재배하여 소산을 취케 하시며
	38 또 복을 주사 저희로 크게 번성케 하시고 그 가축이 감소치 않게 하실지라도
	39 ⑦ 다시 압박과 곤란과 우환을 인하여 저희로 감소하여 비굴하게 하시는도다
	40 여호와께서는 방백들에게 능욕을 부으시고 길 없는 황야에서 유리케 하시나
	41 궁핍한 자는 곤란에서 높이 드시고 그 가족을 양무리 같게 하시나니
	42 정직한 자는 보고 기뻐하며 모든 악인은 자기 입을 봉하리로다
	43 지혜 있는 자들은 이 일에 주의하고 여호와의 인자하심을 깨달으리로다

107편
구속함을 받은 자의 감사와 선포

> 여호와께 구속함을 받은 자는 이 같이 말할지어다 여호와께서 대적의 손에서 저희를 구속하사 동서남북 각 지방에서부터 모으셨도다(시 107:2-3).

107편은 "구속함을 받은 자"의 감사와 선포입니다. "그 인자하심이 영원함이로다"(1) 하고 "여호와의 인자"로 시작하여, "여호와의 인자하심을 깨달으리로다"(43) 하고 "여호와의 인자"로 마치고 있습니다.

도표에 나타난 대로 구원함을 얻었다는 점을,

㉮ "사막에서 길을 잃고 방황함, ㉯ 결박당하여 옥에 갇힘, ㉰ 중병에 걸림, ㉱ 항해 중에 풍랑을 만남" 등 4가지 상황을 예를 들어 설명하고 있습니다. 그러므로 107편의 핵심적인 주제는 후렴처럼 4번(8, 15, 21, 31) 등장하는, "여호와의 인자하심과 인생에게 행하신 기이한 일을 인하여 그를 찬송할지로다" 한 말씀에 있습니다.

107편이 1차적으로는 당시의 어떤 상황에서의 구원을 감사하고 찬양하는 것이라 하여도, 구속사에 있어서 궁극적인 "구속"(救贖)과, "인생에게 행하신 여호와의 기이(奇異)한 일"이 무엇인가 하는 점은 분명한 것입니다. 하나님께서 행해주신 최대의 기이한 일이란 자기 아들의 대속을 통해서, "죽기를 무서워하므로 일생에 매어 종노릇 하는 모든 자들을 놓아주려 하심"(히 2:15)인 것입니다.

첫째 단원(1-3) 구속함을 얻은 자의 감사

둘째 단원(4-32) 네 가지 상황을 통한 구원 예시

셋째 단원(33-43) 하나님의 징벌과 인자

첫째 단원(1-3) 구속함을 얻은 자의 감사

첫째 단원은 서론인데 구속함을 받은 자는, "여호와께 감사하고, 이같이 말할지어다", 즉 전파하라는 촉구입니다. "감사와 전파"는 구원을 얻은 자가 행해야 하는 좌우명과 같은 것입니다.

① "여호와께 감사하라 그는 선하시며 그 인자하심이 영원함이로다" 합니다.

㉠ 이는 명제와 같은 말씀으로 107편은 "여호와의 인자하심"(1)으로 시작하여 결론에서 "지혜 있는 자들은, 여호와의 인자하심을 깨달으리로다"(43) 하고 마치는 구조입니다.

"인자"라는 말이 6번(1, 8, 15, 21, 31, 43) 등장하는데, "인자"가 107편의 핵심인 것입니다. 하나님께서 어찌하여 이처럼 기이한 일을 행해주셨는가? "인자" 곧 사랑하시기 때문입니다. 그러므로 죄인들이 기대할 것은 "여호와의 인자" 밖에는 달리는 소망이 없는 것입니다. 그래서 "인자"는 시편의 중심주제 중 하나인 것입니다.

㉡ "여호와께 구속함을 받은 자는 이 같이 말할지어다" 즉 이렇게 고백하고 증거하라는 말씀인데 한마디로 표현한 것이, "여호와께서 대적의 손에서 저희(우리)를 구속하사 동서남북 각 지방에서부터 모으셨도다"(2-3) 하라는 것입니다. 이 말씀은 우리를, "사람들이 동서남북으로부터 와서 하나님의 나라 잔치에 참여하리니"(눅 13:29) 하신 말씀으로 인도해줍니다. 이에 대한 상론이 둘째 단원인 것입니다.

둘째 단원(4-32) 네 가지 상황을 통한 구원 예시

둘째 단원의 내용은 우리가 어떠한 상태에서 구속함을 받았는가 하는 점을 4가지 상황을 들어 알아듣기 쉽게 설명하고 있습니다. 이것이 "구속함을 받은 자"가 담대히 전해야할 내용입니다. 이점에서 인간이 당면하고 있는 문제와, 이에 대한 해답이 무엇인가를 볼 수 있어야만 합니다.

② 첫째 장면인데, "저희가 광야 사막 길에서 방황하며 거할 성을 찾지 못하고"(4) 합니다.

㉠ 이는 두 마디로 되어 있는데,

㉮ 첫째는 길을 잃고 방황하고 있다는 것이고, ㉯ 둘째는 어디로 가고 있는지를 모르고 있다는 것입니다. 이점이 "거할 성을 찾지 못하고"에 나타납니다.

㉡ 그리하여 "주리고 목마름으로 그 영혼이 속에서 피곤하였도다"(4-5) 합니다. 이것이 하나님을 떠난 모든 인생이 안고 있는 문제입니다.

㉢ 그래서 "이에 저희가 그 근심 중에 여호와께 부르짖으매 그 고통에서 건지시고 또 바른 길로 인도하사 거할 성에 이르게 하셨도다"(6-7) 합니다. 이것이 문제에 대한 해답입니다. 이와 같은 문제와 해답이 1차적으로는 바벨론 포로에서 귀환하게 해주신 일일 수가 있습니다. 그러나 이는 예표에 불과하였던 것입니다.

그러므로 여기서 끝이고 만다면 예수가 그리스도이심을 부인하는 유대인 학자들, 즉 "의문의 직분"(고후 3:7)자들이 하는 해석이 되고 맙니다. 우리는 구약에서 예표와 그림자로 보여주셨던 것이 실체로 밝히 드러난 것을 증거 해야 할 새 언약의 일꾼들(고후 3:6)입니다.

㉮ 그러면 궁극적인 해답이 무엇인가? 주님은 "내가 곧 길이요"(요 14:6) 하십니다. 그리고 성경은, "저희를 위하여 한 성을 예비하셨느니라"(히 11:16) 하고 말씀합니다. ㉯ 주님은 "광야 사막 길에서 방황하는" 자들을 향해서, "수고하고 무거운 짐 진 자들아 다 내게로 오라 내가 너희를 쉬게 하리라"(마 11:28) 하시고, ㉰ "주리고 목마름으로 그 영혼이 속에서 피곤하였도다"(5) 하는 자들을 향해서, "누구든지 목마르거든 내게로 와서 마시라 나를 믿는 자는 성경에 이름과 같이 그 배에서 생수의 강이 흘러나리라"(요 7:37-38) 말씀하십니다. 이것이 궁극적인 해답인 것입니다.

㉱ 8절은 첫 장면에 대한 결론인데, 구속함을 받은 자들은, "여호와의 인자하심과 인생에게 행하신 기이한 일을 인하여 그를 찬송할지로다 저가 사모하는 영혼을 만족케 하시며 주린 영혼에게 좋은 것으로 채워주심이로다"(8-9) 하고 찬송하라고 말씀합니다.

③ 둘째 장면은, "사람이 흑암과 사망의 그늘에 앉으며 곤고와 쇠사슬에 매임은"(10) 하고, 쇠사슬에 결박을 당하여 지하 감방에 갇힌 상황으로 표현하고 있습니다.

㉠ 왜 이렇게 되었는가? "하나님의 말씀을 거역하며 지존자의 뜻을 멸시함이라"(11), 즉 하나님의 말씀을 거역했기 때문이라는 것입니다. "그러므로 수고로 저희 마음을 낮추셨으니 저희가 엎드러져도 돕는 자가 없었도다"(12) 합니다. 이것이 모든 인생이 안고 있는 문제입니다.

㉡ "이에 저희가 그 근심 중에 여호와께 부르짖으매 그 고통에서 구원하시되 흑암과 사망의 그늘에서 인도하여 내시고 그 얽은 줄을 끊으셨도다 여호와의 인자하심과 인생에게 행하신 기이한 일을 인하

여 그를 찬송할지로다"(13-15) 합니다.

ⓒ 여기서 끝이는 가 했더니 멈추는 것이 아니라, "저가 놋 문을 깨뜨리시며 쇠 빗장을 꺾으셨음이로다"(16) 하고 더 나아갑니다. 이렇게 하는 심정이 무엇인가? 구속함을 받은 감격이 있기 때문입니다. 그렇다면 "놋 문을 깨뜨리시며 쇠 빗장을 꺾으시고" 그 안에 구금되어 있던 우리를 구출하여주신 "저"가 누군가?

ⓓ 신약성경은 대답하기를, "그도 또한 한 모양으로 혈육에 함께 속하심은 사망으로 말미암아 사망의 세력을 잡은 자 곧 마귀를 없이 하시며 또 죽기를 무서워하므로 일생에 매여 종노릇하는 모든 자들을 놓아주려 하심이니"(히 2:14-15) 합니다.

이는 바벨론의 포로를 구원하여주셨다는 이야기가 아닙니다. 이점이 "인생(人生)에게 행하신 기이한 일을 인하여"라는 표현에 나타납니다. 그러므로 "블레셋 사람이 그를 잡아 그 눈을 빼고 끌고 가사에 내려가 놋줄로 매고 그로 옥중에서 맷돌을 돌리게 하였더라"(삿 16:21) 한 삼손의 모습은 바로 사탄에게 사로잡혀 있는 모든 인생의 모습인 것입니다.

④ 셋째 장면은, "미련한 자는 저희 범과와 죄악의 연고로 곤난을 당하매 저희 혼이 각종 식물을 싫어하여 사망의 문에 가깝도다"(17-18), 즉 중병에 걸려 식음을 전폐한 죽음에 이르게 된 상태로 표현을 합니다. 이것이 모든 인생이 안고 있는 문제라는 것입니다.

㉠ "이에 저희가 그 근심 중에서 여호와께 부르짖으매 그 고통에서 구원하시되 저가 그 말씀을 보내어 저희를 고치사 위경에서 건지시는도다 여호와의 인자하심과 인생에게 행하신 기이한 일을 인하여 그를 찬송할지로다 감사제를 드리며 노래하여 그 행사를 선포할지로다"

(19-22) 합니다.

ⓛ 특히 주목하게 되는 것은 "저가 그 말씀을 보내어 저희를 고치사" 구원하여 주셨다, 즉 치료제가 "말씀"이라는 점입니다.

㉮ 그렇습니다. 주님은 "말씀이 육신이 되어"(요 1:14) 의원(醫員)으로 우리를 찾아와 주셨습니다. ㉯ 그리고 우리를 살릴 수 있는 약은, "인자의 살을 먹지 아니하고 인자의 피를 마시지 아니하면 너희 속에 생명이 없느니라 내 살을 먹고 내 피를 마시는 자는 영생을 가졌고" (요 6:53-54) 하십니다. 이것이 궁극적인 해답인 것입니다.

⑤ 넷째 장면은, "선척을 바다에 띄우며 큰물에서 영업하는 자는 여호와의 행사와 그 기사를 바다에서 보나니 여호와께서 명하신즉 광풍이 일어나서 바다 물결을 일으키는도다 저희가 하늘에 올랐다가 깊은 곳에 내리니 그 위험을 인하여 그 영혼이 녹는도다 저희가 이리 저리 구르며 취한 자 같이 비틀거리니 지각이 혼돈하도다"(23-27) 하고, 광풍을 만난 선원(船員)으로 표현을 합니다. 이것이 모든 사람이 인생 항로에서 당면하고 있는 문제라는 것입니다.

㉠ "이에 저희가 그 근심 중에서 여호와께 부르짖으매 그 고통에서 인도하여 내시고 광풍을 평정히 하사 물결로 잔잔케 하시는도다 저희가 평온함을 인하여 기뻐하는 중에 여호와께서 저희를 소원의 항구로 인도하시는도다 여호와의 인자하심과 인생에게 행하신 기이한 일을 인하여 그를 찬송할지로다 백성의 회에서 저를 높이며 장로들의 자리에서 저를 찬송할지로다"(28-32) 합니다.

ⓛ 이를 설명하기에 적합한 장면이 복음서에 있는데, "행선할 때에 예수께서 잠이 드셨더니 마침 광풍이 호수로 내리치매 배에 물이 가득하게 되어 위태한지라 제자들이 나아와 깨워 가로되 주여 주여 우

리가 죽겠나이다 한대 예수께서 잠을 깨사 바람과 물결을 꾸짖으시니 이에 그쳐 잔잔하여지더라 제자들에게 이르시되 너희 믿음이 어디 있느냐 하시니 저희가 두려워하고 기이히 여겨 서로 말하되 저가 뉘기에 바람과 물을 명하매 순종하는고 하더라(눅 8:23-25) 한 장면입니다.

ⓒ 이상 네 장면의 예시를 통해서 선포하고자 하는 것은 세 가지 요점인데,

㉮ 첫째는 모든 인간은 "그 고통에서 건지시고, 구원하시고"(6, 13, 19, 28) 한 구원을 얻어야할 상태에 있다는 것이고, ㉯ 둘째는 네 번(8, 15, 21, 31) 등장하는 "여호와의 인자", 즉 긍휼히 여김을 받을 것 밖에 없다는 것이고, ㉰ 셋째는 "인생에게 행하신 기이한 일"인데 "기이"하다 한 것은, "우리가 원수되었을 때에 그 아들의 죽으심으로 말미암아"(롬 5:10) 우리를 구원하여주신 행사는 상식적으로는 설명할 길이 없는 일이기 때문입니다.

"구속함을 받은 자는 이같이 말할지어다"(2) 했는데 우리는 이를 전해주어야 할 사명이 있는 것입니다.

셋째 단원(33-43) 하나님의 징벌과 인자

셋째 단원은 결론부분인데 둘째 단원에서 예시(例示)한 네 가지 상황에 대한 적용이라 할 수가 있습니다.

⑥ 부정과 긍정의 상반(相反)된 상황을 반복적으로 보여주고 있습니다. 먼저 부정적인 면인데,

㉠ "여호와께서는 강을 변하여 광야가 되게 하시며 샘으로 마른 땅이 되게 하시며 그 거민의 악을 인하여 옥토로 염밭이 되게 하시며"(33-34) 합니다. "강이 광야로, 샘이 마른 땅으로, 옥토가 염밭"이 되

게 하신다는 것입니다. 이점을 둘째 단원에서는, "방황하고, 쇠사슬에 매이고, 사경을 헤매고, 광풍을 만난" 상황으로 표현을 했습니다.

왜 그렇게 되었는가? "그 거민의 악을 인하여" 라고 말씀합니다. 이점을 11절에서는 "하나님의 말씀을 거역하며 지존자의 뜻을 멸시함이라" 말씀하고, 17절에서는 "저희 범과와 죄악의 연고"(17)라 합니다.

ⓛ 그러면 이에 대한 해답이 어떻게 주어졌는가? "또 광야를 변하여 못이 되게 하시며 마른 땅으로 샘물이 되게 하시고 주린 자로 거기 거하게 하사 저희로 거할 성을 예비케 하시고 밭에 파종하며 포도원을 재배하여 소산을 취케 하시며 또 복을 주사 저희로 크게 번성케 하시고 그 가축이 감소치 않게 하실지라"(35-38) 합니다.

이는 33-34절과는 정반대의 상황인데 하나님께서 행해주신 일입니다. 어떻게 "광야가 못이 되고, 마른 땅이 샘물"이 될 수가 있단 말인가? 한마디로 "여호와의 인자하심과 인생에게 행하신 기이한 일을 인하여"(8, 15, 21, 31) 인데, 곧 그리스도의 구속으로 말미암아 가능하여지는 것입니다.

ⓒ 그런가 하면 "다시 압박과 곤란과 우환을 인하여 저희로 감소하여 비굴하게 하시는도다 여호와께서는 방백들에게 능욕을 부으시고 길 없는 황야에서 유리케 하시나"(39-40) 하고, 징벌이 재연이 됩니다. 이는 하나님의 인자를 망각하고 또다시 "하나님의 말씀을 거역하며 지존자의 뜻을 멸시"(11) 했기 때문입니다.

ⓡ 그러나 여호와의 인자는, "궁핍한 자는 곤란에서 높이 드시고 그 가족을 양 무리 같게 하시나니 정직한 자는 보고 기뻐하며 모든 악인은 자기 입을 봉하리로다"(41-42) 하고, 또다시 "인자"를 베풀어주십니다.

ⓜ 그리하여 "구속함을 받은 자는 이같이 말할지어다"(2) 하고 시

작된 107편은, "지혜 있는 자들은 이 일에 주의하고 여호와의 인자하심을 깨달으리로다"(43) 하고 마치고 있습니다. "핵심이자 결론"은 "여호와의 인자"입니다. "여호와의 인자하심을 깨달으라, 영접을 하라"는 촉구인 것입니다.

107편 마지막 부분에는, "주린 자"(36), "궁핍한 자"(41), "정직한 자"(42), "지혜 있는 자"(43)가 있는데 이들에게는 "복을 주시고"(38), 그런가 하면 "방백들"이 있는데 그들에게는 "능욕을 부으시고 길 없는 황야에서 유리케 하신다"(40)고 말씀합니다.

"방백들"이란 백성의 지도자들을 가리킵니다. 그런데 어찌하여 이런 일을 당하게 되는가? "주린 자, 궁핍한 자"로 표현된 양 무리들을 바른 길로 인도하지 않았기 때문입니다. 그래서 자신들도 "황야에서 유리" 방황하게 된다는 것입니다. 주님께서는 "화 있을진저 너희 율법사여 너희가 지식의 열쇠를 가져가고 너희도 들어가지 않고 또 들어가고자 하는 자도 막았느니라"(눅 11:52) 하고 책망하십니다.

이점을 호세아서에서는 "누가 지혜가 있어 이런 일을 깨달으며 누가 총명이 있어 이런 일을 알겠느냐 여호와의 도는 정직하니 의인이라야 그 도에 행하리라 그러나 죄인은 그 도에 거쳐 넘어지리라"(호 14:9) 합니다. 형제여, "거쳐 넘어지지" 않도록 하십시다. 이것이 "구속함을 받은 자의 감사와 선포"입니다.

적용

구속함을 얻은 성도들은 먼저 "여호와의 인자하심과 인생에 행하신 기이한 일을 인하여 여호와를 찬송"(15)해야 마땅합니다. 그리고 구속함을 받은 자들은, 불신자들에게 네 가지 상황을 들어서 모든 인생이 당면하고 있는 문제와 해답이 무엇인가를 전해주어야 할 사명이 있는 것입니다. 형제는 네 가지 장면 중 어떤 상황을 만난 것은 아닙니까?

묵상

ㄱ 4가지 상황의 문제와 해답에 대해서,

ㄴ 원인이 어디에 있는가에 대해서,

ㄷ 107편을 통해서 말씀하시려는 중심 주제가 무엇인가에 대해서.

시편 108편 개관도표
거룩하심으로 하신 하나님의 말씀을 붙잡음

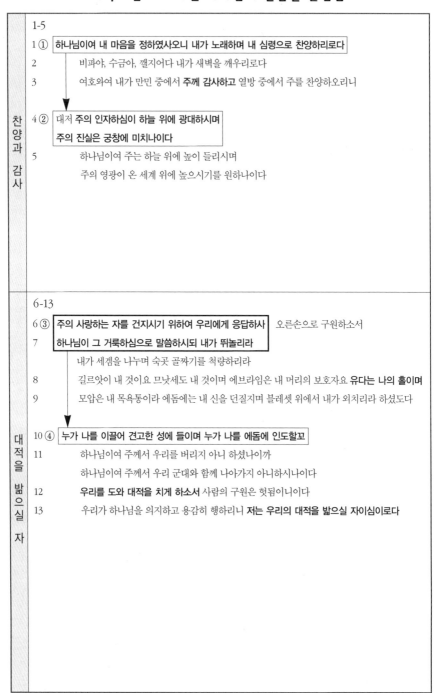

찬양과 감사	**1-5**	
	1 ①	하나님이여 내 마음을 정하였사오니 내가 노래하며 내 심령으로 찬양하리로다
	2	비파야, 수금아, 깰지어다 내가 새벽을 깨우리로다
	3	여호와여 내가 만민 중에서 **주께 감사하고** 열방 중에서 주를 찬양하오리니
	4 ②	대저 **주의 인자하심이 하늘 위에 광대하시며** **주의 진실은 궁창에 미치나이다**
	5	하나님이여 주는 하늘 위에 높이 들리시며 주의 영광이 온 세계 위에 높으시기를 원하나이다
대적을 밟으실 자	**6-13**	
	6 ③	**주의 사랑하는 자를 건지시기 위하여 우리에게 응답하사** 오른손으로 구원하소서
	7	**하나님이 그 거룩하심으로 말씀하시되 내가 뛰놀리라** 내가 세겜을 나누며 숙곳 골짜기를 척량하리라
	8	길르앗이 내 것이요 므낫세도 내 것이며 에브라임은 내 머리의 보호자요 **유다는 나의 홀이며**
	9	모압은 내 목욕통이라 에돔에는 내 신을 던질지며 블레셋 위에서 내가 외치리라 하셨도다
	10 ④	누가 나를 이끌어 견고한 성에 들이며 누가 나를 에돔에 인도할꼬
	11	하나님이여 주께서 우리를 버리지 아니 하셨나이까 하나님이여 주께서 우리 군대와 함께 나아가지 아니하시나이다
	12	**우리를 도와 대적을 치게 하소서** 사람의 구원은 헛됨이니이다
	13	우리가 하나님을 의지하고 용감히 행하리니 **저는 우리의 대적을 밟으실 자이심이로다**

108편
거룩하심으로 하신 하나님의 말씀을 붙잡음

대저 주의 인자하심이 하늘 위에 광대하시며 주의 진실은 궁창에 미치나이다
(시 108:4).

108편에는 다윗의 시라는 표제가 있는데, 1-5절은, 57:7-11절에서 가져 왔고, 6-13절은 60:5-12절에서 가져 온 것인데 모두 다윗의 시입니다. 57편은 "사울을 피하여 굴에 있던"환난 날에 지은 시요, 60편은 "에돔을 물리친"승리의 날에 지은 시인데 이 둘이 만남으로 환난 중에서도(11) 승리에 대한 확신(6-13)을 가지고, "내가 만민 중에서 주께 감사하고 열방 중에서 주를 찬양하오리니"(3) 하는 "감사와 찬양"(1-5)의 시로 다시 태어난 것입니다.

그러면 108편의 저자는 누구인가? 성령님인 것입니다.

전에는 둘이었으나 주 성령께서 짝지어주심으로 이제는 하나가 되어 새로운 주제를 증거하고 있는 것이 108편인데, "주께서 우리를 버리지 아니하셨나이까"(11) 하는 것으로 보아 예루살렘이 바벨론에 의하여 멸망한 시기에 결합한 것으로 여겨집니다.

108편을 해석하는 열쇠는 "하나님이 그 거룩함으로 말씀하셨다"(7)는 "하나님의 약속"을 붙잡는 일입니다. 현재 상황은 "버림을 당한"것 같은 상황이라 하여도, 거룩함으로 말씀하신 "하나님의 언약"

이 있기에 승리할 것을 확신하면서, "대저 주의 인자하심이 하늘 위에 광대하시며 주의 진실은 궁창에 미치나이다"(4) 하고, 찬양할 수가 있는 것입니다.

첫째 단원(1-5) 찬양과 감사
둘째 단원(6-13) 대적을 밟으실 자

첫째 단원(1-5) 찬양과 감사

① "하나님이여 내 마음을 정하였사오니 내가 노래하며 내 심령으로 찬양하리로다"(1) 합니다.

㉠ "내 마음이 확정이 되었다"는 진술은 마음이 흔들린 때가 있었다는 점을 나타냅니다. 그렇습니다. 시련과 환난을 당하면 누구나 마음이 흔들릴 수가 있는 것입니다. 77편을 보면 "환난 날"(2)을 당하여,

밤에 한 나의 노래를 기억하여 마음에 묵상하며 심령이 궁구하기를
주께서 영원히 버리실까, 다시는 은혜를 베풀지 아니하실까,
그 인자하심이 길이 다하였는가, 그 허락을 영구히 폐하셨는가,
하나님이 은혜 베푸심을 잊으셨는가,
노하심으로 그 긍휼을 막으셨는가 하였나이다(셀라). (시 77:6-9)

하고, 이 궁리, 저 궁리를 하고 있는 것을 봅니다.

㉡ 그런데 본문은, "비파야, 수금아, 깰 지어다 내가 새벽을 깨우리로다 여호와여 내가 만민 중에서 주께 감사하고 열방 중에서 주를 찬양하오리니"(2-3) 하고, "감사와 찬양"을 돌리고 있는 것이 아닌가?

이처럼 "마음이 확정"이 되어, "감사와 찬양"을 하게 되는 비결이 무엇인가? "하나님이 그 거룩하심으로 말씀하신" 언약을 붙잡는 것입니다.

ⓒ 하나님과의 관계는 언약의 관계입니다. 그러므로 언약 백성들은 자신이 좀 잘한 일은 물론이거니와 행하지 못한 일, 심지어 실수하고 넘어진 일 보다는 최우선적으로 하나님께서 거룩하심으로 말씀하신 언약을 붙잡고 묵상하는 자들입니다. 그리하여 환난 중에서도, "내 마음을 정하였사오니 내가 노래하며 내 심령으로 찬양하리이다"(1) 하는 자들입니다.

하나님께서는 "내가 나의 거룩함으로 한 번 맹세하였은즉 다윗에게 거짓을 아니할 것이라"(89:35) 하십니다. 혹시 죄를 범할지라도 "내가 지팡이로 저희 범과를 다스리며 채찍으로 저희 죄악을 징책하리로다 그러나 나의 인자함을 그에게서 다 거두지 아니하며 나의 성실함도 폐하지 아니하며 내 언약을 파하지 아니하며 내 입술에서 낸 것도 변치 아니하리로다"(89:32-34) 하십니다.

하나님께서 이렇게 말씀하셨는데 네가 무엇이 관대, "거룩하심으로 말씀하신" 하나님의 언약을 업신여기고 불안하여 한단 말이냐? 이것은 불신앙인 것입니다.

② 이를 알았기에, "대저 주의 인자하심이 하늘 위에 광대하시며 주의 진실은 궁창에 미치나이다"(4) 하는 것입니다.

ⓐ "주의 인자"란 하나님의 은혜를 가리킵니다. 하나님께서 배은망덕한 우리에게 "거룩하심으로 말씀"하여 주셨다는 것은 하나님의 은혜인 것입니다. 그리고 "궁창에 미치나이다 한 진실"(眞實)은, "내 입술에서 낸 것도 변치 아니하리로다" 하신, 언약하신 바를 반드시 지켜

주시는 하나님의 신실하심을 가리킵니다.

그렇다면 구속사(救贖史)에 있어서 "하늘 위에 광대하시며, 궁창에 미칠" 이와 같은 "인자와 진실"이 무엇인가? 구약교회에는 "출애굽" 사건이었고, 신약교회에는 "우리를 사랑하사 우리 죄를 위하여 화목제로 그 아들을 보내주신"(요일 4:10) 행사인 것입니다. 그리고 이것은 둘이 아니라 "예표와 실체"로 나타내신 하나인 것입니다.

ⓛ 그래서 "하나님이여 주는 하늘 위에 높이 들리시며 주의 영광이 온 세계 위에 높으시기를 원하나이다"(5) 하고 찬양을 돌리고 있는 것입니다. 문제 자체만을 바라보면 점점 빠져 들어갈 뿐 해답이 없는 것입니다. 위에서 인용한 77편에서도, "또 내가 말하기를 이는 나의 연약함이라 지존자의 오른손의 해 곧 여호와의 옛적 기사를 기억하여 그 행하신 일을 진술하리이다 또 주의 모든 일을 묵상하며 주의 행사를 깊이 생각하리이다" 하고, 하나님께서 행해주신 행사를 "진술하리이다, 모든 일을 묵상하며, 깊이 생각하리이다"할 때에, "하나님이여 주의 도는 극히 거룩하시오니 하나님과 같이 큰 신이 누구오니이까"(시 77:10-13) 하고 찬양하는 것을 보게 됩니다.

둘째 단원(6-13) 대적을 밟으실 자

③ "주의 사랑하는 자를 건지시기 위하여 우리에게 응답하사 오른손으로 구원하소서"(6) 합니다.

둘째 단원의 구조는 "오른 손으로 구원하소서(6), 사람의 구원은 헛됨이니이다"(12) 하는 구조입니다. 그리하여 결론은, "우리가 하나님을 의지하고 용감히 행하리니 저는 우리의 대적을 밟으실 자이심이로다"(13) 하는 확신에 이르게 됩니다.

㉠ 그리고 확신의 근거는, "하나님이 그 거룩하심으로 말씀하시되"(7상) 한 하나님의 약속에 있습니다. 그렇다면 언제, 누구에게 "거룩하심으로 말씀"하셨단 말인가? 이를 구속사의 맥락으로 보면, "내가 나의 거룩함으로 한번 맹세하였은즉 다윗에게 거짓을 아니할 것이라"(89:35) 하신, 다윗에게 세워주신 언약을 가리키는 것이 됩니다. 또한 "이는 그 거룩한 말씀과 그 종 아브라함을 기억하셨음이로다"(105:42) 한 아브라함에게 세워주신 메시아언약이기도 합니다.

㉡ 이점이 이어지는 말씀에도 나타나는데, "내가 세겜을 나누며 숙곳 골짜기를 척량하리라 길르앗이 내 것이요 므낫세도 내 것이며 에브라임은 내 머리의 보호자요 유다는 나의 홀이며"(7하-8) 한 말씀을 통해서입니다. 이 말씀이 시편 기자 당시는 회복에 대한 격려와 소망으로 주어진 것이지만, "유다는 나의 홀이며" 하는 선언은 거기서 멈추게 하는 말씀이 아닌 것입니다.

㉮ 왜냐하면 창세기 49:10절에서 "홀이 유다를 떠나지 아니하며 치리자의 지팡이가 그 발 사이에서 떠나지 아니하시기를 실로가 오시기까지 미치리니" 하고 예언되었고, ㉯ 메시아 예언이 선명한 110편에서도, "여호와께서는 시온에서부터 주의 권능의 홀을 내어 보내시리니 주는 원수 중에서 다스리소서"(110:2) 말씀하고, ㉰ 심지어 하나님께서 거짓 선지자 발람의 눈을 여시매, "내가 그를 보아도 이 때의 일이 아니며 내가 그를 바라보아도 가까운 일이 아니로다, 한 별이 야곱에게서 나오며 한 홀이 이스라엘에서 일어나서"(민 24:17) 하고 증거되어 있기 때문입니다. 이 "홀"은 메시아를 상징하는 표현인 것입니다.

㉢ 이런 맥락에서 "모압은 내 목욕통이라 에돔에는 내 신을 던질지며 블레셋 위에서 내가 외치리라 하셨도다 누가 나를 이끌어 견고한

성에 들이며 누가 나를 에돔에 인도할꼬"(9-10) 한 묘사는 궁극적으로 그리스도를 전망하는 말씀입니다. 이점이 "저는 우리의 대적을 밟으실 자이심이로다"(13) 한 말씀에 나타납니다.

㉣ 7절에서는 "내가 뛰놀리라" 말씀하고, 9절에서는 "내가 외치리라" 하시는데 이는 모두 큰 기쁨을 나타내는 말입니다. 이 기쁨은 궁극적으로 유다 지파 다윗의 자손으로 오실 그리스도에게서 성취될 복음의 승리와 기쁨을 전망하는 것이라 하겠습니다.

7-10절 안에는 "나"라는 인칭이 9번이나 등장하는데 문맥적으로는 하나님 자신을 가리키는 것으로 되어 있으나, 하나님의 언약을 붙잡고 있는 자의 확신으로 적용이 되는 것입니다. "길르앗이 내 것이요"(8) 하고 이미 받은 것으로 여기고, 기뻐 "뛰놀며", 큰소리로 "외쳐야"(9) 하는 것은 하나님의 언약을 믿는 성도들 자신들이기 때문입니다.

④ "누가 나를 이끌어 견고한 성에 들이며 누가 나를 에돔에 인도할꼬"(10) 하고, "누가, 누가" 하고, 자신을 이끌어 견고한 성 에돔을 정복케 할 "누구"를 간절히 찾고 있습니다.

㉠ 왜냐하면 당면한 현실은, "하나님이여 주께서 우리를 버리지 아니 하셨나이까 하나님이여 주께서 우리 군대와 함께 나아가지 아니하시나이다"(11-12) 한 환난과 패배를 당하고 있는 상황이기 때문입니다. 그래서 "우리를 도와 대적을 치게 하소서 사람의 구원은 헛됨이니이다"(12) 하고 호소하는 것입니다.

㉡ 이에 대해서 108편은, "우리가 하나님을 의지하고 용감히 행하리니 저는 우리의 대적을 밟으실 자이심이로다"(13) 하고 대답을 합니다. 먼저 "하나님을 의지한다"는 구체적인 뜻이 무엇인가?

㉮ "거룩하심으로 말씀하신" 하나님의 언약을 믿는 것입니다. ㉯

그러면 "대적을 밟으실 자"란 누군가? 궁극적으로는, "여자의 후손은 네 머리를 상하게 하리니"(창 3:15) 하신 원복음의 성취자로 오실 "임마누엘" 하나님이신 것입니다.

이점을 신약성경에서는 "평강의 하나님께서 속히 사탄을 너희 발 아래서 상하게 하시리라"(롬 16:20) 하고 말씀합니다. 이것이 "거룩하심으로 하신 하나님의 말씀을 붙잡음"입니다.

적용

아직 전쟁은 끝나지 않았고, 사탄은 아직 발등상이 되지 않았습니다. 우리의 마음을 요동하게 하는 상황은 아직도 많이 있습니다. 하나님을 의지하고 마음을 확정하는 비결은 기사와 이적에 있는 것이 아니라 영원불변인 하나님의 언약을 붙잡는 것입니다. 언약 위에 굳게 서서 용감히 행하시면서 하나님의 인자와 진실을 찬양하시기를 기원합니다.

묵상

㉠ 두 부분(1-5, 6-13)의 주제가 무엇인가에 대해서,

㉡ 어떤 근거에서 승리를 확신하게 되었는가에 대해서,

㉢ "하나님을 의지한다"는 구체적인 방법에 대해서.

나는 사랑하나 도리어 나를 대적하니

악으로 선을 갚음	1-6	
	1 ①	나의 찬송하는 하나님이여 잠잠하지 마옵소서
	2	대저 저희가 악한 입과 궤사한 입을 열어 나를 치며 거짓된 혀로 내게 말하며
	3	또 미워하는 말로 나를 두르고 무고히 나를 공격하였나이다
	4 ②	나는 사랑하나 저희는 도리어 나를 대적하니 나는 기도할 뿐이라
	5	저희가 악으로 나의 선을 갚으며 미워함으로 나의 사랑을 갚았사오니
	6	악인으로 저를 제어하게 하시며 대적으로 그 오른편에 서게 하소서

사랑을 대적하는 자가 받을 저주	7-20	
	7 ③	저가 판단을 받을 때에 죄를 지고 나오게 하시며 그 기도가 죄로 변케 하시며
	8	그 연수를 단촉케 하시며 그 직분을 타인이 취하게 하시며
	9 ④	그 자녀는 고아가 되고 그 아내는 과부가 되며
	10	그 자녀가 유리 구걸하며 그 황폐한 집을 떠나 빌어먹게 하소서
	11	고리대금하는 자로 저의 소유를 다 취하게 하시며 저의 수고한 것을 외인이 탈취하게 하시며
	12	저에게 은혜를 계속할 자가 없게 하시며 그 고아를 연휼할 자도 없게 하시며
	13	그 후사가 끊어지게 하시며 후대에 저희 이름이 도말되게 하소서
	14 ⑤	여호와는 그 열조의 죄악을 기억하시며 그 어미의 죄를 도말하지 마시고
	15	그 죄악을 항상 여호와 앞에 있게 하사 저희 기념을 땅에서 끊으소서
	16	저가 긍휼히 여길 일을 생각지 아니하고 가난하고 궁핍한 자와
		마음이 상한 자를 핍박하여 죽이려 한 연고니이다
	17 ⑥	저가 저주하기를 좋아하더니 그것이 자기에게 임하고 축복하기를 기뻐 아니하더니
		복이 저를 멀리 떠났으며
	18	또 저주하기를 옷 입듯 하더니 저주가 물 같이 그 내부에 들어가며
		기름 같이 그 뼈에 들어갔나이다
	19	저주가 그 입는 옷 같고 항상 띠는 띠와 같게 하소서
	20	이는 대적 곧 내 영혼을 대적하여 악담하는 자가 여호와께 받는 보응이니이다

나를 구원하소서	21-31	
	21 ⑦	주 여호와여 주의 이름을 인하여 나를 선대하시며 주의 인자하심이 선함을 인하여 나를 건지소서
	22	나는 가난하고 궁핍하여 중심이 상함이니이다
	23	나의 가는 것은 석양 그림자 같고 또 메뚜기 같이 불려가오며
	24	금식함을 인하여 내 무릎은 약하고 내 육체는 수척하오며
	25	나는 또 저희의 훼방거리라 저희가 나를 본즉 머리를 흔드나이다
	26 ⑧	여호와 나의 하나님이여 나를 도우시며 주의 인자하심을 좇아 나를 구원하소서
	27	이것이 주의 손인 줄을 저희로 알게 하소서 여호와께서 이를 행하셨나이다
	28	저희는 저주하여도 주는 내게 복을 주소서
		저희는 일어날 때에 수치를 당할 지라도 주의 종은 즐거워하리이다
	29	나의 대적으로 욕을 옷 입듯 하게 하시며 자기 수치를 겉옷 같이 입게 하소서
	30	내가 입으로 여호와께 크게 감사하며 무리 중에서 찬송하리니
	31	저가 궁핍한 자의 우편에 서사 그 영혼을 판단하려 하는 자에게서 구원하실 것임이로다

109편
나는 사랑하나 도리어 나를 대적하니

나는 사랑하나 저희는 도리어 나를 대적하니 나는 기도할 뿐이라(시 109:4).

109편을 흔히 "저주 시"로 분류하나 그것은 피상적(皮相的)인 관찰입니다. 그러므로 109편을 해석하는 열쇠는, "나는 사랑하나 저희는 도리어 나를 대적하니"(4) 하는 말씀입니다. 먼저는 저주가 아닌 "사랑을 하고(4), 선"(5)을 베풀었다는 점을 간과(看過)해서는 아니 됩니다. 구속사에 있어서 이처럼 대우한 최대의 사건이 무엇인가? 하나님의 아들 그리스도를 배척한 사건입니다. 저주는 그 사랑을 배반한 자에게 불가피 하게 임하는 보응인 것입니다.

성경을 교훈적인 관점으로 대하게 되면, "저주"로 가득 찬 109편과 같은 시를 대하게 될 때에 난감한 마음이 들게 됩니다. 그것은 이 저주가 복음시대를 살아가는 그리스도인들에게 어떤 의미가 있으며 어떻게 적용할 수가 있는가 하는 점 때문입니다.

그러므로 성경에 등장하는 사건이나 기사에는 교훈적(敎訓的)인 면만이 아니라 신학적(神學的)인 면이 있다는 점을 인식해야만 합니다. "가나안 족속들을 아껴보지 말고 진멸하라"는 명령 같은 것은 교훈적으로는 불가해한 일인 것입니다. 본문에서도 왜 저주를 하고 있는가? 망극한 사랑을 배신했기 때문이요, 배신한 것만이 아니라 "악으로 선을 갚으며 미움으로 사랑"(5)을 대적하고 있기 때문입니다.

그렇다면 다섯 절(1-5) 안에 10번이나 등장하는 "나"가 누군가? 1차적으로는 109편의 저자인 다윗을 가리킵니다. 그리고 분명한 것은 "나"라는 사람이 "주의 종은 즐거워 하리이다"(28) 한 "주의 종"이라는 사실입니다. 그러므로 다윗을 대적한 것이 다윗을 택하시고 그에게 메시아언약을 세워주신 하나님을 대적하는 것이 되는 것입니다.

이런 맥락에서 다윗은 그리스도에 대한 예표의 인물이라는 점입니다. 이점이 신약성경에서, "그 직분을 타인이 취하게 하시며" 한 8절을, 배신자 가룟 유다로 응하여졌다(행 1:20) 하고 적용시키는 데서도 드러납니다. 주님께서도 "오직 멸망의 자식뿐이오니 이는 성경을 응하게 함이니이다"(요 17:12) 하고 말씀하셨습니다.

그러므로 109편의 저주는 "친구를 위하여 자기 목숨을 버리면 이에서 더 큰 사랑이 없나니"(요 15:13) 한 그리스도의 구속의 "사랑"을 배신한 자들이 당하게 될 화가 되는 것입니다.

첫째 단원(1-6) 악으로 선을 갚는 자
둘째 단원(7-20) 사랑을 대적하는 자가 받을 저주
셋째 단원(21-31) 나를 구원하소서

첫째 단원(1-6) 악으로 선을 갚는 자

① "나의 찬송하는 하나님이여 잠잠하지 마옵소서"(1) 합니다.

㉠ "저주 시"로 분류되는 109편은, "나의 찬송하는 하나님이여"(1) 하고 찬송으로 시작하여, "내가 입으로 여호와께 크게 감사하며 무리 중에서 찬송하리니"(30) 하고 "찬양"으로 마치는 구조로 되어 있습니

다. 이는 109편이 하나님 중심임을 말해줍니다. 이점이 왜 중요하냐 하면 109편의 저주가 사사로운 것이 아니라 하나님의 구원계획을 대적하는 자에 대한 공적인 분노(憤怒)임을 말해주기 때문입니다.

ⓛ "대저 저희가 악한 입과 궤사한 입을 열어 나를 치며 거짓된 혀로 내게 말하며 또 미워하는 말로 나를 두르고 무고히 나를 공격하였나이다"(2-3) 합니다. 주목하게 되는 것은 "나"라는 주인공을 "무고(無故)히 공격"하는 병기(兵器)로 언어와 관련된 "악한 입, 궤사한 입, 거짓된 혀, 미워하는 말" 등이 동원되고 있다는 점입니다.

사도 바울도 로마서에서 죄론(罪論)을 진술하는 중에, "저희 목구멍은 열린 무덤이요 그 혀로는 속임을 베풀며 그 입술에는 독사의 독이 있고 그 입에는 저주와 악독이 가득하고"(롬 3:13-14) 하고 "입"이 가장 큰 불의의 병기로 악용되고 있음을 지적하고 있습니다.

이처럼 영적 전쟁이란 입을 매개로 하는 "말", 즉 진리(眞理)와 비진리의 전쟁이요, 말과 함께 역사하는 성령(聖靈)과 악령의 전쟁인(계 16:13) 것입니다.

이점에서 유념해야할 점은 "입" 자체가 악한 것이 아니라, 사람 속에 도사리고 있는 악한 세력이 발동하는 통로, 즉 포구(砲口)와도 같다는 것입니다. 그러면 저들 마음속에 있는 것이 무엇인가? "미움"(3, 5)입니다. 그리고 미움은 "전에 악한 행실로 멀리 떠나 마음으로 원수가 되었던"(골 1:21), 하나님과 원수 된 미움이라는 점입니다.

② "나는 사랑하나 저희는 도리어 나를 대적하니 나는 기도할 뿐이라"(4) 합니다.

ⓛ 이는 세 마디로 되어 있는데,

㉮ 첫째가, "나는 사랑하나" 하는 말입니다. 다윗은 사울 왕을 사랑

했고, 반역한 아들 압살롬이 죽었다는 말을 듣고는 "내 아들 압살롬아 내가 너를 대신하여 죽었더면, 내 아들 압살롬아"(삼하 18:33) 하고 비통해할 정도로 사랑했습니다. ⓝ 둘째는 "저희는 도리어 나를 대적하니"(4중) 하는 말입니다. 저들이 어떻게 대적하였는가 하는 점이 2-3절과, 5절에 나타나 있습니다. 저들은 사랑을 받지 않는 것만이 아니라 도리어, "사랑"을 대적하고, 공격하고 있다는 것입니다. ⓓ 셋째는 "기도할 뿐이라" 한 말입니다. 이 말은 109편의 내용으로 볼 때는 모순 되는 듯 합니다. 왜냐하면 "기도할 뿐이라" 한 "나"라는 사람이 무서운 저주를 퍼붓고 있기 때문입니다. 여기에 교훈적인 면과 신학적인 면이 나타나는 것입니다.

신학적으로는 본문의 저주란 궁극적으로 사탄에 대한 적대감인 "통분"(요 11:33; 행 17:16)인 것입니다. 이럴 경우 교훈적으로는, "너희는 원수를 사랑하며 너희를 핍박하는 자를 위하여 기도하라(마 5:44), 내 사랑하는 자들아 너희가 친히 원수를 갚지 말고 진노하심에 맡기라, 악에게 지지 말고 선으로 악을 이기라"(롬 12:19, 21) 하고 권면합니다.

ⓛ 다윗은 무엇이라 기도했을까? "뱀들아 독사의 새끼들아"(마 23:33) 하고 격노하셨던 주님은 십자가상에서, "아버지여 저희를 사하여 주옵소서 자기의 하는 일을 알지 못함이니이다"(눅 23:34) 하고 기도하셨습니다. 다윗도 그렇게 기도했을 것입니다. 이것이 109편의 기본적인 정신입니다.

㉮ 메시아 예언으로 유명한 이사야 53장을 보십시오. "그가 자기 영혼을 버려 사망에 이르게 하며 범죄 자 중 하나로 헤아림을 입었음이라 그러나 실상은 그가 많은 사람의 죄를 지며 범죄자를 위하여 기도하였느니라"(사 53:12) 합니다. ㉯ 신약성경에서는 "너희가 옳은

자를 정죄하였도다 또 죽였도다 그는 너희에게 대항하지 아니 하였느니라"(약 5:6) 합니다.

ⓛ "저희가 악으로 나의 선을 갚으며 미워함으로 나의 사랑을 갚았사오니 악인으로 저를 제어하게 하시며 대적으로 그 오른편에 서게 하소서"(5-6) 합니다. "악으로 선을 갚는 것"은 사악한 사탄의 술법이요, "악을 선으로 바꾸시는 것"은 인자하신 하나님의 은혜입니다.

창세기는 마지막 장에서, "당신들은 나를 해하려 하였으나 하나님은 그것을 선으로 바꾸사 오늘과 같이 만민의 생명을 구원하게 하시려 하셨나니"(창 50:20) 말씀하고 있는데 이는 구속의 역사를 단적으로 증언하는 진술인 것입니다. 이것이 "악으로 선을 갚는 자"입니다.

둘째 단원(7-20) 사랑을 대적하는 자가 받을 저주

③ "저가 판단을 받을 때에 죄를 지고 나오게 하시며 그 기도가 죄로 변케 하시며"(7) 합니다.

둘째 단원은 대적 자를 저주하는 내용인데, 6-8절은 "저"라는 대적자를 저주하는 내용이고, 9-13절은 그의 가족을, 14-15절은 "저"의 열조에 대한 저주로 되어 있습니다. 참으로 철두철미한 저주라 할 수가 있습니다. 이에 대한 구속사적 의미가 무엇인가?

㉠ 최우선적으로 주목하게 되는 것은 "인칭"입니다. 1-5절의 인칭은 "저희"라는 복수로 되어 있습니다. 그런데 저주를 퍼붓고 있는 6-19절의 인칭은 "저"라는 단수로 되어 있다는 점입니다. 또한 "저"가 대적하는 상대도 "우리"가 아닌 "나"라는 단수로 되어 있습니다.

이는 결코 무심한 것이 아닙니다. 원복음은 "여자의 후손은 네 머리를 상하게 할 것이요 너는 그 발꿈치를 상하게 할 것이니라"(창

3:15) 하고 단수로 되어 있기 때문입니다. 우리는 두 대표자(代表者) 간의 싸움에서 이겨 놓으신 싸움을 싸우고 있는 것입니다.

ⓒ "판단을 받을 때에"(7) 하는데 판단은 하나님께 속한 것입니다. "저가 판단을 받을 때"란 궁극적으로 "하나님께서 각 사람에게 그 행한 대로 보응하시는"(롬 2:6) 심판의 날을 전망하는 것입니다.

그날에 저들은 자신들이 행한 "죄를 지고 나오게" 되리라는 것입니다. 왜냐하면 "저희의 죄를 저희에게 돌리지 아니하시고, 죄를 알지도 못하신 자로 우리를 대신하여 죄를 삼으신"(고후 5:19, 21) 사랑을 배신했기 때문입니다. 그런 자들은 자기 죄를 자신이 책임질 수밖에 없는 것입니다.

ⓒ "그 연수를 단축케 하시며 그 직분을 타인이 취하게 하시며"(8) 합니다. 여기 결정적인 근거가 나타나는데 신약성경에서는 "그 직분을 타인이 취하게 하시며"를 인용하여 "성령이 다윗의 입을 의탁하사 예수 잡는 자들을 지로한 유다를 가리켜 미리 말씀하신 성경이 응하였으니 마땅하도다"(행 1:15-20) 하고, 동일한 성령께서 베드로의 입을 의탁하여 증거케 하셨습니다. 그러므로 109편은 신약성경을 통하여 분명하게 드러난 이 말씀에 의하여 지배를 받아야 마땅한 것입니다.

④ 9-13절은 "자녀, 아내", 즉 가족에 대한 저주인데, "그 자녀는 고아가 되고 그 아내는 과부가 되며"(9) 합니다. 이는 "저"라는 대적 자를 따르는 권속으로 볼 수가 있습니다. 반면 우리들은 하나님의 권속들인 것입니다.

ⓒ "그 자녀가 유리 구걸하며 그 황폐한 집을 떠나 빌어먹게 하소서 고리대금하는 자로 저의 소유를 다 취하게 하시며 저의 수고한 것을 외인이 탈취하게 하시며 저에게 은혜를 계속할 자가 없게 하시며

그 고아를 연휼할 자도 없게 하시며 그 후사가 끊어지게 하시며 후대에 저희 이름이 도말되게 하소서"(10-13) 합니다.

"그 후사가 끊어지게 하시며" 하는데, 사탄은 "여인의 후손"의 줄기를 끊으려고 대적하는 자라는 점입니다. 가인이 아벨을 쳐 죽인 것도 사탄이 가룟 유다 속에 들어가 예수 그리스도를 죽이려한 것과 같은 맥락인 것입니다.

⑤ "여호와는 그 열조의 죄악을 기억하시며 그 어미의 죄를 도말하지 마시고"(14) 하고 "열조의 죄악"을 언급합니다.

㉠ 구속사를 보면 "여호와와 그 기름 부음받은 자"를 대적한 것은 어제 오늘의 일이 아니라 열조 때부터였던 것입니다. 그래서 주님은 유대인들을 향하여, "너희가 너희 조상의 양을 채우라 뱀들아 독사의 새끼들아"(마 23 : 32-33) 하고 책망하셨습니다.

㉡ "그 죄악을 항상 여호와 앞에 있게 하사 저희 기념을 땅에서 끊으소서 저가 긍휼히 여길 일을 생각지 아니하고 가난하고 궁핍한 자와 마음이 상한 자를 핍박하여 죽이려 한 연고니이다"(15-16) 합니다. 시편이 말씀하는 "가난하고 궁핍한 자, 마음이 상한 자"란 "저"로부터 박해를 당하는 경건한 자들을 가리키는 말입니다.

⑥ "저가 저주하기를 좋아하더니 그것이 자기에게 임하고 축복하기를 기뻐 아니하더니 복이 저를 멀리 떠났으며"(17) 하고, "저주와 축복"이 대조되어 있는데 "저주" 받는 길만이 아니라 "축복" 받는 길도 열려 있다는 것입니다.

㉠ "축복과 저주"는 더듬어 올라가면 하나님께서 아브라함에게, "너를 축복하는 자에게는 내가 복을 내리고 너를 저주하는 자에게는

내가 저주하리니 땅의 모든 족속이 너를 인하여 복을 얻을 것이니라"(창 12:3) 하신 말씀과 만나게 됩니다.

㉮ 명심하십시다. 땅의 모든 족속이 "아브라함"으로 인하여 복을 얻는 것이 아니라, 아브라함의 자손으로 오실 그리스도를 인하여 구원의 복을 받게 되고, ㉯ 오늘날 아브라함을 저주하는 자가 저주를 받는 것이 아니라 그의 자손으로 오신 그리스도를 저주하는 자가 저주를 받게 된다는 사실을!

㉡ 이런 맥락에서, "또 저주하기를 옷 입듯 하더니 저주가 물 같이 그 내부에 들어가며 기름 같이 그 뼈에 들어갔나이다 저주가 그 입는 옷 같고 항상 띠는 띠와 같게 하소서"(18-19) 한 "저주와 축복"을 신약 적으로 말하면, "이는 그 마지막이 사망임이니라, 이 마지막은 영생이라"(롬 6:21, 22)가 되는 것입니다.

㉢ 그래서 "이는 대적 곧 내 영혼을 대적하여 악담하는 자가 여호와께 받는 보응이니이다"(20) 하는 결론에 이르게 되는 것입니다.

셋째 단원(21-31) 나를 구원하소서

셋째 단원의 중심주제는 "나를 건지소서(21), 나를 구원하소서"(26) 하는 구원 요청입니다. 시편 기자는 대적에 대한 적대감을 끝이고,

① "주 여호와여 주의 이름을 인하여 나를 선대하시며 주의 인자하심이 선함을 인하여 나를 건지소서"(21) 하고, 대적으로부터 자신을 건저주시기를 간구합니다. 그래서 인칭이 "나"로 되어 있는데 무려 13번이나 등장합니다.

㉠ 어디에 근거하여 구원을 간구하는가? 21절 안에는,

㉮ "주의 이름을 인하여, 주의 인자하심, 선하심을 인하여"(21) 라

는 말씀이 있습니다. "인하여"란 "원인"을 가리키는 말입니다. 자신에게 무슨 공로나 자격이 있어서가 아니라 "주의 인자하심과 선하심을 인하여", 그리고 무엇보다도 자신에게 걸려 있는 "주의 이름을 인하여" 구원하여 달라는 호소입니다. ⓒ 그러므로 하나님의 자녀 된 그리스도인들은 자신에게 "주의 이름"이 걸려 있다는 점을 놓치지 않고 명심한다는 점은 성화와 승리의 삶을 살아가는데 사활적으로 중요한 요점입니다.

ⓒ 나 자신은 어떤 처지에 있는가? "나는 가난하고 궁핍하여 중심이 상함이니이다 나의 가는 것은 석양 그림자 같고 또 메뚜기 같이 불려가오며 금식함을 인하여 내 무릎은 약하고 내 육체는 수척하오며 나는 또 저희의 훼방거리라 저희가 나를 본즉 머리를 흔드나이다"(22-25), 이러한 자신을 내려다보아서는 점점 빠져들어 갈뿐 소망이 없습니다.

"주의 이름을 인하여, 주의 인자하심, 선하심을 인하여"(21) 구원하여 달라고 매달려야 합니다.

⑧ 그래서 "여호와 나의 하나님이여 나를 도우시며 주의 인자하심을 좇아 나를 구원하소서"(26),

ⓒ "이것이 주의 손인 줄을 저희로 알게 하소서 여호와께서 이를 행하셨나이다"(27) 합니다. "이것이 주의 손인 줄을 저희로 알게 하소서", 이는 대단히 중요한 요점입니다.

㉮ 나를 택하신 분이 "주의 손"이요, ㉯ 나를 구원하신 분이 "주의 손"이요, ㉰ 나를 "붙잡고 계신 분이 "주의 손"이라는 점을 대적 자들로 하여금 보고 알게 해달라는 것입니다.

모세는 홍해를 육지 같이 건넌 후에 부른 노래에서 자신들을 애굽 바로의 손에서 구원하여 주신 것을 "여호와여 주의 오른손이 권능으로 영광을 나타내시니이다 여호와여 주의 오른손이 원수를 부수시나이다"(출 15:6) 하고 "하나님의 오른손"이 구원하여주셨다고 찬양했습니다.

ⓛ 28-30절은 대조로 되어 있는데,

㉮ "저희는 저주하여도 주는 내게 복을 주소서", ㉯ "저희는 일어날 때에 수치를 당할 지라도 주의 종은 즐거워하리이다"(28), ㉰ "나의 대적으로 욕을 옷 입듯 하게 하시며 자기 수치를 겉옷 같이 입게 하소서"(29), 그러나 나는 "내가 입으로 여호와께 크게 감사하며 무리 중에서 찬송하리니"(30) 합니다.

ⓒ 그리고 "나의 찬송하는 하나님이여 잠잠하지 마옵소서"(1) 하고 시작한 109편은, "저가 궁핍한 자의 우편에 서서 그 영혼을 판단하려 하는 자에게서 구원하실 것임이로다"(31) 하는 구원의 확신으로 마치고 있습니다.

이것이 "사랑하는 자와, 대적하는 자"의 종말이요, "나는 사랑하나 도리어 나를 대적한다"는 말씀입니다.

적용

다윗을 배신하고 대적한 것이 곧 그리스도를 대적한 것임을 일깨워주는 구속사의 관점은, 나 자신에게 한 것이 곧 그리스도에게 한 것이라는 자신의 정체성을 일깨워 줍니다. 그렇게 될 때에 자신의 신분과 사명과 책임이 어떠함을 각성하게 되어 주를 더욱 경외함으로 섬기게 합니다. 형제여, 사랑을 베푸는 것이 먼저입니다. 그래도 대적하면 기도할 뿐입니다. 보응하실 분은 하나님이십니다.

묵상

㉠ 109편의 기본적인 정신이 무엇인가에 대해서,

㉡ 109편의 신학적인 의미가 무엇인가에 대해서,

㉢ 저주와 보응이 어째서 정당한가에 대해서.

시편 110편 개관도표
왕, 제사장, 심판 주되시는 그리스도

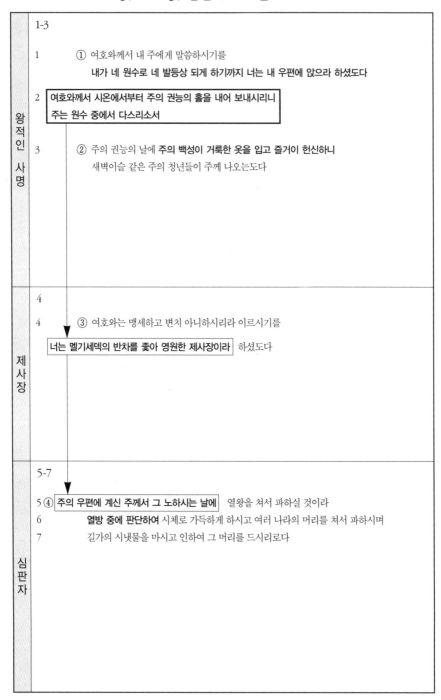

왕 적 인 사 명	1-3 1 ① 여호와께서 내 주에게 말씀하시기를 　　　내가 네 원수로 네 발등상 되게 하기까지 너는 내 우편에 앉으라 하셨도다 2 여호와께서 시온에서부터 주의 권능의 홀을 내어 보내시리니 　주는 원수 중에서 다스리소서 3 ② 주의 권능의 날에 주의 백성이 거룩한 옷을 입고 즐거이 헌신하니 　　　새벽이슬 같은 주의 청년들이 주께 나오는도다
제 사 장	4 4 ③ 여호와는 맹세하고 변치 아니하시리라 이르시기를 　너는 멜기세덱의 반차를 좇아 영원한 제사장이라 하셨도다
심 판 자	5-7 5 ④ 주의 우편에 계신 주께서 그 노하시는 날에 열왕을 쳐서 파하실 것이라 6 　열방 중에 판단하여 시체로 가득하게 하시고 여러 나라의 머리를 쳐서 파하시며 7 　　길가의 시냇물을 마시고 인하여 그 머리를 드시리로다

110편
왕, 제사장, 심판 주되시는 그리스도

> 여호와께서 내 주에게 말씀하시기를 내가 네 원수로 네 발등상 되게 하기까지
> 너는 내 우편에 앉으라 하셨도다(시 110:1).

110편은 주님에 의하여 다윗의 시로 인정이 되고 있는데, 메시아에 대한 예언이 선명한 시편입니다. 그래서 110편은 구약성경 중 신약성경에서 가장 많이 인용하여 증거하고 있는 특출 난 시편입니다. 모두가 일곱 절에 불과하지만 그리스도를 "왕, 제사장, 심판 주"로 증거하고 있는 충족된 시편입니다. 그러므로 110편은 메시아의 사명을 이해하는데 없어서는 아니 될 중요한 요점들을 예시(豫示)해주고 있는 것입니다.

도표를 보시면 그리스도를 "왕으로"(첫째 단원), 제사장으로(둘째 단원), 심판 주(셋째 단원)로 증거합니다. "제사장"은 모세 오경의 중심적인 주제이고, "왕"은 역사서의 중심주제요, "심판 주"는 선지서의 중심주제 중 하나입니다. 제사장으로 대속 사역을 완수하시고, 왕적인 권세로 사망의 권세를 잡은 사탄을 정복하시고, 지금 하나님 우편에 앉아 계시는 주님께서 심판 주로 재림하신다는 말씀입니다.

첫째 단원(1-3) 왕이신 그리스도

둘째 단원(4) 제사장이신 그리스도

셋째 단원(5-7) 심판 주이신 그리스도

첫째 단원(1-3) 왕이신 그리스도

① "여호와께서 내 주에게 말씀하시기를"(1상) 합니다.

㉠ 주님께서는 당시의 종교 지도자들에게 "너희는 그리스도에 대하여 어떻게 생각하느냐 뉘 자손이냐" 하고 물으셨습니다. 저들은 예상한 대로, "다윗의 자손이니이다" 하고 자신 있게 대답했습니다. 주님은 본문을 인용하셔서, "그러면 다윗이 성령에 감동하여 어찌 그리스도를 주라 칭하였느냐, 다윗이 그리스도를 주라 칭하였은즉 어찌그의 자손이 되겠느냐"(마 22:41-46) 하시니 대답하는 자가 없었더라합니다.

이렇게 물으신 의도가 무엇인가?

㉮ 그리스도가 누구신가? ㉯ 그가 왜 오셨는가를 깨닫기를 원하셨기 때문일 것입니다. 이점을 제자들에게는 "너희는 나를 누구라 하느냐" 하고 물으셨던 것입니다. 왜냐하면 그리스도를 알아야만 하나님을 알 수가 있고, 왜 오셨는가를 알아야만, 자력으로는 구원을 얻을수 없다는 죄인임을 알게 되기 때문입니다.

㉡ "내가 네 원수로 네 발등상 되게 하기까지 너는 내 우편에 앉으라 하셨도다"(1하) 합니다. 신약성경이 가장 힘있게 증거하고 있는 말씀은 "내 우편에 앉으라 하셨도다" 한 우편재위입니다.

㉮ 주님께서는 재판 석상에서, "내가 너희에게 이르노니 이 후에 인자가 권능의 우편에 앉은 것과 하늘 구름을 타고 오는 것을 너희가보리라" 하고, 친히 증거하셨습니다. ㉯ 오순절에 강림하신 성령께서

베드로의 입을 통하여, "내가 네 원수로 네 발등상 되게 하기까지 너는 내 우편에 앉았으라 하셨도다"(행 2:35) 하고, 저들이 죽인 "예수"가 부활 승천하셔서 하나님 우편에 계심을 증거하셨습니다. ㉮ 사도 바울은, "죽으실 뿐 아니라 다시 살아나신 이는 그리스도 예수시니 그는 하나님 우편에 계신 자요 우리를 위하여 간구하시는 자시니라"(롬 8:34) 하고, 구원의 확신을 주기 위하여 인용하였고, ㉯ 또한 "그 능력이 그리스도 안에서 역사하사 죽은 자들 가운데서 다시 살리시고 하늘에서 자기의 오른편에 앉히사"(엡 1:20) 하고, 우리를 거듭나게 하신 능력이 그리스도를 살리시고 하나님 우편에 앉게 하신 능력과 동일하다는 점을 증거하는데 인용을 하고 있습니다. ㉰ "어느 때에 천사 중 누구에게 내가 네 원수로 네 발등상 되게 하기까지 너는 내 우편에 앉았으라 하셨느뇨"(히 1:13) 하고, 천사보다 탁월하신 그리스도이심을 증거하는데 인용이 되고 있습니다. ㉱ "이제 한 말에 중요한 것은 이러한 대제사장이 우리에게 있는 것이라 그가 하늘에서 위엄의 보좌 우편에 앉으셨으니"(히 8:1) 하고, 그리스도께서 우리 대제사장이심을 증거하는데 인용이 되고 있습니다. ㉲ "오직 그리스도는 죄를 위하여 한 영원한 제사를 드리시고 하나님 우편에 앉으사 그 후에 자기 원수들로 발등상이 되게 하실 때까지 기다리시나니"(히 10:12-13) 하고, 그리스도의 구속 사역이 단 번에 완성되었음을 증거하는데 인용이 되어 있습니다. ㉳ "믿음의 주요 또 온전케 하시는 이인 예수를 바라보자, 하나님 보좌 우편에 앉으셨느니라"(히 12:2) 하고, 우리를 격려하기 위해서 인용하고 있습니다. ㉴ "위엣 것을 찾으라 거기는 그리스도께서 하나님 우편에 앉아 계시느니라"(골 3:1) 하고, 소망의 확신을 주기 위해서 인용합니다. ㉵ "저는 하늘에 오르사 하나님 우편에 계시니 천사들과 권세들과 능력들이 저에게 순복하느니라"(벧전 3:22) 하고, 소망의 확신을 주기 위해서 인용합니다. ㉮ "스데반이 성령이 충만하여 하늘을 우러러 주목하여 하나님의 영광과 및 예수께서 하나님 우편에 서신 것을 보고"(행 7:55) 하고, 하나님 우편에 계신 주님은 순교하는 스데반을 격려해 주셨습니다.

이처럼 우리의 왕, 우리의 대제사장께서 하나님 우편에 계시다는 사실은 우리들에게 위로와, 소망과, 확신과, 격려가 되는 것입니다.

㉢ 그렇다면 "네 원수로 네 발등상 되게 하기까지" 라는 기간은 언제까지인가? 이는 부활 승천하셔서 다시 오시기까지의 기간을 가리킵니다. 주님께서 죽은 자 가운데서 부활하심으로 사망권세를 깨치셨으나 완전한 발등상은 재림 때에 이루어지는 것입니다.

㉣ "여호와께서 시온에서부터 주의 권능의 홀을 내어 보내시리니 주는 원수 중에서 다스리소서"(2) 합니다. "주의 권능의 홀"이나, "주는 원수 중에서 다스리소서" 하는 표현은 모두가 그분이 "왕"이심을 증거하는 말씀입니다. 하나님께서는, "내가 나의 왕을 내 거룩한 산 시온에 세웠다 하시리로다"(2:6) 하고 말씀하십니다.

② "주의 권능의 날에"(3상) 합니다.

㉠ "주의 권능의 날"이란 어느 때를 가리키는가? 주님께서는 "내가 세상에 화평을 주러 온 줄로 생각지 말라 화평이 아니라 검을 주러 왔노라"(마 10:34) 말씀하셨습니다. 다시 말하면 싸움을 일으키기 위해서 오셨다는 것입니다. 그래서 "이 세상 임금이 쫓겨나리라"(요 12:31) 하신 것입니다. 이를 거슬러 올라가면 "여자의 후손은 네 머리를 상하게 하리라"(창 3:15) 하신 말씀을 성취하시기 위하여 오셨다는 것이 됩니다. 이것이 "주의 권능의 날"인 것입니다.

㉡ 그날에 "주의 백성이 거룩한 옷을 입고 즐거이 헌신하니 새벽이

슬 같은 주의 청년들이 주께 나오는 도다"(3하) 합니다. "주의 백성, 주의 청년들"이란 "네가 그리스도 예수의 좋은 군사로 나와 함께 고난을 받을지니"(딤후 2:3) 한, 주의 군사들인 것입니다.

ⓒ 그렇다면 "거룩한 옷"이란 군복인 셈인데 어찌하여 거룩한 옷이라 하는가? 이에 대한 빛을 계시록 19장에서 받을 수가 있는데, "또 내가 하늘이 열린 것을 보니 보라 백마와 탄 자가 있으니 그 이름은 충신과 진실이라 그가 공의로 심판하며 싸우더라"(계 19:11) 하면서, "하늘에 있는 군대들이 희고 깨끗한 세마포를 입고 백마를 타고 그를 따르더라"(계 19:14) 합니다. 이 세마포가, "거룩한 옷"인 것입니다.

ⓔ 그러면 "거룩한 옷", 즉 "세마포"가 무엇인가? 이점에 확고해야만 하겠습니다. "그에게 허락하사 빛나고 깨끗한 세마포를 입게 하셨은즉 이 세마포는 성도들의 옳은 행실이로다"(계 19:8) 합니다. 이 말씀 속에는 신학적인 면과 교훈적인 면이 함께 들어 있는 것입니다.

㉮ "성도들의 옳은 행실이로다" 한 것은 교훈적인 면이요, ㉯ "그에게 허락하사 빛나고 깨끗한 세마포를 입게 하셨다"는 것은 신학적인 칭의로 보아야만 합니다. 만일 "거룩한 옷"을 성화로만 여긴다면 모든 군사들은, "즐거이 헌신"(3)하지를 못하고 정죄감에 빠져 무력화되고 말 것입니다. 그렇지 않다 자신할 자가 누구란 말인가?

ⓜ 그러면 어찌하여 주의 군사들을 "새벽이슬 같다" 하였는가? 비가 적은 팔레스타인에는 "새벽이슬"은 모든 식물들에게 활력을 주는 생명수와 같은 것이기 때문입니다. 이점을 호세아서에서는 "내가 이스라엘에게 이슬과 같으리니 저가 백합화같이 피겠고 레바논의 백향목 같이 뿌리가 박힐 것이라"(호 14:5) 하고 말씀합니다.

형제여, 형제가 바로 "거룩한 옷을 입고 즐거이 헌신하는"(3하) "새벽이슬 같은 주의 청년"임을 잊지 마시기 바랍니다.

둘째 단원(4) 제사장이신 그리스도

③ "여호와는 맹세하고 변치 아니하시리라 이르시기를 너는 멜기세덱의 반차를 좇아 영원한 제사장이라 하셨도다"(4) 합니다.

둘째 단원은 한 절에 불과하지만 이 말씀 속에 농축되어 있는 뜻은 영광스럽기 비할 데가 없는 것입니다. 히브리서는 이 한 절에 대한 해설(解説)이라 해도 과언이 아닙니다. 자세한 것은 "히브리서 파노라마"를 참고하시기 바라면서, 밝히 드러난 히브리서를 통해서 몇 가지 요점을 살펴보고자 합니다.

㉠ 먼저 "멜기세덱의 반차(班次) 좇아" 라는 말씀입니다. "멜기세덱"은 창세기 14:18절에 등장하는 "살렘 왕이면서 지극히 높으신 하나님의 제사장"인데, "아비도 없고 어미도 없고 족보도 없고 시작한 날도 없고 생명의 끝도 없어 하나님의 아들과 방불하다"(히 7:1, 3)고 말씀합니다.

㉡ 그렇다면 아론의 반차가 아닌 멜기세덱의 반차를 좇은 제사장(4 중)이라는 말씀이 어떤 의미가 있는가? 이점을 히브리서에서는, "레위 계통의 제사직분으로 말미암아 온전함을 얻을 수 있었으면 어찌하여 아론의 반차를 좇지 않고 멜기세덱의 반차를 좇는 별다른 한 제사장을 세울 필요가 있느뇨"(히 7:11) 하고 묻고 있습니다.

그러면서 "우리 주께서 유다(레위 지파가 아닌)로 좇아 나신 것이 분명하도다 이 지파에는 모세가 제사장들에게 관하여 말한 것이 하나도 없고 멜기세덱과 같은 별다른 한 제사장이 일어난 것을 보니 더욱 분명하도다"(히 7:14-15) 합니다. 그러니까 한마디로 "개혁(改革)이 되었다"(히 9:10)는 것입니다.

㉢ 그러면서 히브리서 기자는, "이제 한 말에 중요한 것은 이러한

대제사장이 우리에게 있다"(히 8:1), 즉 우리에게 이러한 제사장을 주셨다는 것이 중요한 점이라고 말씀합니다. 4:14절에서도 "그러므로 우리에게 큰 대제사장이 있으니 승천하신 자 곧 하나님의 아들 예수시리라" 합니다. 그러면 "이러한 대제사장"은 어떤 대제사장인가?

㉮ "천사보다도 뛰어나시고"(히 1:4), 모세보다도 뛰어나시고(히 3:5), 아론보다도(히 5:4) 뛰어나신 대제사장이라고 말씀합니다. ㉯ 왜냐하면 구약시대의 제사장들은 "약점을 가진 사람, 즉 먼저 자기 죄를 위하고 다음에 백성의 죄를 위하여 제사를 드린 죄인들이 제사장이었으나 율법 후에 하신 맹세의 말씀은 영원히 온전케 되신 아들을 세우셨느니라"(히 7:27-28) 합니다. ㉰ 히브리서 기자는 본문을 인용하여 아론은 맹세 없이 제사장이 되었으나 예수 그리스도는, "맹세로 된 것이라 주께서 맹세하시고 뉘우치지 아니하시리니 네가 영원히 제사장이라 하셨도다"(히 7:21) 하고 논증합니다. ㉱ "저희가 제사장 된 자의 수효가 많은 것은 죽음을 인하여 항상 있지 못함이로되 예수는 영원히 계신 고로 그 제사 직분도 갈리지 아니하나니"(히 7:23-24) 합니다. ㉲ 구약의 제사장들은 생축을 제물로 드렸으나 우리에게 있는 대제사장은 "염소와 송아지의 피로 아니 하고 오직 자기 피로 영원한 속죄를 이루셨다"(히 9:12)는 것입니다. ㉳ 구약의 "제사장마다 매일 서서 섬기며 자주 같은 제사를 드리되 이 제사는 언제든지 죄를 없게 하지 못하거니와 오직 그리스도는 죄를 위하여 한 영원한 제사를 (단번에) 드리시고 하나님 우편에 앉으셨다"(히 10:11-12) 하고 말씀합니다. ㉴ 구약의 제사장들은 그림자인 손으로 지은 성소에 들어갔으나 우리에게 있는 대제사장은 하늘에 있는 참 성소에 들어가셨다(히 9:24). ㉵ 구약의 제사로는 (지)성소에 들어가는 길이 열리지 않았으나(히 9:8), 우리의 대제사장은 "휘장 가운데로 열어 놓으신 새롭고

산 길"(히 10:20)을 열어주셨다는 것입니다. ㉜ "그러므로 자기를 힘입어 하나님께 나아가는 자들을 온전히 구원하실 수 있으니 이는 그가 항상 살아서 저희를 위하여 간구하심이니라"(히 7:25) 합니다. 이것이 "여호와는 맹세하고 변치 아니하시리라, 영원한 제사장이라 하셨도다"(4) 한 말씀에 속에 함축되어 있는 영광스러운 의미인 것입니다.

셋째 단원(5-7) 심판 주이신 그리스도

④ "주의 우편에 계신 주께서 그 노하시는 날에 열왕을 쳐서 파하실 것이라"(5) 합니다.

㉠ "주께서 그 노하시는 날"이란, "여호와의 크고 두려운 날이 이르기 전에 해가 어두워지고 달이 핏빛같이 변하려니와 누구든지 여호와의 이름을 부르는 자는 구원을 얻으리니"(욜 2:31-32) 한 종말적인 말씀인 것입니다. 계시록 6:15-17절에 의하면, "땅의 임금들과 왕족들과 장군들과 부자들과 강한 자들과 각 종과 자주자가 굴과 산 바위틈에 숨어 산과 바위에게 이르되 우리 위에 떨어져 보좌에 앉으신 이의 낯에서와 어린양의 진노에서 우리를 가리우라 그들의 진노의 큰 날이 이르렀으니 누가 능히 서리요" 하는 것을 보게 됩니다.

㉡ "열방 중에 판단하여 시체로 가득하게 하시고 여러 나라의 머리를 쳐서 파하시며 길가의 시냇물을 마시고 인하여 그 머리를 드시리로다"(6-7) 합니다. 이는 승리를 나타내는 구약적인 표현입니다. 이런 말씀은 교훈적으로는 설명이 불가능한, 신학적으로 받아야 할 말씀인 것입니다. 이점을 신약성경에서는 "저가 모든 원수를 그 발아래 둘 때까지 불가불 왕 노릇하시리니 맨 나중에 멸망 받을 원수는 사망이니라"(고전 15:25-26) 하고 말씀합니다.

위에서 상고한 바와 같이 그리스도의 사역이 "왕, 제사장, 심판 주"라는 점을 인식한다는 것은 중요한 요점입니다.

㉮ 제사장으로써 우리의 죄를 대속하셨고, ㉯ 왕의 권세로 대적을 정복하시고, ㉰ 심판 주로 임하시기 때문입니다.

세 가지 사역 중 어느 하나만으로는 온전하지 못합니다. 그리고 "왕과 제사장"이라는 두 가지 요점이 그리스도의 구속으로 말미암아 이제는 그를 믿는 그리스도인들이 "왕 같은 제사장"이 되었다는 사실입니다. 제사장으로써 하나님께 예배로 섬기고, 왕적인 권세를 가지고 세상을 향하여 승리의 삶을 살아가는 것입니다. 한 가지 더 부언한다면, "성도가 세상을 판단할 것을 너희가 알지 못하느냐"(고전 6:2)하는 말씀입니다. 이것이 "왕, 제사장, 심판 주되시는 그리스도"입니다.

적용

형제가 누군지 아십니까? 신분은 하나님의 자녀요, 지위는 왕 같은 제사장이요, 형제의 현재의 위치는 사망에서 생명으로 옮겨진 지점에 있고, 형제의 사명은 "거룩한 옷을 입고 즐거이 헌신하는 새벽이슬 같은 주의 청년" 곧 주의 군사인 것입니다. 그래도 부족합니까?

이 정체성을 망각하지 마시기를 바랍니다. 그리고 잊지를 말아야할 것은 이 모든 축복이 "왕이시면서 제사장" 되시는 그리스도로 말미암아 주어졌다는 점입니다.

묵상

㉠ 그리스도의 왕적인 사역에 대해서,

㉡ 레위 계통과 멜기세덱의 반차를 좇는 제사장의 다른 점에 대해서,

㉢ 즐거이 헌신하는 새벽이슬 같은 주의 청년들에 대해서.

시편 111편 개관도표
진실과 공의로 행하신 구속사역

은혜와 자비	**1-4** 1 ① 할렐루야, 내가 정직한 자의 회와 **공회 중에서** 2 　② **여호와의 행사가 크시니** 이를 즐거워하는 자가 **다 연구하는도다** 3 　　그 행사가 존귀하고 엄위하며 그 의가 영원히 있도다 4 　　그 **기이한 일**을 사람으로 기억케 하셨으니	**전심으로 여호와께 감사하리로다** **여호와는 은혜로우시고 자비하시도다**
언약의 하나님	**5-9** 5 ③ 여호와께서 자기를 경외하는 자에게 양식을 주시며 6 　　저가 자기 백성에게 열방을 기업으로 주사 　　그 **행사의 능**을 저희에게 보이셨도다 7 ④ 그 손의 행사는 진실과 공의며 그 법도는 다 확실하니 8 　　영원 무궁히 정하신 바요 9 　　여호와께서 그 백성에게 　　그 이름이 거룩하고 지존하시도다	**그 언약을 영원히 기억하시리로다** **진실과 정의로 행하신 바로다** **구속을 베푸시며 그 언약을 영원히 세우셨으니**
경외	**10** 10 　　그 계명을 지키는 자는 다 좋은 지각이 있나니 　　여호와를 **찬송함이** 영원히 있으리로다	⑤ **여호와를 경외함이 곧 지혜의 근본이라**

111편
진실과 공의로 행하신 구속사역

여호와께서 그 백성에게 구속을 베푸시며 그 언약을 영원히 세우셨으니 그 이름
이 거룩하고 지존하시도다(시 111:9).

111편은 "감사"(1)로 시작하여, "찬양"(10)으로 끝나는 "감사와 찬
양" 시입니다. 무엇에 대한 찬양인가? 중심주제가 "그 백성에게 구속
을 베푸시며"한 구속사역에 대한 감사를 드리는데 있습니다. 그래서
하나님이 행해주신 "행사"라는 말이 짧은 시 안에 5번(2, 4, 6, 7, 8)이
나 등장합니다.

왜 이렇게 행해주셨는가? "언약을 영원히 세우셨으니(9), 언약을
영원히 기억하시리로다"(5) 한 "언약"을 지키시기 위해서라고 말씀합
니다. 그런데 그 구속행사를 "진실과 공의, 진실과 정의"(7), 즉 하나
님의 의로우심을 훼손함이 없이 정정당당하게 행해주셨다는 점을 유
념해야만 합니다.

도표를 보시면 "진실과 공의로 행하신 구속사역"을 중심으로, "은
혜와 자비의 하나님"(첫째 단원), "언약의 하나님"(둘째 단원), 그래서
"여호와를 경외함이 지혜의 근본이라"(셋째 단원)는 결론에 도달합
니다.

첫째 단원(1-4) 은혜와 자비로우신 하나님

둘째 단원(5-9) 언약하신 바를 지키시는 하나님

셋째 단원(10) 여호와 경외가 지혜의 근본

첫째 단원(1-4) 은혜와 자비로우신 하나님

① "할렐루야, 내가 정직한 자의 회와 공회 중에서 전심으로 여호와께 감사하리로다"(1) 합니다.

㉠ "정직한 자의 회와 공회 중에서"란 경건한 자들의 공동체인 교회를 가리킵니다. 그리고 "전심으로 감사하리로다" 하는데 무엇에 대한 감사인가?

② "여호와의 행사가 크시니 이를 즐거워하는 자가 다 연구하는도다"(2) 한 "여호와의 행사"에 대한 감사입니다.

㉠ "연구하리로다" 하는데, 이점을 베드로는, "이 구원에 대하여는 너희에게 임할 은혜를 예언하던 선지자들이 연구하고 부지런히 살펴서 자기 속에 계신 그리스도의 영이 그 받으실 고난과 후에 얻으실 영광을 미리 증거하여 어느 시, 어떠한 때를 지시하시는지 상고(詳考)하니라"(벧전 1:10-11) 하고 말씀합니다.

감사는 자동적으로 나오는 것이 아닙니다. "여호와의 행사를, 연구하고 상고"할 때에 우러나오게 되는 것입니다.

㉡ 그래서 "그 행사가 존귀하고 엄위하며 그 의가 영원히 있도다" 하면서, "그 기이한 일을 사람으로 기억케 하셨으니 여호와는 은혜로우시고 자비하시도다"(3-4) 하는 것입니다.

"그 행사", 즉 여호와의 행사를, "그 기이한 일"이라고 말씀합니다.

"기이(奇異)하다"는 점을 107편에서는 4번이나 언급했는데, 인간의 상식으로는 도저히 이해가 되지 않고, 이해할 수도 없는 것을 가리킵니다. 그것이 무엇인가를 둘째 단원에서 말씀합니다.

둘째 단원(5-9) 언약하신 바를 지키시는 하나님

③ "여호와께서 자기를 경외하는 자에게 양식을 주시며 그 언약을 영원히 기억하시리로다"(5) 합니다.

㉠ 이 말씀은 우리를 "출애굽"으로 인도해 줍니다.

㉮ 첫째로, "언약을 기억하셨다" 말씀하는데, "하나님이 그 고통 소리를 들으시고 아브라함과 이삭과 야곱에게 세운 그 언약을 기억하사 이스라엘 자손을 권념하셨더라"(출 2:24-25) 합니다. ㉯ 둘째로, "양식을 주시며" 하는데 이점을 78편에서는, "그러나 저가 오히려 위의 궁창을 명하시며 하늘 문을 여시고 저희에게 만나를 비같이 내려 먹이시며 하늘 양식으로 주셨나니 사람이 권세 있는 자의 떡을 먹음이여 하나님이 식물을 충족히 주셨도다"(78:23-25) 합니다.

㉡ "저가 자기 백성에게 열방을 기업으로 주사 그 행사의 능을 저희에게 보이셨도다"(6) 하는데 이점을 여호수아서에서는, "여호와께서 이스라엘의 열조에게 맹세하사 주마하신 온 땅을 이와 같이 이스라엘에게 다 주셨으므로 그들이 그것을 얻어 거기 거하였으며"(수 21:43) 하고 말씀합니다.

④ 이런 문맥에서, "그 손의 행사는 진실과 공의며 그 법도는 다 확실하니"(7) 하고 말씀한다면, "그 손의 행사"란 출애굽의 행사를 가리키는 것이 됩니다.

㉠ 그런데 중요한 점은 출애굽의 행사를 가리켜, "진실과 공의"로 행하셨다고 증거하고 있다는 점입니다. 8절에서도 "영원 무궁히 정하신 바요 진실과 정의로 행하신 바로다" 하고 말씀합니다.

㋑ 이 말씀은 우리를 "내가 애굽 땅을 칠 때에 그 피가 너희의 거하는 집에 있어서 너희를 위하여 표적이 될지라 내가 피를 볼 때에 너희를 넘어가리니"(출 12:13) 한 말씀으로 인도해줍니다. ㉯ 다시 말하면 이스라엘 집에서도 "죽음"은 있었다는 것입니다. 이점을 대문에 뿌려진 "피"가 증언을 합니다. 다만 유월절 어린양이 대신 죽었을 뿐입니다. 그러면 어찌하여 피를 보시고야 "넘어가실 수가" 있으셨는가?

1-9까지의 재앙 때에는, "이스라엘 자손의 거한 고센 땅에는 우박이 없었더라(출 9:26), 이스라엘 자손이 거하는 곳에는 광명이 있었더라"(출 10:23) 했습니다. 그렇다면 장자를 멸하실 때에도, "이스라엘의 집에는 죽음이 없었더라" 하면 되는 것이 아닌가? 그런데 왜 "죽음"이 있었는지 아십니까? ㉰ 마지막 표적, 즉 유월절 어린양의 피는 "구속"과 결부되어 있기 때문입니다. "구속"이란 죄 값에 팔린 자를 속량함인데, 하나님 앞에 구속을 받아야 함은 애굽 사람들만이 아니라 이스라엘 백성들도 동일하게 죄인이라는 점입니다. 그래서 하나님께서는 "너희를 구속하여 너희로 내 백성을 삼고 나는 너희 하나님이 되리니"(출 6:6-7) 하셨던 것입니다.

신구약을 막론하고 죄인들이 하나님의 백성이 될 수 있는 방도는 오직 "구속"을 통해서 뿐이라는 점을 인식한다는 것은 중요한 요점입니다. "그가 우리를 대신하여 자신을 주심은 모든 불법에서 우리를 구속하시고 우리를 깨끗하게 하사 선한 일에 열심하는 친 백성이 되게 하려 하심이니라"(딛 2:14) 하십니다.

ⓛ 하나님께서 이스라엘 집을 넘어가시는 것이 가능하였던 것은 대속의 "피를 볼 때에 넘어가리니" 하신 것입니다. 이것이 "그 손의 행사는 진실과 공의며, 진실(眞實)과 정의(正義)로 행하신 바로다"(7, 8)의 뜻입니다.

ⓒ 이점이 "여호와께서 그 백성에게 구속을 베푸시며 그 언약을 영원히 세우셨으니 그 이름이 거룩하고 지존하시도다"(9) 하는 말씀에 분명히 나타납니다.

㉮ 첫째로 "언약을 영원히 세우셨다" 하는데 이는 시내 산 언약이 아닙니다. 그 언약은 "영원"한 것이 아니라 파하여졌습니다(렘 31:32). 영원히 세우신 언약은, "내가 내 언약을 나와 너와 네 대대 후손의 사이에 세워 영원한 언약을 삼고 너와 네 후손의 하나님이 되리라"(창 17:7) 하신 아브라함에게 세워주신 언약입니다.

또한 다윗에게, "네 집과 네 나라가 네 앞에서 영원히 보전되고 네 위가 영원히 견고하리라"(삼하 7:16) 하고 세워주신 메시아언약인 것입니다. 세상나라에는 "영원"이란 없습니다. ㉯ 그래서 둘째는 "여호와께서 그 백성에게 구속을 베푸시며"(9상) 하십니다. 이 "구속"이 4절에서 말씀한 "그 기이한 일"이요, 7절에서 말씀한, "진실과 정의로 행하신 바로다" 한 행사입니다.

형제는 하나님의 행사 중에 가장 "기이하고, 진실과 공의"로 행하신 일이 무엇인지 아십니까? "우리가 아직 연약할 때에, 우리가 아직 죄인 되었을 때에, 곧 우리가 원수 되었을 때에 그 아들의 죽으심으로 말미암아"(롬 5:6, 8, 10) 우리를 구속하여 하나님과 화목 시켜주시고, 원수 되었던 우리를 자녀 삼아주신 일입니다. 이보다 더 "기이한 일"이 달리 무엇이란 말인가?

ⓒ 그래서 "여호와는 은혜로우시고 자비하시도다"(4하) 하는 것입

니다. 이 주제는 성경의 축(軸)을 이룬다 할 만큼 중요한 하나님의 성품입니다. 자기계시인 이 선언을 하나님께서는 출애굽 당시 백성들이 금송아지 우상을 숭배했을 때에 그 뜻을 돌이키시면서 하셨습니다. "여호와로라 여호와로라 자비롭고 은혜롭고 노하기를 더디 하고 인자와 진실이 많은 하나님이로라"(출 34:6) 하셨습니다.

이 계시가 민수기(14:18)와, 역대하(30:9)와, 느헤미야(9:17)와, 시편(86:15; 103:8)과, 선지서 요엘서(2:13)와, 요나서(4:2) 등을 통해서 계승되어 내려왔던 것입니다. 이것이 "언약하신 바를 지키시는 하나님"입니다.

셋째 단원(10) 여호와 경외가 지혜의 근본

⑤ 10절은 결론에 해당이 되는데, "여호와를 경외함이 곧 지혜의 근본이라"(10상) 한 결론에 이르게 되는 것입니다.

㉠ 여호와의 기이한 행사를 "연구"(2) 한 끝에 도달하게 된 것은 "여호와를 경외함이 지혜의 근본이라"는 것입니다. 이 주제 역시 욥기(28:28)와, 잠언(1:7; 9:10)과, 전도서(12:13) 등에 걸쳐 있는 주제입니다.

㉡ "그 계명을 지키는 자는 다 좋은 지각이 있나니 여호와를 찬송함이 영원히 있으리로다"(10하) 하고 마치고 있는데, 전도서에서도 "일의 결국을 다 들었으니 하나님을 경외하고 그 명령을 지킬 지어다 이것이 사람의 본분이니라 하나님은 모든 행위와 모든 은밀한 일을 선악 간에 심판하시리라"(전 12:13-14) 하고 마치고 있습니다. 이것이 "진실과 공의로 행하신 구속사역"입니다.

적용

111편에 있어서 3-9절은 하나님께서 우리를 위하여 행해주신 하나님의 기이한 행사요, 1-2절과 10절은 이를 연구한 우리가 행해야 할 일입니다. 이를 상고한 형제는 어떤 결론에 이르게 되었습니까? 시편 기자는 "전심으로 감사하고, 영원히 찬양하겠다"하고 진술합니다. 한마디로 "여호와 경외"입니다.

묵상

㉠ 구약시대와 신약시대의 하나님의 행사 중 최고로 기이한 일이 무엇인가에 대해서,

㉡ 구속사역을 "진실과 공의"로 행하셨다는 점에 대해서,

㉢ 111편에 나타난 하나님의 행사와 인간이 해야 할 일에 대해서.

여호와를 경외하며 계명을 즐거워하는 자의 복

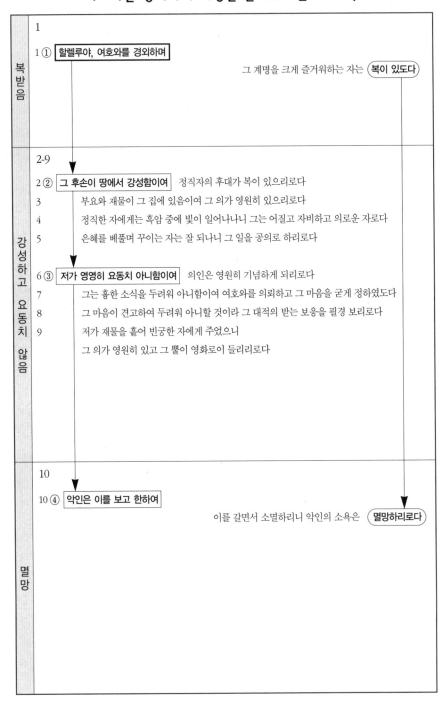

복받음

1

1 ① 할렐루야, 여호와를 경외하며

그 계명을 크게 즐거워하는 자는 복이 있도다

강성하고 요동치 않음

2-9

2 ② 그 후손이 땅에서 강성함이여 정직자의 후대가 복이 있으리로다

3 부요와 재물이 그 집에 있음이여 그 의가 영원히 있으리로다

4 정직한 자에게는 흑암 중에 빛이 일어나나니 그는 어질고 자비하고 의로운 자로다

5 은혜를 베풀며 꾸이는 자는 잘 되나니 그 일을 공의로 하리로다

6 ③ 저가 영영히 요동치 아니함이여 의인은 영원히 기념하게 되리로다

7 그는 흉한 소식을 두려워 아니함이여 여호와를 의뢰하고 그 마음을 굳게 정하였도다

8 그 마음이 견고하여 두려워 아니할 것이라 그 대적의 받는 보응을 필경 보리로다

9 저가 재물을 흩어 빈궁한 자에게 주었으니

그 의가 영원히 있고 그 뿔이 영화로이 들리리로다

멸망

10

10 ④ 악인은 이를 보고 한하여

이를 갈면서 소멸하리니 악인의 소욕은 멸망하리로다

112편
여호와를 경외하며 계명을 즐거워하는 자의 복

할렐루야, 여호와를 경외하며 그 계명을 크게 즐거워하는 자는 복이 있도다
(시 112:1).

112편은 111편과 한 쌍을 이루는 시입니다. 111편의 마지막 절과, 112편의 첫 절을 대조해 보면 분명해집니다. 111편은 "여호와를 경외함이 곧 지혜의 근본이라 그 계명을 지키는 자는 다 좋은 지각이 있나니 여호와를 찬송함이 영원히 있으리로다"(111:10) 하고 마치고 있는데, 112편은 이를 받아, "여호와를 경외하며 그 계명을 크게 즐거워하는 자는 복이 있도다"(1) 하고 시작이 됩니다.

다른 점은 111편이 하나님께서 행해주신 "기이한 행사"(111:2, 3, 6, 7, 8)에 초점을 맞추고 있는 반면 112편은 이를 믿는 자, 즉 여호와를 경외하는 자에게 주어지는 축복에 초점을 맞추고 있는 것이 다릅니다.

그러므로 중심점은 "여호와 경외"에 있습니다. 도표를 보시면 "여호와를 경외하는 자"(첫째 단원)를 말씀한 후에, 경외하는 자가 받을 복(둘째 단원)과 이와 대조적으로 악인이 당하게 될 화(셋째 단원)를 언급합니다.

137

첫째 단원(1) 여호와를 경외하는 자

둘째 단원(3-9) 강성하고 요동치 않음

셋째 단원(10) 악인의 멸망

첫째 단원(1) 여호와를 경외하는 자

① "할렐루야, 여호와를 경외하며 그 계명을 크게 즐거워하는 자는 복이 있도다" 합니다.

㉠ 112편에는 "의인(6)과, 악인"(10)이 대조되어 있는데, 첫 절은 "의인"이란 어떤 사람인가를 설명하는 내용입니다. 112편은 이 한 절에 대한 해설이라 할 수가 있습니다. 이는 세 마디로 되어 있는데,

㉮ 첫째로 "여호와를 경외하는 자"라 말씀합니다. ㉯ 둘째로 "그 계명을 크게 즐거워하는 자", 즉 하나님의 말씀대로 살기를 사모하는 순종의 삶을 가리킵니다. ㉰ 셋째는 "복이 있도다" 합니다. 그 내용이 둘째 단원인 것입니다.

이점에서 주의해야할 점은 "여호와 경외와, 그 계명을 즐거워하는 것"이 둘이 아니라 하나라는 점입니다. 여호와는 경외하는데, 그 계명은 즐거워하지 않는다는 그런 이율배반적(二律背反的)인 것을 성경은 인정을 하지 않습니다. 즉 "믿음과 순종"이 둘이 아니라 하나라는 점입니다. 순종하지 않는 것은 믿지 않기 때문이라는 것입니다.

그래서 본문은 "여호와를 경외하는 자와, 그 계명을 크게 즐거워하는 자"라고 둘을 떼어놓고 있는 것이 아니라, "경외하며 그 계명을 크게 즐거워하는 자"라 하고 하나로 말씀하고 있는 것입니다. 신약성경 로마서에서도, "그 이름을 위하여 모든 이방인 중에서 <믿어 순종케> 하나니"(롬 1:5) 하고 둘을 하나로 말씀합니다.

로마서를 마치면서도 "모든 민족으로 <믿어 순종케> 하시려고"(롬 16:26) 복음을 주셨다고 말씀합니다. "영혼 없는 몸이 죽은 것같이 행함이 없는 믿음은 죽은 것이라"(약 2:26) 합니다. 하나님께서는 마음은 다른데 두고 입으로만 "주여, 주여" 하는 것을 결코 받으시지 않으십니다. "여호와를 경외하며 그 계명을 크게 즐거워하는 자"가 복이 있습니다. 어떤 복을 받게 되는가?

둘째 단원(3-9) 강성하고 요동치 않음

② 둘째 단원은 크게 두 부분으로 나누어지는데, 2-3절은 자손들이 받게 될 축복이고, 4-9절은 이웃과의 관계성에 대한 덕행입니다. "그 후손이 땅에서 강성함이여 정직자의 후대가 복이 있으리로다"(2) 합니다.

㉠ 먼저 의인의 자손들이 받을 축복인데, "그 후손이 강성해지는" 복을 받는다는 것입니다. 이 말씀을 대할 때에 어떤 말씀이 연상이 되십니까? 하나님께서 아브라함에게 "내가 너로 큰 민족을 이루고 네게 복을 주어 네 이름을 창대케 하리니"(창 12:2) 하신 복입니다.

이런 맥락에서 본문의 축복이 구약의 성도들에게는 물리적으로 주어졌다 하여도 궁극적으로는 신령한 의미가 되는 것입니다.

왜냐하면 하나님께서 인류의 시조가 타락한 현장에서 이제 후로는 두 부류(여자의 후손과 뱀의 후손)로 갈라지리라 선언하셨는데, 본문에서도 의인과 악인의 두 부류를 대하게 되기 때문이요, 하나님께서는 "여자의 후손"의 강성을 이루어나가시는 것이기 때문입니다.

㉡ "부요와 재물이 그 집에 있음이여 그 의가 영원히 있으리로다"(3) 합니다. "부요와 재물"이 물질적인 축복을 의미한다면, 영원히 있

으리라는 "그 의"는 신령한 복이라 하겠습니다.

그러므로 신약의 성도들에게는 영원히 시들지 아니할 신령한 복으로 주어지는 것입니다. 예를 들면, 육적 이스라엘에게는 물리적인 가나안 땅이 기업으로 주어졌으나 영적 이스라엘에게는 하늘에 있는 영원한 기업이 주어짐과 같은 것입니다.

그래서 사도 바울은 "찬송하리로다 하나님 곧 우리 주 예수 그리스도의 아버지께서 그리스도 안에서 하늘에 속한 모든 신령한 복으로 우리에게 복 주시되"(엡 1:3) 하고 말씀하는 것입니다.

㉢ 4절 이하는 이웃과의 관계성에 대한 덕행인데, "정직한 자에게는 흑암 중에 빛이 일어나나니 그는 어질고 자비하고 의로운 자로다"(4) 합니다. "흑암 중에"라는 뜻이 무엇인가? "여호와를 경외하며 그 계명을 크게 즐거워하는 자"에게도 흑암(黑暗), 즉 환난을 만날 수가 있다는 것입니다. 왜냐하면 8절을 보십시오. 풍성한 축복이 가득 찬 112편 안에도 "대적"(對敵)이 있는 것을 보게 됩니다.

에덴 낙원에도 사탄은 침입했습니다. 8편은 아름다운 만물을 주신 하나님을 찬양하는 시인데 그런 시 속에도 "대적과 원수"(8:2)가 등장하는 것을 봅니다. 그래서 경건한 자에게도 "흑암"이 덮칠 수 있다는 것입니다. 그러나 "흑암 중에 빛이 일어나나니" 하고 선언합니다.

③ "저가 영영히 요동치 아니함이여 의인은 영원히 기념하게 되리로다"(6) 합니다. "요동치 아니함이여" 한 것은 요동(搖動)케 하는 자가 있다는 것입니다. 그러나 여호와를 경외하는 자는, "영영히 요동치 아니함이여" 하고 선언합니다.

㉠ "그는 흉한 소식을 두려워 아니함이여 여호와를 의뢰하고 그 마음을 굳게 정하였도다"(7) 합니다. "흉한 소식을 두려워 아니함이여"

한 것은, 경건한 자에게도 욥에게 닥친 것 같은 "흉한 소식"이 들려올 수가 있다는 것입니다. 그러나 "두려워 아니함이여" 하고 선언합니다. 왜냐하면 "여호와를 의뢰하고 그 마음을 굳게 정하였기" 때문이라는 것입니다.

ⓛ 그래서 "그 마음이 견고하여 두려워 아니할 것이라 그 대적의 받는 보응을 필경 보리로다"(8) 하는 것입니다. 이점에서 4절의 "흑암", 7절의 "흉한 소식"이 대적으로 말미암은 환난임이 드러납니다. 그러나 여호와를 경외하는 자는 "흑암 중에 빛이 일어나나니" 합니다.

ⓒ "저가 재물을 흩어 빈궁한 자에게 주었으니 그 의가 영원히 있고 그 뿔이 영화로이 들리리로다"(9) 합니다. "재물을 흩어 빈궁한 자에게 주었으니" 한 말씀은 경건한 자라면 문자적으로 실천해야할 말씀입니다. 그러나 경건한 자에게는 물질(物質)보다 귀한 나누어줄 것을 가진 자들이라는 점도 명심해야만 합니다. 베드로는 구걸하는 나면서 앉은뱅이 된 자에게, "은과 금은 내게 없거니와 내게 있는 것으로 네게 주노니 곧 나사렛 예수 그리스도의 이름으로 걸으라"(행 3:6) 했습니다.

ⓔ 그래서 "은혜를 베풀며 꾸이는 자는 잘 되나니 그 일을 공의로 하리로다"(5) 하는 것입니다. 경건한 자는 "가난한 자 같으나 많은 사람을 부요하게 하고 아무 것도 없는 자 같으나 모든 것을 가진 자"(고후 5:10)입니다. 경건한 자가 받을 복은 크게 "후손의 강성함과 영영히 요동치 아니함"이라 할 수가 있습니다.

셋째 단원(10) 악인의 멸망

④ "악인은 이를 보고 한하여 이를 갈면서 소멸하리니 악인의 소욕

은 멸망하리로다"(10) 합니다.

㉠ 이처럼 112편에도 "의인(6)과 악인"(10)이 대조되어 있는데, 시편이 말씀하는 "의인과 악인"은 여호와를 경외하는 자와, "그 모든 사상에 하나님이 없다"(10:4) 하는 불신자를 가리킵니다. 물론 불신자들 중에도 선한 자가 있고, 신자들 중에도 선하지 못한 자가 있습니다. 그런데 악인과 의인이라 하는 것은 두 진령을 대표하는 자가 악한 사탄과, 의로우신 그리스도이기 때문에 그렇게 분류가 되는 것입니다.

오늘날은 이런 논리를 받아드리지 않을 뿐만이 아니라 공격합니다. 성경은 그렇게 반응할 것이 아니라, "그 아들에게 입 맞추라"(2:12) 합니다. 그러나 "입 맞추기"는 싫다, 그리고 "멸망"도 싫다(10), 그렇다면,

㉡ "악인은 이를 보고 한하여 이를 갈면서 소멸하리니" 하는 길 외에 다른 구제책은 없는 것입니다. 왜 "이"를 가는가? 극렬하게 대적하였으나 뜻을 이루지 못했기 때문에 분해서 그러는 것입니다. 그래서 "악인의 소욕은 멸망하리로다" 하는 것입니다.

㉮ 111편은 여호와의 기이한 행사에 중점을 두었기에 "여호와를 찬송함이 영원히 있으리로다" 하고 마치고 있는데, ㉯ 112편은 경건한 자에게 주어지는 축복에 중점을 두었기 때문에 그와 대조되는 "악인은 멸망하리로다" 하고 마치고 있는 것입니다.

이점을 로마서에서는 "그 마지막은 사망이라, 이 마지막은 영생이니라"(롬 6:21, 22) 말씀합니다. 이것이 "여호와를 경외하며 계명을 즐거워하는 자의 복"입니다.

적용

형제여, 여호와를 경외하며 그 계명을 즐거워하십시다. 그의 "후대"가 복을 받고 영영히 요동치 아니한다고 말씀합니다.

사도 바울은, "하나님이 능히 모든 은혜를 너희에게 넘치게 하시나니 이는 너희로 모든 일에 항상 모든 것이 넉넉하여 모든 착한 일을 넘치게 하게 하려 하심이라"(고후 9:8-9) 말씀하면서, "기록한바 저가 흩어 가난한 자들에게 주었으니 그의 의가 영원토록 있느니라" 한 본문을 인용하고 있습니다. 흩어 구제하는 것은 손해 보는 것이 아니라 씨를 뿌리는 것입니다.

묵상

㉠ 여호와 경외와 계명을 즐거워함이 하나라는 점에 대해서,

㉡ 경건한 자가 받을 축복들에 대해서,

㉢ 시편이 말씀하는 의인과 악인에 대해서.

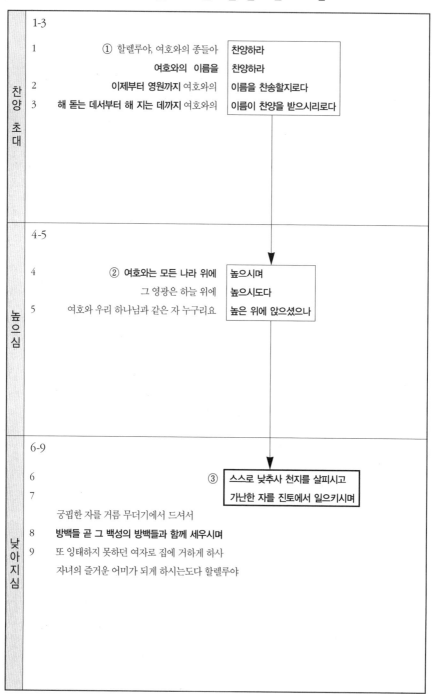

시편 113편 개관도표
스스로 낮추사 천지를 살피신 하나님

찬양 초대	1-3		
	1	① 할렐루야, 여호와의 종들아	찬양하라
		여호와의 이름을	찬양하라
	2	이제부터 영원까지 여호와의	이름을 찬송할지로다
	3	해 돋는 데서부터 해 지는 데까지 여호와의	이름이 찬양을 받으시리로다

높으심	4-5		
	4	② 여호와는 모든 나라 위에	높으시며
		그 영광은 하늘 위에	높으시도다
	5	여호와 우리 하나님과 같은 자 누구리요	높은 위에 앉으셨으나

낮아지심	6-9		
	6	③	스스로 낮추사 천지를 살피시고
	7		가난한 자를 진토에서 일으키시며
		궁핍한 자를 거름 무더기에서 드셔서	
	8	방백들 곧 그 백성의 방백들과 함께 세우시며	
	9	또 잉태하지 못하던 여자로 집에 거하게 하사	
		자녀의 즐거운 어미가 되게 하시는도다 할렐루야	

113편
스스로 낮추사 천지를 살피신 하나님

여호와 우리 하나님과 같은 자 누구리요 높은 위에 앉으셨으나(시 113:5).

　113-118편을 "할렐루야" 시편이라고 말하는데 유대인들은 "유월절, 오순절, 초막절", 삼대 절기에 불렀다고 전합니다. 그러므로 이 시편들은 하나님의 구속의 은혜를 찬양하는 내용들입니다. 113편의 중심점은 "스스로 낮추사 천지를 살피신 하나님"(6)에 있습니다. "천지를 살핀다"는 것은 무엇을 찾고 있는 것을 나타냅니다.

　도표를 보시면 "스스로 낮추사 천지를 살피신 하나님"을 중심으로 첫째 단원은 "찬양에의 초대"이고, 4절 이하는 찬양해야할 이유인데 "지극히 높으신 하나님"(둘째 단원)께서, "스스로 낮추사"(셋째 단원) 잃어버린 자를 거름 무더기에서 찾으시어 방백들 곧 왕자 같이 높여주셨기 때문에 찬양받으시기에 너무나 합당하시다는 것입니다. 이렇게 행해주신 분이 우리 주 예수 그리스도, 성자 하나님이십니다.

　첫째 단원(1-3) 찬양에의 초대
　둘째 단원(4-5) 지극히 높으신 하나님
　셋째 단원(6-9) 스스로 낮아지신 하나님

첫째 단원(1-3) 찬양에의 초대

① "할렐루야, 여호와의 종들아 찬양하라 여호와의 이름을 찬양하라"(1) 하고, 찬양하자고 초대를 합니다. 첫째 단원의 핵심적인 단어는 "찬양"입니다. 세 절 안에 4번 등장합니다. "여호와의 종들"은, "이 백성은 내가 나를 위하여 지었나니 나의 찬송을 부르게 하려 함이니라"(사 43:21) 하신 대로, 무슨 일을 하기에 앞서서 최우선적으로 여호와를 찬양하기 위해서 세움을 입은 자들인 것입니다.

㉠ 그런데 주목해야할 점은 "여호와의 이름"을 찬양하라 한다는 점입니다. 1-2절 안에 "여호와의 이름"이 3번이나 언급함으로 강조되어 있습니다.

㉮ "여호와의 이름"이란, 진노를 받아 마땅한 죄인에게 구원을 베푸시는 하나님 자신의 성품을 가리키는 것입니다. ㉯ 인간이란, "여호와의 이름"에 찬양을 돌리든지 아니면 모독을 받으시게 하든지 둘 중의 하나이기 때문입니다. ㉰ 궁극적으로는 하나님의 구원계획에는 "여호와의 이름"과 영예가 걸려 있다는 점을 나타내는 것입니다.

㉡ "이제부터 영원까지 여호와의 이름을 찬송할지로다"(2) 합니다. 이는 시간적(時間的)으로 "이제부터 영원까지 찬양을 받으시기에 합당하시다는 말씀이고,

㉢ "해 돋는 데서부터 해 지는 데까지 여호와의 이름이 찬양을 받으시리로다"(3) 하는 것은, 지리적으로 온 천하를 다 망라하는 찬양해야할 범위를 가리킵니다. 그렇다면 113편의 영역은 이스라엘이라는 벽을 넘어 만 백성에 미치고 있는 것이 됩니다. 말라기 1:11절에서는, "만군의 여호와가 이르노라 해 돋는 곳에서부터 해 지는 곳까지 이방 민족 중에서 내 이름이 크게 될 것이라" 말씀하십니다.

그러므로 "해 돋는 데서부터 해 지는 데까지"라는 표현은 지리적인 의미만이 있는 것이 아니라 복음이 유대인의 벽을 넘어 "이방인 중에서" 하나님의 이름이 높임을 받으시고 찬양 받으시게 될 것을 전망하는 말씀인 것입니다. 그렇지 않다면 이방인들이 "여호와의 종들"이라는 칭함을 받을 수 없을 뿐만이 아니라, 이제부터 영원까지 찬양할 수도 없는 것입니다.

㉣ 그렇다면 "이제부터 영원까지" 한, "이제부터"란 언제부터를 가리키는 것이 되는가? 시편 기자 당시가 아닙니다.

㉮ "그러므로 생각하라 너희는 그때에 육체로 이방인이요 손으로 육체에 행한 할례당이라 칭하는 자들에게 무할례당이라 칭함을 받는 자들이라 그때에 너희는 그리스도 밖에 있었고 이스라엘 나라 밖의 사람이라 약속의 언약들에 대하여 외인이요 세상에서 소망이 없고 하나님도 없는 자이더니 <이제는> 전에 멀리 있던 너희가 그리스도 예수 안에서 그리스도의 피로 가까워졌느니라"(엡 2:11-13) 한 "이제부터"인 것입니다. ㉯ "그는 우리의 화평이신지라 둘로 하나를 만드사 중간에 막힌 담을 허시고"(엡 2:14) 한, 이제부터입니다. ㉰ "그러므로 <이제부터> 너희가 외인(外人)도 아니요 손도 아니요 오직 성도들과 동일한 시민이요 하나님의 권속이라"(엡 2:19) 한, 이제부터입니다.

그래서 "이제부터 영원까지, 해 돋는 데서부터 해 지는 데까지 여호와의 이름이 찬양을 받으시리로다" 하는 것입니다. 그러니까 "여호와의 종들아 찬양하라 여호와의 이름을 찬양하라"(1) 하는 찬양에의 초대는 유대인과 이방인의 모든 하나님의 백성들에게 하는 초청인 것입니다.

왜 이렇게 찬양하라 하는가?

둘째 단원(4-5) 지극히 높으신 하나님

② "여호와는 모든 나라 위에 높으시며 그 영광은 하늘 위에 높으시도다"(4) 합니다. 둘째 단원의 핵심은 "높으시다"는데 있습니다.

"높으시다"는 것은 위치적으로 높은 곳에 계시다는 그런 뜻만이 아닙니다. "대저 주의 인자하심이 하늘 위에 광대하시며 주의 진실은 궁창에 미치나이다 하나님이여 주는 하늘 위에 높이 들리시며 주의 영광이 온 세계 위에 높으시기를 원하나이다"(108:4-5) 한, 하나님의 위엄이 높으시고, 영광이 높으시고, 주의 인자가 높으시다는 광대함을 가리킵니다.

㉠ "여호와 우리 하나님과 같은 자 누구리요 높은 위에 앉으셨으나" 하고, "높으시다"는 말이 두 절 안에 3번 등장합니다. 이처럼 하나님의 높으심을 강조하는 의도는 다음 단원의 "스스로 낮추사"하는 말과 대비시키기 위해서인 것입니다.

셋째 단원(6-9) 스스로 낮아지신 하나님

③ "스스로 낮추사 천지를 살피시고"(6) 합니다. "살피다"의 원어 "라아"는 관찰한다는 뜻이 있는데, 높은 하늘 위에서 살피시는 것이 아니라, "스스로 낮추사 천지를 살피신다" 하고 말씀한다면 이는 영광의 보좌를 떠나 이 땅에 내려오셔서 무엇을 찾고 있는 상태를 나타내는 것이 됩니다.

㉠ 이점이 "가난한 자를 진토(塵土)에서 일으키시며 궁핍한 자를 거름 무더기에서 드셔서"(7) 한 말씀에 나타납니다. "일으키며"는 누어있는 상태에서 일으킨 것이 되고, "드셔서"는 두 손으로 안으신 상

태를 나타냅니다. 다시 강조합니다만 이런 묘사는 하늘 위에서 내려다보시는 장면을 나타내는 것이 아니라 "높은 위에 앉으셨던"(5) 분이 "스스로 낮아지셔서", 즉 영광의 보좌를 떠나 낮고 천한 이 땅에 내려오시어 잃어버린 자를 찾고 계신다는 점을 드러내고 있는 것입니다.

그런데 찾고 있는 자를 "진토와, 거름 무더기"에서 찾으셨다는 것은 마치 죽은 시체를 끌어다가 거름 더미에 버린 것을, "일으키시며, 드셔서", 즉 "찾은즉 즐거워 어깨에 메고 집에 와서 그 벗과 이웃을 불러 모으고 말하되 나와 함께 즐기자 나의 잃은 양을 찾았노라"(눅 15:5-6) 하신 말씀을 연상하게 합니다.

ⓛ 이점이 "방백들 곧 그 백성의 방백들과 함께 세우시며"(8) 하는 말씀에 나타납니다. "방백"이란 고관(高官), 귀족(貴族)을 뜻하는데 중문 성경에서는 왕자로 번역하고 있습니다. 그토록 "세우시며" 높여 주셨다는 것입니다.

이점에서 한 말씀 언급할 것은 구약성경을 해석하는 관점입니다.

㉮ 구약으로 구약을 해석하는 관점이 있습니다. 이는 예수님을 그리스도로 인정하지 않는 유대주의 학자, 즉 의문에 속한 자들이 하는 관점입니다. ㉯ 구약으로 신약을 해석하는 관점입니다. 특히 계시록을 이런 관점으로 해석을 하는데 이는 세대주의적인 관점입니다. ㉰ "그리스도의 증인"(행 1:8)들은 밝히 드러난 신약의 빛을 받아서 구약성경을 해석해야 하는 것입니다. 그래야만 의문(儀文)에 가려 있던 복음이 빛을 발하게 되기 때문입니다. 그럼에도 불구하고 유대주의적인 해석을 하면서 본문에 가장 충실한 양 착각을 하고 있는 것을 보게 됩니다. 본문 같은 경우가 그런 경우입니다.

ⓒ 신약성경은 증거하기를 "그는 근본 하나님의 본체시나 하나님과 동등 됨을 취할 것으로 여기지 아니하시고 오히려 자기를 비어 종

의 형체를 가져 사람들과 같이 되었고 사람의 모양으로 나타나셨으매 자기를 낮추시고 죽기까지 복종하셨으니 곧 십자가에 죽으심이라"(빌 2:6-8) 합니다.

㉮ 주님께서는, "인자가 온 것은 잃어버린 자를 찾아 구원하려 함이니라"(눅 19:10) 말씀하십니다. ㉯ 그리하여 "너희의 허물과 죄로 죽었던 너희를 살리셨도다(엡 2:1), 또 함께 일으키사 그리스도 예수 안에서 함께 하늘에 앉히시니"(엡 2:6) 하고, "높은 위에 앉으셨으나 스스로 낮추사 천지를 살피시고 가난한 자를 진토에서 일으키시며 궁핍한 자를 거름 무더기에서 드셔서 방백들", 즉 왕 같은 제사장을 삼아주신 분이 예수 그리스도시라고 증거하고 있습니다.

바울 사도는 디도에게 보낸 목회서신에서, "이 말이 미쁘도다 원컨대 네가 이 여러 것에 대하여 굳세게 말하라"(딛 3:8) 합니다. 이처럼 분명한 말씀을 담대히 증거하지 못할 이유가 무엇이란 말인가?

㉰ "또 잉태하지 못하던 여자로 집에 거하게 하사 자녀의 즐거운 어미가 되게 하시는도다 할렐루야"(9) 합니다. 이는 얼핏 보기에 동떨어진 말씀같이 여겨지는데 실은 113편의 결론인 것입니다.

㉮ "잉태하지 못하던 여자"란 부끄러움을 당하던 여자를 가리키는 말이요, "자녀의 즐거운 어미가 되게" 하셨다는 것은 그녀의 자녀들이 번성할 것을 나타냅니다. 그 대표적인 예가 사라인데 하나님은 그에게 "그 이름을 사래라 하지 말고 사라라 하라, 그로 열국의 어미가 되게 하리니 민족의 열왕이 그에게서 나리라"(창 17:15-16) 하셨습니다. ㉯ 이점을 이사야서에서는, "잉태치 못하며 생산치 못한 너는 노래할지어다 구로치 못한 너는 외쳐 노래할지어다 홀로 된 여인의 자식이 남편 있는 자의 자식보다 많음이니라"(사 54:1) 말씀하고, 사도 바울은 이를 인용하여 "형제들아 너희는 이삭과 같이 약속의 자녀라"

(갈 4:27-28) 하고 증거합니다.

이 말씀이 어찌하여 결론이 될 수가 있느냐 하면, 우리의 구원은 마치 "잉태하지 못하던 여자로, 자녀의 즐거운 어미가 되게" 하신 것과 같은 불가능을 가능케 하신 전적인 하나님의 은혜라는 점 때문입니다. 그래서 "할렐루야" 하는 것입니다.

그래서 "할렐루야 여호와의 종들아 찬양하라 여호와의 이름을 찬양하라"(1) 하는 것입니다.

적용

성경을 구속사의 관점으로 보아야 하는 이유는 하나님께서 자기 아들을 통해서 주권적으로 이루어주신 하나님의 기이한 행사를 깨닫고 하나님을 더욱 경외하며 사랑하며 찬양하며 전파하기 위해서입니다. 113편이 좋은 예가 되겠습니다. 형제의 깨달음은 무엇입니까?

묵상

㉠ "이제부터 영원까지"의 "이제부터"에 대해서,

㉡ "스스로 낮추사" 무엇을 행해주셨는가에 대해서,

㉢ 우리의 구원 이전과 이후의 상태에 대해서.

시편 114편 개관도표
출애굽에 나타난 감격과 감동

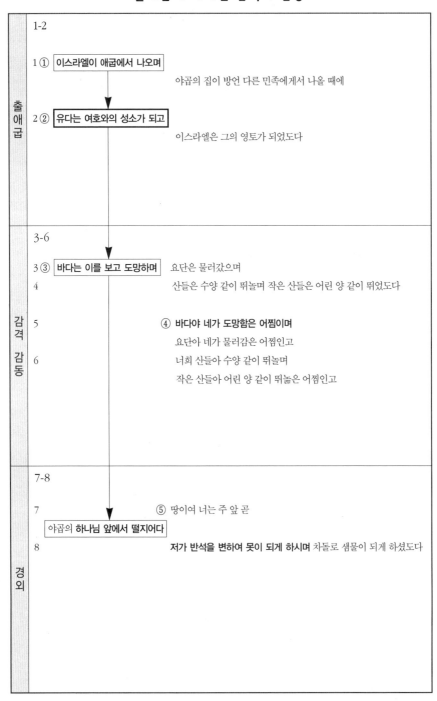

출애굽	1-2
	1 ① 이스라엘이 애굽에서 나오며
	야곱의 집이 방언 다른 민족에게서 나올 때에
	2 ② 유다는 여호와의 성소가 되고
	이스라엘은 그의 영토가 되었도다

감격 감동	3-6
	3 ③ 바다는 이를 보고 도망하며 요단은 물러갔으며
	4 산들은 수양 같이 뛰놀며 작은 산들은 어린 양 같이 뛰었도다
	5 ④ 바다야 네가 도망함은 어찜이며
	요단아 네가 물러감은 어찜인고
	6 너희 산들아 수양 같이 뛰놀며
	작은 산들아 어린 양 같이 뛰놂은 어찜인고

경외	7-8
	7 ⑤ 땅이여 너는 주 앞 곧
	야곱의 하나님 앞에서 떨지어다
	8 저가 반석을 변하여 못이 되게 하시며 차돌로 샘물이 되게 하셨도다

114편
출애굽에 나타난 감격과 감동

유다는 여호와의 성소가 되고 이스라엘은 그의 영토가 되었도다(시 114:2).

114편은 출애굽의 기사를 시적으로 묘사하고 있지만 영광스러움으로 가득하고, 감격과 감동으로 읽는 자들로 하여금 기뻐 뛰게 하는 생동감이 넘치는 시입니다. 해석하는 열쇠와 중심점은, "유다는 여호와의 성소"가 되었다는데 있습니다.

유다가 "성소"(聖所)가 되었다면 유다 지파에 하나님이 계셨다는 것이 됩니다. 이는 즉각적으로 유다 지파를 통해서 오시리라 예언(창 49:10)이 된 임마누엘을 가리킵니다.

도표를 보시면 "유다는 여호와의 성소가 되고"를 중심으로, 114편의 배경이 "출애굽"(첫째 단원) 때의 일임을 말씀하면서, "바다는 이를 보고 도망하며"(둘째 단원) 하는데 이는 선두에서 인도하시는 하나님을 보았기 때문인데, 그래서 "하나님 앞에서 떨지어다"(셋째 단원) 합니다. 이를 구속사라는 관점으로 보면 어떤 의미가 되는가?

첫째 단원(1-2) 이스라엘이 애굽에서 나올 때에
둘째 단원(3-6) 바다는 도망하며 산들은 뛰었다
셋째 단원(7-8) 너희는 하나님 앞에서 떨지어다

첫째 단원(1-2) 이스라엘이 애굽에서 나올 때에

① "이스라엘이 애굽에서 나오며 야곱의 집이 방언 다른 민족에게서 나올 때에"(1) 합니다. 이는 분명 "출애굽" 때에 되어진 일임을 나타냅니다. 그때에 어떤 일이 있었다는 것인가?

② "유다는 여호와의 성소가 되고 이스라엘은 그의 영토가 되었도다"(2) 합니다.

㉠ "유다는 여호와의 성소가 되고" 하는데, 나라의 요건은 "왕, 백성, 영토"가 있어야 하는 것입니다. 그런데 "왕"되신 하나님께서 유다 지파 중에 계셨고, 나머지 11지파는 "영토가 되었도다", 즉 백성들이자 하나님께서 다스리시는 영역이었다는 것입니다.

㉮ 어찌하여 유다를 "성소"라 하는가? 이는 참으로 놀라운 통찰력입니다. 이렇게 말씀하는 근거는, "홀이 유다를 떠나지 아니하며 치리자의 지팡이가 그 발 사이에서 떠나지 아니하시기를 실로가 오시기까지 미치리니 그에게 모든 백성이 복종하리로다"(창 49:10) 한 말씀에 있습니다. 즉 하나님께서 아브라함에게 언약하신 그리스도가 12지파 중, 유다 지파를 통해서 오시게 되리라는 예언적인 말씀이었던 것입니다. 이를 알았기에 108:8절에서도 "유다는 나의 홀이며" 하는 것입니다. ㉯ 이점이 이스라엘을 저주하기 위해서 브올산에 올라간 거짓 선지자 발람을 통해서도, "내가 그를 보아도 이 때의 일이 아니며 내가 그를 바라보아도 가까운 일이 아니로다 한 별이 야곱에게서 나오며 한 홀이 이스라엘에게서 일어나서"(민 24:17) 하고 증언하고 있는데 이는 하나님께서 그의 눈을 열어 보게 해주셨기 때문입니다.

㉡ 그런데 114편의 감동을 알기 위해서는 좀 더 나아가야만 합니다.

㉮ 20세 이상으로 계수한 자들을 4개 군단으로 편성을 하여 진을 칠 때에 하나님께서는, "동방 해 돋는 편에 진 칠자는 그 군대대로 유다의 진기에 속한 자라"(민 2:3) 하고 명하셨기 때문입니다. 어찌하여 유다 진기를 "동방"에 진을 치라하시면서, "해 돋는 편"이라는 설명을 부가(附加)하고 있는가? 이는 무의미한 것이 아니라 유다 지파를 통해서 "의로운 해가 떠올라서 치료하는 광선을 발하게 될"(말 4:2) 것이기 때문입니다. ㉯ 또한 시내 산을 출발 할 때에 "수두(首頭)로 유다 자손의 진기에 속한 자들이 그 군대대로 진행하라"(민 10:14) 하고 명하십니다. 그렇다면 출애굽 당시도 유다 지파로 오실 그리스도께서 선두(先頭)에서 인도하셨다는 것이 되는 것입니다. 이런 영광스러움이 "유다는 여호와의 성소가 되고 이스라엘은 그의 영토가 되었도다"(2) 하는 말씀 안에 함의되어 있는 것입니다.

둘째 단원(3-6) 바다는 도망하며 산들은 뛰었다

③ "바다는 이를 보고 도망하며 요단은 물러갔으며"(3) 합니다.

㉠ "바다가 도망하며" 한 것은 홍해가 갈라진 것을 시적으로 표현한 것인데, 왜 갈라졌는가? "이를 보고", 즉 선두(先頭)에서 인도하시는 그리스도 곧 만왕의 왕(王)의 행차(行次)를 보았기 때문이라는 것입니다.

이사야 40장에도 행차하시는 왕을 위하여 길을 예비하는 장면이 예언되어 있는데, "외치는 자의 소리여 가로되 너희는 광야에서 여호와의 길을 예비하라 사막에서 우리 하나님의 대로를 평탄케 하라 골짜기마다 돋우어지며 산마다 작은 산마다 낮아지며 고르지 않은 곳이 평탄케 되며 험한 곳이 평지가 될 것이요 여호와의 영광이 나타나고 모든 육체가 그것을 함께 보리라"(사 40:3-5) 하고 말씀합니다. 동양 문화권에 사는 사람들은 이 장면을 이해하는데 도움이 됩니다.

ⓛ 77편에서도 "하나님이여 물들이 주를 보았나이다 물들이 주를 보고 두려워하며 깊음도 진동하였고"(77:16) 합니다. 이런 말씀을 대할 때에 우선적으로,

㉮ 성경은 일관성(一貫性)과 통일성(統一性)이 있는 참으로 하나님의 말씀이라는 경외감을 갖게 되고, ㉯ 구약의 성도들의 통찰력에 놀라게 되면서, ㉰ 영광스러움이 의문에 싸여 있을 때에도 이런 감동이 있었는데, 밝히 드러내신 이후를 살아가면서도 보지를 못하고 있는 우리들을 한없이 부끄럽게 만듭니다.

ⓛ "산들은 수양 같이 뛰놀며 작은 산들은 어린양 같이 뛰었도다" (4) 합니다. "수양 같이, 어린양 같이 뛰었다"는 것은 큰 기쁨을 나타내는 묘사인데, 이점을 말라기서에서는 "외양간에서 나온 송아지같이 뛰리라"(말 4:2) 말씀합니다.

④ 그런데 시편 기자는, "바다야 네가 도망함은 어찜이며 요단아 네가 물러감은 어찜인고"(5),

㉠ "너희 산들아 수양 같이 뛰놀며 작은 산들아 어린 양 같이 뛰놂은 어찜인고"(6), 하고 묻고 있는 것이 아닌가? 성경에는 묻는 장면이 자주 등장하는데 이는 몰라서가 아니라 우리 자신을 각성(覺醒)시키기 위한 물음인 것입니다.

시편 기자는 독자인 우리들에게, "너희에게도 이런 경외감이 있느냐? 이런 감격과 감동이 있으냐" 하고 자신을 돌아보게 하고 있는 것입니다. 어떻습니까? 오늘의 예배가 형식화 되어가고, 조화(造花)와 같이 생동감이 없는 우리 신앙에 114편이 활력을 불어넣고 있지는 아

니합니까? 이것이 "바다는 도망하며 산들은 뛰었다"는 뜻입니다.

셋째 단원(7-8) 너희는 하나님 앞에서 떨지어다

⑤ "땅이여 너는 주 앞 곧 야곱의 하나님 앞에서 떨지어다"(7) 합니다.

㉠ 5-6절에서 "도망함은 어찜인고, 뛰놂은 어찜인고" 하고 질문을 던진 시편 기자는 "야곱의 하나님 앞에서 떨지어다", 즉 하나님을 경외하라 하고 스스로 답변을 합니다.

㉡ 그리고는 출애굽으로 시작한 114편은, "저가 반석을 변하여 못이 되게 하시며 차돌로 샘물이 되게 하셨도다"(8) 하고, 신 광야에서 목이 말라 부르짖는 저들에게, "반석을 치라" 하시어 생수로 먹여주신 것을 진술하므로 마치고 있습니다.

㉢ "수양같이 뛰놀며, 어린양같이 뛰었도다" 한 앞뒤에 무슨 말씀이 놓여 있는가를 보십시오.

㉮ 앞에는 "유다는 여호와의 성소가 되었다"는 말씀이 있고, ㉯ 뒤에는 "반석에서 생수가 솟아났다"는 말씀이 있습니다. 그러니까 기뻐 "뛰놂"이 유다 지파로 오실 그리스도로 말미암아 일어나게 될 것을 나타냅니다. ㉰ 형제는 모세가 반석을 치자 생수가 솟아올랐을 때에 저들의 환희(歡喜)가 어떠했을 것인가를 상상해본 적이 있습니까? "그때에 저는 자는 사슴같이 뛸 것이며 벙어리의 혀는 노래하리니" 하십니다. "이는 광야에서 물이 솟겠고 사막에서 시내가 흐를 것"(사 35:6)이기 때문이라는 것입니다. ㉱ 형제는 바로의 군사가 뒤쫓아 온 절체절명의 순간에 홍해가 갈라졌을 때의 환호성이 귀에 들리는 듯하지 않습니까?

형제여, 114편은 우리의 정적(靜的)인 신앙에 활력을 불어넣어 역동적(力動的)인 신앙으로 바꾸어주며, 성도들에게 용기와 기쁨과 확신이 넘치는 활기찬 신앙생활을 하도록 격려해 줍니다. 이것이 "출애굽에 나타난 감격과 감동"입니다.

적용

형제를 하나님의 성소로 삼으시고 하나님의 영이 형제 안에 거하신다는 영광스러움을 잊지 않고 있습니까? 그런 대도 "수양같이 뛰노는" 기쁨이 없다면 그 원인이 어디에 있는 것일까요?

묵상

㉠ 유다가 여호와의 성소가 되었다는 구속사적 의미에 대해서,

㉡ 바다가 도망하며 산들이 뛰놀게 된 이유에 대해서,

㉢ 도망함은 어찜이뇨 하고 묻는 말에 대한 형제의 답변에 대해서.

시편 115편 개관도표
영광을 우리에게 돌리지 마옵소서

이 방 의 조 소	**1-3** 1① 여호와여 영광을 우리에게 돌리지 마옵소서 우리에게 돌리지 마옵소서 　　　　오직 주의 인자하심과 진실하심을 인하여 주의 이름에 돌리소서 2② 어찌하여 열방으로 저희 하나님이 이제 어디 있느냐 말하게 하리이까 3　　　오직 우리 하나님은 하늘에 계셔서 원하시는 모든 것을 행하셨나이다
이 방 의 우 상	**4-8** 4③ 저희 우상은 은과 금이요 사람의 수공물이라 5　　　입이 있어도 말하지 못하며 눈이 있어도 보지 못하며 6　　　귀가 있어도 듣지 못하며 코가 있어도 맡지 못하며 7　　　손이 있어도 만지지 못하며 발이 있어도 걷지 못하며 목구멍으로 소리도 못하느니라 8④ 우상을 만드는 자와 그것을 의지하는 자가 다 그와 같으리로다
여 호 와 를 의 지 하 라	**9-18** 9⑤ 이스라엘아 여호와를 의지하라 그는 너희 도움이시요 너희 방패시로다 10　　　아론의 집이여 여호와를 의지하라 그는 너희 도움이시요 너희 방패시로다 11　　　여호와를 경외하는 너희는 여호와를 의지하라 그는 너희 도움이시요 너희 방패시로다 12⑥ 여호와께서 우리를 생각하사 복을 주시되 　　　이스라엘 집에도 복을 주시고 아론의 집에도 복을 주시며 13　　　대소 무론하고 여호와를 경외하는 자에게 복을 주시리로다 14　　　여호와께서 너희 곧 너희와 또 너희 자손을 더욱 번창케 하시기를 원하노라 15　　　너희는 천지를 지으신 여호와께 복을 받는 자로다 16　　⑦ 하늘은 여호와의 하늘이라도 땅은 인생에게 주셨도다 17　　　죽은 자가 여호와를 찬양하지 못하나니 적막한데 내려가는 아무도 못하리로다 18　　　우리는 이제부터 영원까지 여호와를 송축하리로다 할렐루야

115편
영광을 우리에게 돌리지 마옵소서

> 여호와여 영광을 우리에게 돌리지 마옵소서 우리에게 돌리지 마옵소서 오직 주의 인자하심과 진실하심을 인하여 주의 이름에 돌리소서(시 115:1).

115편을 해석하는 열쇠는, "어찌하여 열방으로 저희 하나님이 이제 어디 있느냐 말하게 하리이까" 한 2절입니다. 이는 현재 하나님의 백성들이 이방인들에게 압제를 당하고 있다는 것과, 그리하여 이방인들이 "네 하나님이 어디 있느냐" 하고 조롱을 하고 있음을 나타냅니다.

그렇다면 이런 상황에서, "영광을 우리에게 돌리지 마옵소서"(1) 하는 말이 무슨 뜻이겠습니까? 구원하여 달라는 요청인데, 이것이 자신들을 위해서가 아니라 자신들로 인하여 모독을 받으시게 한 "주의 이름" 때문에 구원해 달라는 것이 됩니다.

도표를 보시면 "영광을 우리에게 돌리지 마옵소서"를 중심으로, "네 하나님이 어디 있느냐"(첫째 단원) 하고 조소하는, "저희 우상은 수공물이라"(둘째 단원) 말하면서, 세 번이나 "여호와를 의지하라"(셋째 단원) 하는 것이 대의입니다.

첫째 단원(1-3) 네 하나님이 어디 있느냐

둘째 단원(4-8) 수공물인 이방의 우상

셋째 단원(9-18) 이스라엘아 여호와를 의지하라

첫째 단원(1-3) 네 하나님이 어디 있느냐

① "여호와여 영광을 우리에게 돌리지 마옵소서 우리에게 돌리지 마옵소서"(1상) 합니다.

㉠ 이는 자신들을 구원하여 주시되 자신들을 위해서 구원하여 달라는 말이 아니라는 뜻을 담고 있습니다. 그러면 영광을 누구에게 돌리라 하는가?

㉡ "오직 주의 인자하심과 진실하심을 인하여 주의 이름에 돌리소서"(1하), 즉 하나님 자신에게 돌리라는 것입니다. 이것이 무슨 뜻인가? 그 뜻이 이어지는 간구에 나타납니다.

② "어찌하여 열방으로 저희 하나님이 이제 어디 있느냐 말하게 하리이까"(2) 합니다.

㉠ 어떤 경우에 열방, 즉 불신자들이 하나님의 백성들을 향해서, "네 하나님이 이제 어디 있느냐" 하고 조소하는가? 시련과 환난을 당할 때입니다. "네가 믿는 하나님이 계시다면 네가 어찌하여 이 모양이 꼴이 되었느냐" 하고 조롱을 하는 것입니다.

㉡ 이런 맥락에서, "오직 주의 인자하심과 진실하심을 인하여 주의 이름에 돌리소서" 하는 말에는 몇 가지 뜻이 있습니다.

㉮ 첫째는 자신들에게는 하나님의 백성이라는 "주의 이름"이 걸려 있다는 것이고, ㉯ 그래서 자신들을 구원하여 달라는 동기가 자신들을 위해서가 아니라, 자신들로 인하여 모독을 받으시게 한 주의 이름"

을 위하여 행해 달라는 것입니다. ㉱ 그런데 "주의 인자하심과 진실하심을 인하여"라는 표현 속에는, "70년이 차면, 돌아오게 하리라"(렘 29:10) 하신 약속을 이행해달라는 뜻이 있는 것입니다. 이것이 "영광을 우리에게 돌리지 마옵소서 우리에게 돌리지 마옵소서"(1) 하는 뜻입니다.

　㉢ 이것이 하나님중심 사상입니다. 42편에서도, "내 영혼아 네가 어찌하여 낙망(落望)하며 어찌하여 내 속에서 불안하여 하는고" (42:5) 하는 환난 중에,

　㉮ "사람들이 종일 나더러 하는 말이 네 하나님이 어디 있느냐 하니 내 눈물이 주야로 내 음식이 되었도다"(42:3) 하고 말합니다. 무슨 뜻인가? 자신이 당하는 시련보다도 자신으로 인하여 하나님의 이름이 모독을 받으시게 한 이것만은 참을 수가 없다는 것입니다. ㉯ 79편에서도 "어찌하여 열방으로 저희 하나님이 어디 있느냐 말하게 하리이까" 하고 탄원하면서, "우리 구원의 하나님이여 주의 이름의 영광을 위하여 우리를 도우시며 주의 이름을 위하여 우리를 건지시며 우리 죄를 사하소서"(79:9-10) 하고 호소합니다. ㉰ 바벨론에 포로로 끌려간 다니엘도, "주여 들으소서 주여 용서하소서 주여 들으시고 행하소서 지체치 마옵소서 나의 하나님이여 주 자신을 위하여 하시옵소서 이는 주의 성과 주의 백성이 주의 이름으로 일컫는 바 됨이니이다" (단 9:19), 즉 자신들을 돌아가게 해주시되 "주의 이름"을 위하여 해달라는 것입니다.

　㉢ 하나님께서도, "이스라엘 족속아 내가 이렇게 행함(돌아오게 함)은 너희를 위함이 아니요 너희가 들어간 그 열국에서 더럽힌 나의 거룩한 이름을 위함이라 열국 가운데서 더럽힘을 받은 이름 곧 너희가 그들 중에서 더럽힌 나의 큰 이름을 내가 거룩하게 할지라"(겔

36:22-23) 하고 말씀하십니다.

이사야 선지자로 말씀하시기를, "내가 나를 위하며 내가 나를 위하여 이를 이룰 것이라 어찌 내 이름을 욕되게 하리요 내 영광을 다른 자에게 주지 아니하리라"(사 48:11) 하십니다. 구원계획에는 하나님의 거룩하신 이름이 걸려 있다는 점을 인식한다는 것은 중요한 요점이 됩니다.

㉤ 그래서 "오직 우리 하나님은 하늘에 계셔서 원하시는 모든 것을 행하셨나이다"(3) 하는 것입니다. 이는 "너희 하나님이 이제 어디 있느냐"(2) 하는 조롱에 대한 답변 격으로 주어졌는데, 저들이 믿는 이방의 우상과 대비(對比)하는 말로써,

㉮ 우상은 "건물" 안에 놓여 있으나 우리 하나님은 "하늘"에 좌정해 계시는 천지의 대 주재(主宰)자시라는 것과, ㉯ 또한 우상은 사람의 "수공물"(手工物)이지만 우리 하나님은 원하시는 모든 것, 즉 계획하신 바를 묵묵히 이루어나가시는 분이시다 하고 대답하는 것입니다.

첫째 단원은 기도의 우선순위를 점검하게 합니다. 주님께서는 "너희는 먼저 그의 나라와 그의 의"를 구하라 하십니다. 그리하여 주님께서 가르쳐주신 기도는, "하늘에 계신 아버지여 이름이 거룩히 여기심을 받으시오며" 하고, 하나님의 이름과 영예를 최우선으로 말씀합니다.

그러므로 "영광을 우리에게 돌리지 마옵소서 우리에게 돌리지 마옵소서 오직 주의 인자하심과 진실하심을 인하여 주의 이름에 돌리소서"(1) 하는 것은, 우리도 붙잡고 간구해야할 기도인 것입니다.

둘째 단원(4-8) 수공물인 이방의 우상

③ "저희 우상은 은과 금이요 사람의 수공물이라"(4) 합니다. 이는

"오직 우리 하나님은"(3) 한 3절과 대조되는 언급입니다.

㉠ "수공물"이라 하는데 이사야 선지자는, "벨(바벨론의 신)은 (고레스에 의해) 엎드러졌고 느보는 구부러졌도다 그들의 우상은 짐승과 가축에게 실리웠으니 너희가 떠메고 다니던 그것은 피곤한 짐승의 무거운 짐이 되었도다"(사 46:1) 하고 조롱하는 투로 예언하고 있습니다.

우상은 가능하면 크게 만듭니다. 왜냐하면 그래야만 위협적이기 때문입니다. 그런데 우상을 실은 수레를 끌어야 하는 소 입장에서는, "피곤한 짐승의 무거운 짐"이 되었다는 것입니다. 그래서 "사람의 수공물"이라 하는 것입니다.

㉡ 하나님의 백성들을 조롱하는 이방들이 의지하고 있는 신(우상)은 어떠한가?

㉮ "입이 있어도 말하지 못하며 눈이 있어도 보지 못하며"(5), ㉯ "귀가 있어도 듣지 못하며 코가 있어도 맡지 못하며"(6), ㉰ "손이 있어도 만지지 못하며 발이 있어도 걷지 못하며 목구멍으로 소리도 못하느니라"(7) 합니다. 이는 타 종교(宗敎)를 비판하는 말이 아니라, 사실이 그러한 것입니다.

㉢ 구약교회를 타락하게 한 고질적 병폐가 무엇인지 아십니까? 우상숭배입니다. 이는 우상을 숭배했다는 단순한 문제가 아니라, 아브라함과 다윗에게 세워주신 메시아언약을 배신했다는 치명적인 범죄임을 인식해야만 합니다. 하나님께서는 메시아를 통해서 복을 주시겠다고 언약을 세워주시고, 이루어 나가시는데 저들은 우상을 통해서 복을 받으려 했던 것입니다.

그러다가 북 이스라엘은 앗수르에, 남 유다는 바벨론에 멸망을 당한 것입니다. 이점을 다니엘은, "우리는 이미 범죄하여 패역하며 행악하며 반역하여 주의 법도와 규례를 떠났사오며 우리가 또 주의 종 선지자들이 주의 이름으로 우리의 열왕과 우리의 방백과 열조와 온 국민에게 말씀한 것을 듣지 아니하였나이다"(단 9:5-6) 하고 자백합니다.

신구약시대를 막론하고 "구원과 멸망"은 오직 그리스도의 대속을 믿느냐 여부에 달려 있는 것입니다. 그러므로 "저희 우상은" 하고 이방인의 우상숭배를 비난하는 선민 이스라엘도 우상숭배에서 자유로울 수가 없는 것입니다. 이점이 셋째 단원에서, "이스라엘아 여호와를 의지하라"(9) 하는 말에 암시되어 있습니다.

④ 그러므로 "우상을 만드는 자와 그것을 의지하는 자가 다 그와 같으리로다"(8) 하는 결론에 이르게 됩니다. 저들의 어리석음을 사도 바울은, "스스로 지혜 있다 하나 우준하게 되어 썩어지지 아니하는 하나님의 영광을 썩어질 사람과 금수와 버러지 형상의 우상으로 바꾸었느니라" 하고, "하나님을 버러지 형상"의 우상으로 바꿔치게 했다고 저들의 어리석음을 비난합니다. 이것이 "수공물인 이방의 우상"입니다.

셋째 단원(9-18) 이스라엘아 여호와를 의지하라

⑤ "이스라엘아 여호와를 의지하라 그는 너희 도움이시요 너희 방패시로다"(9) 합니다.

셋째 단원에서 우선적으로 주목할 점은 "인칭"(人稱)인데 "너희와 우리"로 되어 있습니다. 앞에서 언급한 대로 113-118편을 "할렐루야 시편"이라 하여 삼대(三大) 절기인 유월절, 오순절, 초막절에 불렀다고 합니다. 그렇다면 본문의 음율(音律)로 볼 때에 이 대목은 찬양대와 백성들이 교창(交唱)한 것으로 볼 수가 있습니다.

㉠ 찬양대: "이스라엘아 여호와를 의지하라", ㉮ 회중: "그는 너희 도움이시요 너희 방패시로다"(9),

㉡ 찬양대: "아론의 집이여 여호와를 의지하라", ㉯ 회중: "그는 너희 도움이시요 너희 방패시로다"(10),

㉢ 찬양대: "여호와를 경외하는 너희는 여호와를 의지하라", ㉰ 회중: "그는 너희 도움이시요 너희 방패시로다"(11).

㉣ 세 번이나 반복적으로, "그는 너희 도움이시오 너희 방패시로다" 하고 강조하는 것은, 하나님을 의지하지 않고 우상을 숭배하다가 멸망을 당한 뼈저린 경험 때문일 것입니다.

㉮ 성경에 "도움과, 방패"라는 말이 처음으로 등장하는 것은 창세기 15:1절에서입니다. 적은 병력을 가지고 기습작전을 펴서 네 왕을 격퇴한 아브라함은 저들의 반격을 두려워하고 있었던 것입니다. 그에게 하나님께서는, "아브람아 두려워 말라 나는 너의 방패요 너의 지극히 큰 상급이니라" 하고 말씀하셨습니다. ㉯ 모세도 죽기 전에 행한 그의 마지막 설교에서, "이스라엘아 너는 행복자로다 여호와의 구원을 너같이 얻은 백성이 누구뇨 그는 너를 돕는 방패시오 너의 영광의 칼이시로다"(신 33:29) 하고 격려를 했습니다.

⑥ 12-13절은 찬양대와 회중의 합창(合唱)이라 할 수가 있는데 그래서 인칭이 "우리"로 되어 있습니다. "여호와께서 우리를 생각하사 복을 주시되 이스라엘 집에도 복을 주시고 아론의 집에도 복을 주시며 대소 무론하고 여호와를 경외하는 자에게 복을 주시리로다"(12-13) 합니다. 그런 후에 또다시,

㉠ 찬양대: "여호와께서 너희 곧 너희와 또 너희 자손을 더욱 번창

케 하시기를 원하노라"(14), ㉯ 회중: "너희는 천지를 지으신 여호와
께 복을 받는 자로다"(15) 하고는,

⑦ "하늘은 여호와의 하늘이라도 땅은 인생에게 주셨도다 죽은 자
가 여호와를 찬양하지 못하나니 적막한데 내려가는 아무도 못하리로
다 우리는 이제부터 영원까지 여호와를 송축하리로다 할렐루야"(16-
18) 하는 합창으로 마치고 있는 구조입니다.

㉠ "하늘은 여호와의 하늘이라"는 뜻이 무엇인가? 이는 "땅은 인생
에게 주셨도다" 한 것과 대칭을 이루고 있는데,

㉮ "하늘은 여호와의 하늘이라" 한 것은, 천지의 주재자가 되시는
하나님의 주권을 나타내는 것이고, ㉯ "땅은 인생에게 주셨도다" 한
것은, "하늘"은 하나님의 것이고, "땅"은 우리 것이라는 그런 뜻이 아
니라, 인간에게 베푸시는 복을 가리키는 것으로 볼 수가 있습니다.

이점이 12-15절에 5번이나 등장하는 "복을 주셨다"는 말에 나타납
니다. 하나님께서 "땅"을 지으신 의도가 무엇인가? "여호와는 하늘을
창조하신 하나님이시며 땅도 조성하시고 견고케 하시되 헛되이 창조
치 아니하시고 사람으로 거하게 지으신 자시니라"(사 45:18) 하고 말
씀합니다.

㉡ 그래서 "영광을 우리에게 돌리지 마옵소서"(1) 하는 비탄으로
시작한 115편은, "우리는 이제부터 영원까지 여호와를 송축하리로다
할렐루야"(18) 하고 마치고 있는 것입니다. 이것이 "영광을 우리에게
돌리지 마옵소서"의 뜻입니다.

적용

"영광을 우리에게 돌리지 마옵소서"(1) 하고, 고백한다는 것은 기

도의 우선순위만을 의미하는 것이 아니라, 인생의 목적이 바뀐 것을 나타냅니다. 이런 맥락에서 "땅은 인생에게 주셨도다" 한다면, "뜻이 하늘에서 이룬 것 같이 땅에서도 이루어지게 할" 책임이 우리에게 있음을 나타냅니다. 이점을 사도 바울은, "교회는 그의 몸이니 만물 안에서 만물을 충만케 하시는 자의 충만이니라"(엡 1:23) 합니다. 참으로 중요하면서도 어려운 과제입니다.

묵상

㉠ "영광을 우리에게 돌리지 마옵소서" 하고 간구하는 의미에 대해서,

㉡ "여호와를 의지하라 그는 너희 도움이시오 너희 방패시로다"에 대해서,

㉢ "하늘은 여호와의 하늘, 땅은 인생에게 주셨도다"에 대해서.

시편 116편 개관도표
내가 믿는 고로 말하리라

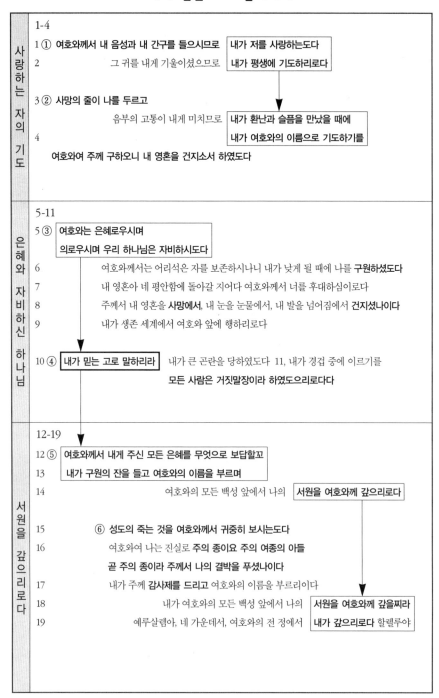

사랑하는 자의 기도

1-4

1 ① 여호와께서 내 음성과 내 간구를 들으시므로   내가 저를 사랑하는도다

2　　　　그 귀를 내게 기울이셨으므로   내가 평생에 기도하리로다

3 ② 사망의 줄이 나를 두르고

　　　　음부의 고통이 내게 미치므로   내가 환난과 슬픔을 만났을 때에

4　　　　　　　　　　　　　　　내가 여호와의 이름으로 기도하기를

여호와여 주께 구하오니 내 영혼을 건지소서 하였도다

은혜와 자비하신 하나님

5-11

5 ③ 여호와는 은혜로우시며

　　의로우시며 우리 하나님은 자비하시도다

6　　　여호와께서는 어리석은 자를 보존하시나니 내가 낮게 될 때에 나를 구원하셨도다

7　　　내 영혼아 네 평안함에 돌아갈 지어다 여호와께서 너를 후대하심이로다

8　　　주께서 내 영혼을 사망에서, 내 눈을 눈물에서, 내 발을 넘어짐에서 건지셨나이다

9　　　내가 생존 세계에서 여호와 앞에 행하리로다

10 ④ 내가 믿는 고로 말하리라   내가 큰 곤란을 당하였도다 11, 내가 경겁 중에 이르기를

　　　　　　　　　　　　　모든 사람은 거짓말장이라 하였도다로다다

서원을 갚으리로다

12-19

12 ⑤ 여호와께서 내게 주신 모든 은혜를 무엇으로 보답할꼬

13　　내가 구원의 잔을 들고 여호와의 이름을 부르며

14　　　　　　　여호와의 모든 백성 앞에서 나의   서원을 여호와께 갚으리로다

15　　　⑥ 성도의 죽는 것을 여호와께서 귀중히 보시는도다

16　　　여호와여 나는 진실로 주의 종이요 주의 여종의 아들

　　　곧 주의 종이라 주께서 나의 결박을 푸셨나이다

17　　　내가 주께 감사제를 드리고 여호와의 이름을 부르리이다

18　　　　　　내가 여호와의 모든 백성 앞에서 나의   서원을 여호와께 갚을찌라

19　　　예루살렘아, 네 가운데서, 여호와의 전 정에서   내가 갚으리로다 할렐루야

116편
내가 믿는 고로 말하리라

여호와는 은혜로우시며 의로우시며 우리 하나님은 자비하시도다(시 116:5).

116편은 "사망의 줄이 나를 두르고(3), 내가 환난과 슬픔을 만났을 때에(3), 내 영혼을 사망에서 건지셨나이다(8), 구원하셨도다"(6) 한 구원에 대한 감사 시입니다. 내용과 구조가 다윗의 시인, "나를 기가 막힌 웅덩이와 수렁에서 끌어올리시고 내 발을 반석 위에 두사 내 걸음을 견고케 하셨도다" 한 40편과 유사합니다.

핵심적인 말씀은 "내가 믿는 고로 말하리라"(10) 한 고백이라 할 수가 있는데 시편 기자는 "큰 곤란을 당한" 중에서도 "내가 믿는 고로 말하리라" 선언하고 있는 것입니다. 도표를 보시면 "내가 믿는 고로 말하리라" 하는 자는, "사랑하는도다, 기도하리로다"(첫째 단원) 말하면서, "여호와는 은혜로우시며, 자비하시도다"(둘째 단원) 고백을 하고, "서원을 여호와께 갚으리로다" 하고 결의를 나타냅니다.

첫째 단원(1-4) 사랑하는 자의 기도
둘째 단원(5-11) 은혜로우시고 자비하신 하나님
셋째 단원(12-19) 서원을 여호와께 갚으리로다

첫째 단원(1-4) 사랑하는 자의 기도

① "여호와께서 내 음성과 내 간구를 들으시므로 내가 저를 사랑하는도다"(1),

㉠ "그 귀를 내게 기울이셨으므로 내가 평생에 기도하리로다"(2) 합니다. 1-2절은 서론이면서 결론과 같은 말씀으로 시편 기자의 심정을 한마디로 표현한 것이, "사랑하는도다, 기도하리로다" 하는 말입니다.

② 그리고 진술하기를, "사망의 줄이 나를 두르고 음부의 고통이 내게 미치므로 내가 환난과 슬픔을 만났을 때에"(3) 하고 진술하는데, "사망의 줄, 음부의 고통"이란 표현을 통해서 시편 기자가 당했던 환난이 중병(重病)에서 고침을 받은 것으로 여겨집니다.

㉡ "내가 여호와의 이름으로 기도하기를 여호와여 주께 구하오니 내 영혼을 건지소서 하였도다"(4) 합니다. 그런데 하나님께서는 "내 간구를 들으시고(1), 그 귀를 내게 기울이셨다"(2)는 것입니다. 그래서 하나님을 "사랑하고", 앞으로 평생 동안 "기도"하기를 계속하겠다고 다짐을 하는 것입니다.

둘째 단원(5-11) 은혜로우시고 자비하신 하나님

③ 그리하여 "여호와는 은혜로우시며 의로우시며 우리 하나님은 자비하시도다"(5) 하고 고백하기에 이릅니다.

다윗은 103편에서 "저가 네 모든 죄악을 사하시며 네 모든 병을 고치시며 네 생명을 파멸에서 구속하셨다" 진술하면서, "여호와는 자비로우시며 은혜로우시며 노하기를 더디 하시며 인자하심이 풍부하시 도다"(103:3-4, 8) 했습니다. 이는 성경의 중심축(민 14:18; 대하 30:9; 느 9:17; 욜 2:13; 욘 4:2; 시 86:15; 103:8)을 이루고 있는 중 요한 선언인 것입니다. 그러므로 우리도 붙잡고 있어야 할 불변의 진 리입니다.

㉠ "여호와께서는 어리석은 자를 보존하시나니 내가 낮게 될 때에 나를 구원하셨도다 내 영혼아 네 평안함에 돌아갈 지어다 여호와께서 너를 후대하심이로다"(6-7) 합니다. 여기에는 신앙생활에 있어서의 중요한 요점들이 들어 있는데,

㉮ "어리석은 자를 보존하시나니" 하는 것은, 자신의 무가치성을 나타내는 말로써 전적인 하나님의 은혜라는 뜻이요, ㉯ "내가 낮게 될 때에", 즉 어렵고 낙심될 때에, ㉰ "나를 구원하셨도다, 합니다. 이는 사망의 줄에서 놓임을 받은 것을 가리키는데, ㉱ 이를 한마디로, "내 영혼아 네 평안함에 돌아갈 지어다 여호와께서 너를 후대(厚待)하심 이로다" 합니다.

걸어온 발자취를 돌이켜 보면 자신에게 향하신 하나님의 "사랑, 자 비, 은혜, 오래 참으심, 용납하심, 후대하심" 등을 고백하지 않을 수 없 는 것입니다.

㉡ 그래서 "주께서 내 영혼을 사망에서, 내 눈을 눈물에서, 내 발을 넘어짐에서 건지셨나이다"(8) 하고 기도를 드리기에 이릅니다.

㉢ 그리고 "내가 생존 세계에서 여호와 앞에 행하리로다"(9) 하는 것은 결단입니다. 즉 하나님 뜻대로 살아가겠다고 다짐을 합니다.

④ 그러면서 선언하는 말이, "내가 믿는 고로 말하리라 내가 큰 곤 란을 당하였도다"(10) 합니다.

㉠ 이는 "내가 믿는 고로 말하리라와, 큰 곤란을 당하였도다" 하는 두 마디로 되어 있는데, 이를 결부해서 생각한다면, "큰 곤란 중에서도 믿음을 지켰다"는 뜻이 됩니다.

㉡ 이어서, "내가 경겁 중에 이르기를 모든 사람은 거짓말 장이라 하였도다"(11) 하는 것은, "큰 환난의 날"에는 사람이 별 도움이 되지 않는다는 것을 나타냅니다.

이사야 선지자로부터 "네 집에 유언하라 네가 죽고 살지 못하리라"는 선고를 받은 히스기야 왕이, "얼굴을 벽으로 향하고 여호와께 기도했다"(사 38:1-2)는 것이 이를 말해줍니다.

㉮ 그런데 "내가 믿는 고로 말하리라" 한 말씀을 바울 사도가 고린도후서에서 인용하고 있다는 점을 주목하게 됩니다. 사도는 어떤 경우에 이를 인용하고 있는가? "우리가 사방으로 우겨 쌈을 당하여도 싸이지 아니하며 답답한 일을 당하여도 낙심하지 아니하며 핍박을 받아도 버린바 되지 아니하며 거꾸러뜨림을 당하여도 망하지 아니하고 우리가 항상 예수 죽인 것을 몸에 짊어짐은 예수의 생명도 우리 몸에 나타나게 하려 함이라"(고후 4:8-10) 말씀하면서, ㉯ "기록한바 내가 믿는 고로 말하였다 한 것 같이 우리가 같은 믿음의 마음을 가졌으니 우리도 믿는 고로 또한 말하노라"(고후 4:13) 하고 선언합니다. 그렇다면 무엇을 믿는다는 말인가? 이를 문맥적으로 보면, "주 예수를 다시 살리신 이가 예수와 함께 우리도 다시 살리사 너희와 함께 그 앞에 서게 하실 줄을 아노니"(고후 4:14) 한, "죽어도 산다"는 이점을 믿는다는 것입니다. 시편 기자의 믿음도 동일한 역경에서 고백한 같은 믿음인 것입니다.

㉢ 그렇다면 우리도 어떠한 환난 중에서도, "믿는 고로 말하리라" 하고 선언할 수 있어야 마땅하지 않겠는가? 이 말씀은 우리에게 큰

도전으로 다가옵니다. 불신자들은 "네가 무얼 믿기에 이처럼 큰 소리 치느냐" 할 것입니다. 그렇습니다. 믿는 데가 있기 때문에 담대할 수가 있는 것입니다. 믿는 내용을 셋째 단원에서 보게 될 것입니다.

셋째 단원(12-19) 서원을 여호와께 갚으리로다

⑤ "여호와께서 내게 주신 모든 은혜를 무엇으로 보답할꼬"(12) 하고 감격해 하면서,

㉠ "내가 구원의 잔을 들고 여호와의 이름을 부르며"(13) 합니다. 그가 들고 있는 잔은 "구원의 잔"입니다. 이 잔에는 "내게 주신 모든 은혜를 무엇으로 보답할꼬" 한, 모든 은혜가 담겨 있는 것입니다. 그는 은혜의 잔을 들고 받아 마시기 전에, 베풀어주신 은혜들을 묵상하면서 "무엇으로 보답할꼬" 하고 감격해 하고 있는 것입니다.

㉡ 이 "구원의 잔"이 시편 기자에게, 그리고 우리들에게 주어지는 것이 어떻게 가능하여 졌는가? "구원은 잔"은 주님께서 "아버지께서 주신 잔을 내가 마시지 아니하겠느냐"(요 18:11) 한신 잔과는 대조가 되는 잔임을 잊지 말아야만 합니다. 주님께서는 우리에게 구원의 잔을 마시우게 하시기 위해서 "진노의 잔"을 대신 받으신 것입니다.

㉢ "내가 구원의 잔을 들고 여호와의 이름을 부르며" 한 것은 입으로만 부르면 되는 것이 아니라, "여호와의 모든 백성 앞에서 나의 서원을 여호와께 갚으리로다"(14) 하는 결단과 헌신이 따라야 합니다.

⑥ 이런 문맥에서, "성도의 죽는 것을 여호와께서 귀중히 보시는도다"(15) 말씀하는데, 이는 "내가 믿는 고로 말하리라"(10) 한 믿음이 어떠한 믿음인가를 드러냅니다. 죽어도 살 것을 믿는 믿음이라는 것

입니다. 그래서 "성도의 죽는 것을 여호와께서 귀중히 보시는도다" 하는 것입니다.

㉠ 돌이켜보면 성경 역사는, "내가 믿는 고로 말하리라" 한 믿음의 역사이기도 합니다.

㉮ "믿음으로 아벨은 가인보다 더 나은 제사를 하나님께 드림으로…저가 죽었으나 그 믿음으로써 오히려 말하느니라"(히 11:4) 합니다. 아벨은 무엇이라 말하고 있을 것인가? 주님께서 말씀하신, "아벨의 피로부터 성전과 제단 사이에서 너희가 죽인 바라가의 아들 사가랴의 피까지 땅 위에 흘린 모든 피가"(마 23:35), "내가 믿는 고로 말하리라" 한 순교자들이었던 것입니다. ㉯ 다니엘도 같은 믿음을 가졌기에 사자의 밥이 될 것을 알면서도 예루살렘으로 행한 창문을 열어놓고 하루에 세 번씩 기도했으며, 그의 세 친구들도 같은 믿음을 가졌기에 "그리 아니하실지라도" 하면서 불가마 속에 던짐을 받은 것이 아니겠는가? ㉰ 그러므로 "내가 믿는 고로 말하리라" 하는 선언은 비장한 신앙이 없이는 할 수 없는 고백인 것입니다. 이처럼 목숨과 바꾸는 비장한 고백을 하게 될 경우에는, "모든 사람은 거짓말쟁이라", 즉 의지할 것이 못되는 것입니다.

㉡ "여호와여 나는 진실로 주의 종이요 주의 여종의 아들 곧 주의 종이라"(16) 합니다. 한 절에서 소유(所有)를 나타내는 "주(主)의" 라는 말을 세 번이나 반복하고 있는데, 이 진술에 시편 기자의 간절한 심정이 나타나 있습니다. 그는 "주의 종이요, 주의 여종의 아들"이라고 진술하면서 무엇인가 더 잘 고백할 말을 생각해 내려고 합니다. 그러나 더 이상의 말을 찾지 못한 듯, "곧 주의 종이라" 하고 되풀이 합니다. 그렇습니다. 주의 이름으로 일컬음을 받는 "주의 종"이라는 호칭보다 더 영광스러운 말이 무엇이 있겠습니까?

ⓒ 그에게 주의 이름이 걸려 있기에 "주께서 나의 결박을 푸셨나이다"(16하) 하는 것입니다. 또한 주의 이름이 걸려 있기에 저들을 바벨론으로부터 돌아오게(단 9:19) 하셨던 것입니다.

ⓓ "내가 주께 감사제를 드리고 여호와의 이름을 부르리이다 내가 여호와의 모든 백성 앞에서 나의 서원을 여호와께 갚을 지라"(17-18) 하고 재차 다짐합니다. 명심하십시다. "감사와, 여호와의 이름을 부르는 것"은 입으로만 하는 것이 아닙니다. "나의 서원을 여호와께 갚을 지라" 한 갚음이 있어야 하는 것입니다.

ⓔ 그러므로 "사랑하는도다"(1) 하고 시작한 116편은, "예루살렘아 네 가운데서, 여호와의 전정(殿庭)에서 내가 갚으리로다"(19) 하고, 공개적으로 선언을 하면서, "할렐루야"로 마치고 있는 것입니다. 이것이 "내가 믿는 고로 말하리라" 하는 결단의 삶입니다.

적용

하나님께서 우리를 "사망과 음부"의 권세로부터 구원하여 주신, "모든 은혜"를 형제는 알고 있습니까? 우리는 주의 이름으로 일컬음을 받는 "주의 종"입니다. 그러므로 우리도 "구원의 잔을 들고, 내가 믿는 고로 말하리라" 선언할 수가 있는 것입니다. 그렇다면 "생존 세계에서 여호와 앞에서 행해야" 마땅하지 않겠습니까?

묵상

ⓐ "믿는 고로 말하리라"에 함축된 결의에 대해서,

ⓑ 성도의 죽는 것을 귀중히 보신다는 문맥적인 뜻에 대해서,

ⓒ 구원의 잔에 함의된 구속사적 의미에 대해서.

시편 117편 개관도표
모든 나라 모든 백성들아 찬양하라

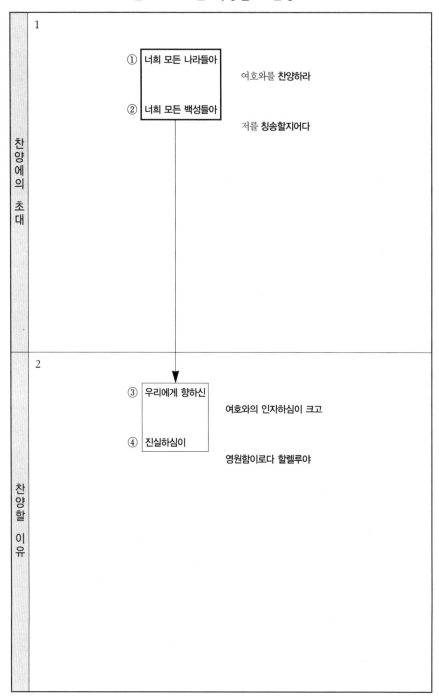

찬 양 에 의 초 대	**1**	① 너희 모든 나라들아 여호와를 **찬양하라** ② 너희 모든 백성들아 저를 **칭송할지어다**
찬 양 할 이 유	**2**	③ 우리에게 향하신 **여호와의 인자하심이 크고** ④ **진실하심이 영원함이로다 할렐루야**

117편
모든 나라 모든 백성들아 찬양하라

우리에게 향하신 여호와의 인자하심이 크고 진실하심이 영원함이로다 할렐루야
(시 117:2).

117편은 성경 중에서 분량상으로는 가장 짧은 장입니다. 그러나 내용상으로는 엄청나게 광대한 장입니다. 왜냐하면 "모든 나라들, 모든 백성들"이 다 들어 있기 때문입니다. "여호와의 인자와, 여호와의 진실"을 찬양하자고 초청하는 기자에게 하고 싶은 말이 두 절 밖에 없었겠습니까? 그런데 지혜서에서, "너희는 하나님 앞에서 함부로 입을 열지 말며 급한 마음으로 말을 내지 말라 하나님은 하늘에 계시고 너는 땅에 있음이라 그런즉 마땅히 말을 적게 할 것이니라"(전 5:2) 한 대로 때로는 말을 적게 해야 하겠다는 깨달을 주는 장이기도 합니다. 중심점은 "여호와를 찬양하라"는데 있으나, 핵심은 "여호와의 인자하심과 진실하심"에 있는 것입니다. "여호와의 인자와 진실"도, "대저 주의 인자는 커서 하늘에 미치고 주의 진리는 궁창에 이르나이다"(57:10) 한 대로 우주보다도 광대한 것입니다.

도표를 보시면 "모든 나라들, 모든 백성들"(첫째 단원)을 예배에 초청을 하는데, 왜냐하면 "우리에게 향하신 여호와의 인자하심이 크고, 진실하심이 영원하기"(둘째 단원) 때문이라는 것입니다.

첫째 단원(1) 모든 백성을 찬양에 초대함

둘째 단원(2) 크고도 영원한 여호와의 인자와 진실

첫째 단원(1) 모든 백성을 찬양에 초대함

① "너희 모든 나라들아 여호와를 찬양하라"(1상) 합니다.

㉠ 우리는 이런 말씀을 당연시 하는 경향이 있습니다. 왜냐하면 성경을 구속사라는 선(線)으로 보지 않고, 교훈적인 점(点)으로 보기 때문입니다. 본문을 교훈적으로 보면 하나님은 천지의 대 주재자가 되심으로 "모든 나라, 모든 백성들"에게 여호와를 찬양하라 하는 것은 당연한 일로 받아들여지게 됩니다.

② 그러나 구속사라는 맥락으로 보게 되면, "너희 모든 백성들아 저를 칭송할지어다"(1하) 하는 초청은 엄청난 말씀이며, 최대로 기쁜 소식인 것입니다.

㉠ 왜냐하면 "모든 나라들"은 이방을 가리키고, "모든 백성들"이란 이방인(異邦人)들을 가리키는 말이기 때문입니다. 이들에게 여호와를 찬양하라고 초대한다는 것은 의문에 속한 것이 아니라 복음적인 초청이기 때문입니다. 율법적으로 말하면 "모든 나라들"과는 아무 언약도 맺어서는 안 되고, 통혼해서도 아니 된다고 금하고 있는 것입니다.

㉡ 그들은 그리스도가 오시기 전까지는 개 취급을 당하던 자들입니다. "그러므로 생각하라 너희는 그때에 육체로 이방인이요 손으로 육체에 행한 할례(割禮)당이라 칭하는 자들에게 무할례당이라 칭함을 받는 자들이라 그때에 너희는 그리스도 밖에 있었고 이스라엘 나라 밖의 사람이라 약속의 언약들에 대하여 외인(外人)이요 세상에서

소망이 없고 하나님도 없는 자들"(엡 2:11-12)이었던 것입니다.

ⓒ 이런 처지에 있던 이방인들이 어떻게 "여호와를 찬양하라, 칭송할지어다" 하는 초청을 받는 것이 가능했는가? "이제는 전에 멀리 있던 너희가 그리스도 예수 안에서 그리스도의 피로 가까워졌느니라, 그러므로 이제부터 너희가 외인도 아니요 손(님)도 아니요 오직 성도들과 동일한 시민이요 하나님의 권속"(엡 2:13, 19)이 되었기 때문입니다.

ⓓ 이방인들이 하나님께 나아가는 것이 가능하여진 것은, "그는 우리의 화평이신지라 둘로 하나를 만드사 중간에 막힌 담을 허시고, 또 십자가로 이 둘을 한 몸으로 하나님과 화목하게"(엡 2:14, 16) 해주셨기 때문에 가능하여진 것입니다.

이런 구속사를 무시하는 것은 하나님의 구원계획을 우습게 만드는 것이 되고, 극단적으로 말하면 그리스도의 구속을 무의미(無意味)하게 만드는 것이 됩니다. 왜냐하면 그리스도의 구속이 없이도 이방인들이 하나님께 나아가는 것이 가능한 것처럼 만들기 때문입니다.

ⓔ 이처럼 "모든 나라들, 모든 백성들"이 예배에 초청을 받게 되는 것은 하나님께서 일찍이 아브라함과 이삭과 야곱에게 세워주신 메시아언약에 근거한 것입니다.

㉮ 하나님께서는 아브라함에게, "또 네 씨로 말미암아 천하 만민이 복을 얻으리니"(창 22:18) 하셨고, ㉯ 이삭에게 "네 자손을 인하여 천하 만민이 복을 받으리라"(창 26:4) 하셨고, ㉰ 야곱에게 "땅의 모든 족속이 너와 네 자손을 인하여 복을 얻으리라"(창 28:14) 하고 거듭거듭 언약을 세워주셨던 것입니다.

본문을 대할 때에 이런 구속사의 맥락을 무시할 수가 있으며, 명백한 메시아언약을 증거하지 않을 수가 있단 말인가? 이것이 "모든 백성을 찬양에 초대함"입니다.

둘째 단원(2) 크고도 영원한 여호와의 인자와 진실

③ "우리에게 향하신 여호와의 인자하심이 크고"(2상) 합니다.

㉠ 우선적으로 "우리에게 향하신" 한, "우리"가 누구를 가리키는가? 이를 성경 신학적으로 보게 되면, "이는 저(그리스도 예수)로 말미암아 <우리 둘>이 한 성령 안에서 아버지께 나아감을 얻게 하려 하심이라"(엡 2:18) 한, "유대인과 이방인" 그리스도인들을 가리키는 것이 되는 것입니다.

㉡ 이점이 레위기 23장에 나오는 오순절 계시에 예시되어 있습니다. "제 7안식일 이튿날까지 합 50일을 계수하여 <새 소제>를 여호와께 드리되" 합니다. 오순절 성령 강림으로 "새 소제", 즉 신약교회가 탄생하게 될 것과, "떡 두개를 가져다가 흔들지니"(레 23:16, 17) 하십니다. 진설병은 12지파를 상징하는 떡 12개를 드렸으나, 오순절 성령 강림 이후에는 유대인과 이방인을 상징하는 "떡 2개"를 드리라 하시는 것입니다.

④ 이런 맥락에서 여호와를 찬양해야할 이유로, "여호와의 인자하심이 크고 진실하심이 영원함이로다"(2하) 하는 것은 의미심장한 말씀인 것입니다.

㉠ "인자"가 시편에만 120회 이상 등장하고 있는데 하나님의 사랑, 은혜를 뜻하는 인자(헤세드)는, "진실 또는 성실"과 짝을 이루어 함께 칭송되고 있습니다. 본문에서도 "인자하심이 크고, 진실하심이 영원함이로다" 합니다. 왜냐하면 "여호와의 인자"가 메시아언약으로 주어졌고, 하나님은 한 번 세워주신 언약을 신실하게 이루어주셨기 때문에 "진실하심이 영원함이로다" 하는 것입니다. 한마디로 시편의 찬양

은 "주의 인자와, 성실"에 대한 찬양이라 해도 과언이 아닙니다.

㉮ 앞에 있는 115:1절에서도, "여호와여 영광을 우리에게 돌리지 마옵소서 우리에게 돌리지 마옵소서 오직 주의 인자하심과 진실하심을 인하여 주의 이름에 돌리소서" 하고, ㉯ 뒤에 있는 118:1절에서도, "여호와께 감사하라 저는 선하시며 그 인자하심이 영원함이로다" 합니다. ㉰ "주의 인자하심이 하늘에 있고 주의 성실하심이 공중에 사무쳤으며"(36:5), ㉱ "주의 인자는 커서 하늘에 미치고 주의 진리는 궁창에 이르나이다"(57:10), ㉲ "주의 인자가 생명보다 나으므로 내 입술이 주를 찬양할 것이라"(63:3) 합니다.

㉡ 이런 맥락에서 "너희 모든 나라들아 여호와를 찬양하며, 너희 모든 백성들아 저를 칭송할지어다"(1) 하는 117편을 이방인의 사도로 세움을 입은 사도 바울이 빼놓을 수가 있었겠습니까? 로마서 15:11절에서, "모든 열방들아 주를 찬양하며 모든 백성들아 저를 찬송하라 하였으며" 하고, 본문을 인용하여 증거하는 것을 보게 됩니다. 어떤 문맥에서 이를 인용하고 있는가?

㉮ 앞에는 "이방인으로 그 긍휼(인자)하심을 인하여 하나님께 영광을 돌리게 하려 하심이라"(롬 15:9) 하는 말씀이 있고, ㉯ 뒤로는 "또 이사야가 가로되 이새의 뿌리 곧 열방을 다스리기 위하여 일어나시는 이(메시아)가 있으리니 열방이 그에게 소망을 두리라 하였느니라"(롬 15:12) 한 문맥에서입니다.

사도는 본문을 그리스도의 구속으로 말미암아 복음의 문이 이방인들에게 열리게 될 것을 예언한 시편으로 보고 있는 것입니다. 이것이 하나님의 "인자"하심입니다.

㉢ 또한 바울은 누구보다도 하나님의 인자와 함께 하나님의 진실하심을 믿었습니다. 그의 서신서에는 하나님의 진실하심이 "미쁘심"

으로 표현이 되어 있는데,

㉮ "미쁘다 모든 사람이 받을만한 이 말이여 그리스도 예수께서 죄인을 구원하시려고 세상에 임하셨다 하였도다 죄인 중에 내가 괴수니라"(딤전 1:15), ㉯ "미쁘다 이 말이여 모든 사람이 받을만하도다"(딤전 4:9), ㉰ 순교 직전에 기록된 디모데후서에서는, "미쁘다 이 말이여 우리가 주와 함께 죽었으면 또한 함께 살 것이요" 합니다. 사도는 이 미쁘신 말씀을 묵상하면서 형장(刑場)으로 나아갔을 것이고, ㉱ "우리는 미쁨이 없을지라도 주는 일향 미쁘시니 자기를 부인하실 수 없으시리라"(딤후 2:11-13) 하고, 미쁘신 말씀을 믿고 순교를 당했던 것입니다.

이것이 "우리에게 향하신 여호와의 인자하심이 크고 진실하심이 영원함이로다" 하는 의미입니다. 우리도 "할렐루야" 하고 찬양을 돌릴 것밖에 없습니다.

적용

117편을 통해서 도전 받게 되는 것은 첫째가 "여호와의 인자와 성실"을 찬양하는 일이고, 둘째가 "모든 나라, 모든 백성"들에게 복음을 전해주어야 한다는 선교입니다.

묵상

㉠ 가장 작은 장이, 가장 큰 것을 담고 있는 것에 대해서,

㉡ "주의 인자와 성실"에 대해서,

㉢ 이방인들에게 복음의 문이 열려지게 되는 구속사의 맥락에 대해서.

시편 118편 개관도표
호산나, 주의 이름으로 오시는 이여

선하심과 인자	1-4
	1 ① 여호와께 감사하라 저는 선하시며 그 인자하심이 영원함이로다
	2
	이제 이스라엘은 말하기를 **그 인자하심이 영원하다 할지로다**
	3 이제 아론의 집은 말하기를 **그 인자하심이 영원하다 할지로다**
	4 이제 여호와를 경외하는 자는 말하기를 **그 인자하심이 영원하다 할지로다**

열방이 에워싸고 넘어뜨리려 함	5-21
	5 ② 내가 고통 중에 여호와께 부르짖었더니 여호와께서 응답하시고 나를 광활한 곳에 세우셨도다
	6 **여호와는 내 편이시라** 내게 두려움이 없나니 사람이 내게 어찌할꼬
	7 여호와께서 내 편이 되사 나를 돕는 자 중에 계시니
	그러므로 나를 미워하는 자에게 보응하시는 것을 내가 보리로다
	8 여호와께 피함이 사람을 신뢰함보다 나으며
	9 여호와께 피함이 방백들을 신뢰함보다 낫도다
	10 ③ 열방이 나를 에워쌌으니 내가 여호와의 이름으로 저희를 끊으리로다
	11 저희가 나를 에워싸고 **에워쌌으니** 내가 여호와의 이름으로 저희를 끊으리로다
	12 저희가 벌과 같이 나를 **에워쌌으나** 가시덤불의 불 같이 소멸되었나니
	내가 여호와의 이름으로 저희를 끊으리로다
	13 ④ 네가 나를 밀쳐 넘어뜨리려 하였으나 여호와께서 나를 도우셨도다
	14 여호와는 나의 능력과 찬송이시요 또 나의 구원이 되셨도다
	15 의인의 장막에 기쁜 소리, 구원의 소리가 있음이여 여호와의 오른손이 권능을 베푸시며
	16 **여호와의 오른손이** 높이 들렸으며 여호와의 **오른손이** 권능을 베푸시는도다
	17 내가 죽지 않고 살아서 여호와의 행사를 선포하리로다
	18 여호와께서 나를 심히 경책하셨어도 죽음에는 붙이지 아니하셨도다
	19 ⑤ 내게 의의 문을 열지어다 내가 들어가서 여호와께 감사하리로다
	20 이는 여호와의 문이라 의인이 그리로 들어가리로다
	21 주께서 내게 응답하시고 나의 **구원이 되셨으니** 내가 주께 감사하리이다

건축자의 버린 돌	22-29
	22 ⑥ 건축자의 버린 돌이 집 모퉁이의 머릿돌이 되었나니
	23 이는 여호와의 행하신 것이요 우리 눈에 기이한 바로다
	24 ⑦ 이날은 여호와의 정하신 것이라 이날에 우리가 즐거워하고 기뻐하리로다
	25 여호와여 구하옵나니 이제 구원하소서 여호와여 우리가 구하옵나니 이제 형통케 하소서
	26 ⑧ 여호와의 이름으로 오는 자가 복이 있음이여 우리가 여호와의 집에서 너희를 축복하였도다
	27 여호와는 하나님이시라 우리에게 비취셨으니 줄로 희생을 제단 뿔에 맬지어다
	28 주는 나의 하나님이시라 내가 주께 감사하리이다
	주는 나의 하나님이시라 내가 주를 높이리이다
	29 여호와께 감사하라 그는 선하시며 그 인자하심이 영원함이로다

118편
호산나, 주의 이름으로 오시는 이여

건축자의 버린 돌이 집 모퉁이의 머릿돌이 되었나니(시 118:22).

118편에는 그리스도에게서 성취된 메시아 예언이 풍부합니다. 주님께서 고난 받으시기 위하여 나귀 타시고 예루살렘에 입성하셨을 때에 무리들이 손에 종려가지를 들고, "호산나 다윗의 자손이여 찬송하리로다 주의 이름으로 오시는 이여 가장 높은 곳에서 호산나"(마 21:9) 하고 맞이했는데, 이 때에 부른 호산나가 바로 본문 25절의 "여호와여 구하옵나니 이제 구원하소서 여호와여 우리가 구하옵나니 이제 형통케 하소서"였던 것입니다.

이를 대제사장들과 서기관들이 분이 여겼다고 합니다. 왜냐하면 "호산나 다윗의 자손이여" 하는 것은 메시아에게서 성취될 예언 곧 그리스도에게 바치는 노래였기 때문입니다.

또한 주님께서는 "건축자의 버린 돌이 집 모퉁이의 머릿돌이 되었나니" 한, 22절을 인용하셔서 대제사장, 장로들에게, "하나님의 나라를 너희는 빼앗기고 그 나라의 열매 맺는 백성이 받으리라"(마 21:43) 하고 선언하셨습니다. 그러므로 본문은 이처럼 밝히 드러난 계시에 의하여 해석이 되어야 마땅합니다.

도표를 보시면 "여호와의 선하심과 인자하심"(첫째 단원)이 영원하다 하면서, "열방이 에워싸고 넘어뜨리려"(둘째 단원) 했으나, "건축자의 버린 돌"(셋째 단원)을 모퉁이의 머릿돌이 되게 하셨다고 말씀합니다. 그러므로 118편은 "여호와께 감사하라, 그 인자하심이 영원함이로다"(1)로 시작하여, "여호와께 감사하라, 그 인자하심이 영원함이로다"(29)로 마치고 있습니다.

  첫째 단원(1-4) 여호와의 선하심과 인자하심
  둘째 단원(5-21) 열방이 에워싸고 넘어뜨리려함
  셋째 단원(22-29) 건축자의 버린 돌

첫째 단원(1-4) 여호와의 선하심과 인자하심

① "여호와께 감사하라 저는 선하시며 그 인자하심이 영원함이로다"(1) 합니다.

㉠ 여호와의 어떤 성품을 감사하자고 말하는가? "선하심과, 인자하심"입니다. "선하심"이, "하나님이 그 지으신 모든 것을 보시니 보시기에 심히 좋았더라"(창 1:31) 한 첫 창조사역과 결부가 된다면, "인자하심"이란 사랑, 은혜를 가리키는 것으로 재창조인 구속사역과 결부된다 하겠습니다.

㉡ 그래서 구원함을 얻은,

㉮ "이스라엘은 말하기를 그 인자하심이 영원하다 할지로다"(2), ㉯ 제사장들인 "아론의 집은 말하기를 그 인자하심이 영원하다 할지로다"(3), ㉰ "여호와를 경외하는 자는 말하기를 그 인자하심이 영원하다 할지로다"(4) 합니다.

그러면 여호와의 "인자"가 어떻게 나타났는가?

둘째 단원(5-21) 열방이 에워싸고 넘어뜨리려함

② 둘째 단원은 "여호와의 인자" 하심이 어떻게 영원한가에 대한 진술입니다. 그런데 본문에는 "내가 고통 중에 여호와께 부르짖었더니"(5상) 하고, "나"라는 인칭이 무려 25회 정도나 나온다는 점입니다. 그러므로 둘째 단원을 해석하는 열쇠는 이 "나"를 누구로 보느냐에 있습니다.

㉠ 이점에서 시편을 해석하는 3방면을 상기시켜야만 하겠습니다.

㉮ 1차적으로는 이 "나"가 시편 기자를 가리키는 말입니다. ㉯ 그런데 고난당하는 나를 통하여 궁극적으로는, "건축자의 버린 돌이 집 모퉁이의 머릿돌이 되었나니"(22) 한 그리스도를 볼 수 있어야만 합니다. ㉰ 그리고 셋째로는 시편을 상고하는 나 자신으로 적용이 된다는 점입니다. 이점을 본문관찰에서 보게 될 것입니다.

㉡ "내가 고통 중에 여호와께 부르짖었더니 여호와께서 응답하시고 나를 광활한 곳에 세우셨도다"(5) 합니다. 그러면 "나를 광활한 곳에 세우셨도다" 하는 뜻이 무엇인가? 이는, "저희가 나를 에워싸고 에워쌌으니"(11) 하는 것과 결부가 되는 표현입니다.

㉮ 대적들은 나를 에워싸고 가두려 하였으나 여호와께서 자유하게 해주셨다는 말씀입니다. ㉯ 31:8절에서도, "나를 대적의 수중에 금고(禁錮)치 아니하셨고 내 발을 넓은 곳에 세우셨음이니이다" 하고 말씀합니다. ㉰ 그리스도의 예표인 요나도 "내가 산의 뿌리까지 내려갔사오며 땅이 그 빗장으로 나를 오래도록 막았사오나 나의 하나님 여호와께서 내 생명을 구덩이에서 건지셨나이다"(욘 2:6) 합니다.

형제는 이러한 예표들이 누구에게서 성취가 되었는지 말해줄 수가 있습니까? 오순절에 강림하신 성령께서는 베드로의 입을 의탁하여,

"하나님께서 사망의 고통을 풀어 살리셨으니 이는 그가 사망에게 매여 있을 수 없었음이라"(행 2:24) 하고 증거하십니다. 주님께서도, "악하고 음란한 세대가 표적을 구하나 요나의 표적밖에는 보여 줄 표적이 없느니라"(마 16:4) 하셨습니다.

ⓒ 그래서 "여호와는 내 편이시라 내게 두려움이 없나니 사람이 내게 어찌할꼬 여호와께서 내 편이 되사 나를 돕는 자 중에 계시니 그러므로 나를 미워하는 자에게 보응하시는 것을 내가 보리로다"(6-7) 하는 것입니다. 이점에서 "여호와는 내 편이시라"는 점을 직선적으로 성도들에게 적용해서는 아니 됩니다. 그렇게 하는 것은 구속사라는 역사성을 무시하는 곡해인 것입니다. 형제는 하나님이 형제의 편이 되어주시는 것이 어떻게 해서 가능해졌는지 말해줄 수가 있습니까?

㉮ 아담의 후예들은 모두가 죄인이며 "본질상 진노의 자녀"(엡 2:3)들, 즉 하나님과 원수 되었던 자들입니다. ㉯ "곧 우리가 원수 되었을 때에 그 아들의 죽으심으로 말미암아 하나님으로 더불어 화목 됨으로"(롬 5:10) 말미암아 비로소 하나님이 내 편이 되는 것이 가능하게 되었다는 점을 간과해서는 아니 됩니다. 만일 이를 무시 한다면 그리스도는 필요 없게 되어 라오디게아 교회에서처럼 문 밖으로 추방을 당하게 되는 것입니다. 이것은 우려가 아니라 현실인 것입니다.

구약의 성도들이 "여호와는 내 편이시라" 하고 말할 수 있었던 것은, 그들이 하나님께서 아브라함과, 다윗에게 세워주신 "언약" 백성들이기 때문에 가능한 것입니다. 그 언약 백성들이 메시아언약을 버리고 우상을 숭배하자 하나님께서, "나는 네 대적이라"(렘 21:13) 하시는 두려운 말씀을 듣게 됩니다.

ⓓ 그래서 "여호와께 피함이 사람을 신뢰함보다 나으며 여호와께 피함이 방백들을 신뢰함보다 낫도다"(8-9) 하는 것입니다.

③ "열방이 나를 에워쌌으니 내가 여호와의 이름으로 저희를 끊으리로다"(10),

㉠ "저희가 나를 에워싸고 에워쌌으니 내가 여호와의 이름으로 저희를 끊으리로다 저희가 벌과 같이 나를 에워쌌으나 가시덤불의 불같이 소멸되었나니 내가 여호와의 이름으로 저희를 끊으리로다"(11-12) 합니다.

㉡ "에워쌌다"는 말을 4번, "끊으리로다" 하는 말을 3번이나 반복함으로 저들이 "나"라는 주인공을 얼마나 악랄하게 대적하였는가가 강조되어 있습니다.

㉮ 그런데 "열방(列邦)이 나를 에워쌌다"는 진술은 무슨 뜻인가? 여기에 118편이 시편 기자 개인의 경우가 아님이 드러납니다. ㉯ 열방이 "에워싸고, 에워싼" 장본인은, "어찌하여 열방이 분노하며 민족들이 허사를 경영하는고 세상의 군왕들이 나서며 관원들이 서로 꾀하여 여호와와 그 기름 받은 자를 대적하며"(2:1-2) 한 그리스도인 것입니다.

④ "네가 나를 밀쳐 넘어뜨리려 하였으나 여호와께서 나를 도우셨도다"(13) 합니다.

㉠ 14-16절은 승리의 개가(凱歌)인데, "여호와는 나의 능력과 찬송이시요 또 나의 구원이 되셨도다 의인의 장막에 기쁜 소리, 구원의 소리가 있음이여 여호와의 오른손이 권능을 베푸시며 여호와의 오른손이 높이 들렸으며 여호와의 오른손이 권능을 베푸시는도다"(15-16) 합니다.

㉮ 그렇다면 무엇으로부터의 승리인가? "네가 나를 밀쳐 넘어뜨리려 하였으나", 주님을 십자가에 못을 박아 죽이고 무덤에 가두려 하였

으나, "나를 광활한 곳에 세우셨다"(5), 즉 죽은 자 가운데서 다시 살리신 승리인 것입니다. ⑭ 어떻게 승리할 수가 있었는가? "여호와의 오른손"을 3번이나 강조하는데 "오른손"은 권능을 상징합니다. 대적이 "에워싸고, 에워쌌으나", "여호와의 오른손이 권능을 베푸셔서" 구원하여주셨다는 말씀입니다. ⑮ 이것이 "의인의 장막에 기쁜 소리, 구원의 소리가 있음이여"(15) 한, "기쁜 소리, 구원의 소리"인 것입니다.

ⓛ 형제는 여호와의 오른손이 최대로 권능을 베푸신 역사적인 사건이 무엇인지 알고 있습니까? 구약교회에 있어서는 이스라엘을 애굽 바로의 권세로부터 구원하여 내신 출애굽(출 15:6) 사건이요, 신약교회에는 예수 그리스도를 죽은 자 가운데서 살리심으로, "죽기를 무서워하므로 일생에 매여 종노릇 하는 모든 자를 놓아주신"(히 2:15) 구속사역입니다.

이점을 신약성경에서는, "그의 힘의 강력으로 역사하심을 따라 믿는 우리에게 베푸신 능력의 지극히 크심"(엡 1:19)이라고 말씀합니다. 그리고 이 두 사건은 "예표와 실체"로 보여주신 하나의 사건 곧 "큰 기쁨의 좋은 소식"인 복음인 것입니다.

⑤ 그리하여 "내게 의의 문을 열지어다 내가 들어가서 여호와께 감사하리로다"(19) 하는 것입니다.

㉠ "이는 여호와의 문이라 의인이 그리로 들어가리로다 주께서 내게 응답하시고 나의 구원이 되셨으니 내가 주께 감사하리이다"(20-21) 합니다.

㉮ "의의 문"(19)이라고 말씀합니다. ㉯ "여호와의 문"(20)이라 하십니다. ㉰ "의인이 들어가는 문"이라고 말씀합니다.

ⓛ 이 문이 1차적으로는 예루살렘 성문, 또는 성전 문을 가리킨다

하여도 구속사의 맥락에서 보면, "그 기지가 성산에 있음이여 여호와께서 야곱의 모든 거처보다 시온의 문들을 사랑하시는도다"(87:1-2)에서 언급함과 같이 예표일 뿐입니다.

ⓒ "이는 여호와의 문이라 의인이 그리로 들어가리로다"(20) 하는 말씀을, "건축자의 버린 돌이 집 모퉁이의 머릿돌이 되었다"(22)는 예언과 결부시키면 무엇을 의미하는가는 자명해지는 것입니다.

"내가 문이니 누구든지 나로 말미암아 들어가면 구원을 얻고 또는 들어가며 나오며 꼴을 얻으리라"(요 10:9) 하신 그리스도 외에 달리 무슨 문이 있겠습니까?

저는 지금 "예수"를 그리스도로 인정을 하지 않는 유대인 학자들처럼 "구약으로, 구약"을 해석하고 있는 것이 아니라, 계시가 밝히 드러난 신약의 빛을 받아서 의문에 가려 있던 구약을 해석하고 있는 것입니다. 그렇다면 그 뜻은 분명해지는 것입니다. "그 길은 우리를 위하여 휘장 가운데로 열어놓으신 새롭고 산 길이요 휘장은 곧 저의 육체니라"(히 10:20) 한 말씀으로 인도해주는 것입니다.

이것은, "열방이 에워싸고, 넘어뜨리려 하였으나, 여호와께서 나를 도우셨다"(13), 즉 "건축자의 버린 돌이 집 모퉁이의 머릿돌"이 되게 하심으로 가능하여졌다는 말씀입니다. 이것이 "열방이 에워싸고 넘어뜨리려함"인데, 다음 단원을 통해서 확증이 될 것입니다.

셋째 단원(22-29) 건축자의 버린 돌

셋째 단원에는 메시아 예언으로 풍부합니다. 그러므로 셋째 단원이 118편의 중심부입니다. 첫째와 둘째 단원은 셋째 단원을 증거하기 위한 도입부요, 예표라 할 수가 있습니다. 주님께서 친히 22절이 자신을 가리키는 것(마 21:42)이라고 말씀하셨습니다.

⑥ "건축자의 버린 돌이 집 모퉁이의 머릿돌이 되었나니 이는 여호와의 행하신 것이요 우리 눈에 기이한 바로다"(22-23) 합니다.

㉠ 어찌하여 유대인들을 "건축자"라 하는가? 하나님의 나라 건설을 위하여 택하신 선민(選民)이기 때문입니다. 그런데 그들이 그리스도를 배척한 것을 "건축자들이 버린 돌"이라 하는 것입니다. 그러나 하나님은 포기하신 것이 아니라 건축할 때에 제일 먼저 놓는 중요한 "모퉁이의 머릿돌이 되게" 하셨다는 것입니다.

㉡ 이는 악을 선으로 바꾸시는 하나님의 주권적인 행사입니다. 그래서 "이는 여호와의 행하신 것이요 우리 눈에 기이한 바로다"(23) 하는 것입니다.

㉮ 이점을 이사야서에서는, "보라 내가 한 돌을 시온에 두어 기초를 삼았노니 곧 시험한 돌이요 귀하고 견고한 기초 돌이라 그것을 믿는 자는 급절하게 되지 아니 하리로다"(사 28:16), ㉯ "그러나 이스라엘 두 집에는 거치는 돌, 걸리는 반석이 되실 것이며 예루살렘 거민에게는 함정, 올무가 되리니"(사 8:14) 하고 예언하고 있습니다.

㉢ "건축자의 버린 돌이 집 모퉁이의 머릿돌이 되었다"는 점을 신약성경이 얼마나 힘 있게 증거하고 있는가를 보십시오.

㉮ 마태, 마가, 누가복음이 다 증거(마 21:42; 막 12:10; 눅 20:17)하고 있습니다. ㉯ 오순절 성령강림 후에 나면서 앉은뱅이 된 자를 일으킨 베드로는 대제사장과 장로들 앞에서, "너희가 십자가에 못 박고 하나님이 죽은 자 가운데서 살리신 나사렛 예수 그리스도의 이름으로 이 사람이 건강하게 되어 너희 앞에 섰느니라 이 예수는 너희 건축자들의 버린 돌로서 집 모퉁이의 머릿돌이 되었느니라"(행 4:10-11) 하고 담대히 증거하였던 것입니다. ㉰ 베드로는 서신서에서도 "그러므

로 믿는 너희에게는 보배이나 믿지 아니하는 자들에게는 건축자들이 버린 그 돌이 모퉁이의 머릿돌이 되었다"(벧전 2:7) 하고 증거합니다. ㉱ 사도 바울도 "그리스도 예수께서 친히 모퉁이 돌이 되셨느니라" (엡 2:20) 하고 증거하고 있습니다.

⑦ "이날은 여호와의 정하신 것이라 이날에 우리가 즐거워하고 기뻐하리로다"(24) 합니다.

㉠ "이날"은 어떤 날인가? 이 말씀은 앞의 문맥으로는, "의인의 장막에 기쁜 소리 구원의 소리가 있음이여" 한 15절과 결부가 되고, 뒤의 문맥으로는 "여호와여 구하옵나니 이제 구원하소서 여호와여 우리가 구하옵나니 이제 형통케 하소서"(25) 하는 말씀과 결부가 되는 것입니다.

㉡ "여호와여 구하옵나니 이제 구원하소서" 한 말은 다름 아닌 주님께서 나귀타고 입성하셨을 때에, "무리가 소리 질러 가로되 호산나 다윗의 자손이여 찬송하리로다 주의 이름으로 오시는 이여 가장 높은 곳에서 호산나 하더라"(마 21:9) 한 "호산나"라는 뜻입니다. 주님은 만민을 구원하실 대속제물이 되기 위해서 입성하시는 것입니다.

㉮ 그러므로 "이날은", "여호와께서 그로 상함을 받게 하시기를 원하사 질고를 당케 하신"(사 53:10), "여호와의 정하신 날"이요, ㉯ "이날은, 이 예수를 하나님이 그의 피로 인하여 믿음으로 말미암는 화목제물로 세우신"(롬 3:25) 날이요, ㉰ "이날은, 내가 이를 위하여 이 때에 왔나이다"(요 12:27) 한, 주님께서 우리의 죄를 대속하시고, "의의 문을 열어주신"(19) 날인 것입니다.

⑧ 그래서 "여호와의 이름으로 오는 자가 복이 있음이여 우리가 여

호와의 집에서 너희를 축복하였도다"(26) 하는 것입니다.

㉠ "여호와의 이름으로 오는 자"라 하는데 요한복음에만도 예수님이 하나님께로부터 오셨다는 점이 수십 번이나 강조되어 있습니다. 그러나 "나는 내 아버지의 이름으로 왔으매 너희가 영접치 아니하나 만일 다른 사람이 자기 이름으로 오면 영접하리라"(요 5:43) 하십니다.

㉡ 그런데 이어지는 말씀은, "여호와는 하나님이시라 우리에게 비취셨으니 줄로 희생을 제단 뿔에 맬지어다"(27) 합니다. 이는 두 마디로 되어 있는데,

㉮ 첫째는 "우리에게 비취셨다"는 말씀인데, 구약교회 성도들의 중요한 간구 중 하나가, "주의 얼굴 빛을 비취사 우리로 구원을 얻게 하소서"(80:3, 7, 19) 하는 것입니다. 이 간구가, "어두운 데서 빛이 비취리라 하시던 그 하나님께서 예수 그리스도의 얼굴에 있는 하나님의 영광을 아는 빛을 우리 마음에 비취셨느니라"(고후 4:6) 하고 성취가 되었던 것입니다. ㉯ 둘째는 "줄로 희생을 제단 뿔에 맬지어다" 한 말씀입니다. 여기서 "단"은 번제단이요, 그렇다면 "희생"이란 제물을 가리키는 것인데, 118편의 문맥으로 보면 "건축자의 버린 돌" 곧 그리스도를 전망하는 말씀이라 할 것입니다.

㉢ 그래서 "주는 나의 하나님이시라 내가 주께 감사하리이다 주는 나의 하나님이시라 내가 주를 높이리이다"(28) 하는 것입니다.

그리하여 "여호와께 감사하라, 그 인자하심이 영원함이로다"(1) 하고 시작한 118편은, "여호와께 감사하라 그는 선하시며 그 인자하심이 영원함이로다"(29) 하는 결론에 이르게 되는 것입니다. 참으로 "여호와의 인자하심"은 영원하고 영원합니다. 이것이 "호산나 주의 이름으로 오시는 이여"입니다.

적용

이제는 예수 그리스도의 구속으로 말미암아 여호와 하나님이 형제 편이 되셨음을 확신하시기를 바랍니다. 그러므로 두려워하지 맙시다. 하나님께 감사하고, 높여드리는 삶을 살아가십시다. 신약의 성도들도 "여호와여 구하옵나니 이제 구원하소서"(25) 하고, 재림의 주님을 대망해야할 것입니다.

묵상

㉠ 118편에서 "여호와의 인자"가 어떻게 나타났는가에 대해서,

㉡ "의인의 장막, 의인의 문, 기쁜 소리가 있음이여"에 대해서,

㉢ 118편의 메시아 예언이 어떻게 성취되었는가에 대해서.

시편 119편 개관도표
여호와의 법에 행하는 자가 복이 있도다

1-8(알렙)	행위 완전하여 여호와의 법에 행하는 자가 복이 있음이여,
9-16(베드)	청년이 무엇으로 그 행실을 깨끗케 하리이까 주의 말씀을 따라 삼갈 것이니이다.
17-24(기멜)	주의 종을 후대하여 살게 하소서 그리하시면 주의 말씀을 지키리이다.
25-32(달렛)	내 영혼이 진토에 붙었사오니 주의 말씀대로 나를 소성케 하소서.
33-40(헤)	여호와여 주의 율례의 도를 내게 가르치소서 내가 끝까지 지키리이다.
41-48(와우)	여호와여 주의 말씀대로 주의 인자하심과 주의 구원을 내게 임하게 하소서.
49-56(자인)	주의 종에게 하신 말씀을 기억하소서 주께서 나로 소망이 있게 하셨나이다.
57-64(케스)	여호와는 나의 분깃이시니 나는 주의 말씀을 지키리라 하였나이다.
65-72(테스)	여호와여 주의 말씀대로 주의 종을 선대하셨나이다.
73-80(요드)	주의 손이 나를 만들고 세우셨사오니 나로 깨닫게 하사 주의 계명을 배우게 하소서.
81-88(카프)	내 마음으로 주의 율례에 완전케 하사 나로 수치를 당치 않게 하소서.
89-96(라메드)	여호와여 주의 말씀이 영원히 하늘에 굳게 섰사오며,
97-104(멤)	내가 주의 법을 어찌 그리 사랑하는지요 내가 그것을 종일 묵상하나이다.
105-112(눈)	주의 말씀은 내 발에 등이요 내 길에 빛이니이다.
113-120(사멕)	내가 두 마음 품는 자를 미워하고 주의 법을 사랑하나이다.
121-128(아인)	내가 공과 의를 행하였사오니 나를 압박자에게 붙이지 마옵소서.
129-136(페)	주의 증거가 기이하므로 내 영혼이 이를 지키나이다.
137-144(짜아데)	여호와여 주는 의로우시고 주의 판단은 정직하시니이다.
145-152(코프)	여호와여 내가 전심으로 부르짖었사오니 내게 응답하소서 내가 주의 율례를 지키리이다.
153-160(레쉬)	나의 고난을 보시고 나를 건지소서 내가 주의 법을 잊지 아니 함이니이다.
161-168(신)	방백들이 무고히 나를 핍박하오나 나의 마음은 주의 말씀만 경외하나이다.
169-176(타우)	여호와여 나의 부르짖음이 주의 앞에 이르게 하시고 주의 말씀대로 나를 깨닫게 하소서.

119편
여호와의 법에 행하는 자가 복이 있도다

행위 완전하여 여호와의 법에 행하는 자가 복이 있음이여 여호와의 증거를 지키
고 전심으로 여호와를 구하는 자가 복이 있도다(시 119:1-2).

119편은 히브리어 22개의 머리글자를 첫 글자로 사용하여 지은 답
관체(가나다) 시(詩)입니다. 그런데 119편은 한 자를 여덟 번씩(22×
8=176) 되풀이함으로 성경에서 가장 긴 장이 된 것입니다. 이런 양식
을 따른 의도는 핵심 주제를 집중적으로 강조하면서 이를 기억하기
용이하도록 하기 위한 것으로 볼 수가 있습니다. 기억만 용이한 것이
아니라 암송(暗誦)하기에도 용이하도록 단구(短句)로 되어 있습니다.
그러므로 176절을 하루에 한 절씩을 암송하면서 묵상을 한다면 꼭 반
년 분량이 됩니다. 그래서 어떤 분은 "성도들의 알파벳이라" 했습니다.
　중심주제는 하나님의 "말씀"에 있습니다. 본문에는 "하나님의 말
씀"이, "율법, 증거, 규례, 판단, 계명, 율례, 법도, 약속" 등으로 표현이
되어 있는데 176절 중 몇 절(84, 90, 122, 132)을 제외하고는 모든 절
에 나타납니다. 그러니까 시편 기자에게는 "하나님의 말씀"을 사모하
는 열정이 그만큼 끓어올랐다는 것이 됩니다. 실제로 "내가 주의 계명
을 사모하므로 입을 열고 헐떡였나이다(131), 주의 말씀을 묵상하려
고 내 눈이 야경이 깊기 전에 깨었나이다"(148) 합니다.

그러면 119편의 저자는 누군가? 다윗이 가장 유력합니다. 왜냐하면 내용들이 다윗의 다른 시와 부합하고, 하나님의 말씀을 "율법, 증거, 교훈, 계명, 도, 규례" 등으로 일컫는 것이 "다윗의 시"라는 표제가 있는 19편과 일치하기 때문입니다. 다윗은 19편에서,

"여호와의 율법은 완전하여 영혼을 소성케 하고 여호와의 증거는 확실하여 우둔한 자로 지혜롭게 하며

여호와의 교훈은 정직하여 마음을 기쁘게 하고

여호와의 계명은 순결하여 눈을 밝게 하도다

여호와를 경외하는 도는 정결하여 영원까지 이르고

여호와의 규례는 확실하여 의로우니 금 곧 많은 정금보다 더 사모할 것이며 꿀과 송이 꿀보다 더 달도다

주의 종이 이로 경계를 받고 이를 지킴으로 상이 크니이다"(19:7-11) 하고 진술하고 있는데, 그 의중이 본문과 일치합니다. 119편은 다윗이 그 동안 지은 시들을 묵상하기 편하도록 알파벳순으로 정리한 것이라 할 수가 있습니다.

먼저 유념해야할 점은 시인이 하나님의 말씀을 "율법, 계명, 규례" 등으로 부르고 있지만 율법주의적인 개념으로 일컫는 말이 아니라는 점입니다. 내용관찰에서 확인하게 될 것입니다만 율법적이기보다는 오히려 복음적이라고 말할 수가 있습니다.

왜냐하면 119편은 176절이나 되는 장시(長詩)인데도 "하나님의 말씀"만을 강조하고 있을 뿐 "번제, 속죄제" 등 제사에 대한 언급은 단 한번(108)의 예외를 제외하고는 침묵하고 있다는 사실이 말해주고 있습니다. 이는 119편이 기록된 시대적인 좌표로 볼 때 기이한 일이면서도 본문을 이해하는데 결정적으로 중요한 요소가 되는 것입니다.

119편이 다윗의 시라면 다윗은 40편에서 "주께서 나의 귀를 통하여 들리시기를 제사와 예물은 기뻐하지 아니하시며 번제와 속죄제를 요구치 아니 하신다"(40:6) 하는 깨달음을 얻은 사람입니다.

119편은, "행위 완전하여 여호와의 법에 행하는 자가 복이 있음이여 여호와의 증거를 지키고 전심으로 여호와를 구하는 자가 복이 있도다"(1-2) 하고, "복"(福)으로부터 시작하고 있는데, 성경이 말씀하는 복은 하나님께서 아브라함에게 "네 씨로 말미암아 천하 만민이 복을 얻으리라"(창 22:18) 하신 구원의 복인 것입니다. ㉮ "여호와의 법에 행하는 자가 복이 있음이여"(1) 하는 것은 강조점이 실천에 있고, ㉯ "여호와의 증거를 지키고 전심으로 여호와를 구하는 자가 복이 있도다" 한, "증거"는 언약과 결부되는 것으로 믿고 의지하는 것을 가리킵니다. 이는 사도 바울이 로마서에게 "믿어 순종케 하나니"(롬 1:5; 16:26) 한 말씀과 같은 뜻이 됩니다.

119편은 해석을 해주어야만 깨달을 수 있는 말씀들이 아닙니다. 문제는 누가 이처럼 경건에 이르기를 힘쓰느냐에 있는 것입니다. 그래서 저는 119편을 대하면서 사도 바울이 사랑하는 믿음의 아들 디모데에게 "망령되고 허탄한 신화를 버리고 오직 경건에 이르기를 연습하라"(딤전 4:7) 한 "경건"을 상기했습니다. 왜냐하면 해설하려는 생각에 앞서서 우선적으로 경건치 못한 자신을 돌아보면서 부끄러움부터 맛보아야만 했기 때문입니다.

저는 지금 성경을 구속사 즉, 성경신학적인 관점으로 보고 있습니다. 이것은 무엇을 의미하느냐 하면 인간이 행해야 하는 책임보다, 하나님께서 선수(先手)적으로 이루어 오신 하나님의 주권(主權)을 앞세우는 것을 의미합니다. 왜냐하면 하나님께서 주권적으로 베풀어주신 사랑과 은혜만이 구원에 이르게 할 뿐만이 아니라, 인간이 행해야할 윤리까지도 복음의 능력으로만이 가능하기 때문입니다.

그러므로 성경은 분량이 많다 하여도 하나님께서 행해주신 것과, 인간이 행해야할 두 가지로 되어 있습니다. 이런 맥락에서 119편도 두 가지 내용으로 되어 있는데, 하나님께서 행해주시기를 간구하는 내용과, 자신이 행하기를 힘쓰겠다는 결의로 되어 있음을 발견하게 됩니다.

하나님께서 행해주시기를 간구하는 것들은 신학적(神學的)인 문제이고, 자신이 행하겠다고 다짐하는 것들은 교훈적(敎訓的)인 문제입니다. 그리고 이 두 주제는 별개가 아니라 서두에서 말씀한 "믿어 순종케 한다"는 하나인 것입니다.

부활하신 주님께서는, "모세의 율법과 선지자의 글과 시편에 나를 가리켜 기록된 모든 것이 이루어져야 하리라 한 말이 이것이라"(눅 24:44) 말씀하셨습니다. 그러므로 저는 119편을 자구(字句)적인 설명보다는 예수 그리스도와 복음을 증거 하는데 주안점을 두고 관찰하고자 합니다. ㉮ "그리스도"는 하나님께, 행해주시기를 구하는 간구를 통해서 만날 수가 있고, ㉯ 그리스도를 만난 사람들은 필연적으로 하나님의 말씀대로 살겠다는 "결단"을 하게 되는 것입니다.

그러면 시편 기자가 하나님께 간구하는 것은 무엇이고, 다짐하는 결단은 무엇인가?

I 하나님께 행해주시기를 간구함

① 자신의 영혼을 소성(蘇醒)케 해달라고 간구합니다. "소성"이라

는 말을 개정역에서는 "살아나게"로 번역하고 있는데, "재생, 살게 하다, 구원하다"라는 뜻입니다. 그러니까 허물과 죄로 죽었던 자를 거듭나게 해달라는 뜻이 됩니다.

㉠ 17절, "주의 종을 후대하여 살게 하소서 그리하시면 주의 말씀을 지키리이다",

㉡ 25절, "내 영혼이 진토에 붙었사오니 주의 말씀대로 나를 소성케 하소서",

㉢ 37절, "내 눈을 돌이켜 허탄한 것을 보지 말게 하시고 주의 도에 나를 소성케 하소서",

㉣ 40절, "내가 주의 법도를 사모하였사오니 주의 의에 나를 소성케 하소서",

㉤ 88절, "주의 인자하심을 따라 나로 소성케 하소서 그리하시면 주의 입의 증거를 내가 지키리이다",

㉥ 107절, "나의 고난이 막심하오니 여호와여 주의 말씀대로 나를 소성케 하소서",

㉦ 154절, "주는 나의 원한을 펴시고 나를 구속하사 주의 말씀대로 나를 소성케 하소서",

㉧ 156절, "여호와여 주의 긍휼이 크오니 주의 규례를 따라 나를 소성케 하소서",

㉨ 159절, "내가 주의 법도 사랑함을 보옵소서 여호와여 주의 인자하신 대로 나를 소성케 하소서" 합니다.

그러면 "진토에 붙은 것"(25)과 같이 된 자신의 영혼을 무엇으로 소성케 해달라고 간구하고 있는가? 각 절(節)을 관찰해보십시오. "말씀, 도, 주의 의, 주의 인자, 구속, 긍휼" 등으로 소성시켜 달라는 간구입니다. 이는 복음적이지 결코 율법적인 말씀이 아닙니다.

② 또한 자신을 구원하여 달라고 간구합니다.

㉠ 41절, "여호와여 주의 말씀대로 주의 인자하심과 주의 구원을 내게 임하게 하소서",

㉡ 81절, "나의 영혼이 주의 구원을 사모하기에 피곤하오나 나는 오히려 주의 말씀을 바라나이다",

㉢ 94절, "나는 주의 것이오니 나를 구원하소서 내가 주의 법도를 찾았나이다",

㉣ 116절, "주의 말씀대로 나를 붙들어 살게 하시고 내 소망이 부끄럽지 말게 하소서",

㉤ 117절, "나를 붙드소서 그리하시면 내가 구원을 얻고 주의 율례에 항상 주의하리이다",

㉥ 123절, "내 눈이 주의 구원과 주의 의로운 말씀을 사모하기에 피곤하니이다",

㉦ 134절, "사람의 압박에서 나를 구속하소서 그리하시면 내가 주의 법도를 지키리이다",

㉧ 144절, "주의 증거는 영원히 의로우시니 나로 깨닫게 하사 살게 하소서",

㉨ 146절, "내가 주께 부르짖었사오니 나를 구원하소서 내가 주의 증거를 지키리이다",

㉩ 166절, "여호와여 내가 주의 구원을 바라며 주의 계명을 행하였나이다",

㉪ 174절, "여호와여 내가 주의 구원을 사모하였사오며 주의 법을 즐거워하나이다",

㉫ 175절, "내 혼을 살게 하소서 그리하시면 주를 찬송하리이다 주의 규례가 나를 돕게 하소서" 하고 간구합니다.

무엇으로 구원하여 달라고 간구하는가? "말씀대로"(41, 81, 116, 123), 즉 언약(言約)하신 대로 구원하여 달라고 간구합니다. 49절에서는 "주의 종에게 하신 말씀을 기억하소서 주께서 나로 소망이 있게 하셨나이다" 하고 간구하는데, 이 간구는 다윗이 하나님께서 세워주신 언약을 받은 후에, "여호와여 이제 주의 종과 그 집에 대하여 말씀하신 것을 영원히 견고케 하시며 말씀하신 대로 행하사"(대상 17:23)한, 간구와 일치합니다.

그러므로 "주의 말씀대로 주의 인자하심과 주의 구원을 내게 임하게 하소서"(41) 하는 간구는 복음이지 율법이 아닌 것입니다.

③ 그러므로 "주의 인자"만을 기대합니다.

㉠ 41절, "여호와여 주의 말씀대로 주의 인자하심과 주의 구원을 내게 임하게 하소서",

㉡ 64절, "여호와여 주의 인자하심이 땅에 충만하였사오니 주의 율례로 나를 가르치소서",

㉢ 76절, "구하오니 주의 종에게 하신 말씀대로 주의 인자하심이 나의 위안이 되게 하시며",

㉣ 88절, "주의 인자하심을 따라 나로 소성케 하소서 그리하시면 주의 입의 증거를 내가 지키리이다",

㉤ 124절, "주의 인자하신 대로 주의 종에게 행하사 주의 율례로 내게 가르치소서",

㉥ 149절, "주의 인자하심을 따라 내 소리를 들으소서 여호와여 주의 규례를 따라 나를 살리소서",

㉦ 159절, "내가 주의 법도 사랑함을 보옵소서 여호와여 주의 인자하신 대로 나를 소성케 하소서" 합니다.

우리는 앞에서 "주의 인자하심이 크고, 진실하심이 영원함이로다 할렐루야"(117:2) 하는, "주의 인자와 성실"이 무엇을 뜻하는지를 충분하리만치 상고하였습니다. 그러므로 이상에서 상고한 "영혼을 소생케 함, 구원하심" 등은 복음으로만이 가능하여지는 것이지 율법으로 해결이 되는 것은 아닌 것입니다. 그렇다면 119편도 궁극적으로는 그리스도를 바라며 대망(待望)하는 간구가 되는 것입니다.

④ "가르쳐 주소서" 하고 간구합니다.

㉠ 12절, "찬송을 받으실 여호와여 주의 율례를 내게 가르치소서",

㉡ 26절, "내가 나의 행위를 고하매 주께서 내게 응답하셨으니 주의 율례를 내게 가르치소서",

㉢ 33절, "여호와여 주의 율례의 도를 내게 가르치소서 내가 끝까지 지키리이다",

㉣ 64절, "여호와여 주의 인자하심이 땅에 충만하였사오니 주의 율례로 나를 가르치소서",

㉤ 66절, "내가 주의 계명을 믿었사오니 명철과 지식을 내게 가르치소서",

㉥ 102절, "주께서 나를 가르치셨으므로 내가 주의 규례에서 떠나지 아니하였나이다",

㉦ 108절, "여호와여 구하오니 내 입의 낙헌제를 받으시고 주의 규례로 나를 가르치소서",

㉧ 124절, "주의 인자하신 대로 주의 종에게 행하사 주의 율례로 내게 가르치소서",

㉨ 135절, "주의 얼굴로 주의 종에게 비취시고 주의 율례로 나를 가르치소서",

ⓩ 171절, "주께서 율례를 내게 가르치시므로 내 입술이 찬송을 발할 지니이다" 합니다.

무엇을 가르쳐달라고 간구하고 있는가를 관찰해보십시오. "주의 율례, 주의 규례"입니다. 105:10절에서는, "야곱에게 세우신 율례(律例) 곧 이스라엘에게 하신 영영한 언약(言約)이라" 하고, "율례와 언약"을 같은 뜻으로 말씀합니다. 다윗은 "주의 말씀을 열므로 우둔한 자에게 비취어 깨닫게"(130) 하여 주시기를 간구하는 것입니다.

⑤ 그래서 "깨닫게 하소서" 하고 간구합니다.
㉠ 27절, "나로 주의 법도의 길을 깨닫게 하소서 그리하시면 내가 주의 기사를 묵상하리이다",
㉡ 34절, "나로 깨닫게 하소서 내가 주의 법을 준행하며 전심으로 지키리이다",
㉢ 73절, "주의 손이 나를 만들고 세우셨사오니 나로 깨닫게 하사 주의 계명을 배우게 하소서",
㉣ 125절, "나는 주의 종이오니 깨닫게 하사 주의 증거를 알게 하소서",
㉤ 130절, "주의 말씀을 열므로 우둔한 자에게 비취어 깨닫게 하나이다" 합니다.

무엇을 깨닫게 해달라는 간구인가? "주의 법, 주의 계명, 주의 증거, 주의 말씀"을 깨닫게 해달라는 간구입니다.

18절에서는 "내 눈을 열어서 주의 법의 기이한 것을 보게 하소서" 하는데 성도의 "눈을 열어주시면" 성경에서 누구를 보게 될 것인가? 하나님께서 거짓선지자 발람의 눈을 열어주시니, "내가 그를 보아도 이 때의 일이 아니며 내가 그를 바라보아도 가까운 일이 아니로다 한 별이 야곱에게서 나오며 한 홀이 이스라엘에게서 일어나서"(민 24:17) 하고 그리스도를 보았던 것입니다. 엠마오로 낙향하던 제자들은 풀어주시는 말씀을 통하여 "저희 눈이 밝아져 그인 줄 알아보더니"(눅 24:31) 합니다.

130절에서는 "주의 말씀을 열므로 우둔한 자에게 비취어 깨닫게 하나이다" 말씀하는데, 구약시대는 "열리지 않은" 시대요(히 9:8), "비취지 않은" 시대였습니다. 그리스도의 대속을 통해서 비로소 휘장은 열렸고, "하나님께서 예수 그리스도의 얼굴에 있는 하나님의 영광을 아는 빛을 우리 마음에 비쳐주심"(고후 4:6)이 가능하여진 것입니다.

⑥ 주의 말씀을 "행할 힘을 주소서" 하고 간구합니다.

㉠ 5절, "내 길을 굳이 정하사 주의 율례를 지키게 하소서",

㉡ 10절, "내가 전심으로 주를 찾았사오니 주의 계명에서 떠나지 말게 하소서",

㉢ 18절, "내 눈을 열어서 주의 법의 기이한 것을 보게 하소서",

㉣ 22절, "내가 주의 증거를 지켰사오니 훼방과 멸시를 내게서 떠나게 하소서",

㉤ 32절, "주께서 내 마음을 넓히시오면 내가 주의 계명의 길로 달려가리이다",

㉥ 43절, "진리의 말씀이 내 입에서 조금도 떠나지 말게 하소서 내가 주의 규례를 바랐음이니이다",

㉦ 76절, "구하오니 주의 종에게 하신 말씀대로 주의 인자하심이 나의 위안이 되게 하시며",

㉧ 77절, "주의 긍휼히 여기심이 내게 임하사 나로 살게 하소서 주

의 법은 나의 즐거움이니이다",

ㅈ 78절, "교만한 자가 무고히 나를 엎드러뜨렸으니 저희로 수치를 당케 하소서 나는 주의 법도를 묵상하리이다",

ㅊ 79절, "주를 경외하는 자로 내게 돌아오게 하소서 그리하시면 저희가 주의 증거를 알리이다",

ㅋ 80절, "내 마음으로 주의 율례에 완전케 하사 나로 수치를 당치 않게 하소서",

ㅌ 86절, "주의 모든 계명은 신실하니이다 저희가 무고히 나를 핍박하오니 나를 도우소서",

ㅍ 133절, "나의 행보를 주의 말씀에 굳게 세우시고 아무 죄악이 나를 주장치 못하게 하소서",

ㅎ 173절, "내가 주의 법도를 택하였사오니 주의 손이 항상 나의 도움이 되게 하소서" 하고, 행할 능력주시기를 간구합니다.

이상을 상고하면서 무엇을 느끼고 어떤 점을 깨닫게 되었습니까? 인간의 자력(自力)으로 할 수 있는 일이라고는 아무 것도 없다는 점입니다. 이를 알았기에 사도 바울은, "그러나 나의 나 된 것은 하나님의 은혜로 된 것"이라는 점을 고백한 다음에, "내게 주신 그의 은혜가 헛되지 아니하여 내가 모든 사도보다 더 많이 수고하였으나" 하고 자신의 수고를 말하지만 결국은, "내가 아니요 오직 나와 함께 하신 하나님의 은혜로라"(고전 15:10) 하고 다시 "하나님의 은혜"임을 고백하기에 이릅니다.

Ⅱ "내가 행하리라" 하고 결의를 나타냄
① 주의 말씀을 "묵상하겠다" 다짐함.
ㄱ 15절, "내가 주의 법도를 묵상하며 주의 도에 주의하며",

ⓛ 23절, "방백들도 앉아 나를 훼방하였사오나 주의 종은 주의 율례를 묵상하였나이다",

ⓒ 27절, "나로 주의 법도의 길을 깨닫게 하소서 그리하시면 내가 주의 기사를 묵상하리이다",

ⓡ 48절, "또 나의 사랑하는바 주의 계명에 내 손을 들고 주의 율례를 묵상하리이다",

ⓜ 97절, "내가 주의 법을 어찌 그리 사랑하는지요 내가 그것을 종일 묵상하나이다",

ⓗ 99절, "내가 주의 증거를 묵상하므로 나의 명철함이 나의 모든 스승보다 승하며",

ⓢ 148절, "주의 말씀을 묵상하려고 내 눈이 야경이 깊기 전에 깨었나이다" 합니다.

"주의 말씀"은 묵상할 때에 살았고 운동력이 있는 말씀이 되어 비로소 "내 발의 등이요 내 길에 빛이"(105) 되는 것입니다.

② 주의 말씀을 "즐거워하겠다" 다짐함.

㉠ 14절, "내가 모든 재물을 즐거워함 같이 주의 증거의 도를 즐거워하였나이다",

ⓛ 16절, "주의 율례를 즐거워하며 주의 말씀을 잊지 아니 하리이다",

ⓒ 24절, "주의 증거는 나의 즐거움이요 나의 모사니이다",

ⓡ 35절, "나로 주의 계명의 첩경으로 행케 하소서 내가 이를 즐거워함이니이다",

ⓜ 47절, "나의 사랑하는바 주의 계명을 스스로 즐거워하며",

ⓗ 70절, "저희 마음은 살쪄 지방 같으나 나는 주의 법을 즐거워하나이다",

ⓐ 77절, "주의 긍휼히 여기심이 내게 임하사 나로 살게 하소서 주의 법은 나의 즐거움이니이다",

ⓞ 92절, "주의 법이 나의 즐거움이 되지 아니하였더면 내가 내 고난 중에 멸망하였으리이다",

ⓩ 111절, "주의 증거로 내가 영원히 기업을 삼았사오니 이는 내 마음의 즐거움이 됨이니이다",

ⓩ 143절, "환난과 우환이 내게 미쳤으나 주의 계명은 나의 즐거움이니이다",

ⓚ 162절, "사람이 많은 탈취물을 얻은 것처럼 나는 주의 말씀을 즐거워하나이다",

ⓣ 174절, "여호와여 내가 주의 구원을 사모하였사오며 주의 법을 즐거워하나이다" 합니다.

③ "말씀을 지키겠다" 다짐함.

"지키겠다"는 말이 26번 정도 나타나는데 그 중 몇 말씀만 인용해 보겠습니다.

㉠ 2절, "여호와의 증거를 지키고 전심으로 여호와를 구하는 자가 복이 있도다",

㉡ 22절, "내가 주의 증거를 지켰사오니 훼방과 멸시를 내게서 떠나게 하소서",

㉢ 34절, "나로 깨닫게 하소서 내가 주의 법을 준행하며 전심으로 지키리이다",

㉣ 44절, "내가 주의 율법을 항상 영영히 끝없이 지키리이다",

㉤ 55절, "여호와여 내가 밤에 주의 이름을 기억하고 주의 법을 지켰나이다",

ⓑ 56절, "내 소유는 이것이니 곧 주의 법도를 지킨 것이니이다",

ⓢ 57절, "여호와는 나의 분깃이시니 나는 주의 말씀을 지키리라 하였나이다",

ⓞ 60절, "주의 계명을 지키기에 신속히 하고 지체치 아니 하였나이다",

ⓩ 63절, "나는 주를 경외하는 모든 자와 주의 법도를 지키는 자의 동무라",

ⓒ 67절, "고난당하기 전에는 내가 그릇 행하였더니 이제는 주의 말씀을 지키나이다",

ⓚ 69절, "교만한 자가 거짓을 지어 나를 치려하였사오나 나는 전심으로 주의 법도를 지키리이다",

ⓣ 100절, "주의 법도를 지키므로 나의 명철함이 노인보다 승하니이다",

ⓟ 101절, "내가 주의 말씀을 지키려고 발을 금하여 모든 악한 길로 가지 아니하였사오며",

ⓗ 106절, "주의 의로운 규례를 지키기로 맹세하고 굳게 정하였나이다", ㉮ 112절, "내가 주의 율례를 길이 끝까지 행하려고 내 마음을 기울였나이다", ㉯ 145절, "여호와여 내가 전심으로 부르짖었사오니 내게 응답하소서 내가 주의 율례를 지키리이다", ㉰ 146절, "내가 주께 부르짖었사오니 나를 구원하소서 내가 주의 증거를 지키리이다", ㉱ 167절, "내 심령이 주의 증거를 지켰사오며 내가 이를 지극히 사랑하나이다", ㉲ 168절, "내가 주의 법도와 증거를 지켰사오니 나의 모든 행위가 주의 앞에 있음이니이다" 합니다. 우리 중에 주의 말씀을 지키려고 이만큼 열망하는 자가 있단 말인가?

④ 악인, 교만한 자, 대적, 원수.

119편과 같은 경건을 주제로 한 시편에 "악인과 교만한 자, 원수, 대적"이 등장한다는 것은 무엇을 말씀해주는가? 119편도 명언 집과 같은 것이 아니라, "남에게 전파한 후에 자기가 도리어 버림이 되지 않도록 자신을 쳐서 복종케 하는"(고전 9:27) 싸움임을 말해줍니다.

㉠ 53절, "주의 율법을 버린 악인들을 인하여 내가 맹렬한 노에 잡혔나이다",

㉡ 61절, "악인의 줄이 내게 두루 얽혔을지라도 나는 주의 법을 잊지 아니 하였나이다",

㉢ 95절, "악인이 나를 멸하려고 엿보오나 나는 주의 증거를 생각하겠나이다",

㉣ 110절, "악인이 나를 해하려고 올무를 놓았사오나 나는 주의 법도에서 떠나지 아니 하였나이다",

㉤ 115절, "너희 행악자여 나를 떠날 지어다 나는 내 하나님의 계명을 지키리로다",

㉥ 119절, "주께서 세상의 모든 악인을 찌끼 같이 버리시니 그러므로 내가 주의 증거를 사랑하나이다",

㉦ 155절, "구원이 악인에게서 멀어짐은 저희가 주의 율례를 구하지 아니 함이니이다",

㉧ 21절, "교만하여 저주를 받으며 주의 계명에서 떠나는 자를 주께서 꾸짖으셨나이다",

㉨ 51절, "교만한 자가 나를 심히 조롱하였어도 나는 주의 법을 떠나지 아니 하였나이다",

㉩ 78절, "교만한 자가 무고히 나를 엎드러뜨렸으니 저희로 수치를 당케하소서 나는 주의 법도를 묵상하리이다",

ㅋ 85절, "주의 법을 좇지 아니하는 교만한 자가 나를 해하려고 웅덩이를 팠나이다",

ㅌ 98절, "주의 계명이 항상 나와 함께하므로 그것이 나로 원수보다 지혜롭게 하나이다",

ㅍ 157절, "나를 핍박하는 자와 나의 대적이 많으나 나는 주의 증거에서 떠나지 아니하였나이다" 합니다.

시편에는 "악인과 의인"의 대조가 빈번하게 나타납니다. 그러면 시편이 말씀하는 "의인과 악인", 또는 교만한 자, 원수, 대적은 누구를 가리키는가? 시편이 말하는 "의인과 악인"은 신자와 불신자를 가리키는 표현입니다. 왜냐하면 그 진영의 대표자(代表者)가 의로우신 그리스도와, 악한 사탄이기 때문에 "의인과 악인"이라고 불리어지게 되는 것입니다.

이처럼 온 인류가 두 진영으로 갈라지게 된 원인은 시조 아담의 범죄로 말미암아서인데, 하나님께서는 이제 후로는 "여자의 후손과, 뱀의 후손"(창 3:15)으로 갈라지게 될 것과, "적대감"이 있게 될 것을 말씀하셨습니다.

그러므로 이런 맥락에서 앞에서 상고한 여러 시편들처럼 119편에도 "악인, 교만한 자, 대적, 원수"가 등장한다는 것은 119편이 동떨어진 말씀이 아니라 "여자의 후손과, 뱀의 후손"이 갈등하는 구속사라는 동일 선상(線上)에서 주어진 경계임을 말해줍니다. 대적 자들은 경건한 자를, "훼방(23) 하고, 엎드러뜨리고(78), 해하려고 웅덩이를 파고(85), 해하려고 올무를 놓고(110), 거의 멸함을 당하여(87), 생명이 항상 위경"(109)에 처해 있다고 말씀합니다.

이점이 어째서 중요하냐 하면 시편 기자와, 그리고 이 말씀을 상고

하는 우리는 "여자의 후손", 즉 그리스도께서 왕 노릇하는 생명의 왕
국에 속해 있다는 점과, 선한 싸움은 아직 끝난 것이 아니라 이제도
계속되고 있다는 점 때문입니다. 이런 맥락에서 119편 안에는 현재
성도들이 당면하고 있는 여러 가지 상황이 다 들어 있는 "백과사전"
이라 할 수가 있습니다. 그러므로 119편을 통해서 위로와 격려와 안
위함과 소망을 얻게 되는 것입니다.

⑤ 의인의 탄식.

㉠ 53절, "주의 율법을 버린 악인들을 인하여 내가 맹렬한 노에 잡
혔나이다",

㉡ 136절, "저희가 주의 법을 지키지 아니하므로 내 눈물이 시냇물
같이 흐르나이다",

㉢ 158절, "주의 말씀을 지키지 아니하는 궤사한 자를 내가 보고 슬
퍼하였나이다" 합니다.

이것이 "내가 그리스도 안에서 참말을 하고 거짓말을 아니 하노라
내게 큰 근심이 있는 것과 마음에 그치지 않는 고통이 있는 것을 내
양심이 성령 안에서 나로 더불어 증거하노니"(롬 9:1-2) 한 사도 바울
의 심정이기도 합니다.

⑥ 결론.

119편은 "잃은 양 같이 내가 유리하오니 주의 종을 찾으소서 내가
주의 계명을 잊지 아니함이니이다"(176) 하는 말씀으로 마치고 있습
니다. 본문에 나타난 그처럼 경건한 "주의 종"이 자신을 "잃은 양"에
비유하면서, "주의 종을 찾으소서" 하고 호소하고 있다니 이상하다는
마음이 들지 않습니까? ㉮ 119편이 "주의 종을 찾으소서" 하는 간구

로 마치고 있는데, ⓙ 주님께서는 "인자의 온 것은 잃어버린 자를 찾아 구원하려 함이니라"(눅 19:10) 하고 대답하십니다. ⓒ 다윗은 14편과, 53편을 마치면서도, "이스라엘의 구원이 시온에서 나오기를 원하도다, 시온에서 이스라엘을 구원하여 줄 자가 누구인고" 하고, 구원자를 대망(待望)하고 있는데 119편도 동일한 소망, 동일한 대망으로 마치고 있는 것입니다.

이제 119편을 마치기 전에 다시 서두(序頭)로 돌아가, ⓐ "여호와의 법에 행하는 자가 복이 있음이여"(1), ⓑ "전심으로 여호와를 구하는 자가 복이 있도다" 한 말씀을 상기해야만 하겠습니다. "주를 향하여 이 소망을 가진 자마다 그의 깨끗하심과 같이 자기를 깨끗게 하느니라"(요일 3:3), 아멘.

시편 120편 개관도표
화평을 말할 때에 싸우려는 자

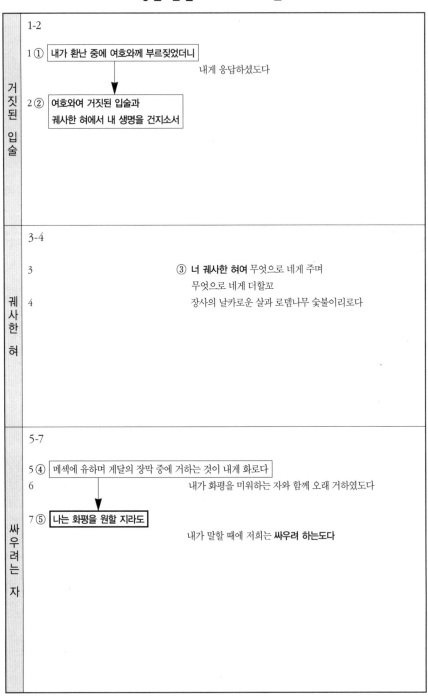

거짓된 입술	**1-2**
	
	1 ① 내가 환난 중에 여호와께 부르짖었더니
	
	           내게 응답하셨도다
	
	2 ② 여호와여 거짓된 입술과
	  궤사한 혀에서 내 생명을 건지소서	

궤사한 혀	**3-4** 3 ③ 너 궤사한 혀여 무엇으로 네게 주며 무엇으로 네게 더할꼬 4 장사의 날카로운 살과 로뎀나무 숯불이리로다	
싸우려는 자	**5-7** 5 ④ 메섹에 유하며 게달의 장막 중에 거하는 것이 내게 화로다 6 내가 화평을 미워하는 자와 함께 오래 거하였도다 7 ⑤ 나는 화평을 원할 지라도 내가 말할 때에 저희는 싸우려 하는도다	

120편
화평을 말할 때에 싸우려는 자

나는 화평을 원할지라도 내가 말할 때에 저희는 싸우려 하는도다(시 120:7).

120편-134편에는 "성전에 올라가는 노래"라는 표제가 붙어 있습니다. 이것이 무슨 뜻일까?

㉮ 3대 절기 때에 전국 각지로부터 예루살렘 성전을 향하여 올라가면서 순례자들이 부른 노래를 의미한다는 설, ㉯ 그렇게 보기에는 내용이 어울리지 않기 때문에 바벨론 포로에서 귀환할 때에 부른 것이라는 설, ㉰ 그것이 아니라 이 노래를 부를 때에 곡조를 올려서 부르라는 뜻이라는 설 등이 있으나, 당시는 어떤 경우였든지 이를 상고하는 우리에게는 "성전에 올라가는 노래"임에 틀림이 없는 것입니다. 왜냐하면 신앙생활이란,

저 높은 곳을 향하여 날마다 나아갑니다.
내 뜻과 정성 모아서 날마다 기도합니다.
내 주여 내 발 붙드사 그곳에 서게 합소서
그 곳은 빛과 사랑이 언제나 넘치옵니다.

하는 "성전에 올라가는 여정"이기 때문입니다. 신앙생활이란 "믿

음"으로 출발하여, "더욱 힘써 믿음에 덕을, 덕에 지식을, 지식에 절제를, 절제에 인내를, 인내에 경건을, 경건에 형제 우애를, 형제 우애에 사랑을 공급하라"(벧후 1:5-7) 한, 하나님께로 "올라가는 길"인 것입니다. 그렇습니다. 신앙이란 올라가는 것이 아니면, 내려가는 것입니다.

본문을 관찰해보면 내용이 내려갔다가 올라오는 노래로 되어 있습니다. 중심점은 "내가 화평을 원한다"(7)는데 있습니다. 도표를 보시면 이를 중심으로, "거짓된 입술에서 건지소서"(첫째 단원) 하고 호소하면서, "궤사한 혀가 받을 심판"(둘째 단원)을 말하고, 저들은 "화평을 미워하는 자"(셋째 단원)라 합니다.

첫째 단원(1-2) 거짓된 입술에서 건지소서
둘째 단원(3-4) 궤사한 혀가 받을 심판
셋째 단원(5-7) 화평을 미워하는 싸우려는 자

첫째 단원(1-2) 거짓된 입술에서 건지소서

① "내가 환난 중에 여호와께 부르짖었더니 내게 응답하셨도다"(1) 합니다. 이는 과거에 "환난"에서 구원을 얻은 기도응답을 가리키는 말인데, 그 하나님께서 현재 당면한 환난에서도 구원하여 주시리라는 믿음을 나타내는 말입니다. 그러면 현재 당면한 환난이 무엇인가?

② "여호와여 거짓된 입술과 궤사한 혀에서 내 생명을 건지소서"(2) 합니다.
㉠ 이점에서 120편의 저자가 누군가 하는 점을 생각하게 합니다. 저자는 "거짓된 입술과, 궤사한 혀"로 인한 "설화"(舌禍)를 당하고 있

는 것이 분명합니다.

이처럼 "혀"로 인한 뼈저린 화를 경험한 사람이 다윗입니다. "다윗의 시"라는 표제가 있는 52편에서도,

네 혀가 심한 악을 꾀하여 날카로운 삭도 같이 간사를 행하는도다
네가 선보다 악을 사랑하며 의를 말함보다 거짓을 사랑하는도다(셀라)
간사한 혀여 네가 잡아먹는 모든 말을 좋아하는도다
그런즉 하나님이 영영히 너를 멸하심이여
너를 취하여 네 장막에서 뽑아내며
생존하는 땅에서 네 뿌리를 빼시리로다(52:2-5) 합니다.

다윗이 이처럼 뼈저린 "설화"를 당한 사건이 사울을 피하여 도망다니던 때에 일어났는데, 다윗을 후대했던 제사장 850명과, 가족들이 몰살을 당한(삼상 22:18-19) 사건입니다. 이런 참혹한 일은, 에돔 사람 도엑의 "궤사한 혀" 때문입니다. 이 일로 인한 다윗의 상심이 어떠했겠는가?

그런데 근원적으로 인류가 당하게 된 "사망과 저주"의 화는 에덴에서 "거짓된 입술, 궤사한 혀"로 말미암아 일어났다는 점을 잊지 말아야만 합니다. 그래서 주님께서는 "너희는 너희 아비 마귀에게서 났으니 너희 아비의 욕심을 너희도 행하고자 하느니라 저는 처음부터 살인한 자요, 저가 거짓말쟁이요 거짓의 아비가 되었음이니라"(요 8:44) 하고 말씀하셨던 것입니다. 본문의 배후에는 이러한 사탄의 궤계가 있다는 점을 유념해야만 합니다.

둘째 단원(3-4) 궤사한 혀가 받을 심판

③ "너 궤사한 혀여 무엇으로 네게 주며 무엇으로 네게 더할꼬"(3),

㉠ "장사의 날카로운 살과 로뎀나무 숯불이리로다"(4) 합니다. 이는 사탄과 그를 추종하는 자들이 당하게 될 심판을 가리키는 말인데, 어찌하여 "화살과, 숯불"이라고 말하는가?

㉮ 궤사한 혀는 "날카로운 살"(41:10)과 같이 찌르고, ㉯ "혀는 곧 불이라, 생의 바퀴를 불사르나니"(약 3:6) 한, 불과 같기 때문에 자신이 행한 대로 보응을 받게 된다는 뜻입니다.

"로뎀나무 숯불"이라 한 것은 우리나라 참나무 숯처럼 화력이 강하고 오래 가기 때문에 비유한 말입니다. 계시록 20:10절에서는, "또 저희를 미혹하는 마귀가 불과 유황 못에 던지우니 거기는 그 짐승과 거짓 선지자도 있어 세세토록 밤낮 괴로움을 받으리라" 하고 말씀합니다.

셋째 단원(5-7) 화평을 미워하는 싸우려는 자

④ "메섹에 유하며 게달의 장막 중에 거하는 것이 내게 화로다"(5) 합니다.

"메섹"은 창세기 10:2절에 의하면 야벳의 아들이요, "게달"은 창세기 25:13절에 의하면 이스마엘의 아들임을 알 수가 있는데 모두 호전적(好戰的)인 족속이었습니다. 그렇다면 "메섹에 유하며 게달의 장막 중에 거하는 것이 내게 화로다" 한 의미가 무엇인가?

다윗은 물론 시편의 저자 중 그 누구도 실제적으로 "메섹이나 게달"의 장막에 거했다는 증거가 없습니다. 그러므로 이는 상징적인 표현이라고 보아야만 합니다.

㉠ 예를 들면, 아브라함이 약속의 땅에 이르렀을 때에 "그 땅에 기근이 있으므로 애굽에 우거하려 하여 그리로 내려갔으니"(창 12:10) 합니다. 그는 "메섹"에 유한 것과 같은 것입니다. 그랬다가 아내 사라를 빼앗길 뻔한 화를 당한 것입니다. 그 후에 "아브람이 애굽에서 나올새 그와 그 아내와 모든 소유며 롯도 함께하여 남방으로 올라가니, 그가 처음으로 단을 쌓은 곳이라 그가 거기서 여호와의 이름을 불렀더라"(창 13:1, 4) 합니다. 말하자면 "성전에 올라가는 노래"를 부른 것입니다.

㉡ 이런 일이 이삭에게서도 반복이 됩니다. "아브라함 때에 첫 흉년이 들었더니 그 땅에 또 흉년이 들매 이삭이 그랄로 가서 블레셋 왕 아비멜렉에게 이르렀더니"(창 26:1) 합니다. "여호와께서 이삭에게 나타나 가라사대 애굽으로 내려가지 말고 내가 네게 지시하는 땅에 거하라"(창 26:2) 하십니다. 그런데도 "이삭이 그랄에 거하였더니(창 26:6), 이삭이 거기 오래 거하였더니"(창 26:8) 합니다. 그러다가 많은 시련을 겪은 후에, "이삭이 거기서부터 브엘세바로 올라갔더니, 그 밤에 여호와께서 그에게 나타나 가라사대 나는 네 아비 아브라함의 하나님이니 두려워 말라 내 종 아브라함을 위하여 내가 너와 함께 있어 네게 복을 주어 네 자손으로 번성케 하리라 하신지라 이삭이 그곳에 단을 쌓아 여호와의 이름을 부르고"(창 26:23-25) 합니다. 이삭도 메섹에 거하다가, "성전에 올라가는 노래"를 부른 셈입니다.

㉢ 이점을 야곱에게서도 보게 되는데, 하란으로 내려갔다가 20년 만에 벧엘로 올라와, "그가 거기서 단을 쌓고 그곳을 엘벧엘이라 불렀다"(창 35:7) 하고 말씀합니다. 야곱도 "성전에 올라가는 노래"를 부른 셈입니다.

ⓛ "메섹에 유하며 게달의 장막 중에 거하는 것이 내게 화로다"(5)
한 것이 어찌 이들 뿐이겠습니까? 그 시초는 인류의 시조 아담으로부
터 일어났습니다. 그들은 에덴 낙원을 떠나 게달의 장막에 거하게 된
것입니다. 그럼에도 불구하고 하나님께서 "여자의 후손"을 통하여 뱀
의 머리를 상하게 하고 "성전으로 올라가는 노래"를 부르게 하시겠다
는 것이 구원계획인 것입니다. 그러므로 모든 하나님의 백성들은 "메
섹과, 게달"로 내려가는 때가 있는가 하면, "성전으로 올라가는" 때가
있는 것입니다.

ⓜ "내가 화평을 미워하는 자와 함께 오래 거하였도다"(6) 합니다.
성경은 말씀합니다. "너희는 떠날 지어다 떠날 지어다 거기서 나오고
부정한 것을 만지지 말지어다 그 가운데서 나올 지어다"(사 52:11) 하
십니다. "메섹과 게달"에 너무 오래 거하게 되면 화를 당하게 될 것입
니다.

⑤ "나는 화평을 원할 지라도 내가 말할 때에 저희는 싸우려 하는
도다"(7) 합니다.

㉠ 이는 적대감(敵對感)을 나타냅니다. 이런 적대감은 "너희 후손
도 여자의 후손과 원수가 되게 하리니"(창 3:15) 하신 때부터입니다.
그렇다면 "화평을 원하는데, 싸우려 하는 일"이 언제 일어나는지 아
십니까? 그것은 가만히 있는데도 저절로 일어나는 것이 아닙니다.

하나님께서는 "우리에게 화목하게 하는 직분을 주시고, 화목하게
하는 말씀을 부탁"(고후 5:18, 19)하셨습니다. "이러므로 우리가 그리
스도를 대신하여 사신이 되어 하나님이 우리로 너희를 권면하시는 것
같이 그리스도를 대신하여 간구하노니 너희는 하나님과 화목하라"
(고후 5:20) 하고 권면할 때 일어납니다. 우리는 "하나님과 화목하라"

하고 화평을 말하나 저들은 "이러한 놈은 세상에서 없이 하자 살려 둘 자가 아니라"(행 22:22) 하고 싸우려 하는 것입니다.

ⓛ "사우려 하는도다" 하는 "싸움"은, 저들은 악의적인 대적이요, 우리에게는 "선한 싸움"인 것입니다. 이런 맥락으로 본다면 "거짓된 입술과, 궤사한 혀"(2)란 비 진리를 말하는 거짓 선지자의 혀라 할 수가 있습니다. 이것이 "화평을 말할 때에 싸우려는 자"입니다.

적용

신앙에 정지상태란 없습니다. 형제의 신앙은 성전으로 올라가고 있습니까? 아니면 메섹으로 내려가고 있습니까? "게달의 장막 중에 거하는 것이 내게 화로다" 한, 형제에게 있는 "게달"은 어디입니까?

묵상

㉠ 사람의 지체 중 가장 간사한 것이 무엇인가에 대해서,

ⓛ 게달의 장막 중에 거하는 것이 화로다 한 사례에 대해서,

ⓒ "화평을 원하나 싸우려 하는" 싸움이 언제 일어나는가에 대해서.

시편 121편 개관도표
나의 도움이 어디서 올꼬

산을 향함	1-2	
	1 ① 내가 산을 향하여 눈을 들리라	
	나의 도움이 어디서 올꼬	
	2	나의 도움이 천지를 지으신 여호와에게서로다

지키시는 여호와	3-5상	
	3	② 여호와께서 너로 실족치 않게 하시며
		너를 지키시는 자가 졸지 아니하시리로다
	4	이스라엘을 지키시는 자는
		졸지도 아니하고 주무시지도 아니하시리로다
	5상 ③ 여호와는 너를 지키시는 자라	

영원까지	5하-8	
	5하	④ 여호와께서 네 우편에서 네 그늘이 되시나니
	6	낮의 해가 너를 상치 아니하며 밤의 달도 너를 해치 아니 하리로다
	7 ⑤ 여호와께서 너를 지켜 모든 환난을 면케 하시며	
	또 네 영혼을 지키시리로다	
	8	여호와께서 너의 출입을 지금부터 영원까지 지키시리로다

121편
나의 도움이 어디서 올꼬

나의 도움이 천지를 지으신 여호와에게서로다(시 121:2).

121편은 "나의 도움이 어디서 오는가?" 하는 물음으로 시작하여, "여호와께서 너의 출입을 지금부터 영원까지 지키시리로다"(8) 하고 마치는 구조(構造)입니다. 성경은 문제에 대한 해답으로 주어진 것입니다. 시편 기자는 문제를 제기(提起)한 다음에 바로 "나의 도움이 천지를 지으신 여호와에게서로다"(2) 하고 답변을 합니다. 3-8절은 이에 대한 해설인 셈입니다.

도표를 보시면 "나의 도움이 여호와께 있다"를 중심으로, "나의 도움이 어디서 올꼬"(첫째 단원) 하는 문제제기에 이어, "여호와는 너를 지키시는 자라"(둘째 단원) 말하면서, "지금부터 영원까지 지키시리라"(셋째 단원) 합니다.

첫째 단원(1-2) 나의 도움이 어디서 올꼬
둘째 단원(3-5상) 여호와는 너를 지키시는 자라
셋째 단원(5하-8) 영원까지 지키시리라

첫째 단원(1-2) 나의 도움이 어디서 올꼬

① "내가 산을 향하여 눈을 들리라 나의 도움이 어디서 올꼬"(1) 합니다. 지금 시편 기자는 "환난"(7)을 당하여 자신을 도와 줄 구원자를 찾고 있는 것입니다. 신약성경에서도, "이 사망의 몸에서 누가 나를 건져 내랴"(롬 7:24) 하고 구원자를 찾고 있습니다.

이로 보건대 121편의 배경이 평안한 순례자(巡禮者)의 노래이기 보다는 곤고한 형편에 처하여 도움을 필요로 한 때에 지은 시라 할 수가 있습니다. 이점이 "졸지도 아니 하시고, 주무시지도 아니 하시리로다"(3-4) 하고, 반복적으로 역설하는 데서도 드러납니다.

㉠ 이런 상황에 처해 있으면서 어찌하여 "내가 산을 향하여 눈을 들리라" 하는가? 123:1절에서는, "하늘에 계신 주여 내가 눈을 들어 주께 향하나이다" 말하고 있지 아니한가? 그렇습니다. 하나님께서는 "나를 앙망하라 그리하면 구원을 얻으리라 나는 하나님이라 다른 이가 없음이니라"(사 45:22) 하십니다.

칼빈은 "산"이란 말을, 산들 같은 큰 세력을 상징하는 것으로 보았습니다. 스가랴 4:7절에는, "큰 산아 네가 무엇이냐 네가 스룹바벨 앞에서 평지가 되리라" 말씀하고 있습니다.

㉡ 그런데 2절에서는, "나의 도움이 천지를 지으신 여호와에게서 로다"(2) 하고 자문자답(自問自答)을 하고 있습니다. 그렇다면 시편 기자는 도움을 "산들", 즉 애굽이나 바벨론에서 찾다가 뒤늦게 "도움과 구원"이 오직 여호와께 있다는 각성을 하게 되었다는 것이 됩니다.

㉢ 이점을 좀 더 살펴보면 1-2절의 인칭은 "나"로 되어 있는데, 3절 이하는 "너"로 되어 있음을 보게 됩니다. 모두가 8절 뿐인 짧은 본문에서, "여호와"를 4번이나 부르면서 "너"라는 말이 10번, 그리고 "지

키신다"는 말을 6번이나 강조하고 있습니다. 그렇다면 1-2절을 통해서 각성하게 된 기자가 3절 이하에서는 실의에 빠져 있는 "너"를 격려하는 구조라 할 수가 있습니다.

둘째 단원(3-5상) 여호와는 너를 지키시는 자라

② "여호와께서 너로 실족치 않게 하시며 너를 지키시는 자가 졸지 아니 하시리로다"(3) 합니다.

㉠ 어떤 경우에 하나님께서 "졸고" 계시는 것 같이 느껴지는가? 44:23절에서는, "주여 깨소서 어찌하여 주무시나이까 일어나시고 우리를 영영히 버리지 마소서" 합니다. 이는 자신들이 도살할 양같이 열방에 포로(44:11)가 되어 부르짖는데도 침묵만 하고 계시는 듯하기 때문입니다.

㉡ 그런데 본문은 거듭, "이스라엘을 지키시는 자는 졸지도 아니하고 주무시지도 아니 하시리로다"(4) 합니다. 이점에서 주목하게 되는 것은 3절에서는 "너를 지키시는 자"라 했는데, 4절에서는 "이스라엘을 지키시는 자"로 확대되고 있다는 점입니다.

㉮ 첫째로 지금 당면한 환난이 "너"라는 개인의 문제가 아니라, "이스라엘"이라는 민족적인 시련이라는 점과, ㉯ "너"를 위시한 이스라엘 모든 사람들이 마치 하나님이 주무시고 계시는 양 실의에 빠져 있는 상황임을 암시해주고 있는 것입니다.

시편 기자 자신도, "내가 산을 향하여 눈을 들리라"(1) 하고, 탄식을 하다가, "나의 도움이 천지를 지으신 여호와"로부터 온다는 점을 깨닫고는, 여러분은 하나님이 주무시는 줄 여기고 있지만 "졸지도, 주무시지도 아니 하신다" 하고 격려하는 셈입니다.

③ 5절에서는 또다시 인칭을, "여호와는 너를 지키시는 자라" 하고, 개개인을 격려하듯 하고 있습니다. "너"가 누군가? 바로 나 자신이라는 각성입니다. 나 한 사람이 바른 신앙을 갖게 될 때에 나라 전체가, 그리고 교회가 바로 설 수가 있기 때문입니다.

셋째 단원(5하-8) 영원까지 지키시리라

④ "여호와께서 네 우편에서 네 그늘이 되시나니"(5하),

㉠ "낮의 해가 너를 상치 아니하며 밤의 달도 너를 해치 아니 하리로다"(6) 합니다. "그늘"은 보호를 나타내고, "낮의 해, 밤의 달"이란 표현은 주야(晝夜)로 보호하심을 시적으로 표현한 것이라 할 수가 있습니다. 출애굽 당시 광야를 통과할 때에 낮에는 "구름"으로, 밤에는 "불기둥"으로 보호해주신 것을 연상하게 합니다.

이런 맥락에서 121편은 "여호와를 의뢰하는 자"라는 표제가 있는 91편과 상통합니다.

> 지존자의 은밀한 곳에 거하는 자는
> 전능하신 자의 그늘 아래 거하리로다
> 내가 여호와를 가리켜 말하기를 저는 나의 피난처요
> 나의 요새요 나의 의뢰하는 하나님이라 하리니
> 이는 저가 너를 새 사냥군의 올무에서와
> 극한 염병에서 건지실 것임이로다
> 저가 너를 그 깃으로 덮으시리니 네가 그 날개 아래 피하리로다
> 그의 진실함은 방패와 손 방패가 되나니
> 너는 밤에 놀램과 낮에 흐르는 살과

흑암 중에 행하는 염병과

백주에 황폐케 하는 파멸을 두려워 아니하리로다(91:1-6).

⑤ "여호와께서 너를 지켜 모든 환난을 면케 하시며 또 네 영혼을 지키시리로다"(7) 합니다.

㉠ 모두가 여덟 절인 121편 안에는 "언약, 구원"과 결부된 "여호와"라는 칭호가 5번, "지키신다"는 말이 6번이나 강조되어 있습니다. 이는 121편의 배경이 평안할 때가 아니라 "환난"(7)에 처해 있다는 방증이기도 합니다. 이런 처지와 형편에서,

㉮ "나"를 도와주시고(2), ㉯ "너"를 지켜주시고(3), ㉰ "이스라엘"을 지키시는(4) 여호와께서, ㉱ 드디어 "네 영혼을 지키시리로다"(7) 합니다.

㉡ 그리고 "나의 도움이 어디서 올꼬"(1) 하고, 구원자를 찾는 것으로 시작이 된 121편은, "여호와께서 너의 출입을 지금부터 영원까지 지키시리로다"(8) 하고 끝을 맺고 있습니다.

㉮ "너의 출입"(出入)이라는 말씀을 통해서, "내가 문이니 누구든지 나로 말미암아 들어가면 구원을 얻고 또는 들어가며 나오며 꼴을 얻으리라"(요 10:9) 하신 주님의 말씀을 연상하게 되고, ㉯ "영원까지 지키시리라"는 말씀을 통해서, "내가 저희에게 영생을 주노니 영원히 멸망치 아니할 터이요 또 저희를 내 손에서 빼앗을 자가 없느니라"(요 10:28) 하신 말씀을 상기하게 합니다.

그렇습니다. 저는 예수 그리스도와, 복음을 증거하기 위해서 시편을 상고하고 있는 것입니다. "내 입의 말과 마음의 묵상이 주의 앞에 열납되기를 원하나이다(19:14), 나의 묵상을 가상히 여기시기를 바라나니 나는 여호와로 인하여 즐거워하리로다"(104:34), 아멘.

적용

하나님께서 "네 그늘이 되신다" 말씀합니다. 문제는 나 자신이 그 "그늘" 아래 거하고 있느냐 하는 점과, 하나님은 졸지도 아니하시는데 나 자신이 잠들어 있는 것은 아닌가 하는 점입니다. 하나님께서는 형제를 "지금부터 영원까지" 지켜주십니다.

묵상

㉠ "나의 도움이 어디서 올꼬" 하는 물음에 대해서,

㉡ "졸지도 주무시지도 않는다"가 강조되어 있는 점에 대해서,

㉢ "지키신다"는 말을 6번이나 강조하고 있는 의도에 대해서.

여호와의 집, 판단의 보좌

기쁨	1-2 1 ① 사람이 내게 말하기를 여호와의 집에 올라가자 할 때에 내가 기뻐하였도다 2 예루살렘아 우리 발이 네 성문 안에 섰도다
예 찬	3-5 3 ② 예루살렘아 너는 조밀한 성읍과 같이 건설되었도다 4 지파들 곧 여호와의 지파들이 여호와의 이름에 감사하려고 이스라엘의 전례대로 그리로 올라가는도다 5 ③ 거기 판단의 보좌를 두셨으니 곧 다윗 집의 보좌로다
평 강	6-9 6 ④ 예루살렘을 위하여 평안을 구하라 예루살렘을 사랑하는 자는 형통하리로다 7 네 성 안에는 평강이 있고 네 궁중에는 형통이 있을지어다 8 내가 내 형제와 붕우를 위하여 이제 말하리니 네 가운데 평강이 있을지어다 9 ⑤ 여호와 우리 하나님의 집을 위하여 내가 네 복을 구하리로다

122편
여호와의 집, 판단의 보좌

거기 판단의 보좌를 두셨으니 곧 다윗 집의 보좌로다(시 122:5).

122편은 "다윗의 시"라는 표제가 있는데, 예루살렘 도성에 대한 예찬 시입니다. 그렇다면 예루살렘이 다른 도성과 다른 점이 무엇인가? 두 가지를 꼽을 수 있는데 첫째는, "여호와의 집"(1)이라 한 성전이 있기 때문이요, 둘째는 "거기 판단의 보좌"(5)라 한 다윗의 위를 두셨기 때문입니다.

122편은 "여호와의 집"(1)으로 시작하여, "하나님의 집"(9)으로 마치는 구조인데, 중심점은 "여호와의 집, 판단의 보좌"에 있습니다. 그리고 이 두 가지 요점은, 참 성전 되시는 그리스도께서 "다윗의 위"에 앉으셔서 영원토록 왕 노릇하실 것에 대한 예표가 되는 것입니다.

도표를 보시면 이를 중심으로 "여호와의 집에 올라가는 기쁨"(첫째 단원)을 말하고, "거기 판단의 보좌가 있다"(둘째 단원) 예찬하고, "성 안에는 평강이 있다"(셋째 단원) 하는 것이 대지입니다.

첫째 단원(1-2) 여호와의 집에 올라가는 기쁨
둘째 단원(3-5) 판단의 보좌가 있는 예루살렘
셋째 단원(6-9) 평강의 성 예루살렘

첫째 단원(1-2) 예루살렘에 올라가는 기쁨

① "사람이 내게 말하기를 여호와의 집에 올라가자 할 때에 내가 기뻐하였도다"(1) 합니다.

㉠ 122편의 내용이 1차적으로는 여호와의 절기를 맞이하여 예루살렘으로 올라가는 순례자들을 가리키는 것입니다. 그런데 "성막 또는 성전"에는 교훈적인 면만이 아니라, 하나님께서 "내가 그들 중에 거할 성소를 그들을 시켜 나를 위하여 지으라"(출 25:8) 하신 데는 신학적인 의미가 있다는 점을 유념해야만 합니다.

하늘은 나의 보좌요 땅은 나의 발등상이라 하신 하나님은 무엇이 부족하신 것 같이 사람의 손으로 지은 집에 계시지 않거늘 어찌하여 성막을 지으라 하셨는가? 이는 "임마누엘"에 대한 모형이었던 것입니다. 그러므로 "여호와의 집에 올라가자 할 때에 내가 기뻐하였도다"(1) 한 말씀에서 물리적인 예루살렘만을 볼 것이 아니라 구속사적인 의미도 볼 수 있어야만 하는 것입니다.

㉮ 이점을 이사야서에서는, "말일에 여호와의 전의 산이 모든 산 꼭대기에 굳게 설 것이요 모든 작은 산 위에 뛰어나리니 만방이 그리로 모여들 것이라"(사 2:2) 예언하고, ㉯ 스가랴서에서는, "만군의 여호와가 말하노라 그 후에 여러 백성과 많은 성읍의 거민이 올 것이라 이 성읍 거민이 저 성읍에 가서 이르기를 우리가 속히 가서 만군의 여호와를 찾고 여호와께 은혜를 구하자 할 것이면 나도 가겠노라 하겠으며 많은 백성과 강대한 나라들이 예루살렘으로 와서 만군의 여호와를 찾고 여호와께 은혜를 구하리라"(슥 8:20-22) 하고 예언합니다.

이는 복음시대에 성취될 말씀들입니다. 그러므로 이제는 예수 그리스도의 구속으로 말미암아 "너로 하나님의 집에서 어떻게 행하여야 할 것을 알게 하려 함이니"(딤전 3:15) 한 "교회"가 하나님의 집인 것입니다.

ⓛ 형제는 예배 자가 하나님께 나아갈 때에 최우선으로 갖추어야 할 점이 무엇인지 아십니까? "여호와의 집에 올라가자 할 때에 내가 기뻐하였도다"(1) 한, "기쁨"입니다. "여호와를 기뻐하라"(37:4) 합니다. "이날은 우리 주의 성일이니 근심하지 말라 여호와를 기뻐하는 것이 너희의 힘이니라"(느 8:10) 합니다.

온 땅이여 여호와께 즐거이 부를 지어다

기쁨으로 여호와를 섬기며 노래하면서 그 앞에 나아갈 지어다(100:1-2).

ⓒ "예루살렘아 우리 발이 네 성문 안에 섰도다"(2) 합니다. 드디어 "성문 안"에 이른 것입니다. 그리고 눈을 들어 성을 둘러보았을 것입니다.

둘째 단원(3-5) 판단의 보좌가 있는 예루살렘

② "예루살렘아 너는 조밀한 성읍과 같이 건설되었도다"(3) 합니다.

ⓛ 문자적인 의미는 빽빽하게 건설되었다는 뜻이 있지만 "조밀한 성읍과 같이 건설되었다"는 표현은 치밀한 계획에 의하여 건설되었음을 가리킵니다. 구속사의 맥락에서는 "건설"이라는 주제가 중요한데, 사탄은 파괴하나 하나님은 이를 다시 건설하시는 것이 구원계획이기 때문입니다.

이점을 102편에서는, "대저 여호와께서 시온을 건설하시고 그 영광 중에 나타나셨음이라, 이 일이 장래 세대를 위하여 기록되리니 창조함을 받을 백성이 여호와를 찬송하리로다"(102:16, 18) 합니다. 하나님의 건설계획은 "조밀하게", 즉 한 치의 오차도 없이 계획하신 대로 건설이 되어 나가고 있는 것입니다.

ⓛ "지파들 곧 여호와의 지파들이 여호와의 이름에 감사하려고 이스라엘의 전례대로 그리로 올라가는도다"(4) 합니다. "전례대로"라는 말은 하나님께서 "너희 중 모든 남자는 일년 삼차 곧 무교절(유월절)과 칠칠절(오순절)과 초막절에 네 하나님 여호와의 택하신 곳에서 여호와께 보이라"(신 16:16) 하신 말씀을 가리킵니다.

ⓒ "여호와의 지파"들은 예루살렘에서 멀리 떨어져 있다 하여도 1년 3차 "여호와의 택하신 곳"으로 와서 절기를 지켜야만 했던 것입니다. 이는 자기 백성들을 괴롭히기 위해서가 아니라 도리어 복을 주시기 위해서였던 것입니다.

그 의도가 3대 절기에 함축이 되어 있습니다. 유월절이 그리스도의 구속으로 성취가 되고, 오순절이 성령 강림으로 성취가 되고, 이제 하나 남은 초막절은 그리스도의 재림으로 광야 생활을 청산하고 약속의 땅에 입성하게 될 것에 대한 예표로 주어진 것입니다.

그래서 "여호와의 이름에 감사하려고 이스라엘의 전례대로 그리로 올라가는도다"(4) 하는 것입니다.

③ "거기 판단의 보좌를 두셨으니 곧 다윗 집의 보좌로다"(5) 합니다.

㉠ "다윗 집의 보좌"란 하나님께서 다윗에게 세워주신 "왕위"를 가리킵니다. 그런데 어찌하여 "판단의 보좌"라 하는가? 왕은 나라를 공의로 다스려야 하기 때문입니다. "판단의 보좌"에 지금 누가 앉아 있는가? 다윗입니다. 그러나 이는 예표일 뿐, "인자가 자기 영광으로 모든 천사와 함께 올 때에 자기 영광의 보좌에 앉으리니 모든 민족을

그 앞에 모으고 각각 분별하기를 목자가 양과 염소를 분별하는 것같이 하리니"(마 25:31-32)에서 성취될 말씀인 것입니다.

셋째 단원(6-9) 평강의 성 예루살렘

④ 그래서 "예루살렘을 위하여 평안을 구하라 예루살렘을 사랑하는 자는 형통하리로다"(6) 합니다.

㉠ "예루살렘을 사랑하고, 예루살렘을 위하여 평안을 구하라"는 말씀이, 당시로는 문자적인 의미라 하여도 신약교회 성도들에게는 "먼저 그의 나라와 그의 의를 구하라"는 말씀으로 적용이 됩니다.

㉮ 신약성경 히브리서는, "우리가 여기는 영구한 도성이 없고 오직 장차 올 것을 찾나니"(히 13:14), ㉯ "그러므로 하나님이 저희 하나님이라 일컬음 받으심을 부끄러워 아니 하시고 저희를 위하여 한 성(城)을 예비하셨느니라"(히 11:16) 말씀하고, ㉰ 믿음 장에서는, "이는 하나님의 경영하시고 지으실 터가 있는 성을 바랐음이니라"(히 11:10) 합니다.

어찌하여 성령께서는 히브리서를 통해서 "하나님의 도성"에 관해서 이처럼 강조하고 있는가? 그것은 히브리서가 "저희가 섬기는 것은 하늘에 있는 것의 모형과 그림자라"(히 8:5) 한 모형(模型)론을 다루고 있기 때문입니다.

㉡ "네 성 안에는 평강이 있고 네 궁중에는 형통이 있을지어다"(7) 하고, 세 번이나 "평강"을 말씀합니다.

이 말씀을, "가까이 오사 성을 보시고 우시며 가라사대 너도 오늘날 평화에 관한 일을 알았더면 좋을 뻔하였거니와 지금 네 눈에 숨기웠도다"(눅 19:41-42) 하신 주님의 말씀과 결부시켜 음미해보시기를 바랍니다.

ⓒ "내가 내 형제와 붕우를 위하여 이제 말하리니 네 가운데 평강이 있을지어다"(8) 합니다. 이를 풀어서 말하면,

㉮ "내 형제에게 평강이 있을지어다", ㉯ "붕우(朋友)에게 평강이 있을지어다", ㉰ "네 가운데", 즉 공동체에 평강이 있을지어다 하는 뜻이 됩니다.

신약성경은 말씀합니다. "하나님의 나라는 먹는 것과 마시는 것이 아니요 오직 성령 안에서 의와 평강과 희락이라 이로써. 그리스도를 섬기는 자는 하나님께 기뻐하심을 받으며 사람에게도 칭찬을 받느니라 이러므로 우리가 화평의 일과 서로 덕을 세우는 일을 힘쓰나니"(롬 14:17-19).

⑤ "여호와의 집"(1)으로 시작한 122편은, "여호와 우리 하나님의 집을 위하여 내가 네 복을 구하리로다"(9) 하고, "복"으로 마치고 있습니다.

㉠ 133편도 "거기서 여호와께서 복을 명하셨나니 곧 영생이로다"(3) 하고 마치고 있고,

㉡ 134편도 "여호와께서 시온에서 네게 복을 주실 지어다"(3) 하고 마치고 있는데, 시온에서 주실 복이 무엇입니까?

㉮ 첫째 단원의 주제인, "여호와의 집"도, 참 성전 되시는 그리스도의 모형이요, ㉯ 둘째 단원의 주제인, "판단의 보좌"에 앉으실 분도 재림의 주님이시요, ㉰ 셋째 단원의 주제인, "평강과, 복"도 "네 씨로 말미암아 천하 만민이 복을 얻으리니"(창 22:18) 하신, 평강의 왕을 통한 복인 것입니다.

122편도 궁극적으로는 그리스도의 초림으로 개막이 되어 재림으로 완성이 될, "하나님의 나라"를 전망하는 말씀입니다. 이것이 "여호와의 집, 판단의 보좌"입니다.

적용

하나님의 보좌는 믿는 자에게는 "은혜의 보좌"이나 불신자들에게는 "판단의 보좌", 즉 심판의 보좌가 됩니다. 그러므로 하나님의 백성된 우리는 "여호와의 집에 올라가자" 할 때에 기뻐해야 마땅합니다. 그리고 예루살렘으로 상징된 "그의 나라와 그의 의를 위하여, 형제를 위하여, 교회를 위하여" 기도하는 일입니다.

묵상

㉠ "여호와의 집에 올라가자" 하는 구속사적 의미에 대해서,

㉡ "조밀하게 건설되었다"는 구속사적 의미에 대해서,

㉢ "판단의 보좌"에 대한 구속사적 의미에 대해서.

시편 123편 개관도표
긍휼히 여기시고 긍휼히 여기소서

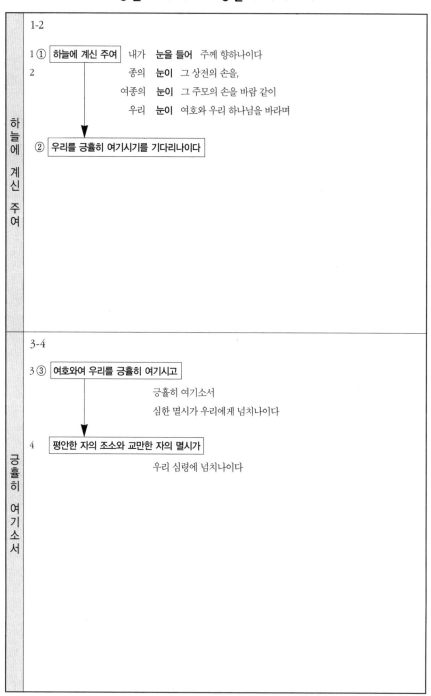

하늘에 계신 주여	**1-2**
	
	1 ① 하늘에 계신 주여 내가 **눈을 들어** 주께 향하나이다
	
	2 종의 **눈이** 그 상전의 손을,
	
	              여종의 **눈이** 그 주모의 손을 바람 같이
	
	              우리 **눈이** 여호와 우리 하나님을 바라며
	
	② 우리를 긍휼히 여기시기를 기다리나이다

긍휼히 여기소서	**3-4**
	
	3 ③ 여호와여 우리를 긍휼히 여기시고
	
	              긍휼히 여기소서
	              심한 멸시가 우리에게 넘치나이다
	
	4 평안한 자의 조소와 교만한 자의 멸시가
	
	              우리 심령에 넘치나이다

123편
긍휼히 여기시고 긍휼히 여기소서

하늘에 계신 주여 내가 눈을 들어 주께 향하나이다(시 123:1).

123편은 "심한 멸시가 우리에게 넘치나이다"(3) 한 대로, 하나님의 백성들이 환난 중에 멸시를 당하면서 하나님께 긍휼히 여겨주시기를 탄원하는 시입니다. 그러므로 중심점은 3차 등장하는 "긍휼히 여겨 달라"는데 있습니다. 이는 자신들은 진노를 받아 마땅하지만 주의 백성임을 생각하셔서 불쌍히 여겨 주시기만을 기대하는 자세입니다.

도표를 보시면 "긍휼히 여기소서"를 중심으로, "눈을 들어 주께 향하나이다"(첫째 단원) 하면서, "심한 멸시가 넘치나이다"(둘째 단원) 하고 호소합니다.

첫째 단원(1-2) 하늘에 계신 주여
둘째 단원(3-4) 우리를 긍휼히 여기소서

첫째 단원(1-2) 하늘에 계신 주여

① "하늘에 계신 주여"(1상) 합니다. 주님께서도 "하늘에 계신 우리 아버지여" 하고 부르라고 가르쳐 주셨습니다.

㉠ 부르는 것만이 아니라, "내가 눈을 들어 주께 향하나이다"(1하) 하는, "눈을 들어 주께 향하는" 이점이 중요합니다. "주의 눈은 의인을 향하시고 그의 귀는 저의 간구에 기울이신다"(벧전 3:12) 말씀하는데, "내가 눈을 들어" 주를 바라보노라면 긍휼히 나를 바라보시는 주님의 눈과 마주칠 것이기 때문입니다.

스데반 집사가 돌이 빗발치듯하는 중에서도 "보라 하늘이 열리고 인자가 하나님 우편에 서신 것을 보노라" 하고 외치면서 장엄한 순교를 할 수 있었던 것도, "스데반이 성령이 충만하여 하늘을 우러러 주목하여 하나님의 영광과 및 예수께서 하나님 우편에 서신 것을"(행 7:55-56) 바라보았기 때문에 가능하여진 것이었습니다.

㉡ "종의 눈이 그 상전의 손을, 여종의 눈이 그 주모의 손을 바람같이 우리 눈이 여호와 우리 하나님을 바라며"(2상) 합니다. 이는 첫 절에서 "하늘에 계신 주여"(1) 한 고백을, "상전(上典)과 종, 주모(主母)와 여종"이란 관계성으로 표현한 것인데 이는 신앙고백적인 진술인 것입니다. 이 말씀은 "여자가 가로되 주여 옳소이다마는 개들도 제 주인의 상에서 떨어지는 부스러기를 먹나이다"(마 15:27) 한 가나안 여인의 고백을 연상하게 합니다. 실제로 개의 눈은 식사를 하는 주인의 손이 올라갈 때에 따라 올라가고 내려 올 때 따라 내려오면서 무엇을 집어줄까 바라는 것입니다.

이 표현이 역겹게 들리십니까? 아닙니다. 하나님을 배신한 인간의 처지란 역겹기는커녕 그 이상입니다. "본질 상 진노의 자녀"(엡 2:3)라고 말씀합니다. 욥기에서는 "하물며 벌레인 사람, 구더기인 인생이랴"(욥 25:6) 합니다. 어찌하여 하나님의 백성들이 "심한 멸시"를 당하게 되었는가? 하나님을 배신하고 우상을 숭배한 배은망덕 때문입니다.

ⓒ 주님은 말씀하십니다. "이와 같이 너희도 명령받은 것을 다 행한 후에 이르기를 우리는 무익한 종이라 우리의 하여야 할 일을 한 것뿐이라 할지니라"(눅 17:10).

② 그래서 오직 "우리를 긍휼히 여기시기를 기다리나이다"(2하) 할 뿐입니다.

㉠ 이처럼 "기다리는" 자세가 중요합니다. 37편에서도 "너의 길을 여호와께 맡기라" 하면서 맡겼으면, "여호와 앞에 잠잠하고 참아 기다리라"(37:5, 7) 합니다. 예레미야 선지자는 폐허가 된 예루살렘을 애도하면서, "사람이 여호와의 구원을 바라고 잠잠히 기다림이 좋도다"(애 3:26) 합니다. 믿는 자는 어떤 상황 하에서도 기다릴 줄을 아는 자입니다.

둘째 단원(3-4) 우리를 긍휼히 여기소서

③ "여호와여 우리를 긍휼히 여기시고 긍휼히 여기소서 심한 멸시가 우리에게 넘치나이다"(3) 합니다.

㉠ 이점에서 본 시편의 역사적인 배경을 생각하게 합니다. 1절에서는 인칭이 "나"로 되어 있는데, 2절 이하에서는 모두 "우리"로 되어 있습니다. 그렇다면 123편은 나라 전체가 심한 멸시를 당하는 중에 "나"라는 사람이 "우리"를 위하여 중보기도를 드리고 있는 것이 됩니다.

다니엘은 기도하기를, "나의 하나님이여" 하고 시작하여, "귀를 기울여 들으시며 눈을 떠서 우리의 황폐한 상황과 주의 이름으로 일컫는 성을 보옵소서"(단 9:18) 하고 "우리"를 위해 탄원을 합니다.

㉡ "하늘에 계신 주여"(1) 하고 시작이 되는 123편은, "평안한 자의

조소와 교만한 자의 멸시가 우리 심령에 넘치나이다"(4) 하고 끝맺고 있습니다. 여기 두 부류로 갈라짐이 있는데,

㉮ "평안한 자의 조소와, 조소를 당하는 우리"가 있고, ㉯ "교만한 자의 멸시와, 멸시를 당하는 우리"가 있습니다.

포로에서 귀환한 후 어려운 상황에서 기록이 된 스가랴서에는, "우리가 땅에 두루 다녀 보니 온 땅이 평안하여 정온하더이다"(슥 1:11) 하고 보고하는 말이 있습니다. 즉 자신들은 어려움을 당하고 있는데 세상 사람들은 다들 평안히 잘 살고 있더이다 하는 뜻입니다. 그런데 123편에는 탄원하는 호소만 있을 뿐 응답의 말씀이 없습니다.

㉰ 그 응답을 예레미야 선지자를 통해서 듣게 됩니다. "70년이 차면 내가 너희를 권고하고 나의 선한 말을 너희에게 실행하여 너희를 이곳으로 돌아오게 하리라 나 여호와가 말하노라 너희를 향한 나의 생각은 내가 아나니 재앙이 아니라 곧 평안이요 너희 장래에 소망을 주려 하는 생각이라"(렘 29:10-11).

이를 알았기에 예레미야 선지자는, "저가 비록 근심케 하시나 그 풍부한 자비대로 긍휼히 여기실 것임이라 주께서 인생으로 고생하며 근심하게 하심이 본심이 아니시로다"(애 3:32-33) 합니다. 이것이 "긍휼히 여기시고 긍휼히 여기소서"입니다.

적용

123편이 우리에게 적용이 되는 바는 성도들은 어떤 역경 속에서도 믿음의 눈을 들어 하늘에 계신 주를 앙망하며 긍휼히 여기시기를 기다려야 한다는 것입니다.

묵상

㉠ "내가 눈을 들어 주께 향하나이다" 한 기도 자세에 대해서,

㉡ 우리가 하나님께 기대할 수 있는 유일한 근거가 무엇인가에 대해서,

㉢ "평안한 자와 교만한 자의 조소"에 대해서.

시편 124편 개관도표
하나님께서 우리 편에 계시지 않으셨다면

증거하라	1-2		
	1① 이스라엘은 이제 말하기를		여호와께서 우리 편에 계시지 아니하시고
	2 사람들이 우리를 치러 일어날 때에		여호와께서 우리 편에 계시지 아니하셨더면

산채로 삼켰을 것	3-5		
	3② 그때에 저희의 노가 우리를 대하여 맹렬하여		우리를 산채로 삼켰을 것이며
	4 그때에 물이 우리를 엄몰하며 시내가		우리 영혼을 잠갔을 것이며
	5 그때에 넘치는 물이		우리 영혼을 잠갔을 것이라 할 것이로다

하나님 찬양	6-8		
	6③ 우리를 저희 이에 주어 씹히지 않게 하신		여호와를 찬송할 지로다
	7④ 우리 혼이 새가		
	사냥군의 올무에서 벗어남 같이 되었나니		올무가 끊어지므로 우리가 벗어났도다
	8 우리의 도움은 천지를 지으신 여호와의 이름에 있도다		

124편
하나님께서 우리 편에 계시지 않으셨다면

사람들이 우리를 치러 일어날 때에 여호와께서 우리 편에 계시지 아니하셨더면
(시 124:2).

124편에는 "다윗의 시"라는 표제가 있습니다. 그리고 "이스라엘은 이제 말하기를"(1상) 하고 시작이 됩니다. 이는 고백, 선언, 간증을 하라는 뜻입니다. "이것은 나의 간증이요, 이것은 나의 찬송일새" 하는 셈입니다. 찬양의 제목은 "여호와께서 우리 편에 계시지 아니하셨더면" 어떻게 되었을 것인가 하는 점입니다.

도표를 보시면 이를 중심으로, "이스라엘은 이렇게 말하라"(첫째 단원) 하면서, 대적이 "우리를 산 채로 삼켰을 것이라"(둘째 단원), 그래서 "우리를 저희 이에 주어 씹히지 않게 하신 여호와를 찬송할 지로다"(셋째 단원) 합니다.

첫째 단원(1-2) 이스라엘은 이렇게 말하라

둘째 단원(3-5) 산 채로 삼켰을 것이라

셋째 단원(6-8) 여호와를 찬송할지로다

249

첫째 단원(1-2) 이스라엘은 이렇게 말하라

① "이스라엘은 이제 말하기를"(1상) 합니다. 먼저 유념할 점은 "시"(詩)라는 문학형식은 서술문과 달라서 단어 하나하나에 많은 뜻을 함축(含蓄)하고 있다는 점입니다. 그러므로 "말하라"는 것이 단순한 것 같으나 신앙에 있어서는 중요한 요점인 것입니다.

㉠ 왜냐하면 우리가 적극적으로 부인을 하고 있지는 안치만, 당연히 말해야 할 경우에도 비겁하게 침묵할 때가 많기 때문입니다. 그래서 107편에서도 "여호와께 구속함을 받은 자는 이같이 말할지어다"(107:2) 하고, 129편에서도 "이스라엘은 이제 말하기를"(1) 합니다.

바울은 "당연히 할 말을 담대하게 하려 하심이니라"(엡 6:20) 하면서 디도에게 "네가 이 여러 것에 대하여 굳세게 말하라"(딛 3:8) 하고 격려합니다. 성경적인 예를 들어 보겠습니다.

㉮ 블레셋 군대의 싸움을 돋우는 자 골리앗은, "사시는 하나님의 군대를 모욕"을 하면서 대표자 한 사람 나오라고 말했습니다. 그런데 이 방자하고 교만한 말을 들으면서도 모두가 두려워 침묵하고 있었을 뿐, 이스라엘 진영에는 그를 대적할 대표자로 나설 자가 없었던 것입니다. 이 때에 다윗이 등장하게 되는데 만일 다윗마저도 "말하지"를 않았다면 어떻게 되었을 것인가?

그러나 다윗은 말하기를, "너는 칼과 창과 단창으로 내게 오거니와 나는 만군의 여호와의 이름 곧 네가 모욕하는 이스라엘 군대의 하나님의 이름으로 네게 가노라"(삼상 17:26, 45) 선언했던 것입니다. "다윗은 이제 말을 한" 셈입니다. ㉯ 모르드개는 에스더에게 말합니다. "이 때에 네가 만일 잠잠하여 말이 없으면 유다인은 다른 데로 말미암아 놓임과 구원을 얻으려니와 너와 네 아비 집은 멸망하리라", 이에

에스더는 "죽으면 죽으리이다"(에 4:14, 16) 하고 왕 앞에 나아갔습니다. 에스더는 "이제 말을 한" 것입니다. ㉓ 사도 바울은 증거합니다. "네가 만일 네 입으로 예수를 주로 시인하며 또 하나님께서 그를 죽은 자 가운데서 살리신 것을 네 마음에 믿으면 구원을 얻으리니"(롬 10:9). 이렇게 말한 바울은, "나의 달려갈 길과 주 예수께 받은 사명 곧 하나님의 은혜의 복음을 증거하는 일을 마치려 함에는 나의 생명을 조금도 귀한 것으로 여기지 아니하노라"(행 20:24) 합니다. "스데반, 베드로, 바울" 등 이들은 목숨을 걸고, "너희가 죽인 예수가, 주와 그리스도시라"는 점을 담대히 증거 하다가 순교를 당한 것입니다.

ⓛ 무엇이라 말하라 하는가? "여호와께서 우리 편에 계시지 아니하시고 사람들이 우리를 치러 일어날 때에 여호와께서 우리 편에 계시지 아니하셨더면"(2), 어떻게 되었을 것인가를 말하라는 것입니다.

최우선적으로 생각해야할 문제가 있는데 여호와께서 어떻게 해서 "우리", 즉 이스라엘 편에 계시게 되었는가 하는 점입니다. 108:7절에서도 "여호와께서 내 편이 되사 나를 돕는 자 중에 계시니" 하고 증거합니다.

다윗은 "우리가 여호와 편에 있지 아니 하였더면" 하고 말하고 있지 아니합니다. 그것이 먼저가 아니라, "여호와께서 우리 편에 계셨다"는 것이 먼저입니다. 그러면 여호와께서 이스라엘 편에 계시는 것이 어떻게 해서 가능하여졌는가?

모세는 이에 대한 답변을 하기에 가장 적합한 인물이었습니다. 그는 바로의 노예가 되어 신음하는 이스라엘 민족을 애굽에서 구출하시는 일에 부름을 받고 쓰임을 받은 장본인이기 때문입니다. 그는 여호와께서 어떻게 이스라엘 편에 계시게 되었는가를 누구보다도 잘 알고 있었습니다.

ⓒ "너는 여호와 네 하나님의 성민이라 네 하나님 여호와께서 지상 만민 중에서 너를 자기 기업의 백성으로 택하셨나니"(신 7:6) 합니다.

㉮ 지상 만민 가운데서 택하셔서 성민으로 삼으시고, ㉯ 유월절 어린양의 피로 "구속하여 내 백성"(출 6:6-7)을 삼으셨기 때문에, "여호와께서 우리 편에 계시게" 되었다는 것입니다. 핵심은 "택하심과 구속", 즉 값을 주고 사셨다는데 있습니다.

ⓓ 모세는 하나님께서 왜 이렇게 행해주셨는가를 설명합니다. "여호와께서 너희를 기뻐하시고 너희를 택하심은 너희가 다른 민족보다 수효가 많은 연고가 아니라 너희는 모든 만족 중에 가장 적으니라 여호와께서 다만 너희를 사랑하심을 인하여 또는 너희 열조에게 하신 맹세를 지키려 하심을 인하여 자기의 권능의 손으로 너희를 인도하여 내시되 너희를 그 종 되었던 집에서 애굽 왕 바로의 손에서 속량하셨나니"(신 7:7-8) 합니다.

㉮ 두 가지를 들고 있는데 첫째는 "사랑하심을 인하여", ㉯ 둘째는 "열조에게 하신 맹세를 지키려 하심을 인하여", 즉 아브라함에게 세워주신 메시아언약을 이루시기 위해라는 것입니다. 이것이 "여호와께서 우리 편에 계시지 아니하셨더면"에 함축된 의미입니다.

ⓔ 이 원리는 신구약을 막론하고 동일합니다. 주님께서도 "너희가 나를 택한 것이 아니요 내가 너희를 택하여 세웠나니"(요 15:16) 하십니다. 다시 강조합니다만 "택하시고, 구속"하심으로만이 하나님의 소유된 백성이 되는 것이 가능하여지는 것입니다. 이 말씀보다 영광스럽고도 경이로운 말씀은 달리는 없습니다. 신약성경에서 이에 대한 답변을 누구보다도 분명하게 제시해준 분은 사도 바울입니다.

㉮ "곧 창세전에 그리스도 안에서 우리를 택하사", ㉯ "그의 피로 말미암아 구속 곧 죄 사함을 받았으니"(엡 1:4, 7) 하고 말씀합니다.

㉮ 그래서 "만일 하나님이 우리를 위하시면 누가 우리를 대적하리요, 누가 능히 하나님의 택하신 자들을 송사하리요"(롬 8:31, 33) 하고 담대히 선언했던 것입니다.

둘째 단원(3-5) 산 채로 삼켰을 것이라

② "그때에 저희의 노가 우리를 대하여 맹렬하여 우리를 산채로 삼켰을 것이며"(3),

㉠ "그때에 물이 우리를 엄몰하며 시내가 우리 영혼을 잠갔을 것이며"(4),

㉡ "그때에 넘치는 물이 우리 영혼을 잠갔을 것이라 할 것이로다"(5) 합니다.

그렇다면 "그때"가 어느 때를 가리키는 것인가? 학자들은 124편이 "다윗의 시"라면 역사적인 배경이 어느 때를 가리키는가에 대해서 고심을 합니다. 그러나 구속사란 전 과정이 "우리를 산채로 삼켰을 것이며"의 "그때"의 연속이었다는 점을 인식해야만 합니다.

그래서 이사야 선지자는, "만군의 여호와께서 우리를 위하여 조금 남겨 두지 아니하셨더면 우리가 소돔 같고 고모라 같았었으리로다"(사 1:9) 한 것입니다.

그리고 "그때에, 여호와께서 우리 편에 계시지 아니하셨더면"의 상황은 끝난 것이 아니라 이제도 계속되고 있다는 점입니다. 계시록 12장에서는, "용이 자기가 땅으로 내어 쫓긴 것을 보고 남자를 낳은 여자를 핍박하는지라, 여자의 뒤에서 뱀이 그 입으로 물을 강 같이 토하여 여자를 물에 떠내려가게 하려 하되"(계 12:13, 15) 하고 말씀합니다. "여호와께서 우리 편에 계시지 아니하셨더면, 떠내려가지" 않고 무사하고 안전할 자가 누구이겠습니까?

ⓒ 이런 맥락에서 우리가 "이제 말해야" 하는 것은 이스라엘의 역사가 아니라,

㉮ 하나님께서 인류를 구원하시기 위해서 주권적으로 성취해 오신 "하나님 속에 감취었던 비밀의 경륜"(엡 3:9)입니다. ㉯ 우리가 "이제 말해야" 하는 것은, "하나님이 세상을 이처럼 사랑하사 독생자를 주셨으니" 한, 하나님의 사랑입니다. ㉰ 우리가 "이제 말해야" 하는 것은 "너희가 은혜로 구원을 얻은 것이라"(엡 2:5) 한 그리스도의 은혜입니다. ㉱ 우리가 "이제 말해야" 하는 것은 "이 복음은 모든 믿는 자에게 구원을 주시는 하나님의 능력이 됨이라"(롬 1:16) 한 복음인 것입니다.

셋째 단원(6-8) 여호와를 찬송할지로다

③ "우리를 저희 이에 주어 씹히지 않게 하신 여호와를 찬송할 지로다"(6) 합니다.

㉠ "씹히지 않게 하신 여호와"라 말씀하는데, 구속사란 이사야 선지자가 말씀한 대로, "상한 갈대를 꺾지 아니하시며 꺼져가는 등불을 끄지 아니하신"(사 42:3) 역사였던 것입니다. 몇 가지 예를 들어 보겠습니다.

㉮ 노아 당시 "죄악이 세상에 관영"했습니다. 본문의 표현대로 하면 죄악이 모든 심령을 "산채로 삼킨" 상황이었던 것입니다. 그러나 하나님께서 우리 편에 계셔서 악의 세력을 홍수로 심판하심으로 여덟 명이라는 "의의 후사"(히 11:7)를 남겨주셨던 것입니다. ㉯ 죄의 세력은 성전을 건축한 솔로몬까지 타락시킴으로 이스라엘을 "산채로 삼

키려" 했습니다. 그러나 하나님께서는 다윗에게 세워주신 언약을 인하여, "한 지파, 한 등불"을 남겨주심으로 "산채로 삼키지" 못하게 하셨던 것입니다. ㉤ 에스더서에서는 하만이 유다인들을 산채로 삼키려는 음모를 꾸미고 있는 것을 보게 됩니다. 그러나 하나님께서 우리 편에 계셔서, "슬픔이 변하여 기쁨이 되고 애통이 변하여 길한 날"(에 9:22)이 되게 하심으로 대적의 입에 "씹히지 않게" 하셨던 것입니다. ㉥ 최대에 사건은 예수 그리스도의 십자가를 통해서 일어났습니다. 사탄은 주님을 십자가에 못을 박음으로 산채로 삼키려 했습니다. 만일 무덤이 열리지 않았다면 "물이 엄몰"(4) 한 것이 됩니다. 그러나 하나님께서 우리 편에 계셔서 다시 살리심으로 대적의 입에, "씹히지 않게" 하셨던 것입니다.

ⓛ 그러므로 구속함을 얻은 자들이 해야 할 일은 두 가지로 요약이 되는데,

㉠ "말하라" 한 전파하는 일과, ㉡ "찬송"하는 일입니다.

이는 입으로만이 아니라 삶 자체가 "전파하는 것과 찬양하는 것"이 되어야 한다는 말입니다.

④ "우리 혼이 새가 사냥꾼의 올무에서 벗어남 같이 되었나니 올무가 끊어지므로 우리가 벗어났도다"(7) 합니다. 91:3절에서도, "이는 저가 너를 새 사냥꾼의 올무에서와 극한 염병에서 건지실 것임이로다" 합니다.

㉠ 이점을 107편에서는, "흑암과 사망의 그늘에서 인도하여 내시고 그들의 얽어 맨 줄을 끊으셨도다 여호와의 인자하심과 인생에게 행하신 기적으로 말미암아 그를 찬송할지로다 그가 놋 문을 깨뜨리시며 쇠 빗장을 꺾으셨음이로다"(107:14-16) 하고 찬양합니다.

이런 구원하심이 이스라엘에게는 육적으로 이루어졌다 하여도 궁극적으로는 예수 그리스도로 말미암아 성취될 예언적인 말씀인 것입니다. 그러므로 신약성경에서는, "그가 우리를 흑암의 권세에서 건져내사 그의 사랑의 아들의 나라로 옮기셨으니 그 아들 안에서 우리가 구속 곧 죄 사함을 얻었도다"(골 1:13-14) 하고 말씀합니다.

ⓛ 그래서 124편도, "우리의 도움은 천지를 지으신 여호와의 이름에 있도다"(8) 하는 결론에 이르게 됩니다. "여호와께 있도다"(121:2) 하는 것과, "여호와의 이름에 있도다" 하는 것이 어떻게 다른 의미를 전달해주고 있는가? 구원계획에는 여호와의 거룩하신 "이름"이 걸려 있다는 점을 말씀해줍니다.

ⓒ "그때에 저희 노가, 맹렬하여 우리를 산 채로 삼키려 한" 것은 우리를 대적하는 것 이전에 하나님의 구원계획을 무산시키려는 "여호와의 이름"을 대적하는 일이었던 것입니다. 하나님께서는 말씀하십니다. "나는 나를 위하며 나를 위하여 이를 이룰 것이라 어찌 내 이름을 욕되게 하리요 내 영광을 다른 자에게 주지 아니하리라"(사 48:11), 이것이 "하나님께서 우리 편에 계시지 않으셨다면"입니다.

적용

이제 그리스도인들은 말하기를 하나님께서 우리를 택하시고 구속하여 주시지 않으셨다면, 자기 아들을 화목제물로 내어주시지 않으셨다면, 하나님께서 성령을 보내주시지 않으셨다면, "내 손에서 빼앗을 자가 없느니라" 하고, 견인하여주시지 않으셨다면, 어떻게 되었을 것인가를 말하고 찬양해야 하는 것입니다.

하나님께서는 형제 편에 계십니다. 이제는 우리가 하나님 편에 설 차례입니다.

묵상

㉠ 이제 무엇이라 말하라 하는가에 대해서,

㉡ 말해야할 구속사에 나타난 예들에 대해서,

㉢ 이제 신약의 성도들은 무엇이라 말해야 하는가에 대해서.

시편 125편 개관도표
여호와를 의뢰하는 자의 평강

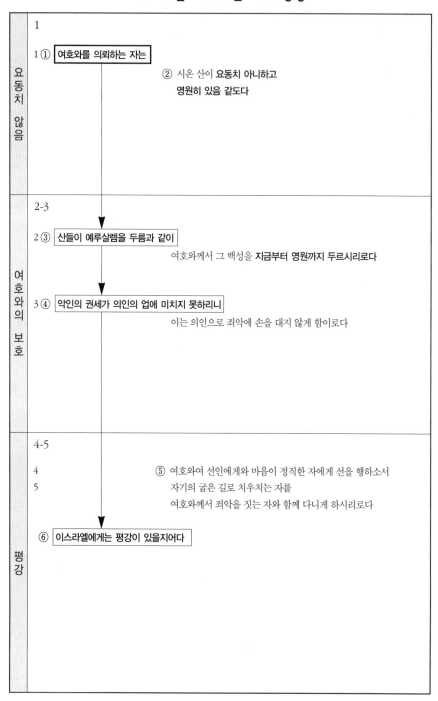

요동치 않음	**1** 1 ① 여호와를 의뢰하는 자는 　　② 시온 산이 **요동치 아니하고** 　　**영원히 있음 같도다**
여호와의 보호	**2-3** 2 ③ 산들이 예루살렘을 두름과 같이 　　여호와께서 그 백성을 **지금부터 영원까지 두르시리로다** 3 ④ 악인의 권세가 의인의 업에 미치지 못하리니 　　이는 의인으로 죄악에 손을 대지 않게 함이로다
평강	**4-5** 4　⑤ 여호와여 선인에게와 마음이 정직한 자에게 선을 행하소서 5　　자기의 굽은 길로 치우치는 자를 　　　여호와께서 죄악을 짓는 자와 함께 다니게 하시리로다 ⑥ 이스라엘에게는 **평강이 있을지어다**

125편
여호와를 의뢰하는 자의 평강

여호와를 의뢰하는 자는 시온 산이 요동치 아니하고 영원히 있음 같도다
(시 125:1).

125편의 주제는 "여호와를 의뢰하는 자의 평강"에 있습니다. 이를 바꿔 말하면 평강이 없는 자는 여호와를 의뢰하는 자가 아니라는 것이 됩니다. 도표를 보시면 "여호와를 의뢰하는 자"는, "요동치 아니"(첫째 단원) 하는데, "여호와께서 두르심"(둘째 단원), 즉 보호하심을 믿기 때문이요, 그래서 "평강이 있을지어다"(셋째 단원) 합니다.

첫째 단원(1) 요동치 아니함
둘째 단원(2-3) 여호와의 보호하심을 믿음
셋째 단원(4-5) 평강이 있을지어다

첫째 단원(1) 요동치 아니함

① "여호와를 의뢰하는 자는"(1상) 하고 시작이 됩니다. 여호와를 의뢰하는 자, 즉 믿는 자는 어떠한 자인가?
㉠ "시온 산이 요동치 아니하고 영원히 있음 같도다"(1하) 합니다.

요동치 아니함이 어느 정도냐 하면 "시온 산이 요동치 아니함"과 같다는 것입니다. 125편은 "요동치 아니 한다" 하고 시작이 되어, "이스라엘에게 평강이 있을지어다" 하고 "평강"으로 마치는 구조입니다.

ⓛ 아무나 "요동치 아니하는 것"이 아니라 "여호와를 의뢰하는 자"만이 요동치 아니한다고 말씀합니다. 그렇다고 "여호와를 의뢰하는 자"란 목석(木石)과 같은 존재가 아니라는 점입니다. 어떤 경우에 잠시 흔들린다 하여도 변치 아니할 하나님의 언약을 붙잡고, "내 마음이 확정되고 확정되었사오니 내가 노래하고 내가 찬송하리이다"(57:7) 하는 사람인 것입니다.

성경은 "대저 의인은 일곱 번 넘어질 지라도 다시 일어나려니와"(잠 24:16) 하십니다. 그런데 일어나는데도 정도의 차이가 있습니다. 어른이 넘어지면 빨리 일어나지만, 어린이가 넘어지면 울면서 일으켜 주기를 기다리고 있는 것입니다.

이점을 이사야서에서는, "주 여호와 이스라엘의 거룩하신 자가 말씀하시되 너희가 돌이켜 안연히 처하여야 구원을 얻을 것이요 잠잠하고 신뢰하여야 힘을 얻을 것이어늘"(사 30:15) 하고, 말씀합니다.

> 하나님은 우리의 피난처시요 힘이시니
> 환난 중에 만날 큰 도움이시라
> 그러므로 땅이 변하든지 산이 흔들려 바다 가운데 빠지든지
> 바닷물이 흉용하고 뛰놀든지
> 그것이 넘침으로 산이 요동할 지라도
> 우리는 두려워 아니하리로다(셀라). (46:1-3)

이것이 여호와를 의뢰하는 자입니다.

② 그런데 본문은 그냥 산이라 하지 않고 "시온 산이 요동치 아니하는" 것에 비유하고 있습니다. 왜 더 크고 높은 헐몬 산이나 구약교회가 잊을 수 없는 시내 산에 비하지 않고 작은 "시온 산"이라 말씀하는가?

㉠ 이는 의도적인 것으로 볼 수가 있습니다. 왜냐하면 시온 산에는 하나님의 성전이 있기 때문이요, "오직 유다 지파와 그 사랑하시는 시온 산을 택하셨다"(78:68)는 말씀을 염두에 두었기 때문일 것입니다.

㉮ 신약성경에서도 "시내 산과 시온 산"을 대조적인 관점으로 말씀합니다. "너희의 이른 곳은" 시내 산이 아니라고 말씀합니다. 왜냐하면 시내 산은, "짐승이라도 산에 이르거든 돌로 침을 당하리라 하신 명을 저희가 견디지 못함이라"(히 12:18-20), 즉 "죽음의 두려움"이 있기 때문이라는 것입니다. ㉯ 이와는 대조적으로, "그러나 너희가 이른 곳은 시온 산과 살아계신 하나님의 도성인 하늘의 예루살렘과, 새 언약의 중보이신 예수와 및 아벨의 피보다 더 낫게 말하는 뿌린 피니라"(히 12:22, 24) 합니다. 즉 시온 산에는 죄인을 돌로 치시는 것이 아니라 대신 치심을 당한 "대속"이 있다는 말씀입니다. "그러므로 우리가 진동치 못할 나라를 받았은즉 은혜를 받자"(히 12:28) 하고, 시내 산은 진동한 산으로, 시온 산은 요동치 아니하는 산으로 말씀합니다.

㉡ 이점에서 "요동 한다"는 주제를 개인 차원으로만 생각해서는 아니 된다는 점입니다. "백성, 자녀"의 요동에는 그들의 왕, 아버지의 명예가 걸려 있고, 공동체인 교회에 악영향을 미치게 되기 때문입니다. 그래서 다윗은, "두렵건대 나의 원수가 이르기를 내가 저를 이기었다 할까 하오며 내가 요동될 때에 나의 대적들이 기뻐할까 하나이다"(13:4) 하고, 이를 두려워했던 것입니다.

그런데 본문은 요동치 아니하는 것만이 아니라, "여호와를 의뢰하는 자", 즉 믿는 자는 "영원히 있음 같도다" 하고, "영원"을 말씀합니다.

둘째 단원(2-3) 여호와의 보호하심

③ "영원히 있는" 것만이 아니라, "산들이 예루살렘을 두름과 같이 여호와께서 그 백성을 지금부터 영원까지 두르시리로다"(2) 하고, "영원히" 지키신다고 말씀합니다. 그렇다면 이 "영원"은, "헐몬의 이슬이 시온의 산들에 내림 같도다 거기서 여호와께서 복을 명하셨나니 곧 영생이로다"(133:3) 한 말씀과 상통한다 하겠습니다.

㉠ "여호와를 의뢰하는 자"가 예루살렘으로 비유되고, 예루살렘을 둘러싸고 있는 산들은 힘 있는 여호와의 팔에 비유되어 있습니다.

㉮ 34:7절에서는, "여호와의 사자가 주를 경외하는 자를 둘러 진치고 저희를 건지시는도다" 합니다. 언제까지인가? "지금부터 영원까지"입니다. ㉯ 모세는 "영원하신 하나님이 너의 처소가 되시니 그 영원하신 팔이 네 아래 있도다"(신 33:27) 합니다. "주의 친절한 팔에 안기세 우리 맘이 편안하리니" 하는 찬양이 나옴직도 합니다.

④ 그러므로 "악인의 권세가 의인의 업에 미치지 못하리니"(3상) 합니다.

㉠ 어찌하여 여호와께서 자기 백성들을 능력 있는 팔로 "둘러" 주시는가? 대적하는 "악인의 권세"가 있기 때문입니다. 성도들의 안전은 온실 속의 안전과 같은 것이 아닙니다. 그러나 "의인의 업에 미치지 못하리라" 하십니다. 한 때 미치는 때가 있으나 그것은 하나님께서 자기 백성을 징계하시기 위하여 그 손에 붙이셨기 때문이지, 악은 반드시 보응을 당하게 된다는 것입니다.

㉡ "이는 의인으로 죄악에 손을 대지 않게 함이로다"(3하), 즉 이를 알기에 성도들은 죄를 두려워하게 된다는 뜻입니다.

ⓒ 그렇다면 하나님을 믿는 우리의 응답이 무엇이어야 하는가? 이를 신뢰하는 일입니다. 하나님께서는 "지금부터 영원까지 두르시리로다"(2) 하는데, 문제는 이를 신뢰하지 못하고 요동하는데 있는 것입니다. 다시 강조합니다만 하나님께서 보호해주시지 않기 때문이 아니라 믿지 않기 때문이라는 것입니다.

셋째 단원(4-5) 평강이 있을지어다

⑤ 125편에서도 어김이 없이, "악인과 의인"이 등장하는데, 4절은 의인이 받을 축복이요, 5절은 악인의 종말을 말씀합니다. 먼저 "여호와여 선인에게와 마음이 정직한 자에게 선을 행하소서" 하고 의인이 받을 보상을 말씀합니다.

ⓒ 그런 후에, "자기의 굽은 길로 치우치는 자를 여호와께서 죄악을 짓는 자와 함께 다니게 하시리로다"(5상) 하고 악인의 종말을 말씀합니다.

⑥ 125편은 "요동치 아니 하고"(1)로 시작하여, "이스라엘에게는 평강이 있을지어다"(5하) 하고, "평강"으로 끝을 맺고 있습니다. 여호와를 의뢰하는 자는 요동치 아니하는 것만이 아니라 마음에 "평강"이 있는 자라는 말씀이 됩니다.

ⓒ 그러므로 유념할 것은 "평강"은 단독으로 주어지는 것이 아니라는 점입니다. 평강은 은혜의 산물입니다. "여호와께서 그 백성을 지금부터 영원까지 두르시기"(2) 때문에, 그 안에 있는 자에게는 평강이 있는 것입니다.

"하나님의 강에 물이 가득한 것을, 밭고랑에 물을 넉넉히 대심"

(65:9, 10) 같이 풍성한 하나님의 은혜를 심령의 밭고랑에 넉넉히 대주실 때에 평강은 임하는 것입니다. 이를 알았기에 사도 바울은 서신서 마다 "은혜와 평강이 너희에게 있을지어다" 하고 축복하고 있는 것입니다.

ㄴ 이사야서에서는 "나 여호와가 말하노라 먼데 있는 자에게든지 가까운데 있는 자에게든지 평강이 있을지어다 평강이 있을지어다 내가 그를 고치리라 하셨느니라 오직 악인은 능히 안정치 못하고 그 물이 진흙과 더러운 것을 늘 솟쳐내는 요동하는 바다와 같으니라 내 하나님의 말씀에 악인에게는 평강이 없다 하셨느니라"(사 57:19-21) 하고 말씀합니다.

㉮ 124편이, "사람들이 우리를 치러 일어날 때에 여호와께서 우리 편에 계시지 아니하셨더면"(2) 하고 과거에 받은 은혜에 대한 증거라면, ㉯ 125편은 "여호와께서 그 백성을 지금부터 영원까지 두루시리로다"(2) 하고 현재에서 미래에 이르기까지의 여호와의 보호를 증거하고 있는 것입니다. "여호와께서 자기 백성에게 힘을 주심이여 여호와께서 자기 백성에게 평강의 복을 주시리로다"(29:11), 이것이 "여호와를 의뢰하는 자의 평강"입니다.

적용

여호와를 의뢰하는 자는 요동치 아니합니다. 산들이 예루살렘을 두름같이 여호와께서 우리를 강한 팔로 둘러주심을 믿기 때문입니다. 주님께서는 "평안을 너희에게 끼치노니 곧 나의 평안을 너희에게 주노라"(요 14:27) 하고 약속하셨습니다. 사도 바울은 거듭난 사람에게는 "생명과 평안"(롬 8:6)이 주어진다고 말씀합니다. 그런데도 평강이 없다면 자신의 신앙을 점검해 보아야 할 것입니다.

묵상

㉠ "시온 산이 요동치 아니함 같다"는 구속사적 의미에 대해서,

㉡ 성도의 요동이 누구에게 영향을 미치게 되는가에 대해서,

㉢ 평강의 짝이 무엇인가에 대해서.

시편 126편 개관도표
대사를 행해주신 여호와

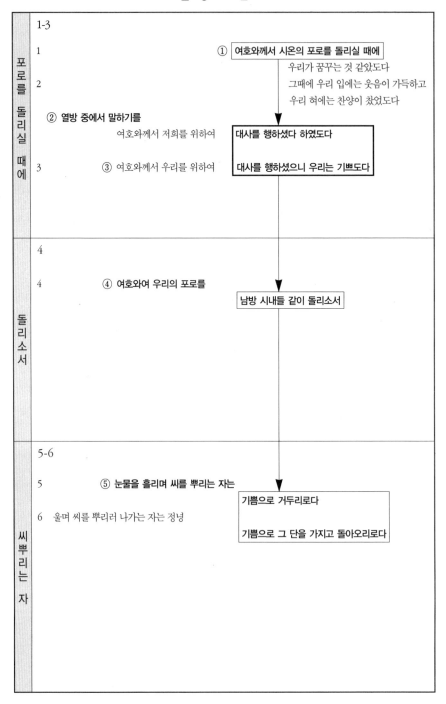

포로를 돌리실 때에	1-3		
	1	① 여호와께서 시온의 포로를 돌리실 때에	
			우리가 꿈꾸는 것 같았도다
	2		그때에 우리 입에는 웃음이 가득하고
			우리 혀에는 찬양이 찼었도다
		② 열방 중에서 말하기를	
		여호와께서 저희를 위하여	대사를 행하셨다 하였도다
	3	③ 여호와께서 우리를 위하여	대사를 행하셨으니 우리는 기쁘도다

4

4   ④ 여호와여 우리의 포로를   남방 시내들 같이 돌리소서

돌리소서

5-6

5   ⑤ 눈물을 흘리며 씨를 뿌리는 자는

6   울며 씨를 뿌리러 나가는 자는 정녕   기쁨으로 거두리로다

씨뿌리는 자   기쁨으로 그 단을 가지고 돌아오리로다

126편
대사를 행해주신 여호와

여호와께서 우리를 위하여 대사를 행하셨으니 우리는 기쁘도다(시 126:3).

126편은 바벨론 포로 귀환의 감격을 예표로 하여 대 회복을 전망(展望)하는 내용입니다. 그래서 내용이 바벨론으로부터 귀환케 하여 주신 과거적(過去的)인 감격(1-3)과, 남아 있는 자를 돌아오게 해달라는 현재적(現在的)인 기원(4)과, "눈물을 흘리며 씨를 뿌리는 자는, 정녕 기쁨으로 그 단을 가지고 돌아오리라"는 미래(未來)에 이루어질 전망(5-6)으로 되어 있습니다.

중심점은 "여호와께서 우리를 위하여 대사(大事)를 행하셨다"(3)는데 있습니다. 도표를 보시면 이를 중심으로, "시온의 포로를 돌아오게"(첫째 단원) 하신 대사와, "남방 시내들 같이" 돌아오게 해 달라는 기원(둘째 단원)과, "정녕 기쁨으로 그 단을 가지고 돌아오리라"(셋째 단원)는 확신으로 마치고 있습니다.

첫째 단원(1-3) 포로를 돌아오게 하신 대사

둘째 단원(4) 돌아오게 해달라는 간구

셋째 단원(5-6) 단을 가지고 돌아오리라는 확신

첫째 단원(1-3) 포로를 돌아오게 하신 대사

① "여호와께서 시온의 포로를 돌리실 때에"(1상) 합니다.

㉠ 125편에서도 "시온 산이 요동치 아니하고"(1) 하고, "시온"을 거론했는데 본문에서도 "바벨론의 포로, 이스라엘의 포로" 등 달리 표현할 수도 있었을 터인데 "시온의 포로"라고 말씀하는 의도가 무엇인가?

구약의 용예를 보면 "시온" 이런 말이, "시온의 딸아 크게 기뻐할지어다 예루살렘의 딸아 즐거이 부를 지어다 보라 네 왕이 네게 임하나니"(슥 9:9) 하고 복음시대와 결부되어 나타나는 것을 보게 됩니다.

이점을 신약성경에서는, "너희가 이른 곳은" 율법이 주어진 시내산이 아니라, "너희가 이른 곳은 시온 산"(히 12:18, 22)이라 하고, 복음이 주어진 곳으로 말씀하고 있습니다. 이런 맥락에서 "시온의 포로를 돌리실 때에" 라는 표현에 벌써 복음시대에 대한 전망이 나타나고 있는 것입니다.

㉡ "우리가 꿈꾸는 것 같았도다"(1하) 합니다. 도저히 불가능하게 여겨졌던 일이 현실로 나타났을 때에 실감이 나지 않고 너무 기뻐서 이것이 꿈인가 생시인가 하고 꿈같다는 말을 합니다.

그러나 그것은 꿈이 아니었습니다. "바사 왕 고레스 원년에 여호와께서 예레미야의 입으로 하신 말씀을 응하게 하시려고 바사 왕 고레스의 마음을 감동"(스 1:1)시키셔서 이루신 "여호와의 대사"였던 것입니다.

이점에서 "성전이 불타고, 하나님의 백성이 바벨론에 포로"가 된 사건의 구속사적 의미를 인식해야만 합니다.

㉮ 이를 교훈적으로만 취급을 한다면 하나님 편의 "실패"라는 것이

됩니다. ⓑ 그러나 "오직 비밀한 가운데 있는 하나님의 지혜"(고전 2:7)라는 신학적(神學的)인 관점으로 보게 되면, 악을 선으로 바꾸시는 승리(勝利)의 의미가 있는 것입니다.

다시 말하면 우상을 숭배하다가 멸망을 당한 것은 분명한 악입니다. 그런데 하나님께서는 이 악을 선으로 바꾸시어, 포로귀환을 통해서 사탄의 포로에서 돌아오게 하시려는 구원계획을 계시하셨던 것입니다. 그리고 이는 "여자의 후손은 네 머리를 상하게 할 것이라"(창 3:15) 하신 원복음에서 이미 말씀하신 바입니다.

ⓒ "그때에 우리 입에는 웃음이 가득하고 우리 혀에는 찬양이 찼었도다"(2상) 합니다. 전에는 "우리가 바벨론의 여러 강변 거기 앉아서 시온을 기억하며 울었던" 그들이었습니다. "그 중의 버드나무에 우리가 우리의 수금을 걸었나니"(137:1, 2) 한 대로 그들은 웃음을 빼앗기고 찬양을 잃었던 자들입니다. 이제는 "우리 입에는 웃음이 가득하고 우리 혀에는 찬양이 찼었도다" 하고 말합니다.

ⓓ 이점이 이사야 61장에는, "주 여호와의 신이 내게 임하셨으니 이는 여호와께서 내게 기름을 부으사 가난한 자에게 아름다운 소식을 전하게 하려 하심이라 나를 보내사 마음이 상한 자를 고치며 포로(捕虜) 된 자에게 자유(自由)를, 갇힌 자에게 놓임을 전파하며, 무릇 시온에서 슬퍼하는 자에게 화관을 주어 그 재를 대신하며 희락의 기름으로 그 슬픔을 대신하며"(사 61:1, 3) 하고 예언이 되어 있습니다. 주님께서는 이 말씀을 읽으신 후에 "이 글이 오늘날 너희 귀에 응하였느니라"(눅 4:21) 하고 선언하셨습니다.

② 시온의 포로들이 돌아가는 것을 보면서, "열방 중에서 말하기를 여호와께서 저희를 위하여 대사를 행하셨다"(2하) 하고 말했다는 것

입니다. 바로 이것입니다. 하나님은 말씀하십니다. "내가 이렇게 (돌아가게) 행함은 너희를 위함이 아니요 너희가 들어간 그 열국에서 더럽힌 나의 거룩한 이름을 위함이라", 하나님께서 자기 백성을 돌아가게 하심을 보고는, "열국 사람이 나를 여호와인줄 알리라"(겔 36 : 22, 23) 하십니다.

이것이 "열방 중에서 말하기를 여호와께서 저희를 위하여 대사를 행하셨다 하였도다"(2하)의 뜻입니다. 구원계획에는 하나님의 거룩하신 이름과 명예가 걸려 있다는 점을 인식한다는 것은 중요한 요점이 됩니다.

③ "여호와께서 우리를 위하여 대사를 행하셨으니 우리는 기쁘도다"(3) 합니다.

㉠ 본문에는 "대사를 행하셨다"는 말이 두 번 강조되어 있습니다. 구약교회를 위하여 행해주신 "대사" 중에는 "출애굽과 출 바벨론"을 들 수가 있습니다. 하나님은 언약의 하나님이십니다. 그리고 "일을 행하는 여호와, 그것을 지어 성취하는 여호와"(렘 33 : 2), 즉 언약하신 바를 이루시는 하나님이십니다.

㉮ 출애굽은 하나님께서 아브라함에게, "너는 정녕히 알라 네 자손이 이방에서 객이 되어 그들을 섬기겠고 그들은 사백년 동안 네 자손을 괴롭게 하리니 그 섬기는 나라를 내가 징치할지며 그 후에 네 자손이 큰 재물을 이끌고 나오리라"(창 15 : 13-14) 하신 약속의 성취요, ㉯ 출 바벨론은 하나님께서 예레미야 선지자를 통해서, "나 여호와가 이같이 말하노라 바벨론에서 칠십년이 차면 내가 너희를 권고하고 나의 선한 말을 너희에게 실행하여 너희를 이곳으로 돌아오게 하리라"(렘 29 : 10) 하신 약속에 대한 성취였던 것입니다.

ⓛ 그러나 명심해야할 점은 더럽혀진 하나님의 거룩하신 이름이 출애굽이나 출 바벨론을 통해서 온전히 회복이 되는 것은 아니라는 점입니다. 이는 하나님께서 행하시고자 하는 근본적인 문제에 대한 예표였던 것입니다. 온전한 회복은 에덴에서 추방을 당한 아담의 후예들이 돌아와야만 하고, 하나님께서 행하실 근본적인 대사는, "내가 여자의 후손은 네 머리를 상하게 할 것이라"(창 3:15) 하신 원복음의 성취라는 점입니다.

㉮ 성령으로 잉태한 마리아는 그의 찬가에서, "능하신 이가 큰일을 내게 행하셨으니 그 이름이 거룩하시다"(눅 1:49) 말하고, ㉯ 오순절에 강림하신 성령께서 각 나라 말로 증거하게 하자, "우리가 다 우리의 각 방언으로 하나님의 큰일을 말함을 듣는 도다"(행 2:11) 했습니다.

그렇다면 구속사에 있어서 하나님께서 행해주신 "대사"란 분명해집니다. "우리가 아직 죄인 되었을 때에 그리스도께서 우리를 위하여 죽으심으로 하나님께서 우리에게 대한 자기의 사랑을 확증하셨느니라, 곧 우리가 원수 되었을 때에 그 아들의 죽으심으로 말미암아 하나님으로 더불어 화목되었은즉 화목 된 자로서는 더욱 그의 살으심을 인하여 구원을 얻을 것이니라"(롬 5:8, 10) 한, 구속사역인 것입니다.

이보다 더한 대사가 무엇이란 말인가? 그러므로 우리는, "그때에 우리 입에는 웃음이 가득하고 우리 혀에는 찬양이 찼었도다"(2상) 하면서, 하나님께서 행해주신 대사를 "담대히, 군세게"(딛 3:8) 증거해야만 하는 것입니다.

둘째 단원(4) 돌아오게 해달라는 간구

④ "여호와여 우리의 포로를 남방 시내들 같이 돌리소서"(4) 합니다.

㉠ 둘째 단원은 비록 한 절에 불과하지만 이에 함축된 구속사적인 의미는 큰 것입니다. 126편의 중심주제는 "돌아오게 하다"입니다. "돌리실 때에(1), 돌리소서(4), 돌아오리로다"(6) 합니다.

㉡ 성경 역사를 통해서 볼 때에 배은망덕한 인간은 항상 하나님 앞을 떠나지만 하나님께서는 그때마다 돌아오게 해주셨던 것입니다.

㉮ 최초의 떠남은 인류의 시조 아담의 범죄로부터 시작이 되었습니다. 하나님께서는 "여자의 후손으로 뱀의 머리를 상하게 하여" 돌아오게 해주시겠다는 원복음을 주셨습니다. ㉯ 아브라함이 약속의 땅을 떠나 애굽으로 내려갔을 때도 돌아오게 해주셨고(창 12:10; 13:1), ㉰ 이삭이 블레셋 그랄로 내려갔을 때에도 브엘세바로 올라오게 해주셨고(창 26:1, 23), ㉱ 야곱이 형 에서를 피하여 하란으로 내려갔을 때에도, "너를 이끌어 이 땅으로 돌아오게 할지라" 말씀하시고, 말씀하신 대로 돌아오게 해주셨고(창 28:15; 35:6), ㉲ 영적 출애굽을 계시하시기 위해서 애굽으로 내려가게 하시면서도, "정녕 너를 인도하여 다시 올라올 것이라"(창 46:4) 하신 하나님께서는, 약속하신 대로 돌아오게 해주셨던 것입니다. ㉳ 하나님을 버리고 우상을 숭배하던 자들을 바벨론으로 추방을 하시면서도, "70년이 차면 나의 선한 말을 너희에게 실행하여 너희를 이곳으로 돌아오게 하리라"(렘 29:10) 약속하셨는데 약속하신 대로 "시온의 포로"를 돌아오게 해주셨던 것입니다.

㉢ 그리고 성경에 등장하는 모든 돌아오게 하심은 궁극적으로,

㉮ 사탄의 포로에서 돌아오게 하시려는 방편이었던 것입니다. 왜냐하면 이것이 하나님의 나라 회복이기 때문입니다. ㉯ 이 "돌아옴"이 인간 편에서 생각할 때에는, "시온의 포로를 돌리실 때에 우리가 꿈꾸는 것 같았도다" 한 비할 데 없는 기쁜 일이었지만, ㉰ 하나님 편으로 보면 "자기 아들을 대신 내어주신 구속"을 통해서 가능하여졌던

것입니다.

㉣ 이런 맥락에서, "여호와여 우리의 포로를 남방 시내들 같이 돌리소서"(4) 하는 간구가 1차적으로는 아직 돌아오지 못한 바벨론 포로들을 돌아오게 해달라는 간구라 하여도 궁극적으로는 사탄의 포로 하에 있는 자들을 돌아오게 해달라는 간구로 응하여질 말씀인 것입니다.

선지(先知)서들이 한결같이 바벨론 포로 귀환과 복음시대에 돌아오게 될 것을 겹쳐진 그림처럼 복합적으로 예언하고 있는 이유가, "출바벨론"을 통한 영적인 출 바벨론을 계시하기 위해서인 것입니다.

그러므로 "여호와여 우리의 포로를 남방 시내들 같이 돌리소서" 하는 간구는 바로 우리들의 간구인 것입니다. 이점을 5-6절을 통해서 확증하게 될 것입니다.

셋째 단원(5-6) 단을 가지고 돌아오리라는 확신

⑤ "눈물을 흘리며 씨를 뿌리는 자는 기쁨으로 거두리로다"(5) 합니다.

㉠ 5-6절은 얼른 보기에는 동떨어진 말씀처럼 여겨지기 쉬운데 그렇지가 않습니다. 하나님의 구원계획을 성취해나가는데 있어서,

㉮ "눈물을 흘리며 씨를 뿌린다"는 것은 원리적인 말씀이고, ㉯ "기쁨으로 거두리로다" 하는 것은 종말적인 말씀인 것입니다. 하나님은 심지 않은데서 거두시는 그런 분이 아니십니다.

㉡ "씨 뿌림"에 대해서 이사야서에서는, "여호와께서 그로 상함을 받게 하시기를 원하사 질고를 당케 하셨은즉 그 영혼을 속건제물로 드리기에 이르면 그가 그 씨를 보게 되며 그날은 길 것이요 또 그의

손으로 여호와의 뜻을 성취하리로다"(사 53:10), 즉 자기 아들로 하여금 "울면서 씨를 뿌리게" 하신다고 말씀합니다.

ⓒ 이 말씀에 응하여 주님께서는, "인자의 영광(고난)을 얻을 때가 왔도다, 한 알의 밀이 땅에 떨어져 죽지 아니하면 한 알 그대로 있고 죽으면 많은 열매를 맺느니라"(요 12:23-24) 하셨습니다. 또한 "좋은 씨를 뿌리는 자는 인자요"(마 13:37) 하고 말씀하셨는데, 우리 주님은 "눈물을 흘리며 씨를 뿌리신" 셈입니다.

ⓓ 126편은 "포로를 돌리실 때에"(1)로 시작하여, "울며 씨를 뿌리러 나가는 자는 정녕 기쁨으로 그 단을 가지고 돌아오리로다"(6) 하는 확신으로 마치고 있습니다.

㉮ 복음을 전파한다는 것은 씨를 뿌리는 것과 같으면서, ㉯ "그런즉 한 사람(예수 그리스도)이 심고 다른 사람이 거둔다 하는 말이 옳도다"(요 4:37) 하신, 거두는 일이기도 합니다. 그러므로 "울면서 뿌리고, 기쁨으로 거둔다"는 것은 만고불변의 원리라 하겠습니다.

문제는 무엇을 뿌리고 거두느냐에 있는 것입니다. 사도 바울은, "자기의 육체를 위하여 심는 자는 육체로부터 썩어진 것을 거두고 성령을 위하여 심는 자는 성령으로부터 영생을 거두리라" 하면서, "우리가 선을 행하되 낙심하지 말지니 피곤하지 아니하면 때가 이르매 거두리라"(갈 6:8-9) 말씀합니다. 이것이 "대사를 행해주신 여호와"요, "정녕 기쁨으로 그 단을 가지고 돌아오리라는 확신"입니다.

적용

포로에서 돌아오게 된 자들의 최우선적인 반응은 기뻐하는 것과, 찬양하는 일입니다. 그런 후에 아직 돌아오지 못한 남아 있는 포로들도 돌아오도록 "눈물을 흘리며 씨를 뿌리러 나가야" 하는 것입니다.

하나님은 언제까지 뿌리기만 하시는 분이 아니십니다. 구속사(救贖史)에는 씨를 뿌리는 봄의 계절이 있는가 하면, 거둬들이는 추수의 계절도 있습니다.

묵상

㉠ 126편의 역사적인 배경에 대해서,

㉡ 구약시대와 신약시대에 행해주신 대사에 대해서,

㉢ "눈물을 흘리며 씨를 뿌리는 자는 기쁨으로 거두리로다"의 의미에 대해서.

여호와께서 집을 세우지 아니하시면

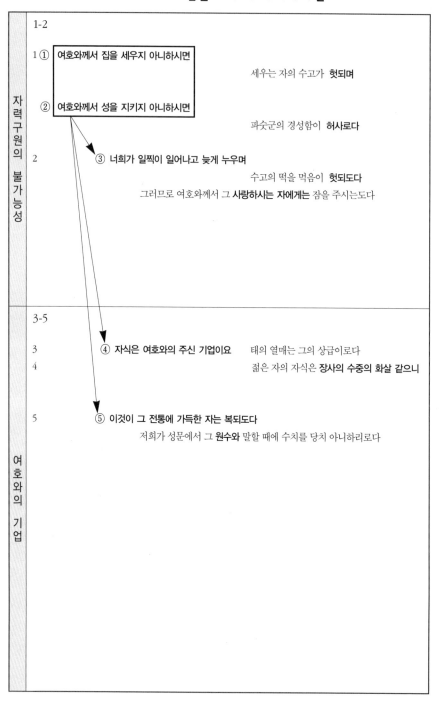

자력구원의 불가능성	1-2	
	1 ① 여호와께서 집을 세우지 아니하시면	세우는 자의 수고가 **헛되며**
	② 여호와께서 성을 지키지 아니하시면	파숫군의 경성함이 **허사로다**
	2 ③ 너희가 일찍이 일어나고 늦게 누우며	수고의 떡을 먹음이 **헛되도다** 그러므로 여호와께서 그 **사랑하시는 자에게는** 잠을 주시는도다

여호와의 기업	3-5	
	3 ④ 자식은 여호와의 주신 기업이요	태의 열매는 그의 상급이로다
	4	젊은 자의 자식은 **장사의 수중의 화살 같으니**
	5 ⑤ 이것이 그 전통에 가득한 자는 복되도다	저희가 성문에서 그 **원수와** 말할 때에 수치를 당치 아니하리로다

127편
여호와께서 집을 세우지 아니하시면

여호와께서 집을 세우지 아니하시면 세우는 자의 수고가 헛되며 여호와께서 성
을 지키지 아니하시면 파수꾼의 경성함이 허사로다(시 127:1).

127편은 시편에서 유일하게 "솔로몬의 시"라는 표제가 있는 시입
니다. 본문에는 "헛되다"는 말이 3번 등장하는데,

㉮ 여호와께서 "집을 세우지 아니하시면"(1상), ㉯ "성을 지키지 아
니하시면"(1하), "자식은 여호와의 주신 기업이요"(3) 하고, 3방면을
언급하고 있습니다. 핵심은 "여호와께서 세우지 아니하시면" 인간의
노력은 허사라는 것입니다.

그것이 무엇인가? 여기에는 교훈적인 면만이 아니라, 신학적인 진
리가 내포되어 있다는 점을 간과해서는 아니 됩니다. 만일 교훈적으
로만 말한다면 불신자들은 코웃음을 치게 될 것입니다.

도표를 보시면 "여호와께서 집을 세우지 아니하시면"을 중심으로
"세우는 자의 수고가 헛되다"(첫째 단원) 하면서, "자식은 여호와의
주신 기업이라"(둘째 단원) 합니다.

첫째 단원(1-2) 인간의 자력으로 이룰 수 없는 것
둘째 단원(3-5) 여호와께서 주신 기업

첫째 단원(1-2) 인간의 자력으로 이룰 수 없는 것

① "여호와께서 집을 세우지 아니하시면 세우는 자의 수고가 헛되며"(1상) 합니다. 과연 그런가? 교훈적으로는 그렇지 않다고 말할 수도 있습니다. 왜냐하면 불신자들도 번창하는 것을 보기 때문입니다. 그러나 신학적으로는 만고불변의 진리인 것입니다.

㉠ 그러므로 이 말씀은 하나님께서 다윗에게 세워주신 언약과 밀접한 관련이 있다 하겠습니다. 다윗 "왕이 선지자 나단에게 이르되 볼지어다 나는 백향목 궁에 거하거늘 하나님의 궤는 휘장 가운데 있도다"(2) 하고, 성전 건축의 소원을 말하니, 나단은 그러시다면 소원대로 하시라고 합니다.

그런데 "그 밤에 여호와의 말씀이 나단에게 임하여 가라사대 가서 내 종 다윗에게 말하기를 여호와의 말씀이 네가 나를 위하여 나의 거할 집을 건축하겠느냐" 하시면서, "여호와가 너를 위하여 집을 이루고"(삼하 7:4-5, 11), 즉 집을 세워주시겠다고 약속을 하십니다.

㉡ 하나님께서 "너를 위하여 집을 이루고" 하신 "집"은, 다윗의 자손으로 그리스도를 보내주시겠다는 메시아언약이었던 것입니다. 하나님께서는 이 언약을, "보라 네가 수태하여 아들을 낳으리니 그 이름을 예수라 하라 저가 큰 자가 되고 지극히 높으신 이의 아들이라 일컬을 것이요 주 하나님께서 그 조상 다윗의 위를 저에게 주시리니 영원히 야곱의 집에 왕 노릇 하실 것이며 그 나라가 무궁하리라"(눅 1:31-33) 하고 세워주셨던 것입니다.

㉢ 하나님께서는 좀 더 구체적으로, "네 수한이 차서 네 조상들과 함께 잘 때에 내가 네 몸에서 날 자식을 네 뒤에 세워 그 나라를 견고케 하리라 저는 내 이름을 위하여 집을 건축할 것이요 나는 그 나라

위를 영원히 견고케 하리라"(삼하 7:12-13) 하고, 하나님의 계획을 말씀하셨습니다.

이 언약이 1차적으로는 솔로몬이 왕위를 계승하여 성전을 건축함으로 성취가 되었으나, 궁극적인 성취는 다윗의 자손으로 오실 그리스도께서, "내가 이 반석 위에 내 교회(하나님의 집)를 세우리니 음부의 권세가 이기지 못하리라"(마 16:18)에서 성취될 언약이었던 것입니다.

성경은 "너희가 하나님의 성전인 것과 하나님의 성령이 너희 안에 거하시는 것을 알지 못하느뇨"(고전 3:16) 하십니다. 이 "집"을 인간의 힘으로 지을 수가 있단 말인가? 이것이 "인간의 자력으로 이룰 수 없는" 신학적인 의미인 것입니다.

② "여호와께서 성을 지키지 아니하시면 파수꾼의 경성함이 허사로다"(1하) 합니다.

㉠ 이 말씀에도 교훈적인 면과, 신학적인 면이 있다는 점을 유념해야만 합니다. 그런데 오늘날은 "교훈"적인 면만을 부각시키고 신학적인 면은 외면하는 경향이 있습니다. 교훈은 중요하고 유익한 것입니다. 그러나 "교훈"에는 죄인을 구원하는 해답이 없다는 점을 명심해야만 합니다.

㉮ 먼저 교훈적인 면인데, 이스라엘은 하나님의 성민입니다. 성민이란 하나님의 통치 하에 있음을 의미합니다. 그러므로 불신자들인 이방인들은 자신의 힘을 과시할 수도 있으나 성민은 오직 "여호와 하나님" 중심으로 살아갈 때는 번영했고, 이를 저버릴 때는 쇠퇴하여 패망하고 말았던 것입니다. 이것이 "여호와께서 성을 지키지 아니하시면 파수꾼의 경성함이 허사로다" 하는 교훈적인 의미입니다. ㉯ 그런

데 성경은 궁극적으로 신학적인 문제에 대한 해답입니다. 인간의 자력으로 이룰 수 없는 것이 무엇인가? 성령께서 127편을 통해서 말씀하시려는 궁극적인 주제는 자력구원의 불가능성입니다. 이점을 당시의 문화적인 눈높이로 "집, 성, 자식"들을 들어서 설명하고 있을 뿐입니다.

③ 그래서 "너희가 일찍이 일어나고 늦게 누우며 수고의 떡을 먹음이 헛되도다"(2상) 하면서,

㉠ "그러므로 여호와께서 그 사랑하시는 자에게는 잠을 주시는도다"(2하) 합니다. 이점이 가장 절실하게 나타난 대목이 "다윗이 그 아들 압살롬을 피할 때에 지은 시"라는 표제가 있는 3편입니다. 그런 와중에서도, "내가 누워 자고 깨었으니 여호와께서 나를 붙드심이로다 천만인이 나를 둘러치려 하여도 나는 두려워 아니하리이다"(3:5-6) 하고 평안히 잠을 잤노라고 노래합니다.

4편에서도 "내가 평안히 눕고 자기도 하리니 나를 안전히 거하게 하시는 이는 오직 여호와시니이다"4:8) 합니다. 어떻게 이럴 수가 있는가? 징계하실 지라도 버리시지 않으리라 하신 하나님을 신뢰했기 때문입니다. 다시 말하면 "여호와께서 집을 세우지 아니하시면 세우는 자의 수고가 헛되다"(1상)는 점을 믿었기 때문입니다.

이점에서 유념해야할 점은 성경의 모든 말씀들은 종말(終末) 지향적이라는 점입니다. 즉 마지막이 다르다는 것입니다. 73편은 불신자의 형통을 인하여 실족할 뻔한 어느 성도의 심경을 토로한 시인데, "저희는 죽는 때에도 고통이 없고 그 힘이 건강하며 타인과 같은 고난이 없고 타인과 같은 재앙도 없나니 그러므로 교만이 저희 목걸이

요 강포가 저희의 입는 옷이며 살찜으로 저희 눈이 솟아나며 저희 소
득은 마음의 소원보다 지나며 저희는 능욕하며 악하게 압제하여 말하
며 거만히 말하며 저희 입은 하늘에 두고 저희 혀는 땅에 두루 다니도
다"(73:4-9) 합니다.

이런 자들이 127편을 대한다면 코웃음 칠 것이 분명합니다. 다시
강조합니다만 1-2절 안에는 "헛되다"는 말이 3번이나 강조되어 있는
데, 이는 사업을 못한다, 성공할 수 없다는 그런 뜻이 아닙니다. 자력
으로 이룰 수 없는 것은 물리적인 "집을 건축하고, 성을 쌓는 것"이
아니라 궁극적으로는 "구원"인 것입니다. 이것이 본문을 통해서 말씀
하시려는 신학적인 의미입니다. "대저 의인의 길은 여호와께서 인정
하시나 악인의 길은 망하리로다"(1:6) 할 날이 온다는 점을 명심해야
만 합니다.

둘째 단원(3-5) 여호와께서 주신 기업

④ "자식은 여호와의 주신 기업이요 태의 열매는 그의 상급이로다
젊은 자의 자식은 장사의 수중의 화살 같으니"(3-4) 합니다.

㉠ 이를 교훈적(敎訓的)으로만 본다면 다윗이나 솔로몬은 이렇게
말할 입장이 못 됩니다. 다윗의 자식들 간에는 살상(殺傷)이 있었고,
심지어 다윗은 자식의 반역을 겪어야만 했기 때문입니다. 대를 이은
솔로몬도 우리야의 아내를 통하여 난 자식입니다.

솔로몬은 어떠한가? 이방인의 처첩(妻妾)을 많이 두었고, 대를 이
은 르호보암도 암몬 사람 나아마의 소생(왕상 14:21)이었던 것입니다.

㉡ 그럼에도 불구하고 솔로몬이 태어났을 때에 하나님께서는 선지
자 나단을 보내셔서 "그 이름을 여디디야라 하시니 이는 여호와께서

사랑하심을 인함이더라"(삼하 12:25) 합니다. 이를 교훈적으로 설명할 수가 있단 말인가? 여기에는 계획하신 바를 주권적으로 이루시려는 신학적(神學的)인 의미가 있었기 때문인 것입니다.

⑤ "이것이 그 전통에 가득한 자는 복되도다 저희가 성문에서 그 원수와 말할 때에 수치를 당치 아니하리로다"(5) 합니다.

㉠ 주목해 보셨습니까? 사람들이 애송하는 127편이 마지막에 이르러서는, "장사(壯士), 화살(4), 전통, 원수" 등 전쟁 마당으로 변하고 있다는 점입니다. 그러므로 모든 성경이 그러합니다만 127편도, "여자의 후손은 네 머리를 상하게 하리니"(창 3:15) 하신 동일 선상(線上)에서 주어진 말씀이라는 점입니다.

㉡ 하나님께서 아브라함에게 세워주신 언약도 동일합니다. "네 씨로 말미암아 천하 만민이 복을 얻으리니" 한 "복"으로 시작하여, "네 씨로 크게 성하여 하늘의 별과 같고 바닷가의 모래와 같게 하리니 네 씨가 그 대적(對敵)의 문을 얻으리라"(창 22:17, 18), 즉 승리하게 될 것을 말씀하십니다. 이는 "저희가 성문에서 그 원수와 말할 때에 수치를 당치 아니하리로다"(5) 하신 말씀과 같은 뜻입니다.

㉢ 또 하나 유념해야할 점은 "저희"(5)라는 인칭(人稱)입니다. "저희가 성문에서 그 원수와 말할 때에" 한 "저희"가 누구를 가리키는가? 문맥적으로 보면 "전통에 가득한 자식"(子息)들입니다. 그런데 의미상으로는 자식들로 인하여 "수치를 당치 아니하리로다"(5하) 한 아비를 가리키는 것이 됩니다.

㉣ 그렇다면 이에 대한 신령한 의미는 분명해지는 것입니다. 왜냐하면 출애굽한 자들을 "여호와의 군대"(출 12:41)라 부르고, 바벨론 포로에서 돌아올 자들을 "극히 큰 군대더라"(겔 37:10) 하고 말씀하

기 때문입니다. 즉 그리스도인들은 "전통에 가득한 화살"과 같은 자들로써 아버지의 이름을 위하여 "원수"와 싸워야할 군사들이라는 뜻이 되는 것입니다. 그래서 "여호와의 주신 기업"이라 하는 것입니다.

㉮ 이런 맥락에서 "원수"를 사사로운 원수인양 생각해서는 아니 되고, ㉯ "복"도 자식 덕이나 보는 복으로 여겨서는 아니 되고, ㉰ "수치"도 모욕쯤으로 여겨서는 아니 됩니다. 성경은 말씀합니다. "땅의 티끌 가운데서 자는 자 중에 많이 깨어 영생을 얻는 자도 있겠고 수욕을 받아서 무궁히 부끄러움을 입을 자도 있을 것이며"(단 12:2) 한, 종말적인 수치를 당치 않게 된다는 것입니다. 이것이 "여호와께서 집을 세우지 아니하시면" 헛되다는 뜻입니다.

적용

127편을 통해서 우선적으로 인식해야할 점은 구원계획은 하나님께서 세워나가시는 하나님의 주권(主權)적인 행사라는 점입니다. 다음은 하나님께서 세우시는 "집과 성"을 파괴하려는 "원수"가 등장한다는 점을 명심해야만 합니다. 그리고 그리스도인들은 "전통에 가득한 화살"과 같은 전사들이라는 점입니다. "수치를 당치 아니하리로다", 기필코 승하게 된다는 확신입니다.

묵상

㉠ 127편의 개인에게 적용되는 교훈에 대해서,
㉡ "집"을 세우고, "성"을 지킨다는 구속사적 의미에 대해서,
㉢ "전통에 가득한 화살"에 대해서.

시편 128편 개관도표
여호와를 경외하는 자가 받을 축복

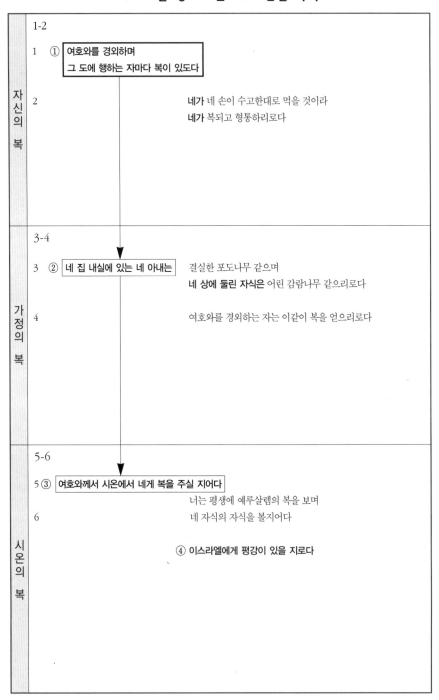

자신의 복	1-2		
	1	① 여호와를 경외하며 그 도에 행하는 자마다 복이 있도다	
	2		네가 네 손이 수고한대로 먹을 것이라 네가 복되고 형통하리로다

가정의 복	3-4		
	3	② 네 집 내실에 있는 네 아내는	결실한 포도나무 같으며 네 상에 둘린 자식은 어린 감람나무 같으리로다
	4		여호와를 경외하는 자는 이같이 복을 얻으리로다

시온의 복	5-6		
	5	③ 여호와께서 시온에서 네게 복을 주실 지어다	
			너는 평생에 예루살렘의 복을 보며
	6		네 자식의 자식을 볼지어다
			④ 이스라엘에게 평강이 있을 지로다

128편
여호와를 경외하는 자가 받을 축복

여호와를 경외하며 그 도에 행하는 자마다 복이 있도다(시 128:1).

128편은 "여호와를 경외하는 자가 받을 복"을 말씀하는 내용입니다. 도표를 보시면 "여호와를 경외하는 자"를 중심으로 "개인이 복을 받고"(첫째 단원), "가정이 복을 받고"(둘째 단원), "교회가 복을 받게 된다"(셋째 단원)는 구조입니다. 그렇다면 본문을 통해서 말씀하려는 바가 무엇인가?

사도 바울은 "누가 주의 마음을 알아서 주를 가르치겠느냐 그러나 우리가 그리스도의 마음을 가졌느니라"(고전 2:16) 말씀합니다. 설교자가 사모해야할 점은 "주의 마음", 즉 본문을 통해서 말씀하시려는 주의 의도를 알아서 증거하는 일입니다. 이렇게 할 때 성도들의 마음에, "하나님의 사랑이 부은바"(롬 5:5)가 되는 것입니다.

이는 교훈적인 관점으로는 도달할 수가 없습니다. "영원부터 만물을 창조하신 하나님 속에 감춰었던 비밀의 경륜이 어떠한 것을 드러내는"(엡 3:9), 즉 구속사(救贖史)라는 넓은 지평으로만이 가능한 것입니다. 그러면 본문에 함의되어 있는 "영광스러움"이 무엇인가?

첫째 단원(1-2) 자신이 복을 받음

둘째 단원(3-4) 가정이 복을 받음

셋째 단원(5-6) 시온의 복 받기를 원함

첫째 단원(1-2) 자신이 복을 받음

① "여호와를 경외하며 그 도에 행하는 자마다 복이 있도다"(1) 합니다.

㉠ 127편에서는 "헛되며, 헛되도다" 하고 3번이나 말씀했는데 이와는 반대로, 128편에서는 "복되고, 복되고, 복을 얻으리로다" 하고 "복"을 5번이나 말씀합니다. 여호와 경외를 떠난 모든 일이 헛되고, "여호와를 경외하며 그 도에 행하는 자는 복이 있도다" 하는 것입니다. 이처럼 본문은 여호와를 경외하는 "나"라는 개인으로부터 시작을 합니다. 그래서 첫째 단원의 인칭이 "너"로 되어 있습니다.

㉡ "네가 네 손이 수고한대로 먹을 것이라"(2상) 하십니다. "내"가 모여서 가정을 이루고, 교회 공동체가 형성이 되고, 하나님 나라로 확장이 되는 것입니다. 이는 창조원리와도 부합합니다.

하나님께서는 최초에 한 사람을 창조하셨고, 그에게 배필을 짝지어주심으로 "우리"를 이루게 하셨으며, "생육하고 번성하라" 하심으로 공동체를 이루게 되고 우주적인 하나님의 나라를 이루시게 하셨던 것입니다.

요셉의 꿈을 통해서 계시된 가정은, 아버지는 해로, 어머니는 달로, 자식들은 밤하늘의 별들(창 37:9)로 상징되어 있습니다. 이는 천지 만물을 창조하신 창조원리나, 에덴에 세우신 최초의 가정도 궁극적으로는 하나님께서 이루실 구원계획을 예표하고 있음을 깨닫게 됩니다.

㉢ "네가 네 손이 수고한대로 먹을 것이라 네가 복되고 형통하리로

다"(2) 합니다. 성경에 있어서 문맥(文脈)은 "생명 줄"이라 할 만큼 중요합니다.

㉮ 하나님의 주권(主權)을 강조하는 127:2절에서는, "너희가 일찍이 일어나고 늦게 누우며 수고의 떡을 먹음이 헛되도다", 즉 아무리 애를 써야 헛되다 말씀했는데, ㉯ 인간의 책임을 강조하는 128편에서는, "네 손이 수고한대로 먹을 것이라" 합니다.

그러므로 "네가 복되고 형통하리로다" 한 "복"은 불로소득을 가리키는 것이 아닙니다. 재난에 걸리지 않고 수고한 만큼 거둔다면 이것이 정당한 복인 것입니다.

첫째 단원을 마치기 전에 128편이 "한 사람"으로부터 시작하고 있다는 자신의 정체성(正體性)에 대한 각성과, 공동체의 일원이라는 책임의 중요성을 명심해야만 하겠습니다.

둘째 단원(3-4) 가정이 복을 받음

② "네 집 내실에 있는 네 아내는 결실한 포도나무 같으며 네 상에 둘린 자식은 어린 감람나무 같으리로다"(3) 합니다.

㉠ 여기 아름다운 한 가정의 모습이 있습니다. 근면한 남편이 있고, 가사에 충실한 아내가 있습니다. 그들 부부 사이에서 태어난 어린이들은 "어린 감람나무", 즉 예쁘고 건강하게 자라고 있습니다.

3절 말씀으로 미루어 볼 때 본문의 "나"라는 사람은 특출 난 사람이 아니라 포도나 감람나무를 재배하고 있는 농부로 여겨집니다. 힘든 농사에 종사하면서도 불평하거나 불만이 있는 그런 모습이 아니라, "수고한 만큼 거두기를 바라는" 자족하는 사람의 모습입니다.

㉡ 그는 하루의 일과를 마치고 집으로 돌아와 가족들과 식탁에 둘

러앉아 감사기도를 드리는 장면이 묘사되어 있습니다. 이를 보시면서,

㉮ "네 아내는 결실한 포도나무 같으며" 하십니다. ㉯ 그리고 "네 상에 둘린 자식은 어린 감람나무 같으리로다" 하고 축복합니다. 한 폭의 그림인 양 "여호와를 경외하며 그 도에 행하는"(1) 그리스도인의 행복한 한 가정을 대하게 됩니다.

그러나 이것으로 족한 것은 아닙니다. 왜냐하면 성경은 문제에 대한 답안으로 주어진 것이요, 그 답안은 교훈으로는 해결이 되지 않는 신학적인 문제이기 때문입니다.

㉰ 그러므로 본문은 가정(家庭)이라는 주제에서 하나님 나라라는 대 주제로 더 나아가고 있는 것입니다. 이점이 "여호와께서 시온에서 네게 복을 주실 지어다"(5) 하는 결론부분에 나타납니다. 그러므로 128편의 핵심은, "시온에서 네게 복을 주실 지어다" 한, 복이 무슨 복이고, 어떻게 가능하여지는가를 규명하는데 있다 하겠습니다.

사도 바울은 에베소서에서, "아내들이여, 남편들아"(엡 5:22, 25) 하고 분명 교훈을 말하고 있었습니다. 그러다가, "이 비밀이 크도다 내가 그리스도와 교회에 대하여 말하노라"(엡 5:32) 하고, 부부관계로부터 그리스도와 교회와의 관계라는 신학적인 주제로 나아가고 있음을 보게 됩니다.

㉱ 어찌하여 하나님께서는 아담의 배필을 지으시되 "그 갈빗대"로 지으셨는가? 아담은 "내 뼈 중의 뼈요 살 중의 살이라"(창 2:21, 23), 즉 자신의 몸이라고 말합니다. 하나님께서는 이를 통해서 머리와 몸의 관계와 같은, "그리스도와 교회"와의 관계인 연합교리의 신비를 계시하셨던 것입니다. 그러므로 본문을 통해서도 가정만을 본다면 의문의 "수건이 오히려 그 마음을 덮고"(고후 3:15) 있는 상태라 할 것입니다.

㉮ "네 집"이라 한 "너"를 통해서 "교회를 보양(保養)하시는 그리스도"(엡 5:29)를 만나게 되고, ㉯ "네 집 내실에 있는 네 아내"를 통해서 그리스도의 신부인 교회를 본다는 것은 결코 영해나 비약이 아닙니다.

㉵ "여호와를 경외하는 자는 이같이 복을 얻으리로다"(4) 하고 말씀하는데, 이 복이 1차적으로는 여호와를 경외하는 가정이 받게 될 축복임은 분명하지만, 그런데 여기서 멈추고 있는 것이 아니라 "그의 나라와 그의 의"를 구하는 데로 나아가고 있다는 점을 놓쳐서는 아니 됩니다.

셋째 단원(5-6) 시온의 복 받기를 원함

③ "여호와께서 시온에서 네게 복을 주실 지어다"(5상) 합니다.

㉠ 시편과 선지서는 한결같이 "시온의 복"을 증거하고 있습니다.

㉮ 53편은 "시온에서 이스라엘을 구원하여 줄 자 누구인고"(6) 하고, 염원하는 것으로 마치고 있고, ㉯ 14편은 "이스라엘의 구원이 시온에서 나오기를 원하도다"(7) 하는 대망(待望)으로 마치고 있습니다. ㉰ 하나님께서는 "오직 유다 지파와 그 사랑하시는 시온 산을 택하시고"(78:68), ㉱ "내가 나의 왕을 내 거룩한 산 시온에 세웠다"(2:6) 말씀하십니다. ㉲ 그래서 134편도 "천지를 지으신 여호와께서 시온에서 네게 복을 주실지어다"(3) 합니다.

㉡ 그렇다면 "여호와께서 시온에서 네게 복을 주실 지어다"(128:5) 한 복이 무슨 복인가는 분명해지는 것입니다. 선지서 몇 곳만 예로 들어보겠습니다.

㉮ 이사야 선지자는 "여호와께서 가라사대 구속자가 시온에 임하

289

며 야곱 중에서 죄과를 떠나는 자에게 임하리라"(사 59:20) 합니다.
㈏ 스가랴 선지자는 "시온의 딸아 크게 기뻐할지어다 예루살렘의 딸
아 즐거이 부를지어다 보라 네 왕이 네게 임하나니"(슥 9:9) 합니다.
㈐ 스바냐 선지자는 "시온의 딸아 노래할지어다 이스라엘아 기쁘게
부를지어다 예루살렘 딸아 전심으로 기뻐하며 즐거워할지어다" 하는
데 무슨 기쁜 일이 있다는 것인가? 세 가지를 말씀하는데 첫째는 "이
스라엘 왕 여호와가 너희 중에 있다"(임마누엘), 둘째는 "너의 형벌을
제하였다", 셋째는 "너의 원수를 쫓아내었다"(습 3:14-15), 그래서 기
뻐하고 즐거워하라는 말씀입니다. 이것이 "시온의 복"인 것입니다.
    ㉢ 이런 맥락에서 "너는 평생에 예루살렘의 복을 보며 네 자식의
자식을 볼지어다"(5하-6상) 한 축복은 한 가정의 번영을 넘어 교회의
영광스러움과 궁극적으로는 하나님께서 아브라함에게 네 자손이 하
늘의 별과 같으리라 하신 메시아 왕국에 대한 비전인 것입니다.

    ④ 128편은 "여호와를 경외하는 자마다 복이 있도다"(1) 한 개인으
로 시작하여, "이스라엘에게 평강이 있을 지로다"(6하) 하는 "나라"로
마치고 있습니다.
    ㉠ 앞에서도 지적을 했습니다만 "평강"은 홀로 주어지는 것이 아니
라 여기에는 짝이 있는데 그것이 "은혜"입니다. 은혜가 임하는 곳에
비로소 평강이 있는 것입니다. 이 "은혜"가, "시온에서 네게 복을 주
실 지어다" 한 시온의 복인 것입니다.
    만일 은혜 없는 평강을 말한다면 그 사람은 그리스도의 십자가를
헛된 것으로 만드는 것입니다. 그래서 사도 바울은 서신서 마다 "은혜
와 평강이 너희에게 있을지어다" 하고 축복하고 있는 것입니다.
    ㉡ 128편은 개인(1-2)에서 가정(3-4)으로, 가정에서 교회(5-6), 즉

하나님 나라로 확장되어 나가고 있다는데, 아름다움과 영광스러움이 있는 것입니다. 이것이 "여호와를 경외하는 자가 받을 축복"입니다.

적용

신약의 성도들은 "시온의 복"이 성취된 이후를 살아가고 있습니다. 형제여, 예배를 드리는 그리스도인들이란 주님께서 베풀어주신 식탁에 둘러앉은 자식들과 같고, 교회의 상징인 아내는 "내실"(內室)에 있다고 말씀하는 성별됨이 있어야 하는 것입니다.

그리고 "시온의 복"은 "보라 어린양이 시온 산에 섰고 그와 함께 십사만 사천이 섰는데"(계 14:1) 하는 그날에야 완성이 될 것입니다. 그날이 오기까지 여호와를 더욱 경외하면서 맡은 바 직분을 근실히 지키십시다.

묵상

㉠ 128편의 교훈적인 의미에 대해서,

㉡ 나, 가정, 교회로 확장되어 나가는 점에 대해서,

㉢ "시온의 복"에 대한 구속사적 의미에 대해서.

시편 129편 개관도표
시온을 미워하는 자가 받을 화

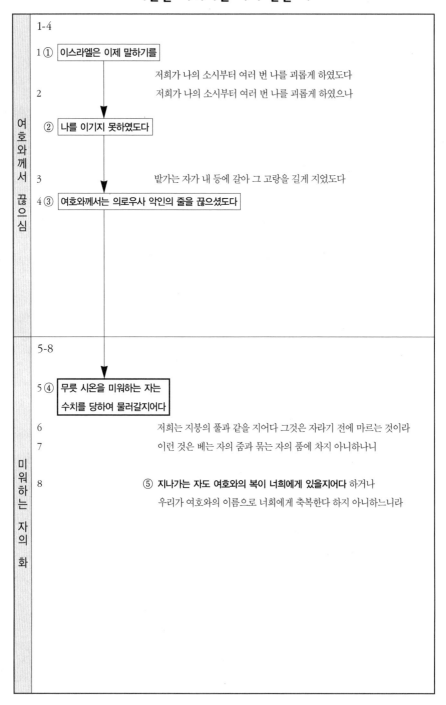

여호와께서 끊으심

1-4

1 ① 이스라엘은 이제 말하기를

저희가 나의 소시부터 여러 번 나를 괴롭게 하였도다

2 　저희가 나의 소시부터 여러 번 나를 괴롭게 하였으나

② 나를 이기지 못하였도다

3 　밭가는 자가 내 등에 갈아 그 고랑을 길게 지었도다

4 ③ 여호와께서는 의로우사 악인의 줄을 끊으셨도다

미워하는 자의 화

5-8

5 ④ 무릇 시온을 미워하는 자는
수치를 당하여 물러갈지어다

6 　저희는 지붕의 풀과 같을지어다 그것은 자라기 전에 마르는 것이라

7 　이런 것은 베는 자의 줌과 묶는 자의 품에 차지 아니하나니

8 　⑤ 지나가는 자도 여호와의 복이 너희에게 있을지어다 하거나
우리가 여호와의 이름으로 너희에게 축복한다 하지 아니하느니라

129편
시온을 미워하는 자가 받을 화

저희가 나의 소시부터 여러 번 나를 괴롭게 하였으나 나를 이기지 못하였도다
(시129:2).

129편은 "이스라엘은 이제 말하기를"(1) 하고 시작이 됩니다. 무엇을 말하라 하는가? "저희가 나의 소시부터 여러 번 나를 괴롭혔도다" 한 이것을 말하라는 것입니다. 그런데 "나"가 5절에서는 "시온을 미워하는 자"로 바뀌고 있다는 점입니다. 그러면 "나와, 시온"은 어떤 관계가 있는가? "나"는 여호와께서 "나의 왕을 내 거룩한 산 시온에 세웠다 하시리로다"(2:6) 하신, 그리스도요, "나를 괴롭히고, 시온을 미워하였다"는 것은 결국 하나님의 구원계획을 대적한 것이 되는 것입니다.

그러므로 "소시(少時)부터 여러 번 나를 괴롭게 하였다"는 것을, 이스라엘의 초기부터 대적했다는 뜻으로만 여겨서는 아니 됩니다. 구속사라는 맥락으로 보면 사탄은 에덴 낙원으로부터 대적했다는 것이 됩니다. 그래서 하나님께서는, "여자의 후손은 네 머리를 상하게 하리니" 하고, 선언하신 것입니다.

그러나 "나를 이기지 못하였도다", 즉 하나님의 구원계획을 파괴하지 못했다는 것입니다. 왜냐하면 "여호와는 의로우사 악인의 줄을 끊

으셨도다"(4) 합니다.

도표를 보시면 "시온을 미워하는 자가 받을 화"를 중심으로, "여호와께서 끊으셨도다"(첫째 단원) 하면서, "미워하는 자가 받을 화"(둘째 단원)를 말씀합니다.

첫째 단원(1-4) 여호와께서 끊으셨도다
둘째 단원(5-8) 시온을 미워하는 자

첫째 단원(1-4) 여호와께서 끊으셨도다

① "이스라엘은 이제 말하기를"(1상) 합니다.

㉠ 124편도 "이스라엘은 이제 말하기를" 하고 시작이 되었습니다. 이를 통해서 깨닫게 되는 것은, "말하라", 즉 증거의 중요성입니다. 사도 바울은 "이는 내가 꺼리지 않고 하나님의 뜻을 다 너희에게 전하였음이라, 그러므로 오늘 너희에게 증거하노니 모든 사람의 피에 대하여 내가 깨끗하다"(행 20:26, 27) 하고 말씀합니다.

옥중에서도 "이 일을 위하여 내가 쇠사슬에 매인 사신이 된 것은 나로 이 일에 당연히 할 말을 담대히 하게 하려 하심이니라"(엡 6:20) 말씀하고, 디도를 향해서는 "네가 이 여러 것에 대하여 굳세게 말하라"(딛 3:8) 하고 격려합니다.

㉡ 무엇을 말하라 하는가? "저희가 나의 소시부터 여러 번 나를 괴롭게 하였도다, 저희가 나의 소시부터 여러 번 나를 괴롭게 하였으나"(1하-2상) 합니다. 본문이 말하는 "나"는 1차적으로는 선민 이스라엘을 가리키는 말입니다.

㉢ 그렇다면 "저희"는 누구며, 어찌하여 이스라엘을 소시부터 여러

번 대적하고 괴롭혔는가 하는 점입니다. 이에 확고해야만 본문의 의미를 바로 드러낼 수가 있는 것입니다.

㉮ 그것은 분명합니다. "땅의 모든 족속이 너와 네 자손을 인하여 복을 얻으리라"(창 28:14) 하고 언약하신, 그리스도를 보내실 통로로 이스라엘 민족을 택하셨기 때문입니다. ㉯ 다윗의 경우도 "이새의 아들 중에서 한 왕을 예선하였음이니라"(삼상 16:1) 하고, 하나님께서 다윗을 택하셨기 때문에 사울로부터 여러 번 괴로움을 당한 것입니다. ㉰ 형제의 경우도, "너희는 세상에 속한 자가 아니요 도리어 세상에서 나의 택함을 입은 자인 고로 세상이 너희를 미워하느니라"(요 15:19) 하십니다.

그러므로 "이스라엘은 이제 말하기를"(1) 한 증언은, 험난했던 야곱 자손의 역사가 아니라 하나님께서 이루어나가시는 구원계획, 즉 구속사인 것입니다. 더 좁혀서 말한다면 "여러 번 나를 괴롭게 하였다"는 것은, 선민 이스라엘을 통하여 보내시려는 메시아 한 분을 괴롭혔다는 뜻이 되는 것입니다.

② 그러나 "나를 이기지 못하였다"(2하)는 것입니다.

㉠ 구속의 역사는 참으로 "소시부터 여러 번 나를 괴롭게 하였으나 이기지 못하였도다" 한, 대결의 연속이었던 것입니다.

㉮ 이와 같은 싸움은, "뱀의 후손과 여자의 후손이 원수가 되리니"(창 3:15) 하고 선언하신 원 복음으로부터 시작이 되어서, ㉯ "용을 잡으니 곧 옛 뱀이요 마귀요 사단이라"(계 20:2) 할 때까지 계속될 싸움인 것입니다. ㉰ 그런데 "나를 이기지 못하였다" 하는 것은 자신에게 능력이 있어서가 아니라, "그러나 죄가 더한 곳에 은혜가 더욱 넘쳤나니"(롬 5:20) 하고, 그때마다 하나님께서 넘치는 은혜로 "끊으시

고", 막아주시고 물리쳐주셨기 때문인 것입니다.

만일 이렇게 행해주시지 않으셨다면, "이스라엘은 이제 말하기를, 그때에 저희의 노가 우리를 대하여 맹렬하여 우리를 산 채로 삼켰을 것이라"(124:1, 3) 하는 것입니다.

ㄴ 대적의 박해가 얼마나 잔인했으면, "밭가는 자가 내 등에 갈아 그 고랑을 길게 지었도다"(3) 하고 표현을 했겠는가?

첫째 단원 안에는 "나"라는 말이 6번이나 등장하는데, "이스라엘은 이제 말하기를" 하고, "이스라엘"로 시작한 기자가 어찌하여 "나"라는 개인이 당한 것으로 표현을 하고 있는가?

이런 표현을 애가(哀歌)서에서도 대하게 되는데 애가 3장에는 "나"라는 칭호를 26번 이상 말하면서, "여호와의 노하신 매로 인하여 고난 당한 자는 내로라"(애 3:1) 하고, 예루살렘의 멸망을 마치 자신이 당한 것인 양 말하고 있습니다. 이렇게 말씀하는 의도를 모세가 당한 고난을, "그리스도를 위하여 받는 능욕"(히 11:26)이라고 말씀하는 데서 엿볼 수가 있습니다. 하나님께서 이스라엘을 선민을 택하신 것은 그들을 통해서 그리스도를 보내시기 위해서요, 그러므로 이스라엘이 당한 모든 고난은 그들을 통하여 보내시려는 "그리스도"를 위하여 받는 고난이 되고, 대적 자들의 박해는 그 "한 분"을 대적하는 것이라는 의미가 성립이 되는 것입니다.

ㄷ "밭가는 자가 내 등에 갈아 그 고랑을 길게 지었도다"(3) 한 묘사는, 마치 채찍에 맞아 등이 밭고랑처럼 갈라진 상태를 연상하게 되는데 성경은, "그가 징계를 받음으로 우리가 평화를 누리고 그가 채찍에 맞음으로 우리가 나음을 입었도다"(사 53:5) 하고 말씀합니다.

또한 그의 군사들도, "어떤 이들은 더 좋은 부활을 얻고자 하여 악형을 받되 구차히 면하지 아니하였으며 또 어떤 이들은 희롱과 채찍질 뿐 아니라 결박과 옥에 갇히는 시험도 받았으며 돌로 치는 것과 톱으로 켜는 것과 시험과 칼에 죽는 것을 당하고"(히 11:35-37) 합니다.

이런 박해가 신약시대에도 계속이 되어 스데반 집사는 돌에 맞아 죽고, 베드로는 팔을 벌리는 죽임을 당하고, 바울에게는, "유대인들에게 사십에 하나 감한 매를 다섯 번 맞았으며 세 번 태장으로 맞고 한 번 돌로 맞음"(고후 11:24-25)으로 문자적으로 당했던 것입니다. 그러나 "나를 이기지 못하였도다", 즉 그들의 신앙 절개를 꺾을 수는 없었다는 것입니다.

③ 이것이 자신들이 잘나서가 아니라, "여호와께서는 의로우사 악인의 줄을 끊으셨도다"(4) 합니다.

㉠ 그렇다면 "악인의 줄을 끊으신" 최대의 사건이 무엇인지 형제는 말해줄 수가 있습니까? 이점을 강림하신 성령께서는 베드로의 입을 통해서, "하나님께서 사망의 고통을 풀어 살리셨으니 이는 그가 사망에게 매여 있을 수 없었음이라"(행 2:24) 하고 증거합니다. 예수 그리스도를 죽은 자 가운데서 살리신 이것이 악인의 줄을 끊으신 최대의 사건이었던 것입니다.

이 승리로 말미암아 우리들에게도, "흑암과 사망의 그늘에서 인도하여 내시고 그 얽은 줄을 끊으셨도다"(107:14) 한 자유가 주어지게 된 것입니다. 이것이 "여호와께서 끊으셨도다"의 의미입니다.

둘째 단원(5-8) 시온을 미워하는 자

④ "무릇 시온을 미워하는 자는 수치를 당하여 물러갈지어다"(5) 합니다.

㉠ 시편과 선지서에는 "시온"이 자주 등장하는데, 1차적으로는 예루살렘을 가리키지만 궁극적으로는, "나의 왕을 내 거룩한 산 시온에 세웠다(2:6), 시온의 딸아 크게 기뻐할지어다 보라 네 왕이 네게 임하나니"(슥 9:9) 하고 그리스도와 결부되어 있는 것을 보게 됩니다. 시편에서 몇 곳을 예를 들면,

㉮ "이스라엘의 구원이 시온에서 나오기를 원하도다"(14:7), ㉯ "시온에서 이스라엘을 구원하여 줄 자 누구인고"(53:6), ㉰ "천지를 지으신 여호와께서 시온에서 네게 복을 주실지어다"(134:3) 합니다.

이런 맥락에서 "시온을 미워하는 자"란 예루살렘을 미워한다는 단순한 뜻이 아니라, 시온에 세워진 성전을 미워한다는 뜻이요, 궁극적으로는 성전의 실체로 오실 "그리스도"를 미워한다는 뜻이 되는 것입니다. 그리고 구속사의 맥락에서 신약의 교회로 적용이 되는 것입니다.

㉡ 6-8절은 시온을 미워하는 자가 받을 화를 말씀함인데 이는 "수치를 당하여 물러갈 지어다"(5)에 대한 상론입니다. "저희는 지붕의 풀과 같을 지어다 그것은 자라기 전에 마르는 것이라 이런 것은 베는 자의 줌과 묶는 자의 품에 차지 아니하나니"(6-7), 즉 잠시 자라는 듯하다가 시들어버릴 뿌리 없는 풀과 같다는 것입니다.

⑤ "이스라엘은 이제 말하기를"(1) 하고 시작한 129편은, "지나가는 자도 여호와의 복이 너희에게 있을지어다 하거나 우리가 여호와의 이름으로 너희에게 축복한다 하지 아니 하느니라"(8) 하는 완곡한 표현으로 마치고 있습니다.

㉠ "여호와의 복이 너희에게 있을지어다" 하지 않으리라는 말은, "시온을 미워하는 자"는 복만 받지 못하는 것이 아니라 "화가 있으리라"는 뜻입니다. 그리고 "지나가는 자"도 축복하지 않고, "우리도" 축

복하지 않으리라는 표현을 통해서 철저하게 버림을 당하게 되리라는 점을 나타내는 것입니다. 이것이 "시온을 미워하는 자가 받을 화"입니다.

적용

예수를 믿으면 만사가 형통할 것 같이 말하는 사람들이 있으나, "나의 소시부터 여러 번 나를 괴롭게 하였다"는 것은 하나님의 자녀들에게도 적용이 되는 것입니다. "우리가 하나님 나라에 들어가려면 많은 환난을 겪어야 할 것이라"(행 14:22) 하십니다. 그러나 "나를 이기지 못하였다"는 점도 더욱 확고한 결론인 것입니다. 반면 시온을 미워하는 자, 즉 그리스도를 배척하고 그의 제자들을 박해하는 자가 받을 화도 분명한 것입니다.

묵상

㉠ "소시부터 나를 괴롭게 하였도다" 한 구속사적 의미에 대해서,

㉡ "여호와께서 끊으셨도다" 한 보호하심에 대해서,

㉢ "시온을 미워하는 자"라는 구속사적 의미에 대해서.

시편 130편 개관도표
구속자를 바라고 기다림

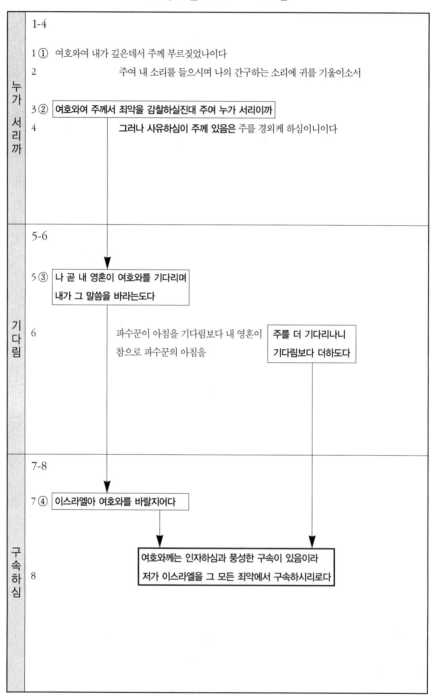

누가 서리까

1-4

1 ① 여호와여 내가 깊은데서 주께 부르짖었나이다

2   주여 내 소리를 들으시며 나의 간구하는 소리에 귀를 기울이소서

3 ② 여호와여 주께서 죄악을 감찰하실진대 주여 누가 서리이까

4   그러나 사유하심이 주께 있음은 주를 경외케 하심이니이다

기다림

5-6

5 ③ 나 곧 내 영혼이 여호와를 기다리며
       내가 그 말씀을 바라는도다

6   파수꾼이 아침을 기다림보다 내 영혼이   주를 더 기다리나니
        참으로 파수꾼의 아침을   기다림보다 더하도다

구속하심

7-8

7 ④ 이스라엘아 여호와를 바랄지어다

        여호와께는 인자하심과 풍성한 구속이 있음이라
8   저가 이스라엘을 그 모든 죄악에서 구속하시리로다

130편
구속자를 바라고 기다림

이스라엘아 여호와를 바랄 지어다 여호와께는 인자하심과 풍성한 구속이 있음이
라(시 130:7).

130편은 본질적인 문제를 제기하고 있는데 그것은 하나님 존전에,
"누가 설 수가 있느냐"(첫째 단원) 하는 문제입니다. 답변은 "그 모든
죄악에서 구속하시리로다"(셋째 단원) 한 "구속"으로 만이 가능하여
진다는 것입니다. 그래서 중심점은 4번 등장하는 "기다림", 즉 구속자
를 기다린다(둘째 단원)는데 있습니다. 그렇다면 "그 모든 죄악에서
구속하시리로다" 하는 구속이 누구의 무엇으로 가능하여진단 말인가?

첫째 단원(1-4) 죄인이 누가 서리이까
둘째 단원(5-6) 기다리며 말씀을 바라는도다
셋째 단원(7-8) 모든 죄악에서 구속하시리로다

첫째 단원(1-4) 죄인이 누가 서리이까

① "여호와여 내가 깊은데서 주께 부르짖었나이다"(1) 합니다.
㉠ "깊은 데서"라는 표현은 문자적인 의미가 아니라 상징성이 있

다 하겠는데, 문맥적인 의미는 견디기 어려운 시련을 가리키는 것보다는, "죄악"(3)으로 말미암아 깊은 정죄감에 빠져있는 상태를 가리킵니다. 이점이 짧은 본문 안에 "구속, 사유함"이 세 번이나 등장하는 것이 말해줍니다.

그러니까 바울이 로마서에서, "오호라 나는 곤고한 사람이로다 이 사망의 몸에서 누가 나를 건져 내랴"(롬 7:24) 한 절규도 "깊은 데서의 부르짖음"이라 할 수가 있습니다. 그러므로 130편은 죄악으로 말미암아 하나님께로부터 단절이 되어 음부에 떨어지게 된 죄인의 부르짖음이라 할 수가 있습니다.

ⓛ 그래서 "주여 내 소리를 들으시며 나의 간구하는 소리에 귀를 기울이소서"(2) 하고 호소하는 것입니다.

② "여호와여 주께서 죄악을 감찰하실진대 주여 누가 서리이까"(3) 합니다.

㉠ 이 진술 속에는 두 가지 뜻이 함의되어 있는데,

㉮ 죄가 없는 자는 한 사람도 없다는 것과, ㉯ 그러므로 하나님 앞에 설 수 있는 자는 아무도 없다는 것입니다. 즉 자력구원의 불가능성입니다.

ⓛ 성경은 문제가 발생했기 때문에 주어진 것인데, "누가 서리이까"에 대한 해답인 셈입니다.

㉮ 이점을 사도 베드로는 "하나님의 집에서 심판을 시작할 때가 되었나니 만일 우리에게 먼저 하면 하나님의 복음을 순종치 아니하는 자들의 그 마지막이 어떠하며 또 의인이 겨우 구원을 얻으면 경건치 아니한 자와 죄인이 어디 서리요"(벧전 4:17-18) 합니다. ㉯ 계시록에서는 "산과 바위에게 이르되 우리 위에 떨어져 보좌에 앉으신 이의

낮에서와 어린양의 진노에서 우리를 가리우라 그들의 진노의 큰 날이 이르렀으니 누가 능히 서리요"(계 6:16-17) 합니다.

"누가 능히 서리요" 하는 부르짖음에 대해서, "큰 소리로 외쳐 가로되 구원하심이 보좌에 앉으신 우리 하나님과 어린양에게 있도다"(계 6:17; 7:10) 하고 대답합니다. 복음이란 "누가 서리이까"에 대한 답변인 것입니다.

ⓒ 본문에서도 "그러나 사유하심이 주께 있음은 주를 경외케 하심이니이다"(4) 합니다. 이점에서 간과해서는 아니 되는 것은, "사유하심"이 그냥 되어지는 것이 아니라는 점입니다. 그러면 어떻게 가능하여지는가? 만일 "사유하심이 주께 있음이라" 하고 끝인다면, 복음은 필요 없는 것이 되고 그리스도의 죽음을 헛된 것으로 만드는 것이 된다는 점을 명심해야만 합니다. 그래서 본문에는 "구속"이라는 말이 두 번(7, 8)이나 등장하는데,

㉮ 이점을 이사야 선지자는 "우리는 다 양 같아서 그릇 행하여 각기 제 길로 갔거늘 여호와께서는 우리 무리의 죄악을 그에게 담당시키셨도다"(사 53:6) 하고 말씀하고, ㉯ 신약성경에서는, "그리스도 예수 안에 있는 구속으로 말미암아 하나님의 은혜로 값없이 의롭다 하심을 얻은 자 되었느니라"(롬 3:24) 합니다.

그러므로 구약의 성도들은 시온에서 나오게 될 구원자(14:7; 53:6)를, "파수꾼이 아침을 기다림보다 더 기다리나니"(6) 한, 기다리는 사람들이었던 것입니다.

둘째 단원(5-6) 기다리며 말씀을 바라는도다

③ 그러므로 "나 곧 내 영혼이 여호와를 기다리며 내가 그 말씀을

303

바라는도다"(5) 합니다.

㉠ 둘째 단원의 핵심어는 두 절 속에 4번이나 등장하는 "기다림"에 있습니다. 5절은 세 마디로 되어 있는데,

㉮ 첫째는 "나 곧 내 영혼이" 하는 진술입니다. 시편 기자는 어찌하여 "나"라고 말했다가 이내 "곧 내 영혼"이라고 고쳐 말하고 있는가? ㉯ 이어지는 "여호와를 기다리며" 하는 것이 육신적인 "기다림"이 아니라 영에 속한 기다림임을 드러내기 위해서인 것입니다. 이 기다림에 대한 상론이 6절인데, 거기서 좀 더 말씀을 드리도록 하고, ㉰ 셋째는 "그 말씀을 바라는도다" 합니다. 기다림이 기약(期約)이 없는 막연한 기다림이 아니라, 주의 "말씀", 즉 언약으로 주어졌고, 그 언약을 믿는 기다림이라는 것입니다.

그러면 "주의 말씀", 즉 언약이 무엇인가? "그는 그 언약 곧 천대에 명하신 말씀을 영원히 기억하셨으니 이것은 아브라함에게 하신 언약이며 이삭에게 하신 맹세며 야곱에게 세우신 율례 곧 이스라엘에게 하신 영영한 언약"(105:8-10)인 것입니다.

㉡ 이 언약을 믿는 자는, "파수꾼이 아침을 기다림보다 내 영혼이 주를 더 기다리나니 참으로 파수꾼의 아침을 기다림보다 더 하도다"(6) 합니다.

㉮ "파수꾼이 아침을 기다림보다"라는 말을 재차 하는 것은 간절하고 절박함을 나타내는 표현인데, "하나님의 날이 임하기를 바라보고 간절히 사모하라"(벧후 3:12)는 그런 뜻입니다. ㉯ 또한 "아침을 기다린다"는 데는 더욱 신령한 뜻이 있다 하겠습니다. 구약시대란 "흑암에 행하던 백성이 큰 빛을 보고 사망의 그늘진 땅에 거하던 자에게 빛이 비춰도다"(사 9:2) 한 시온의 영광이 빛나는 아침을 기다리는 밤의 시간이라 할 수가 있기 때문입니다.

이사야 21장에는, "파수꾼이여 밤이 어떻게 되었느뇨 파수꾼이여 밤이 어떻게 되었느뇨" 하고 묻는 말이 있습니다. "파수꾼이 가로되 아침이 오나니 밤도 오리라"(사 21:11-12) 하고 대답합니다. 무슨 뜻인가? 기다리고 사모하는 자들에게 임하는 "아침"이, 멸망하는 자들에게는 "밤"이 될 것이라는 뜻입니다.

셋째 단원(7-8) 모든 죄악에서 구속하시리로다

④ "이스라엘아 여호와를 바랄지어다"(7상) 합니다.

㉠ 셋째 단원은 기다리는 목적을 말씀함인데, "여호와께는 인자하심과 풍성한 구속이 있음이라"(7하) 합니다. 이는 두 마디로 되어 있는데,

㉮ 첫째는 여호와를 바라고 기다리는 목적이 "구속"에 있다는 것이고, ㉯ 둘째는 "구속"하여주시기를 바라는 것은 자격이나 공로가 있어서가 아니라 하나님의, "인자"에 근거한다는 말씀입니다.

㉡ 그리하여 "내가 깊은 데서 부르짖는다"(1) 하고 시작한 130편은, "저가 이스라엘을 그 모든 죄악에서 구속하시리로다"(8) 하는 소망으로 마치고 있습니다.

이점에서 "죄악에서 구속하시리로다" 한 말씀 속에 함의되어 있는 복음을 말씀드려야만 하겠습니다.

㉮ 복음은 우리의 죄만을 사하여주셨다는 것이 아닙니다. 그 상태로는 "누가 서리이까"(3)에 대한 온전한 해답이 되지 못하는 것입니다. 왜냐하면 우리는 구원을 얻은 후에도 "나의 의"로는 하나님 앞에 설 수가 없기 때문입니다. ㉯ 그러므로 복음은, "의롭다 하심을 얻은 자 되었느니라" 까지 나아가야만 하는 것입니다. 이점을 사도 바울은,

"하나님이 죄를 알지도 못하신 자로 우리를 대신하여 죄를 삼으신 것은 우리로 하여금 저의 안에서 하나님의 의가 되게 하려 하심이니라" (고후 5:21) 하고 말씀합니다.

ⓒ 그러므로 "누가 서리이까"에 대한 해답은 "사유하심"으로만은 족하지가 못한 것입니다. "구속으로 말미암아 하나님의 은혜로 값없이 의롭다 하심을 얻은 자 되었느니라" 한 칭의만이 우리를 하나님 앞에 서게 할 수가 있는 것입니다.

이를 알았기에 델리취는 130편은 사도 바울이 목숨을 내걸고 증거한 바울적인 복음을 담고 있다고 말했던 것입니다.

ⓔ 이에 대한 예표가 스가랴 3장에 나옵니다. 대제사장 여호수아가 사탄에게 대적을 당하고 있는데, 원인은 더러운 옷을 입고 있기 때문입니다.

㉮ 하나님께서는 "그 더러운 옷을 벗기라" 하십니다. ㉯ 그런데 벗기기만 한 것이 아니라, "네게 아름다운 옷을 입히리라" 하십니다. 그래서 하나님 앞에 설 수가 있는 것입니다. ㉰ 그러자 대적하던 사탄은 물러가고 "여호와의 사자는 곁에 섰더라"(슥 3:3-5), 즉 천사가 수종을 들게 되었다고 말씀합니다.

누가복음 2장에서는 "구속"을 바라고 기다리는 사람들을 만날 수가 있는데 시므온을 가리켜, "의롭고 경건하여 이스라엘의 위로를 기다리는 자라"(눅 2:25) 하고, 아기 예수님을 만난 안나는 "예루살렘의 구속됨을 바라는 모든 사람에게 이 아기에 대하여 말하니라"(눅 2:38) 합니다.

ⓔ 십자가를 지시기 위하여 예루살렘으로 올라가시는 주님께서는, "허리에 띠를 띠고 등불을 켜고 서 있으라 너희는 마치 그 주인이 혼

인 집에서 돌아와 문을 두드리면 곧 열어주려고 기다리는 사람과 같이 되라"(눅 12:35-36) 하고 말씀하십니다.

신약의 성도들도 바라고 기다린다는 점에서는 구약의 성도들과 동일합니다. 다른 점은 재림으로 완성하실 "우리 몸의 구속을 기다리는"(롬 8:23) 것이 다를 뿐입니다. 이것이 언약을 믿고 "기다리는" 사람들입니다.

적용

형제도 깊은 데서 부르짖은 때가 있으시겠지요, 그러다가 예수 그리스도를 만나 구속 곧 죄 사함과 의롭다함을 얻으셨습니까? 묻습니다. 형제가 하나님 앞에 섰을 때에, "네가 무슨 자격으로 여기에 왔느냐" 하고 물으신다면 무엇이라 대답을 하시겠습니까?

주님 당시의 유대인들은 바라고 기다리고 있었으면서도, "구속자"가 오셨을 때에 영접치 못했다는 것은 우리의 경계가 됩니다. 가장 중요한 원인은 지도자들이 말씀을 곡해했기 때문입니다. 형제여, 우리도 "허리에 띠를 띠고 등불을 켜고 서 있는" 자세로 기다리십시다.

묵상

㉠ "깊은 데"라고 표현한 영적 상태에 대해서,

㉡ 아침을 기다리는 파수꾼과 같다는 의미에 대해서,

㉢ "누가 서리이까"에 대한 답변이 무엇인가에 대해서.

젖 뗀 아이와 같은 사모하는 마음

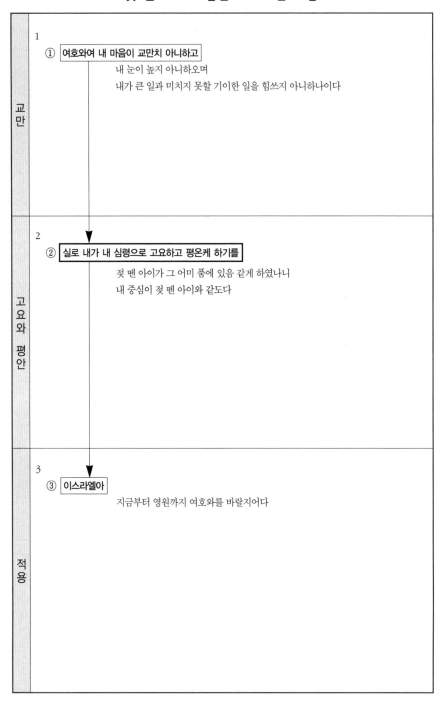

교만

1

① 여호와여 내 마음이 교만치 아니하고

　　내 눈이 높지 아니하오며

　　내가 큰 일과 미치지 못할 기이한 일을 힘쓰지 아니하나이다

고요와 평안

2

② 실로 내가 내 심령으로 고요하고 평온케 하기를

　　젖 뗀 아이가 그 어미 품에 있음 같게 하였나니

　　내 중심이 젖 뗀 아이와 같도다

적용

3

③ 이스라엘아

　　지금부터 영원까지 여호와를 바랄지어다

131편
젖 뗀 아이와 같은 사모하는 마음

이스라엘아 지금부터 영원까지 여호와를 바랄지어다(시 131:3).

131편에는 다윗의 시라는 표제가 있습니다. 비록 세 절에 불과하지만 다윗의 경건 성을 엿보게 하고, 신앙생활에 있어서 보다 중요한 것이 무엇인가를 일깨워주는 중요한 말씀입니다. 의미를 부각시키기 위해서 세 단원으로 나누었는데, 첫째 단원은 "신앙인격"을, 둘째 단원은 "심령상태"를 말씀해주고 있는데, 셋째 단원에 이르러서는 "이스라엘아" 하고 하나님의 백성 모두에게 적용을 시키고 있습니다.

첫째 단원(1) 교만치 아니함
둘째 단원(2) 젖 뗀 아이 같은 심령
셋째 단원(3) 여호와를 바랄지어다

첫째 단원(1) 교만치 아니함

① 첫째 단원은 신앙인격에 대한 진술입니다. 첫 마디가 "여호와여" 합니다. 그리고 131편은 "여호와를 바랄지어다"(3) 하고 마치는 구조인데 이것이 하나님 중심입니다.

309

㉠ "여호와여" 한 후에 첫 고백이, "내 마음이 교만치 아니하고" 합니다. 잠언은, "교만은 패망의 선봉이요 거만한 마음은 넘어짐의 앞잡이니라(잠 16:18), 사람의 마음의 교만은 멸망의 선봉이요 겸손은 존귀의 앞잡이니라"(잠 18:12) 하고 경계합니다.

"교만"을 신약성경에서는 "이는 아무 육체라도 하나님 앞에서 자랑하지 못하게 하려 하심이라"(고전 1:29) 하고, "자랑"이라 말씀합니다. 그래서 자랑할 것이 없는 세상의 "미련한 것들, 약한 것들, 천한 것들, 멸시받는 것들, 없는 것들"(고전 1:27-28)을 들어 쓰신다고 말씀합니다.

"자랑"을 대수롭지 않게 여기는 경향이 있으나 이것이 교만이요, 하나님 앞에서는 치명적인 병인 것입니다. 왜냐하면 하나님의 "은혜"를 무가치한 것으로 여기는 것이 되기 때문입니다. 그래서 "너희가 그 은혜를 인하여 믿음으로 말미암아 구원을 얻었나니 이것이 너희에게서 난 것이 아니요 하나님의 선물이라 행위에서 난 것이 아니니 이는 누구든지 자랑치 못하게 함이니라"(엡 2:8-9) 하고 말씀합니다.

㉡ 다윗은 먼저 내 마음이 교만치 아니하며" 하고, "마음"을 언급한 후에, "내 눈이 높지 아니하오며"(1중) 하고, "눈"을 말합니다. 이점을 욥기에서는, "언제, 내 마음이 내 눈을 따라갔던가"(욥 31:7) 하고 말씀합니다. "무릇 지킬 만한 것보다 더욱 네 마음을 지키라 생명의 근원이 이에서 남이니라"(잠 4:23) 말씀하는데, 마음이 눈을 따라가지 않는 사람이 있다면 그는 진정 경건한 사람이라 하겠습니다.

㉢ 그런 후에 "내가 큰일과 미치지 못할 기이한 일을 힘쓰지 아니하나이다"(1하) 하고, "행위"를 언급합니다. "마음, 눈, 행위"로 나아가는 구조인데 이점이 하와가 타락할 때에, "여자가 그 나무를 본즉 먹음직도 하고 보암직도 하고 지혜롭게 할 만큼 탐스럽기도 한 나무

인지라 여자가 그 실과를 따먹고"(창 3:6) 하고, 이런 순서로 작동하는 것을 보게 됩니다.

ⓒ 다윗도 교만한 마음이 고개를 처든 때가 있었습니다.

㉮ "내가 형통할 때에 말하기를 영영히 요동치 아니하리라 하였도다"(30:6), 즉 하나님의 은혜임을 망각하고 우쭐거리자, "주의 얼굴을 가리우시매 내가 근심하였나이다"(30:7) 합니다. ㉯ 자신을 과시하기 위해서 군사력을 조사하였을 때에, "하나님이 이 일을 괘씸히 여기사 이스라엘을 치시매" 합니다. 그러자 다윗은 "종의 죄를 사하여 주옵소서 내가 심히 미련하게 행하였나이다"(대상 21:7, 8) 하고 자복합니다.

"마음이 교만치 아니함, 눈이 높지 아니함, 미치지 못할 큰일을 힘쓰지 아니함". 여기에 자신의 무능을 깨닫고 하나님만을 신뢰하는 신앙인격이 나타납니다.

둘째 단원(2) 젖 뗀 아이 같은 심령

② "실로 내가 내 심령으로 고요하고 평온케 하기를"(2상) 합니다.

2절은 1절에서 말씀한 "교만치 아니함, 눈이 높지 아니함"을 한 폭의 그림으로 보여주고 있는 것입니다. 서술적인 설명만으로는 충분히 전달이 되지 못했을까 하여 비유를 들어서 설명하는 것입니다.

㉠ 핵심은 "내 심령" 상태가 어떠하냐에 있습니다.

㉮ 1절 안에는 "큰 일, 기이한 일"이 있는 반면, ㉯ 2절 안에는 "고요와 평온"이 있습니다.

131편의 메시지는 얼마나 "큰 일"을 했느냐 묻고 있는 것이 아니라 자신의 심령이 어떠한 상태에 있는가를 돌아보게 합니다. 이 말씀을 대하는 형제의 느낌이 어떠합니까? 형제의 심령이 "고요하고 평온"

합니까? 내가 잊고 지내던 참으로 귀중한 것이 있구나 하는 생각이 들지 않습니까?

현대교회는 성공, 성장에 급급하다보니, 심령의 "고요와 평안"에 별로 관심을 기울이고 있지 아니합니다. 도리어 "교만하고, 눈이 높고, 큰일, 미치지 못할 기이한 일"을 힘쓰는 경향이 있습니다. 그런 가치관으로는 "고요하고 평온한 심령"은 기대하기 어려운 것입니다. 이것이 무엇과도 바꿀 수 없는 최고의 선물인데도 말입니다.

주님께서는 "사람의 생명이 그 소유의 넉넉한 데 있지 아니 하니라"(눅 12:15) 하십니다. "마음이 교만하고, 눈이 높아, 큰일을 이루었다" 하여도 그 심령에 "고요함과 평안"이 없다면 그것은 "무릇 지킬 만한 것보다 더욱 네 마음을 지키라"(잠 4:23) 한 마음을 잃은 것과 같은 것이 됩니다. 그렇다면 무슨 유익이란 말인가?

ⓛ "내가 내 심령으로 고요하고 평온케 하기를 젖 뗀 아이가 그 어미 품에 있음 같게 하였나니"(2) 합니다. 어찌하여 "어미 품에 안겨 젖을 빠는 아이"라 하지 않고 "젖을 뗀 아이"에다 비하고 있을까?

젖을 떼는 시기는 대개 돌이 지나면 시도되는데, 그러나 젖을 떼는 일이 쉬운 것이 아닙니다. 왜냐하면 첫째는 막무가내로 떨어지지 않으려 하기 때문이요, 둘째는 이를 냉정하게 거절하고 나면 젖을 잃은 어린 아이의 모습이 너무나 가엾어 보이기 때문입니다.

㉮ 그러므로 다윗이 "젖 뗀 아이가 그 어미 품에 있음 같게 하였다" 한 데는 고요하고 평온함만이 아니라, ㉯ 사모하고 그리워하는 마음이 나타나 있습니다. 젖을 빠는 것이 허용되지 아니한다면 만지기만 하겠다, 그것도 용납이 안 된다면 엄마 품에 안겨 있는 것만으로 만족히 여기겠다는 젖 뗀 아이의 애절함이 나타나 있기 때문입니다.

그래서 "내 중심이 젖 뗀 아이와 같도다"(2하) 하는 것이 아니겠는가? 이 대목은 주님께서, "너희가 돌이켜 어린아이들과 같이 되지 아니하면 결단코 천국에 들어가지 못하리라"(마 18:3) 하신 말씀을 상기하게 합니다.

주님께서 말씀하신 팔복의 사람은 무슨 일을 행한 사람이 아니라, 하나님 앞에 어떠한 사람이 되어야 하는가를 말씀합니다.

심령의 가난함을 깨닫고,

애통해하는 사람,

그리하여 온유하고,

의에 주리고 목말라 하는 사람이 복이 있다고 말씀하십니다. 131편이 추구하고 있는 것이 이와 같은 사람입니다.

단 시일 내에 교회를 부흥시킨 성공한 목회자도 많고, 기사이적을 행한다는 능력자도 많고, 기이한 체험을 했노라는 간증자도 많이 있습니다. 그러나 "심령으로 고요하고 평온케 하기를 젖 뗀 아이가 그 어미 품에 있음 같은" 성도를 만나기란 쉬운 일이 아닙니다. 그런 분을 만날 수만 있다면 대화는 하지 않아도 좋으니 옆에 앉아 있는 것만으로 족하겠습니다.

현대교회의 추세는 예배당을 지어도 크게 지어야 하고, 사업을 추진해도 미치지 못할 만큼 저질러야만 믿음이 있는 사람이요, 성공한 것으로 여기고 있지 아니한가? 물론 하나님의 자녀들은 하나님의 일을 힘써야만 마땅합니다. 그러나 보다 우선하는 것이 있음을 잊어서는 아니 될 것입니다. 그것은 하나님 자신입니다. 하나님의 일에 열중하는 것과, 하나님 자신에 열중하는 것은 엄연히 다른 것입니다.

셋째 단원(3) 이스라엘아 여호와를 바랄지어다

③ "이스라엘아 지금부터 영원까지 여호와를 바랄지어다"(3) 합니다. 131편의 중심점이 여기에 있다 하겠습니다.

㉠ 첫째는 다른 시편에서와 마찬가지로 "나"라는 개인으로 출발하였으나 교회, 하나님의 나라로 확대하고 있기 때문이요,

㉡ 이는 1-2절의 말씀이 자신만이 추구해야할 가치관이 아니라 모든 하나님의 백성들이 추구해야할 기본이기 때문입니다.

로마서 5장에는 세 가지 "즐거움"이 있습니다.

㉮ "영광을 바라고 즐거워함"(1)과, ㉯ "환난 중에서도 즐거워함"(3)이 있는데, ㉰ 최고의 즐거움은 "하나님 자신을 즐거워하는"(11) 것입니다. 이것이 "젖 뗀 아이와 같은 사모하는 마음"입니다.

적용

형제의 심령은 "고요하고 편온"합니까? 만일 그렇지 못하다면 하던 일을 내려놓고, "젖 뗀 아이" 같은 심령이 되어서 하나님을 바라야 하지 않겠습니까?

묵상

㉠ 첫 절의 아니 하기를 힘쓴 것에 대해서,

㉡ 어미 품에 있는 젖 뗀 아이의 마음에 대해서,

㉢ 자신의 심령상태에 대해서.

시편 132편 개관도표
변치 아니할 하나님의 언약과 맹세

다윗의 맹세	1-7	
	1 ① 여호와여 다윗을 위하여 그의 모든 근심한 것을 기억하소서	
	2	저가 여호와께 **맹세하며** 야곱의 전능자에게 **서원하기를**
	3	내가 실로 나의 거하는 장막에 들어가지 아니하며 내 침상에 오르지 아니하며
	4	내 눈으로 잠들게 아니하며 내 눈꺼풀로 졸게 아니하기를
	5 ② 여호와의 처소 곧 야곱의 전능자의 성막을 발견하기까지 하리라 하였나이다	
	6	우리가 그것이 에브라다에 있다 함을 들었더니 나무 밭에서 찾았도다
	7	우리가 그의 **성막에** 들어가서 그 발등상 앞에서 경배하리로다
헌당	8-10	
	8 ③ 여호와여 일어나사 주의 권능의 궤와 함께 평안한 곳으로 들어가소서	
	9	주의 제사장들은 의를 입고
		주의 성도들은 즐거이 외칠 지어다
	10	주의 종 다윗을 위하여 주의 기름 받은 자의 얼굴을 물리치지 마옵소서
하나님의 언약과 맹세	11-18	
	11 ④ 여호와께서 다윗에게 성실히 맹세하셨으니 변치 아니하실지라 이르시기를 네 몸의 소생을 네 위에 둘지라	
	12	네 자손이 내 언약과 저희에게 교훈하는 내 증거를 지킬진대
		저희 후손도 영원히 네 위에 앉으리라 하셨도다
	13	⑤ **여호와께서 시온을 택하시고** 자기 거처를 삼고자 하여 이르시기를
	14	이는 나의 영원히 쉴 곳이라 내가 여기 거할 것은 이를 원하였음이로다
	15	내가 이 성의 식료품에 풍족히 복을 주고 양식으로 그 빈민을 만족케 하리로다
	16 ⑥ 내가 그 제사장들에게 구원으로 입히리니 그 성도들은 즐거움으로 외치리로다 17 내가 거기서 다윗에게 뿔이 나게 할 것이라	
		내가 내 기름 부은 자를 위하여 **등을 예비하였도다**
	18 ⑦ 내가 저의 원수에게는 수치로 입히고 저에게는 면류관이 빛나게 하리라 하셨도다	

132편
변치 아니할 하나님의 언약과 맹세

여호와께서 다윗에게 성실히 맹세하셨으니 변치 아니하실 지라 이르시기를 네 몸의 소생을 네 위에 둘지라(시 132:11).

132편의 배경은 "여호와여 일어나사 주의 권능의 궤와 함께 평안한 곳으로 들어가소서"(8) 한 말씀을 근거로 추론할 수가 있는데, 이 말씀이 솔로몬의 성전 봉헌기도(대상 6:41)에 나타나고 있기 때문입니다. 그러니까 132편이 성전을 건축하여 봉헌할 때에 부른 노래라 할 수가 있습니다.

132편에는 다윗의 맹세(2)와, 하나님의 맹세(11)가 있습니다.

㉮ 다윗의 맹세는 성전을 건축하여 법궤를 안치하고자 하는 열망이고, ㉯ 하나님께서 다윗에게 맹세로 세워주신 언약은 그의 자손으로 그리스도를 보내주시겠다는 것입니다. 이 두 가지 맹세는 결국 하나인 것이 됩니다. 왜냐하면 성막 또는 성전은 임마누엘에 대한 모형으로 주어진 것이기 때문입니다.

도표를 보시면 다윗은 "성막을 발견하기까지"는 "침상에 오르지 않겠다" 하고 맹세(첫째 단원)했다는 것입니다. 그런데 솔로몬이 성전을 건축하여 "권능의 궤와 함께 평안한 곳으로 들어가소서"(둘째 단원) 하고 봉헌함으로 아버지 다윗의 소원을 이루어 드린 것입니다.

이런 맥락에서 셋째 단원에서는 "여호와께서 다윗에게 맹세하셨으니 변치 아니하실지라" 하고, 메시아언약도 이루어주실 것을 고백하는 내용으로 되어 있습니다.

첫째 단원(1-7) 성전건축에 대한 다윗의 맹세
둘째 단원(8-10) 성전 봉헌기도
셋째 단원(11-18) 하나님의 언약과 맹세

첫째 단원(1-7) 성전건축에 대한 다윗의 맹세

① "여호와여 다윗을 위하여 그의 모든 근심한 것을 기억하소서" (1) 합니다.

㉠ 다윗이 왕위에 오르자 최우선적으로 행한 것은 그 동안 방치되어 있던 법궤를 운반하여 시온성에 안치한 일입니다. 그리고 성전을 건축하고자 하는 소원을 나타낸 것도 다윗이 처음이요, 역대상에 기록된 대로 다윗은 "성전 터, 설계도(식양), 건축 자재, 기금" 등 만반의 준비를 다 갖추어 솔로몬에게 위임을 하였던 것입니다.

그러므로 성전을 건축하여 봉헌하는 마당에 "여호와여 다윗을 위하여 그의 모든 근심한 것을 기억하소서"(1) 하는 것은 너무나 자연스러운 일이라 하겠습니다.

㉡ "저가 여호와께 맹세하며 야곱의 전능 자에게 서원하기를 내가 실로 나의 거하는 장막에 들어가지 아니하며 내 침상에 오르지 아니하며 내 눈으로 잠들게 아니하며 내 눈꺼풀로 졸게 아니하기를"(2-4),

② "여호와의 처소 곧 야곱의 전능자의 성막을 발견하기까지 하리

라 하였나이다"(5) 합니다.

㉠ 이상의 진술은 다윗이 나단 선지자에게, "볼지어다 나는 백향목 궁에 거하거늘 하나님의 궤는 휘장 가운데 있도다"(삼하 7:2) 한, 송구스럽고 죄송한 심경을 표현한 것으로 볼 수가 있습니다. 다윗의 경건 성으로 미루어 볼 때 문자적으로 그러했으리라 여겨집니다.

㉡ "우리가 그것이 에브라다에 있다 함을 들었더니 나무 밭에서 찾았도다 우리가 그의 성막에 들어가서 그 발등상 앞에서 경배하리로다"(6-7) 하는 것은, "우리가 우리 하나님의 궤를 옮겨오자 사울 때에는 우리가 궤 앞에서 묻지 아니하였느니라" 하고, "기럇여아림에서부터 하나님의 궤를 메어온"(대상 13:3, 4) 일에 대한 진술로 볼 수가 있습니다.

"나무 밭에서 찾았도다"는 말은 블레셋 군에게 빼앗겼던 법궤가 돌아오자 "기럇여아림 사람들이 와서 여호와의 궤를 옮겨 산에 사는 아비나답의 집에 들여놓았다"(삼상 7:10)는 말씀에서 그 뜻을 발견할 수가 있습니다.

㉢ 첫째 단원을 이쯤에서 마칠 수는 없다는 미흡한 마음이 듭니다. 왜냐하면 2-5절에 나타난 다윗의 간절함이 너무나 절실하기 때문입니다. "성막을 발견하기까지"는, "나의 거하는 장막에 들어가지 아니하며 내 침상에 오르지 아니하며 내 눈으로 잠들게 아니하며 내 눈꺼풀로 졸게 아니 하겠다"(3-5) 하고, 백방으로 찾아 헤매듯이 표현하고 있는데, 그러면 다윗과 당시의 백성들은 법궤가 기럇여아림에 있다는 사실을 몰랐단 말인가?

다윗은 지금 사울에게 쫓기고 있는 신세가 아니라 법궤를 메어오려면 용이하게 옮겨올 수 있는 지위에 있는 왕입니다. 그런데 이처럼 비장하리만치 "맹세와 서원"을 하고 있는 의중이 무엇인가 하는 미심적음이 남았기 때문입니다.

ⓔ 그러므로 성막에 대한 다윗의 열망은, "여호와께서 다윗에게 성실히 맹세하셨으니"(11) 한 메시아언약과 결부해서 해석이 되어야 마땅합니다. 그래야만 성령께서 본문을 통하여 드러내기를 원하시는 신령한 의미를 깨달을 수가 있다 하겠습니다.

왜냐하면 다윗을 감동하여 본문을 기록케 하신 성령께서는 오순절에 강림하셔서 베드로의 입을 의탁하여 다윗을 가리켜, "그는 선지자라 하나님이 이미 맹세하사 그 자손 중에서 한 사람을 그 위에 앉게 하리라 하심을 알고 미리 보는 고로 그리스도의 부활하심을 말하되"(행 2:30-31) 하고 증거하고 있기 때문입니다.

㉮ 다윗은 69:9절에서도, "주의 집을 위하는 열성이 나를 삼키고" 하고 말씀하는데, 요한복음에서는 주님께서 성전을 정화하시자, "제자들이 성경 말씀에 주의 전을 사모하는 열심이 나를 삼키리라 한 것을 기억하더라"(요 2:17) 하고, 주님과 결부를 시키고 있습니다. ㉯ 그런데 132편에는 "주의 집을 위하는 열성"이 더욱 구체적으로 나타나 있는 것입니다. 이런 맥락으로 볼 때에 첫째로 다윗의 열망은, "주의 집" 곧 하나님의 나라를 위한 그리스도의 열성(히 3:6)에 대한 예표라 할 수가 있습니다. ㉰ 둘째로 다윗이 "성막을 발견하기까지"는, "나의 거하는 장막에 들어가지 아니하며 내 침상에 오르지 아니하며 내 눈으로 잠들게 아니하며 내 눈꺼풀로 졸게 아니 하겠다"(3-5)는 열성은 모형인 성막이 아니라 실체(實體)가 되시는 그리스도에 대한 열망으로 보아야 할 것입니다.

이점을 셋째 단원에서 확증하게 될 것입니다.

둘째 단원(8-10) 성전 봉헌기도

③ "여호와여 일어나사 주의 권능의 궤와 함께 평안한 곳으로 들어가소서"(8) 합니다.

㉠ 이점에서 주목하게 되는 것은 8-10절이 솔로몬이 성전을 건축하고, "여호와 하나님이여 일어나 들어가사 주의 능력의 궤와 함께 주의 평안한 처소에 계시옵소서"(대하 6:41) 한 봉헌기도의 결론 부분과 일치한다는 점입니다.

그렇다면 둘째 단원은 다윗이 그토록 원하고 사모했던 성전을 솔로몬이 건축하여 봉헌하는 기도를 드리는 장면으로 볼 수가 있습니다.

㉡ "주의 제사장들은 의를 입고 주의 성도들은 즐거이 외칠 지어다"(9) 하는데 솔로몬도, "여호와 하나님이여 원컨대 주의 제사장으로 구원을 입게 하시고 또 주의 성도로 은혜를 기뻐하게 하소서"(대하 6:41하) 하고 간구하고,

㉢ 본문은 "주의 종 다윗을 위하여 주의 기름 받은 자의 얼굴을 물리치지 마옵소서"(10) 하는데 솔로몬도, "여호와 하나님이여 주의 기름부음 받은 자에게서 얼굴을 돌이키지 마옵시고 주의 종 다윗에게 베푸신 은총을 기억하옵소서"(대하 7:42) 하는 기도로 마치고 있는 것입니다.

㉣ 이점에서 특히 9절을 음미해보아야만 합니다. 이는 두 마디로 되어 있는데,

㉮ 첫째는 "주의 제사장들은 의를 입고" 한 말씀입니다. 이점을 16절에서는 "제사장들에게 구원을 입히리니" 합니다. 그렇다면 제사장들에게 입혀주시겠다는 "의"는 의롭다고 여겨주시는 칭의의 옷이 되는 것입니다.

이점이 스가랴 3장에 나타나는데 대제사장 여호수아가 사탄의 대적을 당하고 있는데 왜냐하면 더러운 옷을 입고 있기 때문입니다. 그런데 하나님께서는 "그 더러운 옷을 벗기라, 내가 네 죄과를 제하여 버렸으니 네게 아름다운 옷을 입히리라"(슥 3:4) 하십니다. 이 아름다운 옷이 "의의 옷"인 것입니다. 이 "의를 입고"라는 말씀은, "저의 원수에게는 수치로 입히고"(18) 한 말씀과 예리하게 대조가 됩니다. ㉯ 둘째는 "주의 성도들은 즐거이 외칠 지어다"한 말씀인데, 역대하에서는 "주의 성도로 은혜를 기뻐하게 하소서"합니다. 왜냐하면 "의의 옷"을 입혀주신다는 것이 복음이요 은혜이기 때문입니다.

그렇다면 솔로몬은 성전 봉헌기도 결론을, 아버지 다윗에게 세워주신 메시아언약을 이루어주시기를 구하는 것으로 마친 것이 됩니다. 이점이 이어지는 말씀에 나타납니다.

셋째 단원(11-18) 하나님의 언약과 맹세

④ "여호와께서 다윗에게 성실히 맹세하셨으니 변치 아니하실 지라"(11상) 합니다. 이점을 89:35절에서는 "내가 나의 거룩함으로 한번 맹세하였은즉 다윗에게 거짓을 아니할 것이라"하십니다. 그러면 변치 아니하실 "맹세", 즉 언약이 무엇인가?

㉠ "이르시기를 네 몸의 소생을 네 위에 둘지라 네 자손이 내 언약과 저희에게 교훈하는 내 증거를 지킬진대 저희 후손도 영원히 네 위에 앉으리라 하셨도다"(11하-12) 하신, 메시아언약입니다.

이 언약이 사무엘하 7장에 나오는데, 다윗이 성전건축의 소원을 말하자 주어진 것입니다. 그리고 이 언약이, "아들을 낳으리니 그 이름을 예수라 하라 저가 큰 자가 되고 지극히 높으신 이의 아들이라 일컬을 것이요 주 하나님께서 그 조상 다윗의 위를 저에게 주시리니 영원히 야곱의 집에서 왕 노릇하실 것이며 그 나라가 무궁하리라"(눅 1:31-33) 하고 성취하여주셨던 것입니다.

ⓛ 하나님께서 이 맹세를 얼마나 변개치 아니하셨는가 하면 솔로몬이 우상을 숭배하는 죄를 범했을 때에도, "오직 내가 이 나라를 다 빼앗지 아니하고 나의 종 다윗과 나의 뺀 예루살렘을 위하여 한 지파를 네 아들에게 주리라, 내 종 다윗에게 한 등불이 항상 내 앞에 있게 하리라"(왕상 11:13, 36) 하고, 꺼져가는 등불을 끄지 않으셨던 것입니다.

⑤ "여호와께서 시온을 택하시고 자기 거처를 삼고자 하여 이르시기를 이는 나의 영원히 쉴 곳이라 내가 여기 거할 것은 이를 원하였음이로다"(13-14) 합니다.

㉠ 먼저 "여호와께서 시온을 택하시고 자기 거처를 삼고자 하였다"는 말씀인데 이점을 79편에서는, "실로의 성막 곧 인간에 세우신 장막을 떠나시고, 또 요셉의 장막을 싫어버리시며 에브라임 지파를 택하지 아니하시고"(79:60, 67), "오직 유다 지파와 그 사랑하시는 시온 산을 택하시고"(79:68) 합니다. 즉 에브라임 지파에 분배된 실로에 있던 성막이 유다 지파 시온 산으로 옮겨 왔다는 것입니다. 이는 성막의 실체이신 그리스도께서 유다 지파로 오신다는 점을 나타내고 있는 것입니다.

ⓛ 다음은 "이는 나의 영원히 쉴 곳이라"(14) 하신 뜻입니다.

㉮ 이는 솔로몬이 건축한, ㉯ 예루살렘 성전이 하나님께서 "영원히 쉴 곳"이라는 뜻이 아닙니다.

이는 모형이요, 온전한 성취는 그리스도의 구속으로 말미암아 가능하여지고, 재림하심으로 "이루었도다 나는 알파와 오메가요 처음과 나중이라"(계 21:6) 하고 선언하실 때에 취하시게 될 영원한 안식인 것입니다.

ⓒ 이런 맥락에서, "내가 이 성의 식료품에 풍족히 복을 주고 양식으로 그 빈민을 만족케 하리로다"(15) 하심은 복음시대에 주어질 풍성한 은혜에 대한 구약적인 표현인 것입니다.

⑥ 이점이 "내가 그 제사장들에게 구원으로 입히리니 그 성도들은 즐거움으로 외치리로다"(16),

㉠ "내가 거기서 다윗에게 뿔이 나게 할 것이라 내가 내 기름 부은 자를 위하여 등을 예비하였도다"(17) 한 말씀에 나타납니다.

㉮ "다윗에게 뿔이 나게 할 것이라"는 말씀은, "우리를 위하여 구원의 뿔을 그 종 다윗의 집에 일으키셨으니"(눅 1:69) 하고 성취가 되고, ㉯ "내 기름 부은 자를 위하여 등을 예비하였도다" 한 말씀은, "이로써 돋는 해가 위로부터 우리에게 임하여 어두움과 죽음의 그늘에 앉은 자에게 비취고"(눅 1:78-79) 하고 응하여졌던 것입니다.

⑦ "여호와여 다윗을 위하여 그의 근심한 것을 기억하소서"(1) 하고 시작이 된 132편은, "내가 저의 원수에게는 수치로 입히고 저에게는 면류관이 빛나게 하리라"(18)는 말씀으로 마치고 있습니다.

㉠ 성전 봉헌기도로 알려진 132편에도 "원수"가 등장한다는 점을 유념하시기 바랍니다.

㉮ 이 원수는, "너의 후손도 여자의 후손과 원수가 되게 하리니"(창 3:15) 하신 "원수"요, ㉯ "저에게는 면류관이 빛나게 하리라" 하심은, 사망권세를 이기신 그리스도, "곧 죽음의 고난 받으심을 인하여 영광

과 존귀로 관 쓰신 예수를 보니"(히 2:9)에서 성취될 말씀이요, ㉰ "이
제 후로는 나를 위하여 의의 면류관이 예비되었으므로 주 곧 의로우
신 재판장이 그날에 내게 주실 것이니 내게만 아니라 주의 나타나심
을 사모하는 모든 자에게니라"(딤후 4:8) 하고 적용이 될 말씀입니다.
이것이 "변치 아니할 하나님의 언약과 맹세"입니다.

적용

다윗의 성전 곧 그리스도에 대한 사모함과 갈망은 신약의 성도들
에게도 적용이 됩니다. 다윗의 서원과 맹세는 하나님께서 맹세로 보
증하여주신 언약에 근거한 것입니다. 이제 우리를 영접하러 오시겠다
는 하나 남은 약속을 믿는 자에게는 구약의 성도들보다 더한 열정과
사모함과 헌신이 있어야 하지 않겠습니까?

묵상

㉠ 다윗의 맹세에 대한 구속사적 의미에 대해서,

㉡ 제사장들이 의를 입는다는 구속사적 의미에 대해서,

㉢ 수치로 입히고, 면류관이 빛나게 하리라에 대해서.

영광스러운 교회

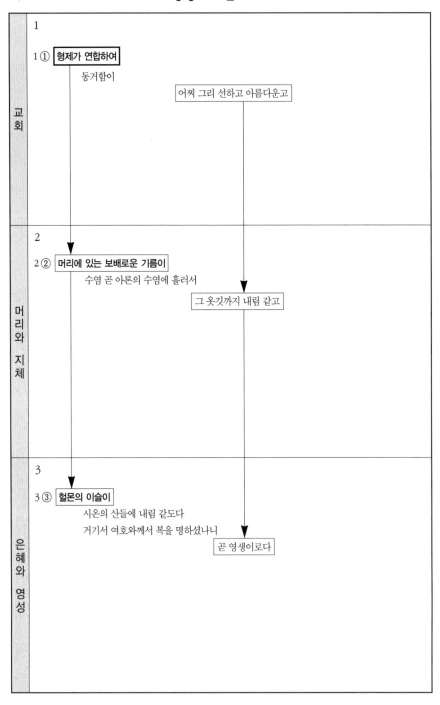

133편
영광스러운 교회

형제가 동거함이 어찌 그리 선하고 아름다운고(시 133:1).

133편에는 "다윗의 시"라는 표제가 있습니다. 역사적인 배경으로 보면 다윗 왕은 "형제가 연합하여 동거"하게 한 왕입니다. 다윗은 처음에 헤브론에서 "유다 지파"의 왕(삼하 2:4)이 되어 7년 6개월을 다스렸습니다. 그 후에 "이스라엘 모든 지파가 헤브론에 이르러" 다윗을 통일왕국의 왕으로 삼았던(삼하 5:1) 것입니다. 그야말로 "형제가 연합(聯合)하여 동거"하게 된 것입니다.

133편은 이를 예표로 한 구약성경에 나타난 "교회론"이라 할 수가 있습니다. 본문에서는 "어찌 그리 선하고 아름다운고" 하고 예찬하는데 사도 바울은, "자기 앞에 영광(榮光)스러운 교회로 세우사 티나 주름잡힌 것이나 이런 것들이 없이 거룩하고 흠이 없게 하려 하심이니라"(엡 5:27) 하고 말씀합니다.

본문은 비록 세 절에 불과하지만 영광스러움으로 가득합니다. 도표에 표시된 대로 첫 절은 영광스러운 교회에 대한 명제(命題)요, 2절은 교회의 영광스러움을 "머리와 지체"의 관계로 설명하고, 3절은 교회의 영광스러움을 영생의 복으로 설명을 합니다.

첫째 단원(1) 선하고 아름다운 교회

① "형제가 연합하여 동거함이"(1상) 합니다.

㉠ 이것이 교회 공동체(共同體)입니다. "연합하여" 하는데,

㉮ 하나님께서는 먼저 아담 한 개인을 지으셨습니다. ㉯ 그 후에 "돕는 배필을 지으리라"(창 2:18) 하고 아담으로부터 하와를 지으셔서, "그 아내와 연합하여 둘이 한 몸을 이룰 지니라"(창 2:24) 하고, 가정을 이루게 하시고, ㉰ "생육하고 번성하여 땅에 충만하라"(창 1:28) 하심으로 공동체를 이루게 하신 것입니다.

㉡ 이점을 교회 론이 중심주제인 에베소서에서는,

㉮ "이러므로 사람이 부모를 떠나 그 아내와 합하여 그 둘이 한 육체가 될지니 이 비밀이 크도다 내가 그리스도와 교회에 대하여 말하노라"(엡 5:31-32), ㉯ "교회는 그의 몸이니 만물 안에서 만물을 충만케 하시는 자의 충만이니라"(엡 1:23), ㉰ "그의 안에서 건물마다 서로 연결하여 주 안에서 성전이 되어가고 너희도 성령 안에서 하나님의 거하실 처소가 되기 위하여 예수 안에서 함께 지어져 가느니라"(엡 2:21-22) 하고 말씀합니다.

㉢ "어찌 그리 선하고 아름다운고"(1하) 합니다. 이에 대한 설명이 2-3절인데, 이는 첫 창조에 대한 예찬이 아닙니다. 그 점을 이어지는 말씀에서 확인하게 될 것입니다만 이사야서에서는, "여호와를 찬송할 것은 극히 아름다운 일을 하셨음이니 온 세계에 알게 할지어다"

(사 12:5) 하는데, 이것이 "선하고 아름다운" 구속사역인 것입니다.

둘째 단원(2) 머리와 지체의 관계

② "머리에 있는 보배로운 기름이"(2상) 합니다.

㉠ 먼저 생각할 점은 "머리"가 누구의 머리인가 하는 점입니다. 1차적으로는 대제사장인 "아론의 머리"입니다. 그래서 "머리에 있는 보배로운 기름이 수염 곧 아론의 수염에 흘러서" 하고 말씀하는 것입니다. 그런데 성령께서는 기름 부음을 받은 대제사장 아론을 예표로 하여 "그리스도와 교회"의 관계를 말씀하려는 것입니다.

㉡ 대제사장으로 위임할 때는 "또 관유로 아론의 머리에 부어 발라 거룩하게 하고"(레 8:12) 하십니다. 머리에 기름을 붓습니다. 그러면 "기름"이 수염으로 흘러내려 "그 옷깃까지 내림 같고"(2하) 합니다. 즉 몸의 지체들에게까지 흘러내린다는 것입니다.

㉓ 대제사장이 입고 있는 에봇 견대에는 열두 지파의 이름을 새긴 호마노 두 개가 좌우에 있고, 흉패에는 열 두 지파의 이름을 새긴 열두 보석(출 28:12, 21)이 있습니다. 머리에 기름부음을 받았다는 것은 몸에 속한 지체들에게도 부어졌음을 의미합니다. 왜냐하면 "머리와 몸"은 떼어놓을 수가 없는 불가분의 관계이기 때문입니다. ㉔ 이 예표를 통해서 말씀하려는 바가 무엇인가? "그리스도"란 기름 부음을 받은 자라는 뜻입니다. 그리고 "그는 몸인 교회의 머리라"(골 1:18) 하십니다. 그러면 "기름" 곧 성령이 머리에만 머물러 있는 것이 아니라 몸 된 교회의 지체들인 모든 성도들에게까지 임한다는 말씀입니다. 그래서 "그리스도인"이라 하는 것입니다. 그러므로 "누구든지 그리스도의 영이 없으면 그리스도의 사람이 아니라"(롬 8:9) 하는 것입니다.

㉱ 이점을 밝히 드러난 신약성경에서는, "그 (그리스도) 안에는 신성의 모든 충만이 육체로 거하시고 너희도 그 안에서 충만하여졌으니"(골 2:9-10) 합니다. 이것이 "머리와 지체의 관계"입니다.

셋째 단원(3) 거기서 영생의 복을 주심

③ "헐몬의 이슬이 시온의 산들에 내림 같도다"(3상) 합니다.

㉠ "헐몬 산"은 팔레스타인의 북쪽에 있는 제일 높은 산인데 2절에서 말씀한 "머리"되시는 그리스도를 헐몬 산으로 표현하고 있는 것입니다. 헐몬 산 아래로는 작은 산들이 올망졸망 있습니다. 이것을 "시온의 산들", 즉 교회들로 나타내고 있는 것입니다.

헐몬 산 정상에 있는 만년설로 인하여 비가 적은 팔레스타인 지방에 내리는 이슬이 풍부하다고 합니다. 2절의 "기름"이 성령을 상징하듯이 3절의 "이슬"은, "내가 이스라엘에게 이슬과 같으리니 저가 백합화같이 피겠고"(호 14:5) 한 은혜를 상징합니다.

이점을 이사야서에서는, "주의 죽은 자들은 살아나고 우리의 시체들은 일어나리이다 티끌에 거하는 자들아 너희는 깨어 노래하라 주의 이슬은 빛난 이슬이니 땅이 죽은 자를 내어 놓으리로다"(사 26:19) 합니다.

광야교회 40년 동안, "밤에 이슬이 진에 내릴 때에 만나도 같이 내렸더라"(민 11:9) 하심 같이, 헐몬 산으로 상징된 그리스도로부터 임하는 은혜가 시온의 산들 곧 "교회"에 임한다는 말씀입니다.

㉡ 그래서 "형제가 연합하여 동거함이 어찌 그리 선하고 아름다운고"(1) 하고 시작한 133편은, "거기서 여호와께서 복을 명하셨나니 곧 영생이로다"(3하) 하는 결론에 도달하게 되는 것입니다. 얼마나 분명

한 계시인가? 133편의 핵심이 여기에 있는 것입니다.

"영생(永生)이로다" 하는데 영생이, "아론의 머리 기름으로, 헐몬의 이슬"로 가능해지는 것이 아닙니다. "하나님이 세상을 이처럼 사랑하사 독생자를 주셨으니 이는 저를 믿는 자마다 멸망치 않고 영생을 얻게 하려 하심이니라"(요 3:16) 하신 예수 그리스도의 구속으로만이 가능하여지는 것입니다. 이것이 영광스러운 교회요, "거기서 영생의 복을 주심"입니다.

적용

본문은 모두가 하나님께서 행해주신 일들입니다. 그렇다면 우리가 힘써야할 일은 분명해지는 것입니다. 하나님께서 자기 아들을 통해서 이루어주신 "선하고 아름다움"에 손상을 입히지 않는 일입니다. "평안의 매는 줄로 성령의 하나 되게 하신 것을 힘써 지키는"(엡 4:3) 일입니다.

한마디로 "너희 몸이 그리스도의 지체인 줄을 알지 못하느냐"(고전 6:15) 한 정체성을 망각하지 않는 일입니다. 그리고 이를 찬양하며 전파하는 일입니다.

묵상

㉠ 선하고 아름다운 교회에 대해서,

㉡ 머리와 지체의 관계에 대해서,

㉢ 은혜로 말미암은 영생의 복에 대해서.

시편 134편 개관도표
기다리는 사람들

기다림	1-2	
	1	① 밤에 여호와의 집에 섰는 **여호와의 모든 종들아 여호와를 송축하라**
	2	② 성소를 향하여 너희 손을 들고 여호와를 송축하라
축복	3	
	3	③ 천지를 지으신 여호와께서 **시온에서 네게 복을 주실지어다**

134편
기다리는 사람들

천지를 지으신 여호와께서 시온에서 네게 복을 주실지어다(시 134:3).

134편은 매우 단순한 내용이지만, 담고 있는 의미는 심장(深長)한 것입니다. 내용은 모든 사람들이 잠을 자는 밤에 깨어 성전에서 여호와를 섬기고 있는 "여호와의 종들"을 축복하는 것으로 되어 있습니다. 그러나 여기에 함축된 구속사적 의미는 실로 풍성합니다.

"밤에 여호와의 집에 섰는 여호와의 종들"은 누구며, 무엇을 위해서 불침번(첫째 단원)을 서고 있는가? 그들에게 "여호와께서 시온에서 주실 복"(둘째 단원)이 무엇인가?

첫째 단원(1-2) 밤에 여호와의 집에 섰는 종들
둘째 단원(3) 시온에서 네게 복을 주실지어다

첫째 단원(1-2) 밤에 여호와의 집에 섰는 종들

① "밤에 여호와의 집에 섰는 여호와의 모든 종들아 여호와를 송축하라"(1) 합니다.

㉠ 우선적으로 "밤에 여호와의 집에 섰는 여호와의 모든 종들"이 누군가 하는 점입니다. 이들은 제사장들이 분명합니다.

㉡ 그러면 제사장들은 밤에 여호와의 전에서 무엇을 하고 있는가 하는 점입니다.

㉮ 첫째로 "아론은 회막 안 증거궤 장 밖에서 저녁부터 아침까지 여호와 앞에 항상 등잔불을 정리할지니 너희 대대로 지킬 여호와의 규례라 그가 여호와 앞에 순결한 등대 위의 등잔들을 끊이지 않고 정리할 지니라"(레 24:3-4) 하신, "등잔불을 정리"하는 일을 하고 있었을 것입니다. ㉯ "등잔불을 정리하라" 하심은 꺼지지 않도록 하라는 뜻인데, 등잔불이 오래 있으면 불똥이 앉게 되어 불이 점점 작어지다가 꺼지게 됩니다. 그래서 성막 식량에 "그 불집게와 불똥 그릇도 정금으로 만들지니"(출 25:38) 하고 명하셨던 것입니다. ㉰ 그러면 등잔불은 무엇을 의미하며, 언제까지 불이 꺼지지 않도록 "등잔불을 정리"해야만 하는가? "참 빛 곧 세상에 와서 각 사람에게 비취는 빛이 있었나니"(요 1:9) 한 "참 빛"이 오실 때까지입니다. 이점이 솔로몬이 범죄 했을 당시 다 빼앗지 않고, "내 종 다윗에게 한 등불이 항상 내 앞에 있게 하리라"(왕상 11:36) 하신 말씀에서 분명히 드러납니다.

㉡ 둘째로 제사장들은, "흠 없는 수양을 매일 둘씩 상번제로 드리되 한 어린양은 아침에 드리고 한 어린양은 해질 때에 드릴 것이요"(민 28:3-4) 하고 명하신 상번제를 준비하고 있었을 것입니다.

㉮ 그러면 언제까지 "상번제"를 드려야만 하는가? "염소와 송아지의 피로 아니 하고 오직 자기 피로 영원한 속죄를 이루사 단 번에 성소에 들어가셨느니라"(히 9:12) 한, 참 것으로 성취하여주실 때까지입니다. 다시 말하면 성소와 지성소를 가로막고 있는 휘장을 열어주실 때까지인 것입니다. ㉯ 이 기다림에 대해서 130편에서는, "나 곧

내 영혼이 여호와를 기다리며 내가 그 말씀을 바라는도다 파수꾼이 아침을 기다림보다 내 영혼이 주를 더 기다리나니 참으로 파수꾼의 아침을 기다림보다 더 하도다"(130:5-6) 합니다. 그리고 기다리는 목적은, "그 모든 죄악에서 구속하시리로다"(130:8) 한 "구속"을 위해서 였습니다.

②그래서 "성소를 향하여 너희 손을 들고 여호와를 송축하라"(1하) 하는 것입니다. "송축하라"는 말을 거듭 함으로 강조되어 있습니다. 다시 말하면 하나님은 찬양을 받으시기에 합당하시다는 뜻입니다.

㉠ 형제는 여호와를 송축할 때에 어찌하여 찬양을 받으시기에 합당하신지 그 의미를 묵상하면서 찬양을 하고 있습니까?

㉮ 노아는 "셈의 하나님 여호와를 찬송하리로다"(창 9:26) 합니다. 왜냐하면 셈의 줄기로 그리스도를 보내셔서 우리의 벌거벗은 수치를 가려주실 것을 알았기 때문입니다. ㉯ 룻기서에서는 "찬송할지로다 여호와께서 오늘날 네게 기업무를 자가 없게 아니하셨도다"(룻 4:14) 합니다. 즉 보아스의 줄기로 그리스도를 보내셔서 우리의 잃어버렸던 기업을 회복시켜주실 것을 찬양하고 있는 것입니다. ㉰ 본문에서 "여호와를 송축하라" 하는 것도, "등잔불을 정리하라, 상번제를 드리라" 하심은 무엇을 받으시기 위해서가 아니라, "예법만 되어 개혁할 때까지 맡겨둔 것이기"(히 9:10) 때문입니다. 즉 "하나님이 세상을 이처럼 사랑하사 독생자를 주셨으니" 한, "독생자"를 주실 것에 대한 그림자 였기 때문입니다. 긍휼이 풍성하신 하나님께서는 이를 망각하지 않게 하시려고 "끊이지 말고 등불을 켜라, 상번제를 드리라" 명하셨던 것 입니다.

㉡ 다음으로 "밤에 여호와의 집에 섰는"(1상) 한 "서 있다"는 뜻을

생각해 보아야만 합니다. 성막에는 의자가 없습니다. 그래서 계속적으로 서서 섬기는 것입니다.

㉮ "서 있다"는 것은 일이 끝나지 않았다는 증거입니다. 이점을 복음이 밝히 드러난 신약성경에서는, "제사장마다 매일 서서 섬기며 자주 같은 제사를 드리되 이 제사는 언제든지 죄를 없이하지 못하거니와 오직 그리스도는 죄를 위하여 한 영원한 제사를 드리시고 하나님 우편에 앉으사"(히 10:11-12) 하고 해설해줍니다. ㉯ 그러므로 "서 있다"는 것은 기다리는 자세인 것입니다. "밤에 여호와의 집에 서 있는 여호와의 종들"은 예표로 주어진 일을 계속하면서, "참 빛이요, 예비하신 한 몸"이 오시기를 기다리고 있었던 것입니다.

이점을 다윗은 "이스라엘의 구원이 시온에서 나오기를 원하도다 여호와께서 그 백성의 포로된 것을 돌이키실 때에 야곱이 즐거워하고 이스라엘이 기뻐하리로다"(14:7) 하고 증거했던 것입니다.

㉰ 그리스도의 탄생을 알리는 누가복음 2장에는 134편의 말씀대로 "여호와의 집에서 기다리고 있는 사람, 손을 들고 기도하고 있는 사람들"을 만나게 됩니다.

㉮ 시므온이라는 사람은, "의롭고 경건하여 이스라엘의 위로를 기다리는 자라, 저가 주의 그리스도를 보기 전에 죽지 아니하리라 하는 성령의 지시를 받았더니", 아기 예수님을 만나고는, "주재여 이제는 말씀하신 대로 종을 평안히 놓아주시는도다"(눅 2:25-26, 29) 합니다.

그리고 "내 눈이 주의 구원을 보았사오니 이는 만민 앞에 예비하신 것이요 이방을 비추는 빛이요 주의 백성 이스라엘의 영광이니이다"(눅 2:30-32) 하고 고백을 합니다. 그렇습니다. 1500년 동안이나 "여호와의 집에 서서" 등잔불을 정리하며, 상번제를 드리던 저들도 "평안히 놓아주셨고", "또 죽기를 무서워하므로 일생에 매여 종노릇하는 모든 자들을 놓아 주려 하심이니"(히 2:15) 하고 말씀합니다. ⓝ 또 안나라는 성도를 만나게 되는데, "과부 된지 84년이라 이 사람이 성전을 떠나지 아니하고 주야에 금식하며 기도함으로 섬기더니", 드디어 예수 그리스도를 만난 것입니다. 그의 기나긴 기다림은 목적을 달성한 것입니다. "하나님께 감사하고 예루살렘의 구속됨을 바라는 모든 사람에게 이 아기에 대하여 말하니라"(눅 2:36-38) 합니다.

ⓡ 형제여, 이 기다림은 아직 끝나지 않았습니다. 구약에 예시하신 제사제도를 성취하시기 위해서 예루살렘으로 올라가시는 주님께서는, "허리에 띠를 띠고 등불을 켜고 서 있으라" 말씀하셨기 때문입니다.

"너희는 마치 그 주인이 혼인집에서 돌아와 문을 두드리면 곧 열어 주려고 기다리는 사람과 같이 되라 주인이 와서 깨어 있는 것을 보면 그 종들은 복이 있으리로다, 이러므로 너희도 예비하고 있으라 생각지 않은 때에 인자가 오리라"(눅 12:35-37, 40) 하고, 죽으시기 위해서 예루살렘으로 올라가시는 주님은 다시 오실 재림을 말씀하셨습니다. 이것이 "밤에 여호와의 집에 섰는 여호와의 종들"입니다.

둘째 단원(3) 시온에서 네게 복을 주실지어다

③ 3절은 "기다리는 사람들"에게 주어질 복인데, "천지를 지으신 여호와께서 시온에서 네게 복을 주실 지어다"(3) 합니다.

ㄱ 먼저 어찌하여 "시온"에서 복을 주시리라 말씀하는가?

ⓐ "내가 나의 왕을 내 거룩한 산 시온에 세웠다 하시리로다"(2:6), ⓑ "이스라엘의 구원이 시온에서 나오기를 원하도다"(14:7), ⓒ "시온에서 이스라엘을 구원하여 줄 자 누구인고"(53:6), ⓓ "여호와께서 가라사대 구속자가 시온에 임하며"(사 59:20), ⓔ "시온의 딸아 크게 기

뻐할지어다, 보라 네 왕이 네게 임하나니"(슥 9:9) 하고, 그리스도가 시온에 오실 것이기 때문입니다.

ⓛ 128:5절에서도, "여호와께서 시온에서 네게 복을 주실 지어다" 하는데, 그러면 시온에서 주실 복이 무엇인가 하는 것은 분명합니다.

㉮ 시온에 오실 그리스도를 통하여 "거기서 여호와께서 복을 명하셨나니 곧 영생이로다"(133:3) 한 영원한 생명입니다. ㉯ 그래서 다음 시편에서도, "예루살렘에 거하시는 여호와는 시온에서 찬송을 받으실 지어다"(135:21) 하는 것입니다. 이제 분명합니까? 이것이 "기다리는 사람들"에게 주어지는 복입니다.

적용

지금 우리의 시간은 "밤"인 것입니다. 성경은 권면합니다. "밤이 깊고 낮이 가까웠으니 그러므로 우리가 어두움의 일을 벗고 빛의 갑옷을 입자 낮에와 같이 단정히 행하고 방탕과 술 취하지 말며 음란과 호색하지 말며 쟁투와 시기하지 말고 오직 주 예수 그리스도로 옷 입고 정욕을 위하여 육체의 일을 도모하지 말라"(롬 13:12-14).

묵상

㉠ 밤에 여호와의 집에 섰는 제사장들을 통한 구속사적 의미에 대해서,

ⓛ "서서와 앉으셨다"에 대해서,

ⓒ 시온에서 주실 복에 대해서.

특별한 소유로 택하여주신 하나님 찬양

할렐루야 찬양하라		1-3, 19-21
	1 ①	**할렐루야 여호와의 이름을 찬송하라**　여호와의 종들아 찬송하라
	2	여호와의 집 우리 하나님의 전정에 섰는 너희여
	3	여호와를 찬송하라 여호와는 선하시며 **그 이름이 아름다우니 그 이름을 찬양하라**
	19 ②	**이스라엘 족속아 여호와를 송축하라**　아론의 족속아 여호와를 송축하라
	20	레위 족속아 여호와를 송축하라 여호와를 경외하는 너희들아 여호와를 송축하라
	21	예루살렘에 거하신 여호와는 **시온에서 찬송을 받으실지어다** 할렐루야

찬양해야 할 이유 네 가지		4-14
	4 ③	**여호와께서 자기를 위하여 야곱 곧 이스라엘을 자기의 특별한 소유로 택하셨음이로다**
	5	㉮ 내가 알거니와 여호와께서는 광대하시며 우리 주는 모든 신보다 높으시도다
	6	여호와께서 무릇 기뻐하시는 일을 천지와 바다와 모든 깊은데서 다 행하셨도다
	7	안개를 땅끝에서 일으키시며 비를 위하여 번개를 만드시며 바람을 그 곳간에서 내시는도다
	8	㉯ 저가 애굽의 처음 난 자를 사람부터 짐승까지 치셨도다
	9	애굽이여 여호와께서 너의 중에 징조와 기사를 보내사
		바로와 그 모든 신복에게 임하게 하셨도다
	10	㉰ 저가 많은 나라를 치시고 강한 왕들을 죽이셨나니
	11	곧 아모리인의 왕 시혼과 바산 왕 옥과 가나안의 모든 국왕이로다
	12	㉱ 저희의 땅을 기업으로 주시되 자기 백성 이스라엘에게 기업으로 주셨도다
	13 ④	**여호와여 주의 이름이 영원하시니이다**　여호와여 주의 기념이 대대에 이르리이다
	14	여호와께서 자기 백성을 판단하시며 그 종들을 긍휼히 여기시리로다

우상의 허망		15-18
	15 ⑤	**열방의 우상은 은금이요 사람의 수공물이라**
	16	입이 있어도 말하지 못하며 눈이 있어도 보지 못하며
	17	귀가 있어도 듣지 못하며 그 입에는 아무 기식도 없나니
	18	**그것을 만든 자와 그것을 의지하는 자가**　다 그것과 같으리로다

135편
특별한 소유로 택하여주신 하나님 찬양

여호와께서 자기를 위하여 야곱 곧 이스라엘을 자기의 특별한 소유로 택하셨음
이로다(시 135:4).

135편은 "할렐루야로 시작하여, 할렐루야"로 마치고, "여호와를 찬
송하라"로 시작하여, "여호와는 시온에서 찬송을 받으실 지어다"하
고 마치는 찬양 시입니다. 무엇을 찬양하라 하는가? 한마디로 "이스
라엘을 자기의 특별한 소유로 택하셨다"(4)는 점을 찬양하고 있습니
다. 나머지는 이에 대한 상론입니다.

도표를 보시면 "할렐루야 찬양하라"(첫째 단원) 촉구하면서, "찬양
해야할 이유"(둘째 단원)를 진술하고, 열방의 "우상의 허망함"(셋째
단원)을 말씀합니다.

첫째 단원(1-3, 19-21) 할렐루야 찬양하라
둘째 단원(4-14) 찬양해야할 이유 네 가지
셋째 단원(15-18) 열방의 우상의 허망함

첫째 단원(1-3, 19-21) 할렐루야 찬양하라

① "할렐루야 여호와의 이름을 찬송하라 여호와의 종들아 찬송하라"(1) 합니다.

㉠ 특히 주목하게 되는 점은, "여호와의 이름을 찬송하라" 하고 말씀한다는 점입니다. 3절에서는 "그 이름이 아름다우니 그 이름을 찬양하라" 합니다. 113:1-2절에서 말씀을 드렸습니다만 다시 상기시키면,

㉮ "여호와의 이름"이란, 진노를 받아 마땅한 죄인들에게 긍휼을 베푸시는 하나님 자신의 성품을 가리키는 것입니다. 그러므로 인간이란, "여호와의 이름"에 찬양을 돌리든지 아니면 모독을 받으시게 하든지 둘 중의 하나입니다. ㉯ 하나님께 택함을 받았다는 것은, 그에게 여호와의 이름을 주셨다는 뜻과 같은 것입니다. 그러므로 자신에게 "여호와의 이름"이 걸려 있다는 점을 명심한다는 점은 자신의 정체성을 망각하지 않는 중요한 요점이 됩니다. ㉰ 궁극적으로는 하나님의 구원계획에는 "여호와의 이름"과 영예가 걸려 있다는 점입니다. 그래서 주님께서 "이렇게 기도하라" 하신 첫 제목은 "아버지의 이름이 거룩히 여김을 받으시오며" 하신 것입니다.

㉡ "여호와의 집 우리 하나님의 전정(殿庭)에 섰는 너희여 여호와를 찬송하라 여호와는 선하시며 그 이름이 아름다우니 그 이름을 찬양하라"(2) 합니다. 92편에서는 성도들을 "여호와의 집에 심겼음이여 우리 하나님의 궁정(宮庭)에서 흥왕하리로다"(92:13) 했습니다.

정원에 꽃이나 정원수를 심는 것은 주인을 기쁘게 하기 위함이듯이 성도들은 "이는 그의 사랑하시는 자 안에서 우리에게 거저주시는 바, 그의 은혜의 영광을 찬미하게 하려는 것이라"(엡 1:6) 합니다. 이것이 "할렐루야 찬양하라"인데, 그렇다면 찬양해야할 이유가 무엇인가?

② "할렐루야 여호와의 이름을 찬송하라"(1) 하고 시작한 135편도 결론에 이르러서는, "이스라엘 족속아 여호와를 송축하라 아론의 족속아 여호와를 송축하라 레위 족속아 여호와를 송축하라 여호와를 경외하는 너희들아 여호와를 송축하라"(19-20), 즉 모두 다 송축하라고 말씀합니다.

㉠ 그런데 주목하게 되는 것은, "예루살렘에 거하신 여호와는 시온에서 찬송을 받으실지어다 할렐루야"(21) 하고, "시온"으로 마치고 있다는 점입니다. 이는 "대저 여호와께서 시온을 건설하시고 그 영광 중에 나타나셨음이라"(102:16), 즉 예루살렘을 회복하여 주시리라는 소망을 나타냅니다.

㉡ 그런데 이것은 예표일 뿐 신령한 의미를 알기 위해서는 멀리 갈 것도 없이,

㉮ 134:3절에서는, "여호와께서 시온에서 네게 복을 주시리로다" 말씀하고, ㉯ 133:3절에서는 "헐몬의 이슬이 시온의 산들에 내림같도다 거기서 여호와께서 복을 명하셨나니 곧 영생이로다" 합니다. ㉰ 이를 위해서 132:13절에서는, "여호와께서 시온을 택하셨다" 말씀하고, ㉱ 128:5절에서도, "여호와께서 시온에서 네게 복을 주실지어다" 하고는, ㉲ 129:5절에서는 그러므로 "시온을 미워하는 자는 수치를 당하여 물러갈 지어다" 하는 것입니다.

이는 시온에 오실 그리스도를 통하여 주어질 복음인 것입니다. 그래서 "여호와는 시온에서 찬송을 받으실 지어다" 하는 것입니다. 이것이 "특별한 소유로 택하여주신 하나님 찬양"입니다.

둘째 단원(4-14) 찬양해야할 이유 네 가지

③ 한마디로, "여호와께서 자기를 위하여 야곱 곧 이스라엘을 자기의 특별한 소유로 택하셨음이로다"(4) 합니다. 이것이 찬양해야할 원리적인 이유입니다.

㉠ 본문은 "야곱 곧 이스라엘"이라 언급하고 있는데,

㉮ 야곱이란 "지렁이 같은 너 야곱아"(사 41:14) 한, 자랑스러운 이름이 되지 못합니다. ㉯ "그러나 나의 종 너 이스라엘아 나의 택한 야곱아 나의 벗 아브라함의 자손아"(사 41:8) 하고, 하나님의 택하심으로 말미암아 영광스러운 신분으로 바뀐 것입니다. ㉰ "여호와께서 자기를 위하여"라고 말씀합니다. 다시 강조합니다만 구원계획에는 여호와 하나님 자신의 이름과 명예가 걸려 있다는 점입니다. 그러므로 "여호와의 열심이 이를 이루시리라"(사 9:7), 즉 반드시, 기필코 이루시고야 만다는 확신을 갖게 됩니다.

이스라엘을 택하심에 대해 모세는, "여호와께서 너희를 기뻐하시고 너희를 택하심은 너희가 다른 민족보다 수효가 많은 연고가 아니라 너희는 모든 민족 중에 가장 적으니라 여호와께서 다만 너희를 사랑하심을 인하여 또는 너희 열조에게 하신 맹세를 지키려 하심을 인하여"(신 7:7-8)라고 말씀합니다.

신약성경에서도, "그 기쁘신 뜻대로 우리를 예정하사 예수 그리스도로 말미암아 자기의 아들들이 되게 하셨으니"(엡 1:5) 하고, 우리를 택하신 이유를 "기쁘신 뜻대로", 즉 기뻐서서 택하셨다고 말씀합니다. 달리는 설명할 길이 없는 것입니다.

"그가 우리를 대신하여 자신을 주심은 모든 불법에서 우리를 구속하시고 우리를 깨끗하게 하사 선한 일에 열심하는 친 (특별한) 백성이 되게 하려 하심이니라"(딛 2:14) 하십니다. 이를 생각할 때에 어찌 찬양하지 않을 수가 있단 말인가! 이것이 찬양해야할 근본적인 이유입니다.

ⓛ "내가 알거니와" 하고, 상론(詳論)으로 찬양해야할 네 가지를 말씀합니다.

㋠ 첫째로 "여호와께서는 광대하시며 우리 주는 모든 신보다 높으시도다 여호와께서 무릇 기뻐하시는 일을 천지와 바다와 모든 깊은데서 다 행하셨도다 안개를 땅 끝에서 일으키시며 비를 위하여 번개를 만드시며 바람을 그 곳간에서 내시는도다"(5-7) 합니다.

이는 하나님의 창조사역에 대한 진술인데 이처럼 광대하시고 위대하신 하나님께서 자신들을 "자기의 특별한 소유"로 택하셨다니 어찌 찬양하지 않을 수가 있단 말인가! ㋡ 둘째로 "저가 애굽의 처음 난 자를 사람부터 짐승까지 치셨도다 애굽이여 여호와께서 너의 중에 징조와 기사를 보내사 바로와 그 모든 신복에게 임하게 하셨도다"(8-9) 합니다.

이는 유월절의 밤을 상기시키는 것으로, "편 팔과 큰 재앙으로 너희를 구속하여 너희로 내 백성을 삼고 나는 너희 하나님이 되리니"(출 6:6-7) 하신 "구속사역"을 가리킵니다. 이를 생각할 때에 어찌 찬양하지 않을 수가 있단 말인가!

㋢ 셋째는 "저가 많은 나라를 치시고 강한 왕들을 죽이셨나니 곧 아모리인의 왕 시혼과 바산 왕 옥과 가나안의 모든 국왕이로다"(10-11) 합니다.

이는 구속하신 백성을 인도하심을 가리키는데, 대적하는 "아모리인의 왕 시혼과 바산 왕 옥"에 대해서는 다음에 나오는 136편에서도 "아모리 왕 시혼을 죽이신 이에게 감사하라, 바산 왕 옥을 죽이신 이에게 감사하라"(136:19-20) 하고 말씀합니다. 왜냐하면 이들은 가나안에 입성하지 못하도록 최후로 저항을 한, 말하자면 사탄의 마지노선이었기 때문입니다.

전력으로 하면 이스라엘보다 월등히 우세한 자들이었으나 하나님께서 저들을 이스라엘 손에 붙여주셨기 때문에 격파하고 약속의 땅에 들어갈 수가 있었던 것입니다. 이를 생각할 때에 어찌 찬양하지 않을 수가 있단 말인가! ㉱ 그래서 넷째로 "저희의 땅을 기업으로 주시되 자기 백성 이스라엘에게 기업으로 주셨도다"(12) 합니다.

이점을 모세는 "주께서 구속하신 백성을 은혜로 인도하시되 주의 힘으로 그들을 주의 성결한 처소에 들어가게 하시나이다"(출 15:13) 합니다. 바로의 노예에서 가나안을 기업으로 받게 된 것입니다. 이를 생각할 때에 어찌 찬양하지 않을 수가 있단 말인가! 이상이 찬양해야 할 네 가지 이유입니다.

④ 그러므로 "여호와여 주의 이름이 영원하시니이다 여호와여 주의 기념이 대대에 이르리이다"(13) 하고, 감격해함은 너무나 합당한 것입니다.

㉠ 그런데 이어서 "여호와께서 자기 백성을 판단하시며 그 종들을 긍휼히 여기시리로다"(14) 하고, "판단과 긍휼"을 말씀하는데 무슨 뜻인가?

㉮ "판단"이란 심판을 의미하는데 이점을 신명기 32:36절에서는, "여호와께서 자기 백성을 판단하시고", 즉 징벌(懲罰)하시고, "그 종들을 인하여 후회하시리니" 합니다. 이점을 스가랴 2:15절에서는 "안일한 열국을 심히 진노하나니 나는 조금만 노하였거늘 그들은 힘을 내어 고난을 더하였음이라" 합니다. ㉯ 그래서 "긍휼히 여기시리로

다" 하는 것입니다. 이것이 우리가 믿는 하나님 아버지의 마음입니다.

셋째 단원(15-18) 열방의 우상의 허망함

⑤ 찬양해야할 이유를 진술한 후에, "열방의 우상은 은금이요 사람의 수공물이라"(15) 하고, 열방의 우상을 거론하는 의도가 무엇인가?

㉠ 이는 135편의 역사적인 배경을 추측하게 합니다. 즉 열방에 압제를 당하고 있는 상황에서 기록이 되었음을 말해줍니다. 115:4절에서도 "저희 우상은 은과 금이요 사람의 수공물이라" 하고 같은 말씀을 하고 있는데, 그 배경은 "어찌하여 열방으로 저희 하나님이 이제어디 있느냐 말하게 하리이까"(2) 한 열방의 압제를 당하는 상황에서한 진술입니다. 그러니까 우상을 섬기는 열방이 한 때 번영하는 듯하나 그 종말은 멸망하리라는 것입니다.

㉡ 반면 자신들이 "하나님의 판단"(14), 즉 징벌을 받아 시련을 당하고 있지만, "아모리 왕 시혼과 바산 왕 옥과 가나안의 모든 왕"(11)을 멸하고 "기업으로 주신"(12) 하나님께서 당면한 환난에서도 구원하여주시리라는 확신을 나타내기 위해서인 것입니다.

㉢ 그래서 "입이 있어도 말하지 못하며 눈이 있어도 보지 못하며귀가 있어도 듣지 못하며 그 입에는 아무 기식도 없나니"(16-17), 그러므로 "그것을 만든 자와 그것을 의지하는 자가 다 그것과 같으리로다"(18), 즉 멸망하리라는 것입니다.

적용

형제가 시련 중에서도 하나님을 찬양해야할 이유가 무엇입니까?본문에는 택하심, 유월절 어린양의 피로 구속하심, 대적을 물리치시고, 기업에 이르게 하신 구원 서정이 나타나 있습니다.

에베소 1장에는 찬송하게 하려함이라는 말이 3번 등장하는데, 첫째는 택하심에 대해서요(3-6), 둘째는 구속하심에 대해서요(7-12), 셋째는 성령으로 인치심(13-14)에 대해서입니다. 그래도 찬양하기에 모자랍니까?

묵상

㉠ 여호와를 찬양해야할 근본적인 이유에 대해서,

㉡ 찬양해야할 4가지 이유에 대해서,

㉢ 시온에서 찬송을 받으실 지어다 하는 의미에 대해서.

시편 136편 개관도표
주 여호와 하나님께 감사하라

하 나 님 인 자	1-3		
	1 ①	여호와께 감사하라 그는 선하시며	그 인자하심이 영원함이로다
	2	② 모든 신에 뛰어나신 하나님께 감사하라	그 인자하심이 영원함이로다
	3	③ 모든 주에 뛰어나신 주께 감사하라	그 인자하심이 영원함이로다
창 조 주 하 나 님	4-9		
	4 ④	홀로 큰 기사를 행하시는 이에게 감사하라	그 인자하심이 영원함이로다
	5	지혜로 하늘을 지으신 이에게 감사하라	그 인자하심이 영원함이로다
	6	땅을 물 위에 펴신 이에게 감사하라	그 인자하심이 영원함이로다
	7	큰 빛들을 지으신 이에게 감사하라	그 인자하심이 영원함이로다
	8	해로 낮을 주관케 하신 이에게 감사하라	그 인자하심이 영원함이로다
	9	달과 별들로 밤을 주관케 하신 이에게 감사하라	그 인자하심이 영원함이로다
구 속 하 여 주 신 여 호 와	10-22		
	10 ⑤	애굽의 장자를 치신 이에게 감사하라	그 인자하심이 영원함이로다
	11	이스라엘을 저희 중에서 인도하여 내신 이에게 감사하라	그 인자하심이 영원함이로다
	12	강한 손과 펴신 팔로 인도하여 내신 이에게 감사하라	그 인자하심이 영원함이로다
	13	홍해를 가르신 이에게 감사하라	그 인자하심이 영원함이로다
	14	이스라엘로 그 가운데로 통과케 하신 이에게 감사하라	그 인자하심이 영원함이로다
	15	바로와 그 군대를 홍해에 엎드러뜨리신 이에게 감사하라	그 인자하심이 영원함이로다
	16	그 백성을 인도하여 광야로 통과케 하신 이에게 감사하라	그 인자하심이 영원함이로다
	17	큰 왕들을 치신 이에게 감사하라	그 인자하심이 영원함이로다
	18	유명한 왕들을 죽이신 이에게 감사하라	그 인자하심이 영원함이로다
	19	아모리인의 왕 시혼을 죽이신 이에게 감사하라	그 인자하심이 영원함이로다
	20	바산왕 옥을 죽이신 이에게 감사하라	그 인자하심이 영원함이로다
	21	저희의 땅을 기업으로 주신 이에게 감사하라	그 인자하심이 영원함이로다
	22	곧 그 종 이스라엘에게 기업으로 주신 이에게 감사하라	그 인자하심이 영원함이로다
주 관 하 심	23-26		
	23 ⑥	우리를 비천한데서 기념하신 이에게 감사하라	그 인자하심이 영원함이로다
	24	우리를 우리 대적에게서 건지신 이에게 감사하라	그 인자하심이 영원함이로다
	25	모든 육체에게 식물을 주신 이에게 감사하라	그 인자하심이 영원함이로다
	26	하늘의 하나님께 감사하라	그 인자하심이 영원함이로다

136편
주 여호와 하나님께 감사하라

여호와께 감사하라 그는 선하시며 그 인자하심이 영원함이로다(시 136:1).

136편은 135편과 짝을 이루고 있습니다. 135편이 구속하여주신 "여호와를 찬양하라"는 내용이라면, 136편은 구속하여주신 "여호와께 감사하라"는 내용이기 때문입니다. "감사하라"는 말이 각 절에 다 들어 있는데, 26번이나 발하여집니다. 136편은 찬양대가 "지혜로 하늘을 지으신 이에게 감사하라" 하면, 회중이 "그 인자하심이 영원함이로다" 하고 교창(交唱)하는 독특한 구조로 되어 있습니다.

1-3절은 명제(命題)라 할 수 있는데 하나님의 칭호가, "여호와(1), 하나님(2), 주"(3)로 되어 있습니다. 이를 근거로 하여 분류한다면 4-9절은 "하나님의 창조사역"(둘째 단원)에 대한 감사이고, 10-22절은, "여호와의 구속사역"(셋째 단원)에 대한 감사이고, 23-26절은, "주의 주관하심"(넷째 단원)에 대한 감사라 하겠습니다.

첫째 단원(1-3) 선하시고 인자하심에 대한 감사
둘째 단원(4-9) 하나님의 창조사역에 대한 감사
셋째 단원(10-22) 여호와의 구속사역에 대한 감사
넷째 단원(23-26) 우리 주의 주관하심에 대한 감사

첫째 단원(1-3) 선하시고 인자하심에 대한 감사

서론에서 언급한 대로 1-3절은 명제요, 그 이하는 해설이라 할 수가 있습니다. 그러므로 이 명제에 분명해야만 합니다.

① "여호와께 감사하라 그는 선하시며 그 인자하심이 영원함이로다"(1) 합니다.

㉠ "여호와께 감사하라" 하는데, "여호와"라는 호칭은, "나는 여호와로라 내가 아브라함과 이삭과 야곱에게는 전능의 하나님으로 나타났으나 나의 이름을 여호와로는 그들에게 알리지 아니하였고"(출 6:2-3) 하신, 구속(救贖)과 결부되어 계시하신 칭호입니다.

② "모든 신에 뛰어나신 하나님께 감사하라 그 인자하심이 영원함이로다"(2) 하고 "하나님"이라 말씀하는데,

㉠ "하나님"이라는 칭호는 창조(創造)와 결부된 칭호입니다. 그러므로 천지 만물을 창조하시는 창세기 1장은 전부가 "하나님"으로 되어 있습니다. 그러므로 불신자들은 "하나님"이라 부를 수는 있어도 "여호와"하고는 상관이 없는 사람들인 것입니다.

③ "모든 주에 뛰어나신 주께 감사하라 그 인자하심이 영원함이로다"(3) 하고, "주"라 부르고 있는데,

㉠ "주"란 주종(主從)관계를 나타내는 칭호입니다. 즉 하나님은 나의 주인(主人)이 되시고, 나는 종이라는 고백적인 칭호입니다. 형제는 "하나님, 여호와, 주"라는 호칭 중에서 어느 호칭과 관계되어 있다고 여기십니까?

㉮ 우리가 여호와 하나님의 백성이요, 자녀들이지만 그 영광은 후

에 참여하게 될 것이요, ⓐ 지금은 "주"의 뜻을 수행해야할 "종"의 신분인 것입니다.

이점을 신약성경에서는, "너희는 너희 것이 아니라 값으로 산 것이 되었으니(고전 6:19-20), 우리 중에 누구든지 자기를 위하여 사는 자가 없고 자기를 위하여 죽는 자도 없도다 우리가 살아도 주를 위하여 살고 죽어도 주를 위하여 죽나니 그러므로 사나 죽으나 우리가 주의 것이로라"(롬 14:7-8) 하고 말씀합니다.

ⓛ 136편에는 "…이에게 감사하라 그 인자하심이 영원함이로다" 하는 송영이 매절마다 나옵니다. 이는 입술로만 부르는 노래는 아닌 것입니다. 그러므로 신앙생활에 있어서 가장 중요하고도 어려운 것은 그리스도를 "주"라 고백을 하면서 모든 주재 권이 주께 있음을 인정을 하고, 청지기로써의 삶을 살아가는 것입니다. 이것이 "주께 감사" 하는 삶이요, "그 인자하심이 영원함"을 믿는 신앙인 것입니다.

둘째 단원(4-9) 하나님의 창조사역에 대한 감사

④ "홀로 큰 기사를 행하시는 이에게 감사하라 그 인자하심이 영원함이로다"(4) 합니다.

ⓞ 둘째 단원은 천지 만물을 창조하신 "하나님"께 대한 감사인데,

㉮ "지혜로 하늘을 지으신 이에게 감사하라 그 인자하심이 영원함이로다"(5), ㉯ "땅을 물 위에 펴신 이에게 감사하라 그 인자하심이 영원함이로다"(6), ㉰ "큰 빛들을 지으신 이에게 감사하라 그 인자하심이 영원함이로다"(7), ㉱ "해로 낮을 주관케 하신 이에게 감사하라 그 인자하심이 영원함이로다"(8), ㉲ "달과 별들로 밤을 주관케 하신 이에게 감사하라 그 인자하심이 영원함이로다"(9) 합니다.

ⓛ 이점에서 하나님의 창조원리를 간단히 말씀을 드리면, 하나님께서는 먼저 그릇을 만드시고, 그 그릇에 채우시듯 하셨다는 점입니다. 창세기 1장 기사를 관찰해보면,

㉠ 첫째 날의 그릇에, 넷째 날에 채우시고, ㉡ 둘째 날의 그릇에, 다섯째 날에 채우시고, ㉢ 셋째 날의 그릇에, 여섯째 날에 채우셨습니다. 채우시되 충만히 채우셨습니다. ㉣ 사람을 지으실 때도 흙으로 형체를 만드신 후에, 생기를 불어넣어 채우심으로 생령이 되게 하신 것입니다.

이를 염두에 두고 사도 바울은 "우리가 이 보배를 질그릇에 가졌으니"(고후 4:7) 한 것입니다. 우리 몸은 "질그릇"과 같은 연약한 것입니다. 그런데 그 그릇에 성령으로 채워주심, 즉 내주하심으로 영원한 생명이 되게 하신 것입니다. 이를 묵상할 때에 "…하신 이에게 감사하라 그 인자하심이 영원함이로다" 하고 찬양을 돌리게 되는 것입니다.

셋째 단원(10-22) 여호와의 구속사역에 대한 감사

⑤ "애굽의 장자를 치신 이에게 감사하라 그 인자하심이 영원함이로다"(10) 합니다.

㉠ 셋째 단원은 구속하여주신 "여호와"께 대한 감사인데, 첫 손에 장자를 치신 "유월절"의 밤을 꼽습니다.

㉮ 그런 후에 "이스라엘을 저희 중에서 인도하여 내신 이에게 감사하라 그 인자하심이 영원함이로다"(11), ㉯ "강한 손과 펴신 팔로 인도하여 내신 이에게 감사하라 그 인자하심이 영원함이로다"(12) 하고, "출애굽"에 대하여 감사하고, ㉰ "홍해를 가르신 이에게 감사하라 그 인자하심이 영원함이로다"(13), ㉱ "이스라엘로 그 가운데로 통과케 하신 이에게 감사하라 그 인자하심이 영원함이로다"(14), ㉲ "바로와

그 군대를 홍해에 엎드러뜨리신 이에게 감사하라 그 인자하심이 영원함이로다"(15) 하고, 홍해도하에 대해 감사하고, ㉫ "그 백성을 인도하여 광야로 통과케 하신 이에게 감사하라 그 인자하심이 영원함이로다"(16), ㉪ "큰 왕들을 치신 이에게 감사하라 그 인자하심이 영원함이로다"(17), ㉬ "유명한 왕들을 죽이신 이에게 감사하라 그 인자하심이 영원함이로다"(18), ㉭ "아모리인의 왕 시혼을 죽이신 이에게 감사하라 그 인자하심이 영원함이로다"(19), ㉮ "바산왕 옥을 죽이신 이에게 감사하라 그 인자하심이 영원함이로다"(20) 하고, 광야에서 인도하심에 대해 감사한 후에, ㉠ "저희의 땅을 기업으로 주신 이에게 감사하라 그 인자하심이 영원함이로다"(21), ㉡ "곧 그 종 이스라엘에게 기업으로 주신 이에게 감사하라 그 인자하심이 영원함이로다"(22) 하고, 가나안 땅을 기업으로 주신 일까지를 진술하면서 감사합니다. 하나님께서는 "유월절 어린양의 피"로 구속하신 자기 백성들을, 약속에 땅에 들어가게 하시기까지 결코 중단하시지 않으십니다.

넷째 단원(23-26) 우리 주의 주관하심에 대한 감사

⑥ 넷째 단원은 결론부분이라 할 수가 있는데, "우리를 비천한데서 기념하신 이에게 감사하라 그 인자하심이 영원함이로다"(23) 합니다. 이는 우리의 "주"가 되심에 대한 감사라 할 수가 있습니다.

㉠ 이점이 "우리를 비천한데서 기념하신 이"라 한 말씀에 나타납니다.

㉮ "이스라엘"의 근본은 자랑할 것이라고는 아무것도 없는 비천한 근원으로부터 시작된 민족입니다. 하나님께서는 이스라엘의 비천함을 비유하시기를, "너의 난 것을 말하건대 네가 날 때에 네 배꼽 줄을

355

자르지 아니하였고 네게 소금을 뿌리지 아니하였고 너를 강보로 싸지도 아니하였나니, 네가 들에 버리웠느니라"(겔 16:4, 5) 하십니다. 그런 비천한 자들을 하나님께서 선민으로 택해주신 것입니다. ㉯ 그렇다면 우리는 어떠한가? "허물과 죄로 죽었던 너희를 살리셨도다" 합니다. 살려주신 것만이 아니라, 하나님의 자녀로, 왕 같은 제사장으로 세워주셨습니다. 이를 진정으로 믿는 자라면 "우리가 살아도 주를 위하여 살고 죽어도 주를 위하여 죽나니 그러므로 사나 죽으나 우리가 주의 것이로라"(롬 14:8) 하고, "주"로 고백하게 되는 것입니다.

㉢ "우리를 우리 대적에게서 건지신 이에게 감사하라 그 인자하심이 영원함이로다"(24) 합니다. 이점을 124편에서는, "우리를 저희 이에 주어 씹히지 않게 하신 여호와를 찬송할지로다"(6) 합니다. 이처럼 주께서 보존해주시지 않으셨다면 이스라엘은 벌써 소멸이 되고 말았을 것입니다.

㉣ 이점에서 마지막부분의 인칭이 "우리"로 되어 있다는 점을 주목해야만 합니다. 이 "우리"가 1차적으로는 선민 이스라엘입니다만 성령께서는 136편을 대하는 자로 하여금, "비천한 데서" 구원함을 얻은 자는 "우리"요, 그러므로 감사해야할 주인공은 바로 "우리"들임을 깨닫기를 원하시는 것입니다.

㉮ 이상의 진술하는 순서를 보면 첫째로 하나님과 결부된 위대하심과 능력을 알기 위해서는 천지 만물을 창조하신(4-9) 창조사역을 생각해야 하고, ㉯ 여호와와 결부된 인자(仁慈), 즉 사랑을 알기 위해서는 "출애굽"(10-22)의 여정을 상기함으로, ㉰ "우리를 비천한 데서 기념하신 이에게 감사하라 그 인자하심이 영원함이로다"(23) 하는 찬양이 울어난다 하겠습니다.

㉱ 그런데 결론에 이르러서, "모든 육체에게 식물을 주신 이에게

감사하라 그 인자하심이 영원함이로다"(25) 하는 의도가 무엇인가?

㉮ 이는 "하나님이 그 해를 악인과 선인에게 비춰게 하시며 비를 의로운 자와 불의한 자에게 내리우심이니라"(마 5:45) 하신 그런 뜻이라 하겠습니다. ㉯ 나아가 시편 기자는 이렇게 말하고 있는 셈입니다. "하나님은 홀로 유대인의 하나님뿐이시뇨 또 이방인의 하나님은 아니시뇨 진실로 이방인의 하나님도 되시느니라 할례자도 믿음으로 말미암아, 또는 무할례자도 믿음으로 말미암아 의롭다 하실 하나님은 한 분이시니라"(롬 3:29-30). ㉰ 그래서 136편은, "여호와께 감사하라"(1) 하는, 선민의 하나님으로 시작하여, "하늘의 하나님께 감사하라 그 인자하심이 영원함이로다"(26) 하는 만민의 하나님으로 마치고 있는 것입니다. 실로 "하나님은 모든 사람이 구원을 받으며 진리를 아는데 이르기를 원하시느니라"(딤전 2:4) 하고 말할 수밖에 없습니다.

적용

하나님의 "창조사역, 구속사역, 그리고 주관하심" 등은 궁극적으로 "우리" 곧 나 자신을 향하신 하나님의 영원하신 인자의 산물입니다. 그렇다면 구속함을 얻은 우리가 해야 할 일이 무엇이겠습니까? "감사" 하는 일입니다. 본문에 "감사"가 몇 번이나 강조되어 있습니까? 문제는 우리의 감사가 구체적으로 어떻게 표현이 되어야하는가 하는 점입니다.

묵상

㉠ 창조사역에 나타난 하나님의 인자에 대해서,

㉡ 구속사역에 나타난 하나님의 인자에 대해서,

㉢ 우리를 주관하심에 나타난 하나님의 인자에 대해서.

시편 137편 개관도표
징벌을 통한 남은 자들의 결의

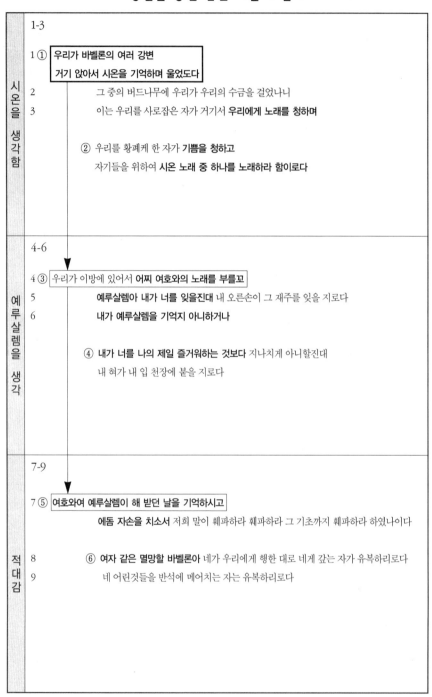

시온을 생각함	1-3	
	1 ①	우리가 바벨론의 여러 강변 거기 앉아서 시온을 기억하며 울었도다
	2	그 중의 버드나무에 우리가 우리의 수금을 걸었나니
	3	이는 우리를 사로잡은 자가 거기서 우리에게 노래를 청하며
		② 우리를 황폐케 한 자가 기쁨을 청하고 자기들을 위하여 시온 노래 중 하나를 노래하라 함이로다
예루살렘을 생각	4-6	
	4 ③	우리가 이방에 있어서 어찌 여호와의 노래를 부를꼬
	5	예루살렘아 내가 너를 잊을진대 내 오른손이 그 재주를 잊을 지로다
	6	내가 예루살렘을 기억지 아니하거나
		④ 내가 너를 나의 제일 즐거워하는 것보다 지나치게 아니할진대 내 혀가 내 입 천장에 붙을 지로다
적대감	7-9	
	7 ⑤	여호와여 예루살렘이 해 받던 날을 기억하시고
		에돔 자손을 치소서 저희 말이 훼파하라 훼파하라 그 기초까지 훼파하라 하였나이다
	8	⑥ 여자 같은 멸망할 바벨론아 네가 우리에게 행한 대로 네게 갚는 자가 유복하리로다
	9	네 어린것들을 반석에 메어치는 자는 유복하리로다

137편
징벌을 통한 남은 자들의 결의

우리가 이방에 있어서 어찌 여호와의 노래를 부를꼬(시 137:4).

137편은, "우리가 바벨론의 여러 강변 거기 앉아서 시온을 기억하
며 울었도다"(1) 한 대로, 바벨론 포로 중에 기록한 "망향가"(望鄕歌)
와 같은 시입니다. 어찌 하여 예루살렘이 멸망을 당하고 하나님의 백
성들이 이방에 포로가 되어야만 했는가?

이점을 다니엘은 "우리는 이미 범죄하여 패역하며 행악하며 반역
하여 주의 법도와 규례를 떠났사오며"(단 9:5) 하고 자복합니다. 한마
디로 하나님께서 아브라함과 다윗에게 세워주신 메시아언약을 버리
고 우상을 숭배한 "반역"(叛逆)때문이라는 것입니다.

그러므로 본문을 감상적으로 접근해서는 아니 됩니다. 도리어 "너
희를 향한 나의 생각은 내가 아나니 재앙이 아니라 곧 평안이요 너희
장래에 소망을 주려 하는 생각이라"(렘 29:11) 하신, 자기 백성을 징
벌하시는 하나님의 마음과, 의도에서 바라보아야만 하는 것입니다.

이렇게 할 때에 본문에서 "징벌"의 목적인, 회개하고 각성하여 바
른 신앙에 서 있는 모습을 보게 되는 것입니다. 그래서 제목이 "징벌
을 통한 남은 자의 결의"가 될 수가 있습니다.

도표를 보시면 저들은 "시온을 생각하며 울고"(첫째 단원), "예루

살렘을 제일 즐거워하는 것보다 더욱 즐거워하겠다"(둘째 단원) 하면서 시온을 대적한 "에돔과 바벨론에 대한 적대감"(셋째 단원)을 나타내고 있습니다.

첫째 단원(1-3) 시온을 생각하며 울었다
둘째 단원(4-6) 예루살렘을 기억하며 사모함
셋째 단원(7-9) 대적에 대한 적대감

첫째 단원(1-3) 시온을 생각하며 울었다

① "우리가 바벨론의 여러 강변 거기 앉아서 시온을 기억하며 울었도다"(1) 합니다.

㉠ 먼저 "거기 앉아서 울었도다" 한 저들의 눈물이 무엇에 대한 눈물인가를 생각해야만 합니다. 이에 따라 137편의 의미가 좌우되기 때문입니다. 시편에는 바벨론에 의한 예루살렘의 멸망과 관련된 시편들이 많이 있습니다. 그런데 이 시편들 모두에 자기중심적(自己中心的)인 사상이 전연 나타나고 있지 않다는 점입니다.

㉮ "주의 성소를 불사르며 주의 이름이 계신 곳을 더럽혀 땅에 엎었나이다"(74:7), ㉯ "여호와여 영광을 우리에게 돌리지 마옵소서 우리에게 돌리지 마옵소서 오직 주의 인자하심과 진실하심을 인하여 주의 이름에 돌리소서"(115:1) 하고, 자신들로 인하여 더럽혀진 하나님의 거룩하신 이름에 대해서 애통해하고 있습니다. 이점이 본문에서도 "시온을 기억하며 울었도다" 하는 것으로 표현되어 있습니다.

㉡ "그 중의 버드나무에 우리가 우리의 수금을 걸었나니 이는 우리를 사로잡은 자가 거기서 우리에게 노래를 청하며"(2-3상),

② "우리를 황폐케 한 자가 기쁨을 청하고",

㉠ "자기들을 위하여 시온 노래 중 하나를 노래하라 함이로다"(3하)
합니다. 본문을 주목해보시기를 바랍니다. "우리를 사로잡은 자가",

㉮ "우리에게 노래를 청하며", ㉯ "기쁨을 청하고", ㉰ "자기들을
위하여 시온 노래 중 하나를 노래하라 함이로다" 합니다.

이것이 1차적으로는 "사로잡은 자", 즉 포로를 감시하는 바벨론의
군사들이겠으나 궁극적으로는 하나님의 영광을 찬탈하려는 사탄의
궤계인 것입니다. 이에 대해 징벌 하에 있는 하나님의 백성들은 어떻
게 반응했는가? 저들을 위해서 "시온 노래 중 하나"를 불렀는가? 그
렇게 했다면 저들을 기쁘게 함으로 떡 한 개라도 얻어먹을 수가 있었
을 것입니다.

그러나 유념해야할 점은 이들이 전에는, 우상의 이름을 부르며, 절
하며, 찬양하던 자들이라는 점입니다.

㉡ 그러나 "우리가 바벨론의 여러 강변 거기 앉아서 시온을 기억하
며 울었도다"(1) 하고, 이점을 애통해하고 있는 것입니다.

㉮ 그러면서 "그 중의 버드나무에 우리가 우리의 수금을 걸었나니"
한 말은, 죽을지언정 부를 수 없다는 결의가 나타나 있습니다. ㉯ "그
리 아니 하실지라도 왕의 신들을 섬기지도 아니하고 왕의 세우신 금
신상에게 절하지도 아니할 줄을 아옵소서"(단 3:18) 한 것입니다. ㉰
"조서에 어인이 찍힌 것을 알고도, 예루살렘으로 향하여 열린 창에서
전에 행하던 대로 하루 세 번씩 무릎을 꿇고 기도하며 하나님께 감
사"(단 6:10) 한 다니엘과 같은 태도를 취한 것입니다. ㉱ 어찌하여
모르드개가 "하만에게 꿇지도 아니하고 절하지도 아니하다가"(에
3:2) 전멸을 당할 위험을 자초했는가를 생각해 보시기를 바랍니다.

이점을 신약성경에서는, "이제 내가 사람들에게 좋게 하랴 하나님

께 좋게 하랴 사람들에게 기쁨을 구하랴 내가 지금까지 사람의 기쁨을 구하는 것이었더면 그리스도의 종이 아니니라"(갈 1:10), 하고 단언합니다. 만일 저들을 기쁘게 해주기 위해서 "시온의 노래"를 불렀다면 하나님 대신에 사탄을 경배한 것이 되었을 것입니다. 이것이 "시온을 생각하며 울었다"는 의미입니다.

둘째 단원(4-6) 예루살렘을 기억하며 사모함

③ "우리가 이방에 있어서 어찌 여호와의 노래를 부를꼬"(4) 합니다.

㉠ "시온 노래"는 사사로운 노래가 아니라 하나님의 구원행사를 진술하며 찬양하며 감사하는, "여호와의 노래"인 것입니다. 노래만이 그러한 것이 아니라 노래를 부르는 "우리" 자신도, 유월절 어린양의 피로 "구속하여 내 백성을 삼고" 한 하나님의 성민(聖民)인 것입니다. 그런 "우리가 이방에 있어서 어찌 여호와의 노래를 부를 수가" 있단 말이냐 하는 것입니다.

㉡ "예루살렘아 내가 너를 잊을진대 내 오른손이 그 재주를 잊을지로다"(5) 합니다. 여기 중요한 요점이 나타나는데 그것은 이들이 본래부터 이러했던 것은 아니라는 점입니다. 만일 그러했다면 어찌하여 포로로 내어줌을 당했겠는가?

"너희는 예루살렘 거리로 빨리 왕래하며 그 넓은 거리에서 찾아보고 알라 너희가 만일 공의를 행하며 진리를 구하는 자를 한 사람이라도 찾으면 내가 이 성을 사하리라"(렘 5:1) 하셨습니다. 하나님의 진노는 언제나 "경건치 아니함과, 불의에 대하여 하늘로 좇아 나타나나니"(롬 1:18) 합니다.

㉮ 저들이 행한 "경건치 아니함"은 메시아언약을 버리고 이방의 우

상을 숭배한 것입니다. "어느 나라가 그 신을 신 아닌 것과 바꾼 일이 있느냐 그러나 나의 백성은 그 영광을 무익한 것과 바꾸었도다"(렘 2:11) 합니다. ㉔ 저들이 행한 "불의"는, "시온을 피로, 예루살렘을 죄악으로 건축하는도다 그 두령은 뇌물을 위하여 재판하며 그 제사장은 삯을 위하여 교훈하며 그 선지자는 돈을 위하여 점치면서 오히려 여호와를 의뢰하여 이르기를 여호와께서 우리 중에 계시지 아니 하냐"(미 3:10-11) 하고 하나님의 이름을 팔아먹던 자들이었습니다.

④ 그러했던 저들이 징계를 통해서, "고난당한 것이 내게 유익이라 이로 인하여 내가 주의 율례를 배우게 되었나이다"(119:71) 하게 된 것입니다. 그리하여 "내가 예루살렘을 기억치 아니하거나 내가 너를 나의 제일 즐거워하는 것보다 지나치게 아니할진대 내 혀가 내 입 천장에 붙을 지로다"(6) 하는 결의를 나타내게 된 것입니다.

㉠ 이는 두 마디로 되어 있는데,

㉮ "예루살렘을 기억하고, 즐거워하는 것"을 최우선 순위에 두겠다고 다짐합니다. ㉯ 만일 그렇게 하지 않을 경우에는 "내 혀가 내 입 천장에 붙을 지로다" 합니다. 어찌하여 "내 손, 내 발, 내 눈" 등을 언급하지 않고 "내 혀가 내 입 천장에 붙을 지로다" 하는가? ㉰ 사로잡은 자들이 "시온 노래"를 노래하라 했기 때문입니다. 다시 말하면 하나님의 말씀을 대언하고, 찬양해야할 입을 가지고 부정하게 사용하는 것보다는 차라리 벙어리가 되는 편을 택하겠다는 굳은 결의를 나타내는 말인 것입니다.

㉡ 이점을 이사야 선지자를 통해서도 보게 되는데 하나님의 현현을 경험하고는, "화로다 나여 망하게 되었도다 나는 입술이 부정한 사람이요"(사 6:5) 하고, "입술"의 부정을 고백했던 것입니다.

거짓 선지자 발람까지도 이스라엘을 저주하라고 말하는 발락에게, "가령 발락이 그 집에 은금을 가득히 채워서 내게 줄지라도 나는 여호와의 말씀을 어기고 선악 간 임의로 행하지 못하고 여호와께서 말씀하신 대로 말하리라"(민 24:13) 합니다.

그런데 야고보서에서는, "이것으로 우리가 주 아버지를 찬송하고 또 이것으로 하나님의 형상대로 지음을 받은 사람을 저주하나니"(약 3:9) 말씀하고, 목회서신에서는 "저희의 입을 막을 것이라 이런 자들이 더러운 이를 취하려고 마땅치 아니한 것을 가르쳐 집들을 온통 엎드러치는도다"(딛 1:11) 합니다.

이상의 말씀들은 하나님의 말씀을 대언하라고 세움을 받은 설교자들에게 큰 도전으로 다가오는 것입니다. 깊이 새겨야할 말씀입니다. 이것이 "예루살렘을 기억하며 사모함"입니다.

셋째 단원(7-9) 대적에 대한 적대감

⑤ "여호와여 예루살렘이 해 받던 날을 기억하시고 에돔 자손을 치소서 저희 말이 훼파하라 훼파하라 그 기초까지 훼파하라 하였나이다"(7) 합니다.

㉠ "에돔 자손"은 야곱의 형, 에서의 자손들을 가리킵니다. 그런데 예루살렘이 멸망하던 날에 저들은 이스라엘 편에 선 것이 아니라 대적의 편에 서서, "훼파하라, 훼파하라 그 기초까지 훼파하라 하였다"는 것입니다. "그 기초까지 훼파하라"는 구속사적 의미가 무엇이겠는가?

㉡ 저들의 만행이 "오바댜" 서를 통해서 고발되고 있는데, "네가 네 형제 야곱에게 행한 포학을 인하여 수욕을 입고 영원히 멸절되리라

네가 멀리 섰던 날 곧 이방인이 그의 재물을 늑탈하며 외국인이 그의 성문에 들어가서 예루살렘을 얻기 위하여 제비 뽑던 날에 너도 그들 중 한 사람 같았었느니라"(옵 1:10-11) 하십니다.

이점에서 중요한 것은 인류의 역사를 구속사라는 맥락으로 보면 두 진영, 두 부류만이 있고, 어느 진영 편에 속해 있느냐 하는 점이 사활을 좌우한다는 점입니다. 이처럼 두 진영으로 갈라지게 된 비극적인 원인은 인류의 시조의 반역으로 말미암아, "너의 후손도 여자의 후손과 원수가 되게 하리니" 하신 창세기 3:15절에서 비롯된 것입니다. 그런데 "에돔" 자손은 바벨론 곧 뱀의 후손 편에 섰던 것입니다.

이점을 주님께서도, "나와 함께 아니하는 자는 나를 반대하는 자요 나와 함께 모으지 아니하는 자는 헤치는 자니라"(눅 11:23) 하고 분명하게 말씀하십니다.

⑥ 이런 맥락에서, "여자 같은 멸망할 바벨론아 네가 우리에게 행한 대로 네게 갚는 자가 유복하리로다 네 어린것들을 반석에 메어치는 자는 유복하리로다"(8-9) 하는 말씀은 이해되어야만 합니다.

㉠ 이는 "뱀의 후손"에 대한 구약적인 표현이고 신약성경에서는, "우리의 싸우는 병기는 육체에 속한 것이 아니요 오직 하나님 앞에서 견고한 진을 파하는 강력이라(고후 10:4), 우리의 씨름은 혈과 육에 대한 것이 아니요 정사와 권세와 이 어두움의 세상 주관자들과 하늘에 있는 악의 영들에 대함이라"(엡 6:12) 합니다.

㉡ 어찌하여 "여자 같은 멸망할 바벨론아" 하는가? 이점을 계시록에서는, "무너졌도다, 무너졌도다 큰 성 바벨론이여" 하면서, "그 음행의 진노의 포도주를 인하여 만국이 무너졌으며 또 땅의 왕들이 그로 더불어 음행하였으며"(계 18:2, 3) 합니다. 바벨론은 인본주의, 세

속문화의 상징입니다. 이 같은 하나님을 대적하는 사상으로 만국을 미혹했기 때문에 여자 곧 음녀라 하는 것입니다.

ⓒ 이런 맥락에서, "에돔, 바벨론"에 대한 저주는 혈육에 대한 저주가 아니라 모든 악의 배후세력인 사탄에 대한 적개심인 것입니다. 이런 점은 교훈적으로는 설명할 길이 없고 구속사라는 맥락으로 바라볼 때만이 이해할 수가 있으며, 나아가 현대교회의 심각한 병폐가 사탄에 대한 적개심을 모르고, 인정하지도 않으려 한다는데 있다는 경각심을 갖게 되는 것입니다. 이것이 "대적에 대한 적개심"이요, "징벌을 통한 유익"입니다.

적용

137편을 감상적으로 접근하여 징벌을 당하고 있는 하나님의 백성들의 가엾은 모습만을 부각시켜서는 아니 됩니다. 같은 맥락에서 그리스도께서 담당하신 십자가의 고난을 감상적으로만 대한다면 어찌 되겠는가? 하나님께서 예루살렘을 대적에게 내어주셨고, 자기 아들을 대속제물로 세우셨다는 하나님의 주권적인 입장에서 바라보아야만 하는 것입니다.

이점이 예레미야 24장에 나타나는데, "내가 이곳에서 옮겨 갈대아인의 땅에 이르게 한 유다 포로를 이 좋은 무화과같이 보아 좋게 할 것이라"(렘 24:5) 하십니다. 이들이 "남은 자"요, "이 땅의 그루터기니라"(사 6:13) 하십니다.

형제여, 하나님께서 우리에게 고난을 허용하시는 것은 "좋은 무화과"가 되게 하시기 위해서라는 점을 기억하십시다. 그러므로 환난 시련을 당할 때에 우리도 "내가 우리 주님을 기억치 아니하거나 내가 주님을 나의 제일 즐거워하는 것보다 지나치게 아니할진대 내 혀가 내 입 천장에 붙을 지로다"(6) 하고 고백하십시다.

묵상

㉠ 시온을 생각하며 울었다는 그 눈물의 의미에 대해서,

㉡ 징계를 통한 유익에 대해서,

㉢ 대적 사탄에 대한 적대감에 대해서.

시편 138편 개관도표
주의 인자한 말씀을 들은 자들의 감사

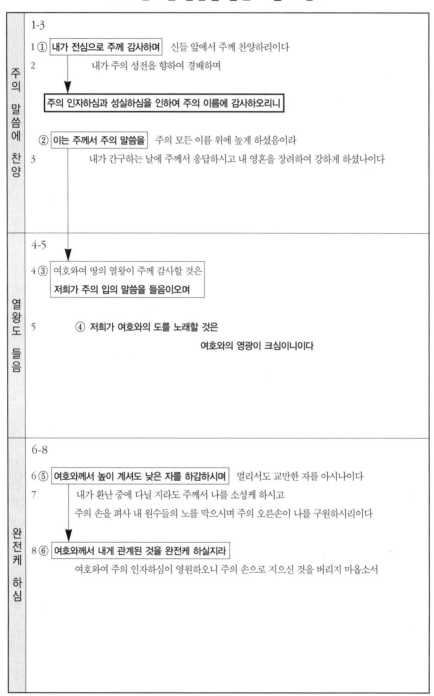

주의 말씀에 찬양	**1-3** 1 ① 내가 전심으로 주께 감사하며 신들 앞에서 주께 찬양하리이다 2　　　　　내가 주의 성전을 향하여 경배하며 주의 인자하심과 성실하심을 인하여 주의 이름에 감사하오리니 ② 이는 주께서 주의 말씀을 주의 모든 이름 위에 높게 하셨음이라 3　　　　　내가 간구하는 날에 주께서 응답하시고 내 영혼을 장려하여 강하게 하셨나이다
열왕도 들음	**4-5** 4 ③ 여호와여 땅의 열왕이 주께 감사할 것은 저희가 주의 입의 말씀을 들음이오며 5　　　④ 저희가 여호와의 도를 노래할 것은 여호와의 영광이 크심이니이다
완전케 하심	**6-8** 6 ⑤ 여호와께서 높이 계셔도 낮은 자를 하감하시며 멀리서도 교만한 자를 아시나이다 7　　　　내가 환난 중에 다닐 지라도 주께서 나를 소성케 하시고 주의 손을 펴사 내 원수들의 노를 막으시며 주의 오른손이 나를 구원하시리이다 8 ⑥ 여호와께서 내게 관계된 것을 완전케 하실지라 여호와여 주의 인자하심이 영원하오니 주의 손으로 지으신 것을 버리지 마옵소서

138편
주의 인자한 말씀을 들은 자들의 감사

> 내가 주의 성전을 향하여 경배하며 주의 인자하심과 성실하심을 인하여 주의 이름에 감사하오리니 이는 주께서 주의 말씀을 주의 모든 이름 위에 높게 하셨음이라(시 138:2).

138편은 다윗의 시라는 표제가 있습니다. 이는 138편을 이해하는데 도움이 됩니다. 왜냐하면 다윗은 아브라함과 함께 하나님께서 언약을 세워주신 당사자이기도 하고, 아브라함과 다윗을 "선지자"(창 20:7; 행 2:30)라고 말씀하기 때문입니다.

선지자라 하면 하나님의 구원계획을 미리 보여주셨다는 뜻인데 주님께서는 아브라함을 가리켜, "나의 때 볼 것을 즐거워하다가 보고 기뻐하였다"(요 8:56) 말씀하시고, 오순절에 강림하신 성령께서는 베드로의 입을 의탁하여 다윗을 가리켜, "그는 선지자라, 알고 미리 보는 고로 그리스도의 부활"(행 2:30, 31)을 증거했다고 말씀합니다.

이점을 강조하는 이유는 138편의 내용이 영광스러움으로 가득하고, 그리스도로 말미암아 성취될 예언적인 말씀을 담고 있기 때문입니다.

도표를 보시면 다윗은 "전심으로 감사하고 찬양 한다"고 진술하는데 그 이유로 "주의 말씀을 높게 하셨기"(첫째 단원) 때문이라 합니다. 열왕도 감사하고 찬양할 것은 "주의 말씀을 들었기"(둘째 단원) 때문이요, 그리고 시작하신 것을 "완전케 하실"(셋째 단원) 것을 믿기에 전심으로 감사하고 찬양하리이다 합니다.

첫째 단원(1-3) 주의 말씀을 감사하고 찬양함
둘째 단원(4-5) 열왕도 주의 말씀을 듣고 감사하고 찬양함
셋째 단원(6-8) 시작하신 구원을 완전케 하실 것을 믿음

첫째 단원(1-3) 주의 말씀을 감사하고 찬양함

① "내가 전심으로 주께 감사하며 신들 앞에서 주께 찬양하리이다"(1) 합니다.

㉠ 다윗은 "전심(全心)으로 감사하겠다" 합니다. 기도를 드릴 때에 통상적으로 "하나님 감사합니다" 하고 시작합니다. 감사로 시작하는 것은 잘하는 것이지만 형식적이 되어서는 무의미합니다. 사도 바울도 "감사가 넘치고(골 2:7), 기쁨이 넘치고(고후 7:4), 사랑이 넘친다"(살전 3:12) 하고 말씀합니다.

㉡ 왜 전심으로 감사하겠다는 것인가? 첫째로 "내가 주의 성전을 향하여 경배하며 주의 인자하심과 성실하심을 인하여 주의 이름에 감사하오리니"(2상) 합니다.

㉮ "인자와 성실하심을 인하여" 감사하겠다는 것입니다. "인자"는 시편에 등장하는 중심주제 중 하나로, 하나님의 사랑, 은혜를 가리키는 것으로 아브라함과 다윗에게 세워주신 "언약"과 결부가 됩니다. 왜냐하면 진노를 받아 마땅한 자들에게 메시아언약을 세워주심은 전적인 하나님의 "인자"이기 때문입니다. ㉯ "성실함을 인하여"라 함은

언약하신 바를 반드시 지켜주시는 하나님의 진실하심을 가리킵니다. 죄인들이 바라고 기대할 것이란 "주의 인자와 성실" 밖에는 없는 것입니다. 이를 생각할 때에 "전심으로 주께 감사"하지 않을 수가 없다는 것입니다.

② 둘째로 "이는 주께서 주의 말씀을 주의 모든 이름 위에 높게 하셨음이라"(2하) 합니다.

㉠ 높여주셨다는 "주의 말씀"이 무엇을 가리키는가? 본문의 문맥으로 보아도 다윗에게 세워주신 "메시아언약"을 가리키는 것이 분명합니다. 이를 높여주셨다, 달리 표현을 하면 굳게 세워주셨기 때문이라는 것입니다.

㉡ 그런데 "주의 이름 위에 높게 하셨다"는 뜻이 무엇인가? 문자대로 하면 하나님의 이름보다 "말씀"을 더 높이셨다는 것이 되는데 이는, "내가 나의 거룩함으로 (하나님의 이름으로) 한번 맹세하였은즉 다윗에게 거짓을 아니할 것이라"(89:35) 하신 언약의 불변성과 진실성을 뜻하는 말씀입니다.

하나님이시라도 자신이 발하신 "말씀"은 낮추시거나 폐하실 수가 없는 것입니다. 그러므로 하나님께서는 약속하신 바를 한번도 땅에 떨어지도록 낮추신 적이 없으십니다. 언제나 높게 세워주셨습니다. 이점을 로마서 3:31절에서는, "그런즉 우리가 믿음으로 말미암아 율법을 폐하느뇨 그럴 수 없느니라 도리어 율법을 굳게 세우느니라" 합니다. 왜냐하면 "율법"도 하나님께서 주신 것이기 때문입니다.

그런데 현대교회의 사조는 어떠한가? 하나님의 말씀인 성경을 시험대 위에 올려놓고 난도질을 합니다. 성경의 권위에 도전한다는 것은, "그러나 하나님의 견고한 터는 섰으니"(딤후 2:19) 한 기독교의

"터"를 허무는 일인 것입니다. 그러므로 성경의 권위를 세우지 아니하고 인정하지 않는다는 것은 하나님의 권위에 도전하는 것과 같은 것입니다.

ⓒ "내가 간구하는 날에 주께서 응답하시고 내 영혼을 장려하여 강하게 하셨나이다"(3) 합니다. "장려하고, 강하게 하셨다"는 뜻이 무엇인가? 이를 57편을 들어서 설명함이 도움이 될 것입니다. "다윗이 사울을 피하여 굴에 있던 때에"라는 표제가 있는데, 그런 절망적인 상황에서도, "하나님이여 내 마음이 확정되었고 내 마음이 확정되었사오니 내가 노래하고 내가 찬송하리이다"(57:7) 합니다. 어떻게 이럴 수가 있는가? 하나님께서 다윗의 마음을, "장려하여 강하게" 해주셨기 때문입니다.

어떤 방도로 장려를 해주셨는가? "내가 지극히 높으신 하나님께 부르짖음이여 곧 나를 위하여 모든 것을 이루시는 하나님께로다"(57:2) 한, 언약을 상기케 하심으로 장려해주신 것입니다.

이점을 본문에서는 "주께서 응답하시고 내 영혼을 장려하여 강하게 하셨나이다"(3) 하는 것입니다. 다윗의 마음도 흔들린 때가 있었으나, 하나님께서 두려워하지 않도록 용기를 주시고 굳세게 해주셨다는 것입니다. 이것이 "주의 말씀을 감사하고 찬양함"입니다.

둘째 단원(4-5) 열왕도 주의 말씀을 듣고 감사하고 찬양함

③ 그런데 다윗은 놀랍게도, "여호와여 땅의 열왕이 주께 감사할 것은 저희가 주의 입의 말씀을 들음이오며"(4) 하는 것이 아닌가?

㉠ 열방이 들었다는 "주의 말씀"이 무엇이겠는가? 무슨 말씀을 들었기에 "열왕이 주께 감사한다"는 것인가?

④ 이어서 "저희가 여호와의 도를 노래할 것은 여호와의 영광이 크심이니이다"(5) 하는데,

㉠ 열왕으로 하여금 하나님을 찬양하게 한 "여호와의 도"가 무엇이겠습니까? 2절에서 언급한 하나님께서 높여주셨다는 "주의 말씀" 곧 다윗에게 세워주신 메시아언약인 복음인 것입니다.

이점을 이사야서에서는, "열방은 네 빛으로 열왕은 비취는 네 광명으로 나아오리라 네 눈을 들어 사면을 보라 무리가 다 모여 네게로 오느니라 네 아들들은 원방에서 오겠고 네 딸들은 안기어 올 것이라"(사 60:4-5) 합니다.

또 예언하기를, "열왕은 네 양부가 되며 왕비들은 네 유모가 될 것이며 그들이 얼굴을 땅에 대고 네게 절하고 네 발의 티끌을 핥을 것이니"(사 49:23) 하십니다. 이는 그리스도의 구속으로 말미암아 열리게 될 복음시대를 전망하는 말씀인 것입니다.

이런 맥락에서 다윗이 첫 절에서, "신들 앞에서 주께 찬양하리이다" 한 뜻은, "열왕이 주께 감사한다"는 문맥으로 볼 때 이방이 섬기는 우상들을 가리키는 것으로 여겨집니다. 즉 "열방의 우상은 은금이요 사람의 수공물이라 입이 있어도 말하지 못하며 눈이 있어도 보지 못하지만"(135:15-16), 오직 인자하심과 성실하신 하나님만이 구원하신다는 뜻입니다. 이것이 "열왕도 주의 말씀을 듣고 감사하고 찬양함"입니다.

셋째 단원(6-8) 시작하신 구원을 완전케 하심

⑤ "여호와께서 높이 계셔도 낮은 자를 하감하시며 멀리서도 교만한 자를 아시나이다"(6) 합니다.

㉠ 셋째 단원 안에는 "환난을 당하는 성도와, 대적하는 원수"(7)가 대조되어 있습니다. 이는 셋째 단원을 해석하는 열쇠가 되는데, 하나님께서 이루시려는 "주의 말씀, 주의 도", 즉 구원계획을 무산시키려고 원수의 대적이 있다는 것입니다.

㉡ 그러나 "높이 계셔도 낮은 자를 하감(下鑑)하시며 멀리서도 교만한 자를 아시는"(6) 하나님께서 "완전케 하실지라"(8), 즉 이루시고야 만다는 것입니다.

㉮ "내가 환난 중에 다닐 지라도 주께서 나를 소성케 하시고"(7상) 하는데 이점을 23편에서는, "내가 사망의 음침한 골짜기로 다닐지라도, 내 영혼을 소생시키시고"(23:3, 4) 하고, ㉯ "주의 손을 펴사 내 원수들의 노를 막으시며 주의 오른손이 나를 구원하시리이다"(7하) 하는데 이점을 23편에서는, "해를 두려워하지 않을 것은 주께서 나와 함께 하심이라 주의 지팡이와 막대기가 나를 안위(安慰)하시나이다"(23:4) 합니다.

⑥ "내가 전심으로 주께 감사하겠다"는 "감사"로 시작한 138편은, "여호와께서 내게 관계된 것을 완전케 하실지라"(8상) 한 "완전케 하심"으로 마치고 있습니다.

㉠ 이점을 앞에서 인용한 57편에서는 "나를 위하여 모든 것을 이루시는 하나님"(57:2)이라 말씀하고, 성경 마지막 책 마지막 부분에서는 "이루었도다 나는 알파와 오메가요 처음과 나중이라"(계 21:6) 하고 마치고 있습니다. 이것이 "완전케 하심", 즉 완성인 것입니다.

㉡ 믿음이 무엇인가? "약속하신 그것을 또한 능히 이루실 줄을 확신하는"(롬 4:21), 이것이 믿음입니다. 그래서 다윗은, "여호와여 주의 인자하심이 영원하오니 주의 손으로 지으신 것을 버리지 마옵소

서"(8하) 하고 마치고 있습니다. 핵심은 영원하다 한 "주의 인자"에 있습니다.

㉮ 우리를 구원하여 주신 근거도, "주의 인자와 성실"(2)하심이라면, ㉯ 구원하여주신 자들을 "영원하신 주의 인자"(8)가 끝까지, 그리고 "영원히" 버리지 아니하시리라 확신할 수가 있는 것입니다. 이것이 "시작하신 구원을 완전케 하심"이요, "인자로 언약하신 바를 성실히 지키시는 하나님"입니다.

적용

다윗에게 전심으로 감사하고, 찬양할 이유가 있었다면 신약의 성도들인 우리는 더욱 감사하고 찬양해야 마땅한 이유가 있는 자들입니다. 왜냐하면 우리는 언약이 성취된 이후를 살아가고 있기 때문입니다.

그럼에도 불구하고 우리에게 전심으로 하는 감사와, 영혼 깊숙한 곳에서 우러나오는 찬양이 부족하다면 그 원인이 어디에 있겠는가? 하나님께서 "높여주신 주의 말씀, 열왕이 들은 여호와의 도"를 듣는 것이 부족하기 때문이라고 밖에는 달리는 설명할 길이 없는 것입니다. 그러므로 "주의 인자와 성실"을 먼저 그리고 더 많이 전해주어서 "전심으로 감사"하게 해야 할 것입니다.

묵상

㉠ 다윗이 전심으로 감사하겠다는 주의 인자와 성실에 대해서,

㉡ 열왕도 듣고 감사하리라는 주의 말씀에 대해서,

㉢ 시작하신 구원을 완전케 하심에 대해서.

시편 139편 개관도표
하나님의 전지, 편재, 전능, 주관하심

나를 아시는 하나님	1-6
	1 ① 여호와여 주께서 나를 감찰하시고 아셨나이다
	2 주께서 나의 앉고 일어섬을 아시며 멀리서도 나의 생각을 통촉하시오며
	3 나의 길과 눕는 것을 감찰하시며 나의 모든 행위를 익히 아시오니
	4 여호와여 내 혀의 말을 알지 못하시는 것이 하나도 없으시니이다
	5 주께서 나의 전후를 두르시며 내게 안수하셨나이다
	6 이 지식이 내게 너무 기이하니 높아서 내가 능히 미치지 못하나이다

나를 붙드시는 하나님	7-12
	7 ② 내가 주의 신을 떠나 어디로 가며 주의 앞에서 어디로 피하리이까
	8 내가 하늘에 올라갈찌라도 거기 계시며 음부에 내 자리를 펼지라도 거기 계시니이다
	9 내가 새벽 날개를 치며 바다 끝에 가서 거할지라도
	10 곧 거기서도 주의 손이 나를 인도하시며 주의 오른손이 나를 붙드시리이다
	11 내가 혹시 말하기를 흑암이 정녕 나를 덮고 나를 두른 빛은 밤이 되리라 할지라도
	12 주에게서는 흑암이 숨기지 못하며 밤이 낮과 같이 비취나니
	주에게는 흑암과 빛이 일반이니이다

나를 지으신 하나님	13-18
	13 ③ 주께서 내 장부를 지으시며 나의 모태에서 나를 조직하셨나이다
	14 내가 주께 감사하옴은 나를 지으심이 신묘막측하심이라
	주의 행사가 기이함을 내 영혼이 잘 아나이다
	15 내가 은밀한데서 지음을 받고 땅의 깊은 곳에서 기이하게 지음을 받은 때에
	나의 형체가 주의 앞에 숨기우지 못하였나이다
	16 내 형질이 이루기 전에 주의 눈이 보셨으며
	나를 위하여 정한 날이 하나도 되기 전에 주의 책에 다 기록이 되었나이다
	17 하나님이여 주의 생각이 내게 어찌 그리 보배로우신지요 그 수가 어찌 그리 많은지요
	18 내가 세려고 할지라도 그 수가 모래보다 많소이다
	내가 깰 때에도 오히려 주와 함께 있나이다

하나님 원수 나의 원수	19-24
	19 ④ 하나님이여 주께서 정녕히 악인을 죽이시리이다 피 흘리기를 즐기는 자들아 나를 떠날찌어다
	20 저희가 주를 대하여 악하게 말하며 주의 원수들이 헛되이 주의 이름을 칭하나이다
	21 여호와여 내가 주를 미워하는 자를 미워하지 아니하오며
	주를 치러 일어나는 자를 한하지 아니하나이까
	22 내가 저희를 심히 미워하니 저희는 나의 원수니이다
	23 하나님이여 나를 살피사 내 마음을 아시며 나를 시험하사 내 뜻을 아옵소서
	24 내게 무슨 악한 행위가 있나 보시고 나를 영원한 길로 인도하소서

139편
하나님의 전지, 편재, 전능, 주관하심

하나님이여 나를 살피사 내 마음을 아시며 나를 시험하사 내 뜻을 아옵소서
(시 139:23).

139편도 다윗의 시라는 표제가 있습니다. 학자들은 139편을 다윗의 모든 시편 중에서도 가장 걸작이요, 통찰력의 탁월성, 표현의 극치라 말하기도 합니다. 그런데 중요한 점은 본문의 문학성에 있는 것이 아니라 139편을 기록하게 된 의도, 즉 본문을 통해서 말씀하시려는 바가 무엇인가 하는 점입니다.

도표에 나타난 대로 본문은 6절 씩 4개의 연으로 되어 있는데, "주께서 나를 아셨나이다"(1) 한 하나님의 전지(全知)하심(첫째 단원), "주의 신을 떠나 어디로 가오리까"(7) 하는 하나님의 편재(둘째 단원), "주께서 내 장부를 지으시며"(13) 한 하나님의 전능(셋째 단원), "주께서 정녕히 악인을 죽이시리이다"(19) 한 공의의 하나님(넷째 단원)을 진술하는 내용으로 되어 있습니다.

첫째 단원(1-6) 나의 앉고 일어섬을 아시는 하나님
둘째 단원(7-12) 바다 끝에서도 나를 붙드시는 하나님
셋째 단원(13-18) 태어나기 전부터 나를 아시는 하나님

넷째 단원(19-24) 하나님 미워하는 자가 나의 원수라

첫째 단원(1-6) 나의 앉고 일어섬을 아시는 하나님

① "여호와여 주께서 나를 감찰하시고 아셨나이다"(1) 합니다.

139편은 "주께서 나를 감찰(鑑察)하시고"(1)로 시작하여, "하나님이여 나를 살피사"(23)로 마치는 구조입니다.

그리고 첫째 단원은 "나를 아시는 하나님"을 진술하는 대목인데, 그래서 "아신다"는 말이 4번이나 나옵니다. 이점에서 먼저 유념해야 할 점은 139편에 41번이나 등장하는 "나"라는 인물이 누구인가 하는 점입니다.

1차적으로는 다윗을 가리키지만 의미상으로는 여호와를 경외하는 모든 "나" 곧 형제를 가리키는 말인 것입니다. 본문을 통해서 이점을 확신하는데 거하여야만 합니다. 지금 다윗은 철학이나 문학적인 이야기를 하고 있는 것이 아니라 "하나님과 나"가 어떤 관계인가 하는 실존적인 관계(關係)성을 진술하고 있는 것입니다. 본문을 통해서 이점을 놓친다면 그야말로 수박 겉핥기가 되고 맙니다.

㉠ "주께서 나의 앉고 일어섬을 아시며 멀리서도 나의 생각을 통촉하시오며(2), 나의 길과 눕는 것을 감찰하시며 나의 모든 행위를 익히 아시오니 여호와여 내 혀의 말을 알지 못하시는 것이 하나도 없으시니이다"(3-4) 합니다.

어떤 마음이 드십니까? 나는 하나님께 감시(監視)를 당하고 있구나 하는 생각이 드십니까? 그렇게 생각을 한다면 그것은 본문의 의도를 곡해한 것이요, 하나님을 폭군과 같은 두려움의 대상으로 여기는 것이 됩니다.

나를 이처럼 아시고, 나에 대해서 이토록 관심을 기울이시는 분이 하나님 외에 누가 또 있겠습니까? 그러므로 "주께서 나를 감찰하시고 아셨나이다"(1) 하고, 고백할 수 있는 사람은 여호와 하나님의 극진한 사랑을 받고 있는 자녀들뿐입니다.

ⓒ 그래서 "주께서 나의 전후를 두르시며 내게 안수하셨나이다"(5) 하면서 "이 지식이 내게 너무 기이(奇異)하니 높아서 내가 능히 미치지 못하나이다"(6) 하는 것입니다.

㉮ "나의 전후를 두루신다"는 표현은 어린이를 다루는 부모와 같이 하나님께서 나 자신의 전후(前後) 좌우(左右)를 보살피신다는 뜻이요, ㉯ "내게 안수하셨나이다" 하는 것은, 전후만 보살피시는 것이 아니라 머리에도 손을 얹고(안수) 계신다는 것입니다. 그러니까 눈동자같이 보호하신다는 뜻입니다. 주님께서는, "너희에게는 오히려 머리털까지도 세신바 되었나니 두려워하지 말라"(눅 12:7) 하셨습니다.

불신자들은 이를 인정하지 않을 뿐만 아니라, 오히려 하나님의 보살피심을 피하려는 자들입니다. "이 지식이 내게 너무 기이하니 높아서 내가 능히 미치지 못하나이다"(6) 하고 고백하는 사람들이란 오직 하나님을 경외하는 자들뿐입니다. 이것이 "나의 앉고 일어섬을 아시는 하나님"입니다.

둘째 단원(7-12) 바다 끝에서도 나를 붙드시는 하나님

② "내가 주의 신을 떠나 어디로 가며 주의 앞에서 어디로 피하리이까"(7) 합니다.

이렇게 진술하는 의중도 하나님의 감시가 너무 엄중해서 도망 갈려야 도망갈 수가 없다는 그런 말을 하려는 것이 아닙니다. 나를 향하신 하나님의 보살피심이 미치지 않는 영역이란 아무곳도 없다는 하나님의 편재(遍在)하심을 증거하고 있는 것입니다.

㉠ "내가 하늘에 올라갈지라도 거기 계시며 음부에 내 자리를 펼지라도 거기 계시니이다(8), 내가 새벽 날개를 치며 바다 끝에 가서 거할지라도 곧 거기서도 주의 손이 나를 인도하시며 주의 오른손이 나를 붙드시리이다"(9-10) 합니다.

다윗은 지금 "대저 주의 인자는 커서 하늘에 미치고 주의 진리는 궁창에 이르나이다"(57:10; 138:2) 한 측량할 수 없는 하나님의 사랑을 진술하고 있는 것입니다. 굳이 말을 한다면 거짓된 인간은 탕자처럼 하나님 아버지를 떠나려 "바다 끝에 가서 거할지라도" 하나님께서는 "거기서도 주의 손이 나를 인도하시며 주의 오른손이 나를 붙드시리이다"(10) 하는 것입니다.

㉮ 애굽으로 내려갔다가 아내를 빼앗길 위기에 처한 아브라함을 약속의 땅으로 이끌어 오신 하나님, ㉯ 에서를 피하여 하란으로 도망을 가는 야곱에게 나타나셔서 "내가 너와 함께 있어 네가 어디로 가든지 너를 지키며 너를 이끌어 이 땅으로 돌아오게 할지라 내가 네게 허락한 것을 다 이루기까지 너를 떠나지 아니하리라"(창 28:15) 하신 하나님, ㉰ "네 조상의 땅, 네 족속에게로 돌아가라 내가 너와 함께 있으리라"(창 31:3) 하시고, 야곱으로 떠났다가 "이스라엘"이 되게 하셔서 돌아오게 하신 하나님, ㉱ 하나님을 배신하고 우상을 숭배하다가 바벨론으로 추방을 당하게 된 배은망덕한 자들에게, "내가 잠깐 그들에게 성소가 되리라"(겔 11:16), 즉 따라가셨다가 복역의 때가 차면 데리고 돌아오리라 하시는 이것이 "거기서도 주의 손이 나를 인도하시며 주의 오른손이 나를 붙드시리이다"(10) 하는 하나님이신 것입니다.

ⓒ "내가 혹시 말하기를 흑암이 정녕 나를 덮고 나를 두른 빛은 밤이 되리라 할지라도 주에게서는 흑암이 숨기지 못하며 밤이 낮과 같이 비취나니 주에게는 흑암과 빛이 일반이니이다"(11-12) 합니다.

그러니까 "흑암이 정녕 나를 덮고"를 어떤 시련으로 여긴다 하여도, 하나님 앞에는 "밤이 낮과 같이 비취나니", "하나님의 사랑에서 끊을 수 없으리라"(롬 8:39)는 것입니다. 이것이 "바다 끝에서도 나를 붙드시는 하나님"입니다.

셋째 단원(13-18) 태어나기 전부터 아시는 하나님

③ "주께서 내 장부를 지으시며 나의 모태에서 나를 조직하셨나이다"(13) 하고, 다윗은 우리들이 지음을 받던 근원으로 나아갑니다.

㉠ "내가 주께 감사하옴은 나를 지으심이 신묘(神妙)막측하심이라 주의 행사가 기이함을 내 영혼이 잘 아나이다"(14) 합니다. 다윗은 지금 인간이 태어나게 되는 생물학적 이치를 논하고 있는 것이 아니라, 망극하신 하나님의 섭리, 즉 "나" 자신에게 향하신 하나님의 선하심과 인자하심이 너무나 크고 기이함에 감복하고 있는 것입니다.

이점을 예레미야 선지자에게는, "내가 너를 복중에 짓기 전에 너를 알았고 네가 태에서 나오기 전에 너를 구별하였고 너를 열방의 선지자로 세웠노라"(렘 1:5) 하시고, 사도 바울은 "내 어머니의 태로부터 나를 택정하시고 은혜로 나를 부르신"(갈 1:15) 하나님이라고 고백합니다.

ⓒ 그래서 "내가 은밀한데서 지음을 받고 땅의 깊은 곳에서 기이하게 지음을 받은 때에 나의 형체가 주의 앞에 숨기우지 못하였나이다 내 형질이 이루기 전에 주의 눈이 보셨으며 나를 위하여 정한 날이 하

나도 되기 전에 주의 책에 다 기록이 되었나이다"(15-16) 하는 것입니다.

"정한 날이 하나도 되기 전에 주의 책에 다 기록이 되었다"는 것은 하나님의 "미리 아시고, 미리 정하심"(롬 8:29, 30)을 나타내는 것으로 이 대목의 진술은 마치 바울의 예정교리를 대하는 느낌이 들 정도로 하나님의 절대 주권을 내세우는 진술입니다.

ⓒ 그래서 "하나님이여 주의 생각이 내게 어찌 그리 보배로우신지요 그 수가 어찌 그리 많은지요 내가 세려고 할지라도 그 수가 모래보다 많도소이다"(17) 하고 감격해 합니다.

ⓔ 이어서 "내가 깰 때에도 오히려 주와 함께 있나이다"(17-18) 하는데 무슨 뜻인가? 다윗은 17:15절에서도, "나는 의로운 중에 주의 얼굴을 보리니 깰 때에 주의 형상으로 만족하리이다" 합니다.

이것이 같은 뜻이라면 우리에게 향하신 하나님의 계획하심은 금생(今生)뿐만이 아니라, "나의 평생에 선하심과 인자하심이 정녕 나를 따르리니, 내가 여호와의 집에 영원히 거하리로다"(22:6) 하는, 내세까지 그리고 영원까지 미친다는 뜻이 되는 것입니다. 이것이 "태어나기 전부터 나를 아시는 하나님"입니다.

넷째 단원(19-24) 하나님 미워하는 자가 나의 원수라

④ "하나님이여 주께서 정녕히 악인을 죽이시리이다"(19상) 하고, 갑자기 "악인"에 대한 언급이 등장합니다. 그래서 학자들 중에는 이 부분은 다른 곳에서 첨가된 것이라고 주장하기도 합니다.

그렇지가 않습니다. 바울은 "누가 주의 마음을 알아서 주를 가르치겠느냐"(고전 2:16) 말씀하는데 이는 문자만을 보고 "주의 마음"을 모르는데서 오는 곡해입니다. 도리어 넷째 단원은 139편을 통해서 말씀하려는 중심사상이 나타나 있는 중요한 부분인 것입니다. 그래서 통찰력을 필요로 합니다.

다윗은 1-18절까지를 통해서 "나를 아시고 돌아보시는 하나님(전지), 어느 곳에서나 나를 보살피시는 하나님(편재), 내가 태어나기 전부터 나에 대한 계획을 가지고 계시는 하나님의 섭리 등을 진술하면서 마음이 한껏 고조되어 있는 것입니다. 그런데 이런 하나님을 믿지 아니하는 불신자에게 생각이 미치게 되자 부푼 마음이 폭발하듯이 분출(噴出)이 되고 있는 것입니다.

㉠ 그래서 "피 흘리기를 즐기는 자들아 나를 떠날 지어다"(19하) 하는 것입니다. 왜냐하면, "저희가 주를 대하여 악하게 말하며 주의 원수들이 헛되이 주의 이름을 칭하기"(20) 때문이라는 것입니다. 이 점에서 3번 등장하는 "저희"(20, 22)가 누구를 가리키는 말인가 하는 점입니다.

㉮ "여호와여 내가 주를 미워하는 자를 미워하지 아니하오며 주를 치러 일어나는 자를 한하지 아니 하나이까"(21) 한 것으로 보아, 하나님을 대적하는 교회 밖에 있는 자들입니다. 그런데 여기서 멈춘다면 경각심을 잃게 될 것입니다. ㉯ 왜냐하면 "주의 원수들이 헛되이 주의 이름을 칭하나이다"(20하), 즉 하나님의 이름을 빙자하고 있다고 말씀하기 때문입니다. 그러면 "저희"가 교회 안에도 있는 것이 됩니다.

㉡ 50:16절을 보십시오. "악인에게는 하나님이 이르시되 네가 어찌 내 율례를 전하며 내 언약을 입에 두느냐" 하고, 하나님의 "율례, 언약"을 전하는 자들 중에 "악인"이 있다고 말씀합니다. 미가 선지자는 "시온을 피로 예루살렘을 죄악으로 건축하는도다"(미 3:10) 하고 책망하는데 누구들이 이렇게 한다는 것인가?

"그 두령은 뇌물을 위하여 재판하며 그 제사장은 삯을 위하여 교훈하며 그 선지자는 돈을 위하여 점치면서" 한 "두령, 제사장, 선지자"들이 그렇게 한다는 것입니다. 심각한 점은 그러면서도 "오히려 여호와를 의뢰하여 이르기를 여호와께서 우리 중에 계시지 아니하냐"(미 3:11) 하고 하나님의 이름을 빙자한다는 것입니다.

이런 맥락에서 넷째 단원에 2번 등장하는 "원수"는 교회 밖에만 있는 것이 아니라 교회 안에도 있다는 것입니다. 바울은 옥중서신에서, "내가 여러 번 너희에게 말하였거니와 이제도 눈물을 흘리며 말하노니 여러 사람들이 그리스도 십자가의 원수로 행하느니라"(빌 3:18) 합니다. 이 "원수"가 누구를 가리키는 말인가?

학자들은 "율법주의자와 율법폐기론자들"을 가리킨다고 말합니다. 이들이 십자가의 원수로 행하는 양극단(兩極端)이었던 것입니다. 그런데 문제는 이런 자들이 교회 밖에 있는 것이 아니라 교회 안에 도사리고 있다는 점입니다. 사도가 눈물을 흘리며 말하는 이유가 여기에 있는 것입니다.

ⓛ 이럴 경우 "나는 아니다" 하고 외면하려는 것이 상례입니다. 그런데 다윗은 "내가 저희를 심히 미워하니 저희는 나의 원수니이다"(22) 하고 끝이는 것이 아니라,

㉮ "하나님이여 나를 살피사 내 마음을 아시며 나를 시험하사 내 뜻을 아옵소서 내게 무슨 악한 행위가 있나 보시고 나를 영원한 길로 인도하소서"(23-24) 하고, 자기 자신을 하나님 앞에 내어놓고 있는 것입니다. 나 자신도 그런 부류가 아닌가 하나님 앞에 건강검진을 해달라는 것입니다. ㉯ 이점이 "나를 감찰하시고 아셨나이다"(1)로 시작하여, "나를 살피사 내 마음을 아시며"(23) 하고 마치는 다윗의 신앙 자세입니다.

139편을 마치기 전에 질문할 말씀이 남았습니다. 형제는 앞부분에서 진술한 "나를 감찰하시는 하나님(1), 나의 앉고 일어섬을 아시며 멀리서도 나의 생각을 훤히 들여다보시는 하나님(2), 나의 길과 눕는 것을 감찰하시며 나의 모든 행위를 익히 아시는 하나님"(3), 그리고 "주께서 나의 전후를 두르시며 내게 안수하셨나이다"(5) 하는 하나님,

그뿐만이 아닙니다. 그러한 하나님을 피하여 도망가려고 "하늘에 올라갈지라도, 음부로 내려갈지라도, 바다 끝에 가서 거할지라도", 거기도 계시는 하나님, 심지어 내가 태어나기도 전에 나를 보셨고, 나의 모든 일들이 일어나기도 전에 "주의 책에 다 기록이 되었나이다"(16) 하는 말을 듣게 될 때에 어떤 감정이 형제의 마음속에서 일어나더냐 하는 것입니다.

본문에 나타난 하나님의 "전지, 전능, 편재, 주관"하심 등에 대해서 어떤 반응을 일으키느냐 하는 점은 그가 하나님을 경외하는 자인가 여부를 나타내는 시금석(試金石)이 됩니다. 불신자들은 하나님의 주권적인 행사인 예정교리에 대하여 극도의 반감을 일으킵니다. 조롱하며 미워합니다. 결코 인정하지도 않고 받아드리려 하지 않습니다. 안색이 변하며 싸우자고 덤벼듭니다.

이런자들은 교회 밖에만 있는 것이 아니라 교회 안에도 많이 있습니다. 이들은 성경의 권위를 짓밟고, 하나님의 구속교리를 도살장의 신학이라 비웃으면서, 반대로 대적자 사탄의 존재에 대해서는 인정하려고도 하지 않습니다. 이런 것들이 "저희가 주를 대하여 악하게 말하며 주의 원수들이 헛되이 주의 이름을 칭하나이다"(20) 하는 말씀 속에 함의되어 있습니다.

하나님의 절대주권에 대해 불신자들은 증오감을 일으키고, 율법주

의자들에게는 공포감을 주지만, 하나님의 자녀들에게는 "젖 뗀 아이가 그 어미 품에 있음 같은"(131:2) 확신과 위로와 평안함으로 임하게 되는 것입니다.

로마서 8:27절에, "마음을 감찰하시는 이가 성령의 생각을 아시나니" 하는 말씀이 있습니다. 이에 대한 문맥적인 의미는 "우리가 마땅히 빌 바를 알지 못하나"(롬 8:26) 하는 말씀과 결부되어 있습니다. 내가 왜 이런 일을 당하게 되는지, 마땅히 빌 바를 알지 못하지만 "마음을 감찰하시는 하나님"께서는 형제의 마음을 아신다는 것입니다.

ⓒ 마지막으로 각 단원에는 "진술과 응답"이 짝을 이루고 있는 것을 보게 됩니다.

㉮ 첫째 단원은 "여호와여 주께서 나를 감찰하시고 아셨나이다"(1) 하고 진술한 후에, "이 지식이 내게 너무 기이하니 높아서 내가 능히 미치지 못하나이다"(6) 하고 응답합니다. ㉯ 둘째 단원에서는 "내가 주의 신을 떠나 어디로 가며 주의 앞에서 어디로 피하리이까"(7) 하고 진술한 후에,

"곧 거기서도 주의 손이 나를 인도하시며 주의 오른손이 나를 붙드시리이다"(10) 하고 응답을 나타냅니다. ㉰ 셋째 단원에서는 "주께서 내 장부를 지으시며 나의 모태에서 나를 조직하셨나이다"(13) 하고 진술한 후에, "하나님이여 주의 생각이 내게 어찌 그리 보배로우신지요 그 수가 어찌 그리 많은지요"(17) 하고 감격해 합니다. ㉱ 넷째 단원에서는 "하나님이여 주께서 정녕히 악인을 죽이시리이다"(19) 하고 진술한 후에,

"내게 무슨 악한 행위가 있나 보시고 나를 영원한 길로 인도하소서"(24) 합니다. 이것이 "하나님의 전지, 편재, 전능, 주관하심"입니다.

적용

하나님의 전지(全知)하심은, 형제를 "미리 아심, 미리 정하심"(롬 8:29), 즉 창세전에 택하심을 나타나고, 하나님의 전능(全能)하심은, 형제를 이 세상에 태어나게 하시되 신묘막측하게 하셨으며, 하나님의 무소부재(편재)하심은, 형제를 "내가 너와 함께 있어 네가 어디로 가든지 너를 지키며, 네게 허락한 것을 다 이루기까지 너를 떠나지 아니하리라"(창 28:15) 하십니다. 이는 모두가 하나님께서 행해주신 일입니다.

이제 형제가 결단해야할 점은 결론 부분(19-24)입니다. 두 가지로 요약이 되는데, 첫째는 "내가, 주를 치러 일어나는 자를 한하지 아니하나이까" 하는 하나님 편에 확고하게 서 있어야 한다는 점이고, 둘째는 "나를 살피사", 즉 하나님 앞에서 어떤 삶을 살 것인가 하는 것입니다.

묵상

㉠ 나의 앉고 일어섬을 아시는 하나님에 대해서,

㉡ 바다 끝에서도 나를 붙드시는 하나님에 대해서,

㉢ 태어나기 전부터 나를 아시는 하나님에 대해서,

㉣ 하나님 미워하는 자가 나의 원수라는 점에 대해서.

시편 140편 개관도표
전쟁의 날에 나를 보전하시는 하나님

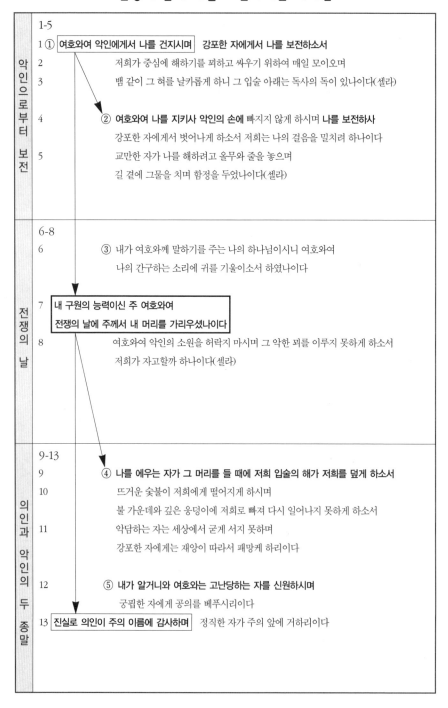

악인으로부터 보전	1-5	
	1	① 여호와여 악인에게서 나를 건지시며 강포한 자에게서 나를 보전하소서
	2	저희가 중심에 해하기를 꾀하고 싸우기 위하여 매일 모이오며
	3	뱀 같이 그 혀를 날카롭게 하니 그 입술 아래는 독사의 독이 있나이다(셀라)
	4	② 여호와여 나를 지키사 악인의 손에 빠지지 않게 하시며 나를 보전하사
		강포한 자에게서 벗어나게 하소서 저희는 나의 걸음을 밀치려 하나이다
	5	교만한 자가 나를 해하려고 올무와 줄을 놓으며
		길 곁에 그물을 치며 함정을 두었나이다(셀라)
전쟁의 날	6-8	
	6	③ 내가 여호와께 말하기를 주는 나의 하나님이시니 여호와여
		나의 간구하는 소리에 귀를 기울이소서 하였나이다
	7	내 구원의 능력이신 주 여호와여 전쟁의 날에 주께서 내 머리를 가리우셨나이다
	8	여호와여 악인의 소원을 허락지 마시며 그 악한 꾀를 이루지 못하게 하소서
		저희가 자고할까 하나이다(셀라)
의인과 악인의 두 종말	9-13	
	9	④ 나를 에우는 자가 그 머리를 들 때에 저희 입술의 해가 저희를 덮게 하소서
	10	뜨거운 숯불이 저희에게 떨어지게 하시며
		불 가운데와 깊은 웅덩이에 저희로 빠져 다시 일어나지 못하게 하소서
	11	악담하는 자는 세상에서 굳게 서지 못하며
		강포한 자에게는 재앙이 따라서 패망케 하리이다
	12	⑤ 내가 알거니와 여호와는 고난당하는 자를 신원하시며
		궁핍한 자에게 공의를 베푸시리이다
	13	진실로 의인이 주의 이름에 감사하며 정직한 자가 주의 앞에 거하리이다

140편
전쟁의 날에 나를 보전하시는 하나님

나의 구원의 능력이신 주 여호와여 전쟁의 날에 주께서 내 머리를 가리우셨나이다(시 140:7).

140편도 다윗의 시라는 표제가 있는데, "악인(1)과 의인"(13)이 대조되어 있는 구조입니다. 즉 의인을 강포한 악인으로부터 구원하시고 보전하여 달라는 간구입니다.

이 "의인"이 1차적으로는 다윗을 가리키지만 고난을 당하실 그리스도의 예표로 등장을 합니다. 그래서 핵심은 "전쟁의 날"(7)에 있는 것입니다. 다윗은 "여호와의 싸움을 싸웠고"(삼상 25:28), 이 싸움은 "너의 후손도 여자의 후손과 원수가 되게 하리니" 하신 원복음으로부터 시작이 되어, 계시록에서 "용을 잡으니 곧 옛 뱀이요 마귀요 사단이라"(계 20:2)에서 끝날 영적 전쟁인 것입니다.

도표를 보시면, "전쟁의 날에 구원하사 보전하소서"를 중심으로, "악인으로부터 보전"(첫째 단원)하여 달라고 간구하면서, "전쟁의 날에 머리를 가려주신다"(둘째 단원) 말씀하면서, "의인과 악인의 두 종말"(셋째 단원)을 예고합니다.

첫째 단원(1-5) 악인으로부터의 보전

둘째 단원(6-8) 전쟁의 날에 머리를 가려주심

셋째 단원(9-13) 의인과 악인의 두 종말

첫째 단원(1-5) 악인으로부터의 보전

① "여호와여 악인에게서 나를 건지시며 강포한 자에게서 나를 보전하소서"(1) 합니다.

㉠ 본문에는 "악인(1, 4, 8), 강포한 자"(1, 4, 11)라는 말이 각각 3번씩이나 등장하는데 누구를 가리키는 것인가? 잊을만하면 상기시킵니다만 시편을 해석할 때에 3방면을 볼 수 있어야만 합니다.

㉮ 첫째는 시편을 기록할 당시요, ㉯ 둘째는 그리스도에게서 성취되는 점이고, ㉰ 셋째는 독자인 우리에게 적용되는 점입니다.

이런 맥락에서 "악인, 강포한 자"란 다윗을 죽이려는 그 누구일 수가 있으나, 궁극적으로는 그 배후 세력인 사탄인 것입니다. 이점이 계속되는 진술을 통해서 확인하게 될 것입니다.

㉡ "저희가 중심에 해하기를 꾀하고 싸우기 위하여 매일 모이오며 뱀 같이 그 혀를 날카롭게 하니 그 입술 아래는 독사의 독이 있나이다"(2-3) 합니다. 주목하게 되는 것은 영적 전쟁에 있어서 주 무기(武器)가 "혀, 입술", 즉 말하는 지체라는 점입니다.

㉮ 이런 맥락에서 창세기 3장에 등장하는 "말하는 뱀"을 상기하게 되고, ㉯ 주님은 성경을 곡해하고 있는 당시의 지도자들을 "뱀들아 독사의 새끼들아"(마 23:33) 하고 책망하시고, ㉰ "그 입술 아래는 독사의 독이 있나이다" 하는데, 사도 바울은 초대교회 거짓 선생들을 가리켜, "저희 말은 독한 창질의 썩어져감과 같다"(딤후 2:17) 하고 지적을 합니다.

영적전쟁은 진리와 비 진리의 싸움이요, 이를 증거하는 "증거"의 싸움이요, 증거되는 말과 함께 역사하는 성령과 악령의 싸움이라는 점을 유념해야만 합니다.

② "여호와여 나를 지키사 악인의 손에 빠지지 않게 하시며 나를 보전하사 강포한 자에게서 벗어나게 하소서 저희는 나의 걸음을 밀치려 하나이다"(4) 합니다.

㉠ "강포한 자에게서 나를 보전하소서(1), 나를 보전하사 강포한 자에게서 벗어나게 하소서"(4) 하고, "보존"(保存)이 강조되어 있는데, 무슨 말씀이 기억이 납니까? 이는 주님께서 잡히시던 날 밤에 행하신 대제사장적 기도에서 3번이나 언급하신 말씀입니다.

㉮ "내게 주신 아버지의 이름으로 저희를 보전하사 우리와 같이 저희도 하나가 되게 하옵소서", ㉯ "내게 주신 아버지의 이름으로 저희를 보전하와 지키었나이다", ㉰ "저희를 세상에서 데려가시기를 위함이 아니요 오직 악에게 빠지지 않게 보전하시기를 위함이니이다"(요 17:11, 12, 15) 하셨습니다.

㉡ 구속의 역사는 하나님께서 "여자의 후손"을 주권적으로 보전하신 역사이기도 합니다.

㉮ 대표적인 예가, "의를 전파하는 노아와 그 일곱 식구를 보존하시고 경건치 아니한 자들의 세상에 홍수를 내리셨으며"(벧후 2:5) 한 홍수심판 때와, ㉯ "밤나무, 상수리나무가 베임을 당하여도 그 그루터기는 남아 있는 것같이 거룩한 씨가 이 땅의 그루터기니라"(사 6:13) 하신, 바벨론으로부터 남은 자를 돌아오게 하신 일입니다. ㉰ 그리고 궁극적인 보전은, "생명의 주를 죽였도다 그러나 하나님이 죽은 자 가운데서 살리셨으니(행 3:15), 그러나 이제 그리스도께서 죽은 자 가운

데서 다시 살아 잠자는 자들의 첫 열매가 되셨도다"(고전 15:20) 한 보전입니다. "만일 만군의 주께서 우리에게 씨를 남겨두지 아니하셨더면 우리가 소돔과 같이 되고 고모라와 같았으리로다"(롬 9:29) 합니다. ㉯ 이 보전이 "내가 저희에게 영생을 주노니 영원히 멸망치 아니할 터이요 또 저희를 내 손에서 빼앗을 자가 없느니라"(요 10:28) 하고, 우리를 보존하시는 것으로 적용이 되는 것입니다.

ⓒ "교만한 자가 나를 해하려고 올무와 줄을 놓으며 길 곁에 그물을 치며 함정을 두었나이다(셀라)"(5) 하고, 하나님은 보전하려하시나, 대적자는 끊으려 하는 것을 나타냅니다. 이것이 "악인으로부터의 보전"입니다.

둘째 단원(6-8) 전쟁의 날에 머리를 가려주심

③ "내가 여호와께 말하기를 주는 나의 하나님이시니 여호와여 나의 간구하는 소리에 귀를 기울이소서 하였나이다"(6).

㉠ "내 구원의 능력이신 주 여호와여 전쟁의 날에 주께서 내 머리를 가리우셨나이다"(7) 합니다. 중심점은 "전쟁의 날"에 있고, 핵심은 "내 머리를 가려주셨다"는데 있습니다.

㉮ 먼저 "전쟁의 날"인데 다윗은 개인의 전쟁을 하고 있는 것이 아닙니다. 다윗은 "전쟁은 여호와께 속한 것이라"(삼상 17:47), 즉 하나님의 이름과 영예를 위한 싸움임을 인식하고 있습니다.

심지어 나발의 아내 아비가일도 다윗이 사울에게 박해를 당하고 있는 것을, "내 주께서 여호와의 싸움을 싸우심"(삼상 25:28)이라고 진술합니다. 바울도 여호와의 "선한 싸움"을 싸운 것이요, 형제도 "그의 나라와 그의 의"를 위한 싸움을 싸우고 있다는 각성이 중요합니다.

㉯ 다음은 "머리를 가려주심"인데, 이점을 두 번이나 "나를 보전하소서"(1, 4) 하는 말씀과 결부를 시킨다면, "전쟁의 날에" 다윗의 머리를 보호해주셨다는 뜻이 되는데, 이는 다윗 개인을 보전해주셨다는 차원을 넘어 신정왕국의 머리를 보전하여주셨다는 것이 되는 것입니다.

그리고 다윗 왕을 그리스도에 대한 예표로 본다면 "머리를 가려주심"을 통해서 전쟁의 날에 하나님께서 그리스도를 죽은 자 가운데서 다시 살리심으로 교회의 머리를 보전해주신 것이 되는 것입니다.

이사야서에 나타난 메시아 예언 중에는, "의로 호심경을 삼으시고 구원을 그 머리에 써서 투구를 삼으며"(사 59:17) 하는 말씀이 있습니다.

또한 "머리를 가려주심"이 성도들에게는, "우리는 낮에 속하였으니 근신하여 믿음과 사랑의 흉배를 붙이고 구원의 소망의 투구를 쓰자"(살전 5:8) 하는 것으로 적용이 된다 하겠습니다.

㉢ 이점이 "여호와여 악인의 소원을 허락지 마시며 그 악한 꾀를 이루지 못하게 하소서 저희가 자고할까 하나이다(셀라)"(8) 한 진술을 통해서도 암시되어 있습니다. "악인의 꾀"가 무엇인가? 궁극적으로는 "여자의 후손"을 멸하려는 것입니다. 예수 그리스도를 죽은 자 가운데서 다시 살리심은, "악인의 꾀를 이루지" 못하도록 "머리"를 보전하여 주신 사건이었던 것입니다. 이것이 "전쟁의 날에 머리를 가려주심"입니다.

셋째 단원(9-13) 의인과 악인의 두 종말

④ "나를 에우는 자가 그 머리를 들 때에 저희 입술의 해가 저희를 덮게 하소서"(9) 합니다.

㉠ 셋째 단원은 의인과 악인의 두 종말을 예고하는 내용인데, 여기 절묘한 대조가 나타납니다.

㉮ 의인의 머리는, "내 머리를 가리우셨나이다"(7) 하고, 가려주신 반면, ㉯ 악인의 머리는, "그 머리를 들 때에 저희 입술의 해(입술 아래는 독사의 독이 있나이다 한(3)가 저희를 덮게 하소서", 즉 덮어쓰게 해달라는 것입니다.

㉡ 실제로는 그것만이 아니라, "뜨거운 숯불이 저희에게 떨어지게 하시며 불 가운데와 깊은 웅덩이에 저희로 빠져 다시 일어나지 못하게 하소서"(10), 즉 "저희를 미혹하는 마귀가 불과 유황 못에 던짐"(계 20:10)을 받게 된다는 말씀입니다.

㉢ "악담하는 자는 세상에서 굳게 서지 못하며 강포한 자에게는 재앙이 따라서 패망케 하리이다"(11) 합니다. 여기에도 대조가 나타나는데,

㉮ 악인은 "굳게 서지 못하는" 반면, ㉯ "진실로 의인이 주의 이름에 감사하며 정직한 자가 주의 앞에 거하리이다"(13), 즉 "여호와의 집에 영원히 거하리로다"(23:6) 하는 것입니다.

⑤ "여호와여 악인에게서 나를 건지시며"(1) 한 구원 호소로 시작이 된 140편은, "내가 알거니와" 하는 확신으로 마치고 있는데, 믿는 성도들이 확신하는 바가 무엇인가?

㉠ "우리 여호와는 고난당하는 자를 신원하시며 궁핍한 자에게 공의를 베푸시리이다"(12) 하는 것과,

㉡ "진실로 의인이 주의 이름에 감사하며 정직한 자가 주의 앞에 거하게"(13) 되리라는 것입니다.

㉮ 이점을 신약성경에서는, "우리가 알거니와 하나님을 사랑하는

자 곧 그 뜻대로 부르심을 입은 자들에게는 모든 것이 합력하여 선을 이루느니라"(롬 8:28) 말씀하고, ⓑ "내가 확신하노니 사망이나 생명이나 천사들이나 권세 자들이나…아무 피조물이라도 우리를 우리 주 그리스도 예수 안에 있는 하나님의 사랑에서 끊을 수 없으리라"(롬 8:38, 39) 합니다. 이것이 "의인과 악인의 두 종말"이요, "전쟁의 날에 나를 보전하시는 하나님"입니다.

적용

형제여, 지금은 "전쟁의 날"입니다. "구원의 능력이신 주 여호와"께서 형제의 머리를 가려주심을 믿으시기 바랍니다. 그러나 사탄의 머리는 발등상이 되게 하실 것입니다. 140편에서 성도가 행해야 할 점은, "진실로 의인이 주의 이름에 감사하며" 한 "감사"와 "주의 앞에 거하리이다" 한 "거함"(요일 2:6)입니다.

묵상

ㄱ 첫 절의 "악인"과 마지막 절의 "의인"의 대조에 대해서,
ㄴ 구속사에 있어서 하나님의 "보전하여" 주심에 대해서,
ㄷ 전쟁의 날에 머리를 가려주심에 대해서.

환난 중에 기도하고 바람

환난 중의 기도제목	**1-5**
	1 ① ▣여호와여 내가 주를 불렀사오니 속히 내게 임하소서▣
	내가 주께 부르짖을 때에 내 음성에 귀를 기울이소서
	2　나의 기도가 주의 앞에 분향함과 같이 되며
	나의 손 드는 것이 저녁 제사 같이 되게 하소서
	3 ② ▣여호와여 내 입 앞에 파숫군을 세우시고▣ 내 입술의 문을 지키소서
	4　내 마음이 악한 일에 기울어 죄악을 행하는 자와 함께 악을 행치 말게 하시며
	저희 진수를 먹지 말게 하소서
	5　의인이 나를 칠지라도 은혜로 여기며 책망할지라도 머리의 기름 같이 여겨서
	내 머리가 이를 거절치 아니 할지라 저희의 재난 중에라도 내가 항상 기도하리로다
의뢰하는 기도	**6-10**
	6　③ 저희의 관장들이 바위 곁에 내려 던지웠도다
	내 말이 달므로 무리가 들으리로다
	7　사람이 밭 갈아 흙을 부스러뜨림같이
	우리의 해골이 음부 문에 흩어졌도다
	8 ④ ▣주 여호와여 내 눈이 주께 향하며▣ 내가 주께 피하오니 내 영혼을 빈궁한대로 버려두지 마옵소서
	9　나를 지키사 저희가 나를 잡으려고 놓은 올무와 행악자의 함정에서 벗어나게 하옵소서
	10　악인은 자기 그물에 걸리게 하시고 나는 온전히 면하게 하소서

141편
환난 중에 기도하고 바람

여호와여 내가 주를 불렀사오니 속히 내게 임하소서 내가 주께 부르짖을 때에
내 음성에 귀를 기울이소서(시 141:1).

141편도 "다윗의 시"라는 표제가 있는데, 환난 중에 기도하는 내용
입니다. 도표를 보시면 "내 입 앞에 파수꾼을 세우시고"(첫째 단원)
하는 기도제목을 말하면서, "내 눈이 주께 향하오니"(둘째 단원) 하고
의뢰하는 기도를 드립니다.

첫째 단원(1-5) 환난 중의 기도제목
둘째 단원(6-10) 의뢰하는 기도

첫째 단원(1-5) 환난 중의 기도제목

① "여호와여 내가 주를 불렀사오니 속히 내게 임하소서 내가 주께
부르짖을 때에 내 음성에 귀를 기울이소서"(1) 합니다.

다윗은 지금 환난 중에 있습니다. 다윗이 당한 환난은 사울로부터
당한 환난과, 압살롬의 반역으로 인한 환난으로 대별이 됩니다. 본문
의 배경은 내용으로 볼 때에 사울로부터 당한 환난으로 여겨집니다.

이럴 경우 어떻게 대처해야만 하는가?

㉠ 하나님께 부르짖어 기도하는 일입니다. 그런데 주목하게 되는 것은 단순한 기도응답을 구하는 것이 아니라, "내가 주를 불렀사오니 속히 내게 임하소서" 하고, 하나님께서 "임하여", 즉 찾아와주시기를 구하고 있다는 점입니다. 그것도 "속히 내게 임하소서" 하는 것은 오시기를 "서둘러 달라"는 뜻입니다. 이처럼 "내게 임하소서" 하는 기다림은 다윗의 시편 여러 곳에서 나타나고 있습니다.

㉮ "내가 완전한 길에 주의하오리니 주께서 언제나 내게 임하시겠나이까"(101:2), ㉯ "나는 가난하고 궁핍하오니 하나님이여 속히 내게 임하소서"(70:5) 합니다. ㉰ 그런가 하면 "하나님이 그 인자와 진리를 보내시리로다"(57:3) 합니다. ㉱ 나아가 다윗은 개인적인 구원만을 구하고 있는 것이 아니라, "이스라엘의 구원이 시온에서 나오기를 원하도다"(14:7) 하고, 그리스도를 대망하고 있었는데, 그런 다윗이 "속히 내게 임하소서" 한다면 누구를 바라는 것이 되는가?

㉡ "나의 기도가 주의 앞에 분향함과 같이 되며 나의 손드는 것이 저녁 제사 같이 되게 하소서"(2) 합니다. "저녁 제사"란 상번제를 말하는데 "이는 화제(火祭)라 여호와께 향기로운 냄새니라"(레 1:17) 합니다. 그러니까 자신의 기도가 하나님의 뜻에 합한 기도가 되어서 향연이 올라감과 같이 열납(悅納)되기를 원한다는 간구입니다.

② 그런 후에 환난 중에 조심해야할 몇 가지 구체적인 제목을 말씀하는데 우리도 명심해야할 점들입니다.

㉠ 첫째로 "여호와여 내 입 앞에 파수꾼을 세우시고 내 입술의 문을 지키소서"(3) 합니다. 환난의 날에는 분한 마음을 토설해야만 시원할 것 같은 심정인 것입니다. 그래서 참지를 못하고 경솔하게 말하기

가 쉬운 법입니다. 그러나 말의 실수는 돌이킬 수 없는 올무가 되고 맙니다.

ⓛ 둘째로 "내 마음이 악한 일에 기울어 죄악을 행하는 자와 함께 악을 행치 말게 하시며 저희 진수를 먹지 말게 하소서"(4) 합니다. 이 진보를 주목해보시기를 바랍니다.

㉠ "입 앞에 파수꾼을 세우소서" 한 "입"에서, "내 마음이" 하고 "마음"으로 나아가고 있습니다. 그러니까 입술로 죄를 범하지 않는 것만이 아니라, "마음이 악한 일에 기울어"지지 않게 해달라는 것입니다. ㉡ 또한 마음으로만이 아니라, "죄악을 행하는 자와 함께 악을 행치 말게 하시며" 하고, 행동으로 죄를 짓지 않게 해달라고 간구합니다. ㉢ 한걸음 더 나아가, "저희 진수를 먹지 말게 하소서" 하는 것은, 불의한 자와 교제를 하거나 타협하지 않게 해달라는 간구인 것입니다. 참으로 환난 날에 삼가고 조심해야할 덕목들입니다.

ⓒ 셋째로 "의인이 나를 칠지라도 은혜로 여기며 책망할지라도 머리의 기름 같이 여겨서 내 머리가 이를 거절치 아니 할지라"(5상) 합니다. 무슨 뜻인가? 환난의 날에는,

㉠ 모함하는 독설이 있는가 하면, ㉡ 간사한 거짓 입술도 있기 마련입니다.

그래서 누구의 말도 듣지 않으려는 폐쇄적(閉鎖的)이 되어 진정한 고언(苦言)까지도 거부하게 되기 쉬운 것입니다. 그래서 "의인이 나를 칠지라도 은혜로 여기며" 하는 것입니다. 참으로 특출 난 경건 성을 대하게 됩니다.

그런데 이어지는 "저희의 재난 중에라도 내가 항상 기도하리로다"(5하) 하는 것은 무슨 뜻인가? 다윗은 환난 날에 자신을 돌아보아주었다가 죽임을 당한 아히멜렉과 850명 제사장(삼상 22:18)들을 염두에

두고 하는 말일 것입니다. 이것이 시련 중에 명심해야할 "환난 중의 기도제목들"입니다.

둘째 단원(6-10) 의뢰하는 기도

③ 6-7절은 난해한 구절로 여겨지고 있는데, "저희와, 우리"의 두 상황이 나타나고 있는데,

㉠ "저희의 관장들이 바위 곁에 내려 던지웠도다"(6상) 하고,

㉡ "우리의 해골이 음부 문에 흩어졌도다"(7하) 합니다. 이것이 어떤 상황을 가리키는 것인가?

㉮ 먼저 "저희의 관장들이 바위 곁에 내려 던지웠도다" 하는 것은 다 죽었다는 말인데 사무엘상 31장은 다윗을 죽이려던 사울을 위시하여, "죽으니라(1), 죽으니라(2), 그와 함께 죽으니라(5), 그의 모든 사람이 다 그날에 함께 죽었더라"(6) 하고 끝나고 있습니다. 이 상황을 가리키는 것으로 여겨집니다. 그리고 "내 말이 달므로 무리가 들으리로다"(6하) 하는 것은 사울을 추종하던 자들이 이제 다윗을 따르게 되리라는 뜻으로 볼 수가 있습니다. ㉯ 다음은 "사람이 밭 갈아 흙을 부스러뜨림같이 우리의 해골이 음부 문에 흩어졌도다"(7) 한 상황은 앞에서 말씀드린 850명 제사장들과 "제사장들의 성읍 놉의 남녀와 아이들과 젖 먹는 자들과 소와 나귀와 양을 칼로 쳤더라"(삼상 22:19) 한 상황을 생각하게 됩니다. 문자적으로 "우리의 해골이 음부 문에 흩어졌도다" 할 비참한 상황이었던 것입니다.

④ 다윗은 다시 기도하기를, "주 여호와여 내 눈이 주께 향하며 내가 주께 피하오니 내 영혼을 빈궁한대로 버려두지 마옵소서"(8) 합니다.

ⓒ 그리고 두 종말이 대조되어 나타나는데,

㉮ "나를 지키사 저희가 나를 잡으려고 놓은 올무와 행악자의 함정에서 벗어나게 하옵소서"(9), ㉯ 그러나 "악인은 자기 그물에 걸리게 하시고", 즉 의인을 잡으려고 쳐놓은 올무와 그물에 자기가 걸리게 하시고, "나는 온전히 면하게 하소서"(10) 하고 마치고 있습니다.

이런 기도를 자기중심적인 사사로운 복수로 여겨서는 아니 됩니다. 다시 말하면 이는 윤리적인 문제가 아니라 신학적(神學的)인 문제라는 점을 잊지 말아야만 합니다.

다윗은 지금 하나님의 이름과 영예가 걸려 있는 "여호와의 전쟁"을 싸우고 있는 전사(戰士)인 것입니다. 그러므로 "악인은 자기 그물에 걸리게 하시며" 하는 기도는 "속히 사단을 너희 발아래서 상하게 하시리라"(롬 16:20) 한 것과 상통하는 기도입니다. 이것이 "환난 중에 기도하고 바람"입니다.

적용

시련의 날에 "입에서-마음으로-마음에서 행동"으로 진보하는 기도 제목들을 명심하면서, "의인이 나를 칠지라도 은혜로 여기며" 한 고언을 받아드릴 마음가짐이 있어야 하겠습니다. 환난 날은 또한 "기도하는 날"입니다. "환난 날에 나를 부르라 내가 너를 건지리니 네가 나를 영화롭게 하리라"(50:15) 하십니다.

묵상

ⓒ 환난 중에 조심해야할 기도제목에 대해서,

ⓛ "의인이 나를 칠지라도 은혜로 여긴다"는 말에 대해서,

ⓒ "악인은 자기 그물에 걸리게 해달라"는 신학적인 의미에 대해서.

시편 142편 개관도표
비천한 자를 후대하시는 하나님

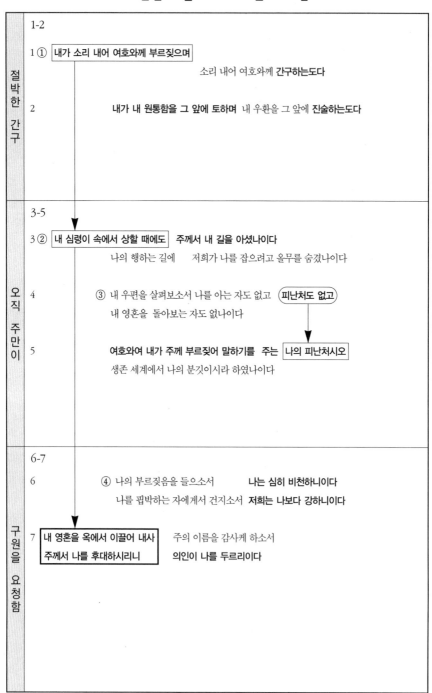

절박한 간구	**1-2**	
	1 ① 내가 소리 내어 여호와께 부르짖으며	
		소리 내어 여호와께 간구하는도다
	2	내가 내 원통함을 그 앞에 토하며 내 우환을 그 앞에 진술하는도다
오직 주만이	**3-5**	
	3 ② 내 심령이 속에서 상할 때에도 주께서 내 길을 아셨나이다	
		나의 행하는 길에 저희가 나를 잡으려고 올무를 숨겼나이다
	4 ③ 내 우편을 살펴보서 나를 아는 자도 없고 피난처도 없고	
		내 영혼을 돌아보는 자도 없나이다
	5	여호와여 내가 주께 부르짖어 말하기를 주는 나의 피난처시오
		생존 세계에서 나의 분깃이시라 하였나이다
구원을 요청함	**6-7**	
	6 ④ 나의 부르짖음을 들으소서 나는 심히 비천하니이다	
		나를 핍박하는 자에게서 건지소서 저희는 나보다 강하니이다
	7 내 영혼을 옥에서 이끌어 내사 주의 이름을 감사케 하소서	
	주께서 나를 후대하시리니 의인이 나를 두르리이다	

142편
비천한 자를 후대하시는 하나님

내 영혼을 옥에서 이끌어 내사 주의 이름을 감사케 하소서 주께서 나를 후대하
시리니 의인이 나를 두르리이다(시 142:7).

142편에는 "다윗이 굴에 있을 때에 지은 기도"라는 표제가 있습니다. 57편에도 "사울을 피하여 굴에 있던 때"라는 표제가 있는데 내용으로 보면 142편이 더욱 절박한 상황입니다. "내 원통함을 토한다"(첫째 단원)고 말하면서, 오직 "주께서 내 길을 아신다"(둘째 단원), 그러면서 "주께서 나를 후대하시리니"(셋째 단원) 하는 신뢰로 마치고 있습니다.

첫째 단원(1-2) 원통함을 토하는 기도
둘째 단원(3-5) 주 만이 내 길을 아신다
셋째 단원(6-7) 후대하실 것을 믿음

첫째 단원(1-2) 원통함을 토하는 기도

① "내가 소리 내어 여호와께 부르짖으며 소리 내어 여호와께 간구하는도다"(1),

㉠ "내가 내 원통함을 그 앞에 토하며 내 우환을 그 앞에 진술하는 도다"(2) 합니다. 어찌하여 다윗이 이런 박해를 당해야만 하는가? 사사로운 문제로 그러한 것이 아닙니다.

㉮ 하나님께서 택하시고, ㉯ 기름을 부으심으로, ㉰ "여호와의 신에 크게 감동"(삼상 16:13)이 되었기 때문입니다.

만일 하나님의 택하심이 아니었다면 다윗은 평생을 목동으로 평안한 삶을 누릴 수가 있었을 것입니다. 그렇다면 하나님께서 다윗을 택하시어 기름을 부어 왕으로 삼으신 의도가 무엇인가? 그의 자손으로 보내실 예수 그리스도를 예표하는 인물로 세우시기 위해서입니다.

㉡ 하나님께서는 다윗이 연고 없이 박해를 당하는 것을 들어서, 그리스도께서 연고 없이 당하시게 될 고난(요 15:25)을 예시하고 계십니다. 이런 맥락에서 본문을 통해서 다윗만을 본다면 그림자는 보고 실체는 보지 못하는 것이 되고 맙니다. 그러므로 배척을 당하실 그리스도를 보아야만 합니다. 이점이 "내 영혼을 옥에서 이끌어 내사, 주께서 나를 후대하시리니 의인이 나를 두르리이다" 하는 마지막 절에 분명히 드러납니다.

그리고 본문은 우리에게, "너희가 세상에 속하였으면 세상이 자기의 것을 사랑할 터이나 너희는 세상에 속한 자가 아니요 도리어 세상에서 나의 택함을 입은 자인 고로 세상이 너희를 미워하느니라"(요 15:19) 하신 말씀으로 적용이 되는 것입니다. 이것이 "원통함을 토하는 기도"입니다.

둘째 단원(3-5) 주 만이 내 길을 아신다

② 그러므로 다윗은 절박한 상황에서도, "내 심령이 속에서 상할

때에도 주께서 내 길을 아셨나이다 나의 행하는 길에 나를 잡으려고 올무를 숨겼나이다"(3) 합니다. 3절 안에는 "길"이 두 번 등장하는데,

㉠ 첫째는 "주께서 내 길을 아신다"는 것은 나에게 향하신 계획을 갖고 계시다는 뜻이요, 그러니까 다윗이 연고 없이 당하는 고난에는 의미가 있다는 말입니다.

㉡ 둘째는 대적은 "나의 행하는 길에 나를 잡으려고 올무를 숨겼나이다"(3하) 하는데, 마치 짐승이 다니는 길목에 올무를 숨겨놓듯이 했다는 것입니다.

㉮ 환난 중에서도 "주께서 내 길을 아셨나이다" 하고 말할 수 있는 것이 하나님을 신뢰하는 믿음입니다. ㉯ 욥도 극한적인 시련을 당하면서, "나의 가는 길을 오직 그가 아시나니 그가 나를 단련하신 후에는 내가 정금같이 나오리라"(욥 23:10) 하고 고백을 합니다. ㉰ 순교를 앞둔 사도 바울도, "내가 또 이 고난을 받되 부끄러워하지 아니함은 나의 의뢰한 자를 내가 알고 또한 나의 의탁한 것을 그날까지 저가 능히 지키실 줄을 확신함이라"(딤후 1:12) 합니다. 이것이 믿음의 승리입니다.

③ "내 우편을 살펴보소서 나를 아는 자도 없고 피난처도 없고 내 영혼을 돌아보는 자도 없나이다"(4),

㉠ "여호와여 내가 주께 부르짖어 말하기를 주는 나의 피난처시오 생존 세계에서 나의 분깃이시라 하였나이다"(5) 합니다. 이 절묘한 대조와 믿음을 보십시오.

㉮ 4절에서는 "피난처도 없다" 했는데, 5절에서는 "주는 나의 피난처"라고 말하고, ㉯ 4절에서는 "나를 아는 자도 없고, 내 영혼을 돌아보는 자도 없나이다" 하고 말했는데, 5절에서는 오직 주 만이 "나의 분

깃"이라고 고백을 합니다. 그렇습니다. "주 만이 내 길을 아시고, 주 만이 나의 피난처요, 주 만이 나의 분깃"이십니다.

셋째 단원(6-7) 후대하실 것을 믿음

④ "나의 부르짖음을 들으소서 나는 심히 비천하니이다 나를 핍박하는 자에게서 건지소서 저희는 나보다 강하니이다"(6) 합니다.

6-7절은 결론 부분인데 142편의 중심점이 여기에 있고, 그러므로 여기서 그리스도를 만나게 되는 것입니다.

㉠ "내 영혼을 옥에서 이끌어 내사 주의 이름을 감사케 하소서 주께서 나를 후대하시리니 의인이 나를 두르리이다"(7) 합니다. 6-7절을 정리해보면,

㉮ "나는 심히 비천하게 되고", ㉯ "저희는 나보다 강하다"(6)고 말하고, ㉰ 그러나 "내 영혼을 옥에서 이끌어 내사", ㉱ "주께서 나를 후대하시리니"(7) 합니다.

하나님께서는 1차적으로 다윗의 생명을 "생명싸개"(삼상 25:29)로 보호해주셨다가, 동굴에서 이끌어 내시어 왕위에 오르게 하셨습니다.

㉡ 그런데 형제는 이 증거를 통해서 다윗만을 보는 것으로 멈추시겠습니까? 그렇게 한다면 본문에서 기껏해야 교훈만을 말하게 될 뿐 그리스도는 실종이 되어 해답(解答)은 제시하지 못하게 됩니다. 결과는 천국 문을 닫는 것이 되고 맙니다.

㉮ 성경 역사상 가장 "비천"하게 되신 분이 누군지 아십니까? 우리 주님은 "부요하신 자로서 너희를 위하여 가난하게 되셨고(고후 8:9), 자기를 낮추시고 죽기까지 복종하셨으니 곧 십자가에 죽으심"(빌 2:8)으로 가장 비천하게 되신 분이십니다. 113편에서도 "스스로 낮추

사 천지를 살피시고 가난한 자를 진토에서 일으키시며 궁핍한 자를 거름 무더기에서 드셔서 방백들 곧 그 백성의 방백들과 함께 세우시며"(113:6-8) 합니다. ㉯ "저희는 나보다 강하다" 하는데, 우리 주님은 "자라나기를 연한 순 같고 마른 땅에서 나온 줄기 같아서 고운 모양도 없고"(사 53:2), 저들에 의하여 십자가에 죽으시기까지 하심으로, 가장 약한 자같이 되신 분이십니다. ㉰ "내 영혼을 옥에서 끌어내사" 한, 옥에 갇혀있는 상태란, "죽으시고 무덤에 장사 지낸 바" 되신 것을 연상하게 합니다. ㉱ 그러나 "이끌어 내서", 즉 죽은 자 가운데서 다시 살리심으로, "주께서 나를 후대하시리니", 즉 "지극히 높여 모든 이름 위에 뛰어난 이름"(빌 2:9)을 주셨던 것입니다.

　㉢ 그리고 결정적인 증거가 "의인이 나를 두르리이다"(7하) 한 "의인"입니다.

　㉮ 다음에 나오는 143:2절을 보십시오. "주의 목전에는 의로운 인생이 하나도 없나이다" 하고 "의인"이 없다는 점을 다윗은 알고 있습니다. 그러므로 성경이 말씀하는 "의인"이란, "한 사람의 순종하심으로 많은 사람이 의인이 되리라"(롬 5:19) 한, 그리스도의 구속과 결부되어서만이 가능한 표현인 것입니다. ㉯ 그리고 "의인이 두르리이다", 즉 모여들게 되리라 하는데, 이사야서 49:18절에서는 "네 눈을 들어 사방을 보라 그들이 다 모여 네게로 오느니라 나 여호와가 이르노라 내가 나의 삶을 두고 맹세하노니 네가 반드시 그 모든 무리로 장식을 삼아 몸에 차며 띠기를 신부처럼 할 것이라" 하십니다. ㉰ "그때에 네 심중에 이르기를 누가 나를 위하여 이 무리를 낳았는고 나는 자녀를 잃고 외로워졌으며 사로잡혔으며 유리하였거늘 이 무리를 누가 양육하였는고 나는 홀로 되었거늘 이 무리는 어디서 생겼는고 하리라"(사 49:21) 하십니다. 얼마나 명백한 계시인가!

하나님께서는 이를 계시하시기 위해서 다윗으로 하여금 연고 없는 고난당하는 것을 허용을 하시고, 이를 기록케 하심으로 후대에 전해 주게 하셨던 것입니다. 그런 의미가 아니라면 우리는 다윗의 위인전기를 공부하고 있단 말인가? 이것이 "비천한 자를 후대하시는 하나님"입니다.

적용

형제여 예수 그리스도의 구속으로 말미암아 비천한 우리들을, "또 함께 일으키사 그리스도 예수 안에서 함께 하늘에 앉히시니"(엡 2:6)하고 후대하여주셨습니다.

이를 믿는 자들은 "내 심령이 속에서 상할 때에도", ㉮ "주께서 내 길을 아시나이다", ㉯ "주는 나의 피난처시오", ㉰ "주께서 나를 후대하시리니" 하고 말하는 자입니다. 그리고 "주의 이름에 감사"하는 자입니다.

묵상

㉠ 본문에 나타난 예표가 어떻게 실체로 성취되었는가에 대해서,
㉡ "내 길을 아신다"는 신뢰에 대해서,
㉢ "나를 후대하시리니"에 대해서.

시편 143편 개관도표
인자한 말씀 듣기를 원하는 종의 기도

상한 심령 참담한 마음	**1-4** 1 ① 여호와여 내 기도를 들으시며 내 간구에 귀를 기울이시고 　　주의 진실과 의로 내게 응답하소서 2 　　② 주의 종에게 심판을 행치 마소서 　　주의 목전에는 의로운 인생이 하나도 없나이다 3 ③ 원수가 내 영혼을 핍박하며 내 생명을 땅에 엎어서 　　나로 죽은지 오랜 자 같이 흑암한 곳에 거하게 하였나이다 4 　　그러므로 내 심령이 속에서 상하며 내 마음이 속에서 **참담하니이다**
인자한 말씀	**5-8** 5 ④ 내가 옛날을 기억하고 주의 모든 행하신 것을 묵상하며 주의 손의 행사를 생각하고 6 　　주를 향하여 손을 펴고 내 영혼이 마른 땅 같이 주를 사모하나이다(셀라) 7 　　**여호와여 속히 내게 응답하소서** 내 영혼이 피곤하나이다 　　주의 얼굴을 내게서 숨기지 마소서 내가 무덤에 내려가는 자 같을까 두려워하나이다 8 ⑤ 아침에 나로 주의 인자한 말씀을 듣게 하소서 내가 주를 의뢰함이니이다 　　**나의 다닐 길을 알게 하소서**　　　내가 내 영혼을 주께 받듦이니이다 9 　　**여호와여 나를 내 원수들에게서 건지소서** 내가 주께 피하여 숨었나이다
주의 종이니이다	**10-12** 10 ⑥ 주는 나의 하나님이시니 나를 가르쳐 주의 뜻을 행케 하소서 　　주의 신이 선하시니 나를 공평한 땅에 인도하소서 11 　　⑦ 여호와여 주의 이름을 인하여 나를 살리시고 　　주의 의로 내 영혼을 환난에서 끌어내소서 12 　　주의 인자하심으로 나의 원수들을 끊으시고 내 영혼을 괴롭게 하는 자를 다 멸하소서 나는 주의 종이니이다

143편
인자한 말씀 듣기를 원하는 종의 기도

아침에 나로 주의 인자한 말씀을 듣게 하소서 내가 주를 의뢰함이니이다 나의
다닐 길을 알게 하소서 내가 내 영혼을 주께 받듦이니이다(시 143:8).

143편도 다윗의 시인데 구조는, "주의 종(2, 12)이, 원수들"(3, 9, 12)로부터 박해를 당하는 내용으로 되어 있습니다. 대부분의 시편이 이러한 상황전개임을 유의해야만 합니다. 이는 시편이 "시"라는 문학 형식으로 기록이 되었으나 배경은 "전쟁의 날에"(140:7) 한, 전쟁마당에서 기록이 된 영적 싸움의 기록인 것입니다.

그리고 이 싸움은 "여자의 후손은 네 머리를 상하게 하리니" 하고 선언하신 창세기 3:15절부터 시작이 되어 계시록에서 "이루었도다"(계 21:6) 하고, 여자의 후손의 승리로 끝나게 되는 전쟁인 것입니다.

그러므로 핵심은 18번이나 등장하는 "주"에 있고, 중심점은 박해를 당하는 다윗이 "주의 종"(12)이라는 사실입니다. 그래서 종이, 주인에게, "참담한 심정"(첫째 단원)을 호소하면서, "인자한 말씀을 듣게 하소서"(둘째 단원), "나는 주의 종이니이다"(셋째 단원) 하고 호소하는 내용입니다.

첫째 단원(1-4) 상한 심령 참담한 마음

둘째 단원(5-9) 인자한 말씀을 듣기를 원함

셋째 단원(10-12) 나는 주의 종이니이다

첫째 단원(1-4) 상한 심령 참담한 마음

① "여호와여 내 기도를 들으시며 내 간구에 귀를 기울이시고 주의 진실과 의로 내게 응답하소서"(1) 합니다.

㉠ 141편에서도, "여호와여 내가 주를 불렀사오니 속히 내게 임하소서"(1) 간구하고, 142편에서도 "내가 소리 내어 여호와께 부르짖으며 소리 내어 여호와께 간구하는도다"(1) 하고 부르짖고 있습니다.

㉡ 그런데 다윗은 덮어놓고 응답해 달라는 것이 아니라, "주의 진실과 의로 내게 응답하소서"(1하), 즉 하나님의 의로우신 뜻대로 하옵소서 하는 것입니다. 우리 주님이시라도 "나의 원대로 마옵시고 아버지의 원대로 하옵소서"(마 26:39) 하셨다면 우리는 더욱 "주의 진실과 의로 내게 응답하소서" 해야 마땅하지 않겠는가?

② 그런데 다윗은 "주의 종에게 심판을 행치 마소서 주의 목전에는 의로운 인생이 하나도 없나이다"(2) 하는 것이 아닌가?

㉠ 이는 두 마디로 되어 있는데,

㉮ 첫째는 "주의 목전에는 의로운 인생이 하나도 없다"는 말은, 자신도 죄인이라는 것과, 자신이 당하는 고난이 죄에 대한 징벌임을 인정하는 것으로 볼 수가 있습니다. ㉯ 둘째는 "심판을 행치 마소서" 하는 말입니다. "의로운 인생이 하나도 없다"는 점을 인정을 하면서, 동시에 "심판을 행치 마소서" 하는데 디렘마가 있고, 풀어야 할 난제(難題)가 있는 것입니다. 이에 대한 해답을 뒤에 가서 대하게 될 것입니다.

③ 문제는 "원수가 내 영혼을 핍박하며 내 생명을 땅에 엎어서 나로 죽은 지 오랜 자 같이 흑암한 곳에 거하게 하였나이다"(3) 하고, 모두가 열 두절에 불과한 본문에 "원수"라는 말이 3번(3, 9, 12)이나 등장한다는 점입니다.

㉠ 143편은 압살롬의 반역으로 인한 징벌을 당할 때에 지은 시로 인정이 되고 있는데, 나단선지자는 다윗이 범한 죄에 대해서, "이 일로 인하여 여호와의 원수로 크게 훼방할 거리를 얻게 하였다"(삼하 12:14) 하고 말했습니다. 그러면 본문의 "원수"는 누구며, 나단이 말한 "원수"는 누구를 가리키는가?

그가 누구이든 구속사의 맥락으로 보면 "우리 형제들을 참소하던 자 곧 우리 하나님 앞에서 밤낮 참소하던 자가 쫓겨났고"(계 12:10)한, 참소자요 원수는 사탄인 것입니다. 그러므로 다윗이 "원수가 내 영혼을 핍박하며 내 생명을 땅에 엎어서"(3) 한 원수나, 예수 그리스도를 죽이려고 한 원수는 사탄의 하수인(下手人)인 것이 됩니다.

현대교회는 이런 논리를 싫어하고 미워합니다. 그러나 사람 속에 도사리고 있는 죄와, 역사의 배후에서 발동하는, "어두움의 세상 주관자들과 하늘에 있는 악의 영들"(엡 6:12)을 부정하고는 단말마(斷末魔)적으로 치닫고 있는 오늘의 죄악상을 설명할 길이 없는 것입니다.

㉡ "그러므로 내 심령이 속에서 상하며 내 마음이 속에서 참담하니이다"(4) 합니다. 다윗의 진술은 무고히 박해를 당할 때의 진술과는 구별이 됩니다. 17:1절에서는, "여호와여 정직함을 들으소서, 거짓되지 않은 입술에서 나오는 내 기도에 귀를 기울이소서" 합니다. 그런데 본문에서는 "내 심령이 속에서 상하며 내 마음이 속에서 참담하니이다" 합니다.

이는 깊은 죄의식에서 나오는 탄식이라 할 수가 있습니다. 그렇다면 이에 대한 해답이 무엇이란 말인가? 계속되는 관찰에서 깨닫게 될 것입니다.

둘째 단원(5-9) 인자한 말씀을 듣기를 원함

④ "내가 옛날을 기억하고 주의 모든 행하신 것을 묵상하며 주의 손의 행사를 생각하고"(5),

㉠ "주를 향하여 손을 펴고 내 영혼이 마른 땅 같이 주를 사모하나이다(셀라)"(6) 합니다. 형제여, 여기 "참담"한 상한 심령을 치유하는 비결이 있습니다.

㉮ 그것은 "옛날을 기억하고", ㉯ "주의 모든 행하신 것을 묵상하며", ㉰ "주의 손의 행사를 생각하고"(5), ㉱ "주를 향하여 손을 펴고", 즉 기도하면서, ㉲ "마른 땅 같이 주를 사모하나이다"(6) 한 갈망입니다.

다시 말하면 옛적에 바로의 노예였던 참담한 상태에서 구원하여주신 "출애굽"이 사실이라면 지금 당면하고 있는 시련이나 징벌에서도 능히 구원하여주실 것을 확신할 수가 있다는 뜻입니다.

이점을 로마서에서는, "자기 아들을 아끼지 아니하시고 우리 모든 사람을 위하여 내어주신 이가 어찌 아들과 함께 모든 것을 우리에게 은사로 주시지 않겠느냐"(롬 8:32) 하고 반문합니다.

㉡ 그래서 "여호와여 속히 내게 응답하소서 내 영혼이 피곤하니이다 주의 얼굴을 내게서 숨기지 마소서 내가 무덤에 내려가는 자 같을까 두려워하나이다"(7) 하고 호소합니다.

⑤ 그리고 요절로 정한 말씀이 나오는데, "아침에 나로 주의 인자한 말씀을 듣게 하소서 내가 주를 의뢰함이니이다"(8상) 합니다.

㉠ 핵심은 다윗이 듣기를 사모한 "주의 인자한 말씀"이 무엇인가 하는 점입니다. 143편은 "회개 시, 또는 참회 시"로 분류되고 있는데 다윗이 듣기를 간구한 "주의 인자한 말씀"이란, "내 허물을 여호와께 자복하리라 하고 주께 내 죄를 아뢰고 내 죄악을 숨기지 아니하였더니 곧 주께서 내 죄의 악을 사하셨나이다"(32:5) 한, 말씀을 듣기를 원했다고 보아야 할 것입니다.

㉡ 다윗이 "허물의 사함을 얻고 그 죄의 가리움을 받은 자는 복이 있도다"(32:1) 하고 진술했다는 것은, "주의 인자한 말씀"을 들었다는 증거가 되는 것입니다. 이 복음만이, "의로운 인생이 하나도 없다" 하면서 동시에, "심판을 행치 마소서" 하는 난제(難題)에 대한 해답을 제공해주기 때문입니다.

㉢ 그래서 "내가 주를 의뢰함이니이다", 즉 믿습니다. "내 영혼을 주께 받듦이니이다"(8하), 즉 맡깁니다. "내가 주께 피하여 숨었나이다"(9), 즉 추격해오는 원수를 피하여 도피성에 숨었다고 고백했던 것입니다.

다윗은 사울을 피하여 굴에 숨은 절망적인 상태인 57편에서도, "주께로 피하되 주의 날개 그늘 아래서 이 재앙이 지나기까지 피하리이다"(57:1) 하면서, "주의 인자는 커서 하늘에 미치고 주의 진리는 궁창에 이르나이다"(57:10) 하고, "주의 인자한 말씀"을 붙잡고 찬양하고 있는 것을 보게 됩니다.

107:20절을 보십시오. "저가 그 말씀을 보내어 저희를 고치사 위경에서 건지시는도다" 합니다. "말씀을 보내신다" 합니다. 주의 인자한 "말씀"이 우리의 상한 심령을 치료하시기 위해서 육신을 입으시고 이 땅에 보내심을 받은 것입니다. 그리하여 "여호와께서 우리 무리의 죄

악을 그에게 담당시키셨도다"(사 53:6) 합니다.

"아침에" 듣게 해달라는 것은 신속한 응답을 구하는 것이지만, 구약시대의 시간이란, "시온의 영광이 빛나는 아침"을 기다리는 밤이었던 것입니다. 이것이 "인자한 말씀을 듣기를 원함"입니다.

셋째 단원(10-12) 나는 주의 종이니이다

⑥ "주는 나의 하나님이시니 나를 가르쳐 주의 뜻을 행케 하소서 주의 신이 선하시니 나를 공평한 땅에 인도하소서"(10) 합니다.

㉠ 셋째 단원은 결론부분입니다. "주는 나의 하나님이시니"(10상) 합니다. 이를 바꿔 말하면 "하나님은 나의 주시라"는 뜻입니다. 그래서 "나는 주의 종이니이다"(12하) 하는 것입니다.

외람됩니다만 제가 제일 힘 있게 붙잡고 있는 점이 "그리스도는 나의 주시오, 나는 주의 종이라"는 점입니다. 나는 주의 이름으로 일컬음을 받는 주의 종이요, 나에게는 "주의 이름"이 걸려 있다는 것, 그래서 "주의 이름을 인하여" 감당할 힘을 공급해주시고, 연약하여 넘어졌을 때에도, "남의 하인을 판단하는 너는 누구뇨 그 섰는 것이나 넘어지는 것이 제 주인에게 있으매 저가 세움을 받으리니 이는 저를 세우시는 권능이 주께 있음이니라"(롬 14:4) 하시는, 이보다 우리를 격려하는 말씀은 달리는 없습니다.

⑦ 그래서 다윗도, "여호와여 주의 이름을 인하여 나를 살리시고 주의 의로 내 영혼을 환난에서 끌어내소서"(11) 하는 것입니다.

㉠ 자신에게는 "주의 이름"이 걸려 있다는 고백입니다. "주의 이름을 인하여, 주의 영예를 위하여" 나를 살려달라는 것입니다.

ⓛ 재차 "주의 인자하심으로 나의 원수들을 끊으시고 내 영혼을 괴롭게 하는 자를 다 멸하소서"(12상) 합니다. 자신에게 무슨 자격이 있어서가 아니라 "주의 인자하심으로", 즉 자신을 양을 치는 목장에서 택하셔서 기름을 부으시고, "네 위가 영영히 견고하리라" 하고 세워 주신 메시아언약을 인하여 원수로부터 구원하여 달라고 호소합니다.

ⓒ 그리하여 마지막 말은, "나는 주의 종이니이다"(12하) 하는 것입니다. 형제도 그러합니까? 저도 그러 합니다. 이것이 "인자한 말씀 듣기를 원하는 종의 기도"입니다.

적용

본문에는 "주의"가 10번이나 등장합니다. 그런데 오늘의 우리는, "나의 뜻대로, 나의 유익, 나의 자존심, 나 잘되고, 나 복 받고" 하는 "나의"가 중심이 되어 있지 않은가 심각하게 반성해야만 하겠습니다.

이런 특성이 다름 아닌 "말세에 고통 하는 때가 이르리니 사람들은 자기를 사랑하며 돈을 사랑하며" 한 말세의 징조이기도 한 것입니다. 우리도 "주는 나의 하나님이시니 나를 가르쳐 주의 뜻을 행케 하소서" 하고 구하여야 하겠습니다.

묵상

ⓐ "인자한 말씀"에 대한 구속사적 의미에 대해서,
ⓑ "주의 이름을 인하여 나를 구원하여 달라"(11)는 뜻에 대해서,
ⓒ "나는 주의 종이니이다"(12)에 대한 형제의 각성에 대해서.

시편 144편 개관도표
나의 인자, 나의 반석, 나의 구원의 하나님

성도는 의의 병기	1-4	
	1 ①	나의 반석 여호와를 찬송하리로다
		저가 내 손을 가르쳐 싸우게 하시며 손가락을 가르쳐 치게 하시도다
	2	여호와는 **나의** 인자시요 **나의** 요새시요 **나의** 산성이시요 나를 건지는 자시오
		나의 방패시요 **나의** 피난처시요 내 백성을 내게 복종케 하시는 자시로다
	3 ②	여호와여 사람이 무엇이관대 주께서 저를 알아주시며
		인생이 무엇이관대 저를 생각하시나이까
	4	사람은 헛것 같고 그의 날은 지나가는 그림자 같으니이다

우리를 위해 싸우심	5-11	
	5 ③	여호와여 주의 하늘을 드리우고 강림하시며 산들에 접촉하사 연기가 발하게 하소서
	6	번개를 번득이사 대적을 흩으시며 주의 살을 발하사 저희를 파하소서
	7 ④	위에서부터 주의 손을 펴사 나를 큰 물과 이방인의 손에서 구하여 건지소서
	8	저희 입은 궤사를 말하며 그 오른손은 거짓의 오른손이니이다
	9	하나님이여 내가 주께 새 노래로 노래하며 열 줄 비파로 주를 찬양하리이다
	10	주는 왕들에게 구원을 베푸시는 자시요 종 다윗을 그 해하는 칼에서 구하시는 자시니이다
	11	이방인의 손에서 나를 구하여 건지소서 저희 입은 궤사를 말하며
		그 오른손은 거짓의 오른손이니이다

메시아 왕국 비전	12-15	
	12	⑤ 우리 아들들은 어리다가 장성한 나무 같으며
		우리 딸들은 궁전의 식양대로 아름답게 다듬은 모퉁이 돌과 같으며
	13	우리의 곳간에는 백곡이 가득하며 우리의 양은 들에서 천천과 만만으로 번성하며
	14	우리 수소는 무겁게 실었으며 또 우리를 침로하는 일이나
		우리가 나아가 막는 일이 없으며 우리 거리에는 슬피 부르짖음이 없을진대
	15 ⑥	이러한 백성은 복이 있나니 여호와를
		자기 하나님으로 삼는 백성은 복이 있도다

144편
나의 인자, 나의 반석, 나의 구원의 하나님

나의 반석 여호와를 찬송하리로다 저가 내 손을 가르쳐 싸우게 하시며 손가락을
가르쳐 치게 하시도다(시 144:1).

144편도 "다윗의 시"라는 표제가 있는데 도표에 표시된 대로 세 부분으로 나누어집니다. 첫째 단원은 과거(過去)에 승리케 하신 하나님께 대한 찬양이고, 둘째 단원은 현재(現在)의 대적으로부터 구원하여 주시기를 구하는 간구이고, 셋째 단원은 미래(未來)에 도래하게 될 전쟁이 없는 메시아왕국에 대한 비전입니다. 핵심은 "이러한 백성은 복이 있나니 여호와를 자기 하나님으로 삼는 백성은 복이 있도다" 한 15절입니다.

첫째 단원(1-4) 성도를 의의 병기로 사용하심
둘째 단원(5-11) 우리를 위해 싸우시는 하나님
셋째 단원(12-15) 메시아왕국에 대한 전망

첫째 단원(1-4) 성도를 의의 병기로 사용하심

① "나의 반석 여호와를 찬송하리로다 저가 내 손을 가르쳐 싸우게

하시며 손가락을 가르쳐 치게 하시도다"(1) 합니다.

㉠ 첫째 단원은 과거에 베푸신 승리에 대한 찬양인데, "내 손을 가르쳐, 손가락을 가르쳐 치게 하셨다"는 것입니다. "너희 하나님 여호와 그는 너희를 위하여 싸우신 자니라"(수 23:3) 하는데, 하나님께서는 사람들을 "의의 병기"로 삼으셔서 싸우신다는 점입니다.

㉮ 하나님께서는 모세에게, "이제 내가 너를 바로에게 보내어 너로 내 백성 이스라엘 자손을 애굽에서 인도하여 내게 하리라"(출 3:10) 하셨습니다. ㉯ 물매 돌 한 개로 골리앗을 물리친 다윗은, "저가 내 손을 가르쳐 싸우게 하시며 손가락을 가르쳐 치게 하시도다"(1) 하고 고백 할 수밖에 없었을 것입니다. ㉰ 이점을 사도 바울은 "또한 너희 지체를 불의의 병기로 죄에게 드리지 말고 오직 너희 자신을 죽은 자 가운데서 다시 산 자 같이 하나님께 드리며 너희 지체를 의의 병기로 하나님께 드리라"(롬 6:13) 하십니다.

㉡ 이를 생각할 때에, "여호와는 나의 인자시요 나의 요새시요 나의 산성이시요 나를 건지는 자시오 나의 방패시요 나의 피난처시요 내 백성을 내게 복종케 하시는 자시로다"(2) 하고 고백하게 되는 것입니다.

② 그리고 "여호와여 사람이 무엇이 관대 주께서 저를 알아주시며 인생이 무엇이 관대 저를 생각하시나이까"(3) 하고, 감격해합니다. 이런 감격은 이미 8:4절에서도, "사람이 무엇이 관대 주께서 저를 생각하시며 인자가 무엇이 관대 주께서 저를 권고하시나이까" 한 바입니다.

㉠ 그런 후에, "사람은 헛것 같고 그의 날은 지나가는 그림자 같으니이다"(4) 합니다. 이렇게 진술하는 의중이 무엇인가? "헛것" 같은 나 자신을 창조주 하나님 만군의 여호와께서 "내 손을 가르쳐 싸우

게", 즉 의의 병기로 사용하여주신다는 점을 생각하면 감격하지 않을 수 없다는 점을 드러내기 위해서인 것입니다.

위에서 인용한 로마서 6장에서도 바울은 "너희 죽을 몸"(롬 6:12)이라는 표현을 하고 있습니다. "죽을 몸, 헛것, 지나가는 그림자" 같은 나 자신을 주의 종으로 사용하여 주신다는 것은 감개가 무량한 것입니다. 이것이 "성도를 의의 병기로 사용하심"입니다.

둘째 단원(5-11) 우리를 위해 싸우시는 하나님

③ "여호와여 주의 하늘을 드리우고 강림하시며 산들에 접촉하사 연기가 발하게 하소서 번개를 번득이사 대적을 흩으시며 주의 살을 발하사 저희를 파하소서"(5-6) 합니다.

㉠ 첫째 단원에서는 "사람이 무엇이 관대" 하고, 사람을 들어서 역사하시는 것으로 진술하였으나, 둘째 단원에서는 "여호와여 주의 하늘을 드리우고 강림하시며" 하고, 하나님께서 친히 강림하셔서 싸워 주시기를 구하고 있습니다. 이런 묘사는 18:9, 14; 50:3절 등에도 나타나는데,

㉮ "저가 또 하늘을 드리우시고 강림하사"(18:9), ㉯ "우리 하나님이 임하사"(50:3) 하는 표현들을 시적인 묘사로만 볼 수가 없는 것은,

㉡ "아버지 품속에 있는 독생하신 하나님이 나타내신"(요 1:18) "임마누엘" 사건과 결부가 되기 때문입니다. "우리 하나님이 임하사" 이루어주신 것은 크게 두 가지입니다.

㉮ 첫째는 "다 이루었다"(요 19:30) 하신 구속사역이고, ㉯ 둘째는 "담대하라 내가 세상을 이기었노라"(요 16:33) 하신 승리입니다.

㉢ 이런 맥락에서 다윗을 들어 골리앗을 물리치게 하신 승리의 역

사는, 궁극적으로 예수 그리스도께서 "내가 세상을 이기었노라" 하실 승리에 대한 예표라 할 수가 있습니다. 이점이 "여호와는 나의 인자시요 나의 요새시요 나의 산성이시요 나를 건지는 자시오 나의 방패시요 나의 피난처시요"(2) 한 진술을 통해서도 분명히 드러납니다. 왜냐하면 "나의 인자, 요새, 산성, 방패, 피난처"가 당시는 여호와 하나님을 가리키는 것이지만, 이런 하나님께서 임마누엘 하셔서 우리의 "피난처"가 되어주셨기 때문입니다.

④ "위에서부터 주의 손을 펴사 나를 큰 물과 이방인의 손에서 구하여 건지소서"(7),

㉠ "저희 입은 궤사를 말하며 그 오른손은 거짓의 오른손이니이다"(8) 하는데, 이점을 11절에서도 거듭 말합니다.

㉮ "큰 물"이란 대적의 세력을 상징하고, ㉯ 그들의 특성은 "궤사와, 거짓"이라는 것입니다. 이는 다윗을 예표로 한 그리스도께서 당하실 고난을 가리키는 것이 됩니다.

㉡ "하나님이여 내가 주께 새 노래로 노래하며 열 줄 비파로 주를 찬양하리이다 주는 왕들에게 구원을 베푸시는 자시요 종 다윗을 그 해하는 칼에서 구하시는 자시니이다"(9-10) 합니다.

이 말씀을 "여호와께서 그 왕에게 큰 구원을 주시며 기름 부음 받은 자에게 인자를 베푸심이여 영영토록 다윗과 그 후손에게로다" 한, 18:50절과 결부시켜 보시기 바랍니다. 이렇게 볼 때 "내가 주께 새 노래로 노래하며 열 줄 비파로 주를 찬양하리이다" 하는 이유가, 당시의 승리에 한정되는 것이 아니라, "큰 물과, 이방"이 대적을 한다 해도, 다윗의 위를 보존하시어 그리스도를 보내주실 하나님께 대한 찬양이 되는 것입니다. 이것이 "우리를 위해 싸우시는 하나님"입니다.

셋째 단원(12-15) 메시아왕국에 대한 전망

⑤ "우리 아들들은 어리다가 장성한 나무 같으며 우리 딸들은 궁전의 식양대로 아름답게 다듬은 모퉁이 돌과 같으며"(12) 하는데, 이는 다윗의 후사(後嗣)들이 번성할 것에 대한 묘사입니다. 그러므로 이 말씀은, "종 다윗을 그 해하는 칼에서 구하시는 자시니이다"(10) 한 말씀과 결부가 됩니다.

㉠ 왜냐하면 대적의 궤계는 다윗 개인이 아니라 그 위를 끊으려 하는 것이요, 하나님의 계획은 그 위를 보존하셔서 "조상 다윗의 위를 저에게 주시리니"(눅 1:32) 하고, 그리스도로 성취하시려는 것이기 때문입니다.

㉡ 그러므로 셋째 단원은 미래에 되어질 메시아왕국에 대한 비전이라 할 수 있습니다. "우리의 곳간에는 백곡이 가득하며 우리의 양은 들에서 천 천과 만만으로 번성하며 우리 수소는 무겁게 실었으며"(13-14상),

㉢ "또 우리를 침노하는 일이나 우리가 나아가 막는 일이 없으며 우리 거리에는 슬피 부르짖음이 없을진대"(14하) 하는 것은, "무리가 그 칼을 쳐서 보습을 만들고 그 창을 쳐서 낫을 만들 것이며 이 나라와 저 나라가 다시는 칼을 들고 서로 치지 아니하며 다시는 전쟁을 연습치 아니하리라"(사 2:4) 한 말씀과 상통하기 때문입니다.

⑥ "나의 반석 여호와를 찬송하리로다"(1) 하고 시작한 144편은, "이러한 백성은 복이 있나니 여호와를 자기 하나님으로 삼는 백성은 복이 있도다"(15) 하고 "복"으로 마치고 있습니다.

㉠ 이는 144편의 결론일 뿐만이 아니라, "저희는 내 백성이 되고 나

423

는 저희 하나님이 되리라" 하는 주제는 신구약성경의 중심주제요, 결론이기도 합니다.

㉮ 하나님께서는 "새 언약을 세우리라" 하시면서, "나는 그들의 하나님이 되고 그들은 내 백성이 될 것이라"(렘 31:31, 33) 하십니다. 이 주제가 얼마나 중요하게 강조되어 있는가(렘 7:23; 24:7; 30:22; 31:1, 33; 32:38)를 확인해보시기를 바랍니다. ㉯ 성경 마지막 책에서는, "하나님이 저희와 함께 거하시리니 저희는 하나님의 백성이 되고 하나님은 친히 저희와 함께 계셔서 모든 눈물을 그 눈에서 씻기시매 다시 사망이 없고"(계 21:3-4) 하십니다. 이것이 "메시아왕국에 대한 전망"이요, "나의 인자, 나의 반석, 나의 구원의 하나님"입니다.

적용

형제여, 이러한 메시아왕국의 축복은 영적 전쟁을 끝마친 후에야 주어진다는 점을 명심하십시다. 지금은 주께서 "형제의 손을 가르쳐 싸우게 하시며 형제의 손가락을 가르쳐 치게 하시는 전쟁의 날"입니다.

묵상

㉠ 하나님께서는 성도를 의의 병기로 사용하신다는 점에 대해서,
㉡ 친히 강림하셔서 우리를 위해 싸우시는 임마누엘에 대해서,
㉢ 메시아왕국에 대한 전망에 대해서.

주의 영광의 나라 영원한 나라

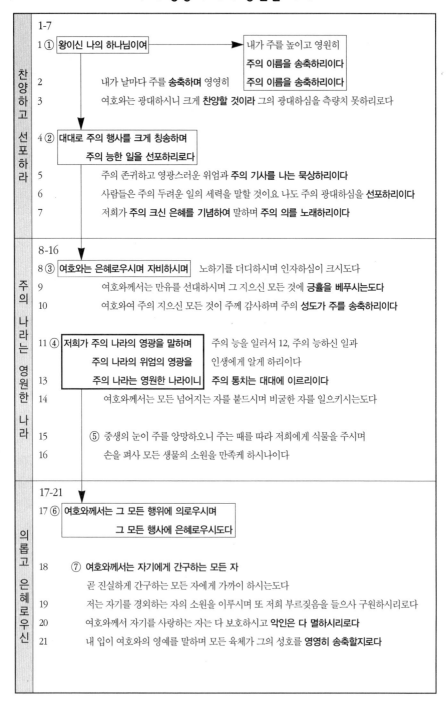

찬양하고 선포하라

1-7

1 ① 왕이신 나의 하나님이여 ──────────▶ 내가 주를 높이고 영원히 **주의 이름을 송축하리이다**

2 내가 날마다 주를 송축하며 영영히 **주의 이름을 송축하리이다**

3 여호와는 광대하시니 크게 **찬양할 것이라** 그의 광대하심을 측량치 못하리로다

4 ② 대대로 주의 행사를 크게 칭송하며 **주의 능한 일을 선포하리로다**

5 주의 존귀하고 영광스러운 위엄과 **주의 기사를** 나는 묵상하리이다

6 사람들은 주의 두려운 일의 세력을 말할 것이요 나도 주의 광대하심을 **선포하리이다**

7 저희가 **주의 크신 은혜를 기념하여** 말하며 주의 의를 노래하리이다

주의 나라는 영원한 나라

8-16

8 ③ 여호와는 은혜로우시며 자비하시며 노하기를 더디하시며 인자하심이 크시도다

9 여호와께서는 만유를 선대하시며 그 지으신 모든 것에 **긍휼을 베푸시는도다**

10 여호와여 주의 지으신 모든 것이 주께 감사하며 주의 **성도가 주를 송축하리이다**

11 ④ 저희가 주의 나라의 영광을 말하며 주의 능을 일러서 12, 주의 능하신 일과

주의 나라의 위엄의 영광을 인생에게 알게 하리이다

13 주의 나라는 영원한 나라이니 주의 통치는 대대에 이르리이다

14 여호와께서는 모든 넘어지는 자를 붙드시며 비굴한 자를 일으키시는도다

15 ⑤ 중생의 눈이 주를 앙망하오니 주는 때를 따라 저희에게 식물을 주시며

16 손을 펴사 모든 생물의 소원을 만족케 하시나이다

의롭고 은혜로우신

17-21

17 ⑥ 여호와께서는 그 모든 행위에 의로우시며 그 모든 행사에 은혜로우시도다

18 ⑦ 여호와께서는 자기에게 간구하는 모든 자 곧 진실하게 간구하는 모든 자에게 가까이 하시는도다

19 저는 자기를 경외하는 자의 소원을 이루시며 또 저희 부르짖음을 들으사 구원하시리로다

20 여호와께서 자기를 사랑하는 자는 다 보호하시고 **악인은** 다 **멸하시리로다**

21 내 입이 여호와의 영예를 말하며 모든 육체가 그의 성호를 **영영히 송축할지로다**

145편
주의 영광의 나라 영원한 나라

여호와는 은혜로우시며 자비하시며 노하기를 더디 하시며 인자하심이 크시도다
(시 145:8).

145-150편은 시편의 결론부분으로 대 주제가 찬양으로 되어 있습니다. 145편은 시편 중에서 가장 영광스러움으로 가득 찬 시로 알려져 있습니다. 유대인들은 145편을 "하루에 세 번씩 묵상하는 자는 내세를 위해 최선의 준비를 하는 것이라" 하고 말했다고 합니다.

도표를 보시면 중심점은, "주의 능하신 일을 송축하고 선포"(첫째 단원)하리라는 말씀에 있고, 핵심은 "주의 나라의 영광, 주의 나라의 위엄, 주의 나라는 영원한 나라"(둘째 단원)라 한, "하나님의 나라"에 있고, 이를 이루시는 "여호와의 모든 행사는 의롭고 은혜로우시다"(셋째 단원) 합니다.

첫째 단원(1-7) 주의 행사를 찬양하고 선포함
둘째 단원(8-16) 주의 나라는 영원한 영광의 나라
셋째 단원(17-21) 의롭고 은혜로우신 하나님

첫째 단원(1-7) 주의 행사를 찬양하고 선포함

첫째 단원의 중심점은 "찬양"할 이유(理由)와, "선포"할 내용(內容)에 있습니다. 145편은 "송축"(1)으로 시작하여, "송축"(21)으로 마치는 찬양 시인데,

① "왕이신 나의 하나님이여 내가 주를 높이고 영원히 주의 이름을 송축하리이다"(1) 합니다.

㉠ 우선적으로 주목하게 되는 것은 다윗은 자신이 왕이면서 하나님을 "나의 왕"이라 부르고 있다는 점입니다. 그런데 하나님께서는 선지자들의 입을 의탁하셔서, "내 종 다윗이 그들의 왕이 되리니"(겔 37:24) 하고 예언케 하셨습니다. 다윗은 이미 수백 년 전에 죽었는데, 이는 "네 말과 같이 내가 왕이니라"(요 18:37) 하신 그리스도에 대한 예언이었던 것입니다.

그러므로 "왕이신 나의 하나님"이라는 진술을 통해서 문자만을 볼 것이 아니라, 그리스도를 볼 수 있어야만 하는 것입니다. 이점이 계속되는 말씀에 분명히 드러납니다.

㉡ "내가 날마다 주를 송축하며 영영히 주의 이름을 송축하리이다"(2) 합니다.

㉮ 최우선적으로, "주의 이름을 송축하리이다(1), 영영히 주의 이름을 송축하리이다"(2) 하고, 하나님 자신을 찬양하겠다는 것입니다. 무엇을 행해주셨기 때문이 아니라, 하나님 자신을 찬양하며 기뻐한다는 것은 중요한 요점입니다. ㉯ "여호와는 광대하시니 크게 찬양할 것이라" 하고, 하나님의 광대(廣大)하심, 즉 위대하심을 찬양하겠다 합니다. "그의 광대하심을 측량치 못하리로다"(3) 합니다.

② 그런 후에, "대대로 주의 행사를 크게 칭송하며 주의 능(能)한 일을 선포하리로다"(4) 하고, 하나님께서 행해주신 "능한 행사"를 찬양하며, 선포하겠다고 말씀합니다. 이스라엘이 대대로 칭송(稱頌)하겠다는 "주의 행사"가 무엇이며, 선포하겠다는 "주의 능한 일"이 무엇이란 말인가? 첫 손에 꼽는 것이 "출애굽"의 행사입니다.

㉠ 이점이 어째서 중요하냐 하면 신약의 성도들이 찬양하고 선포해야할 제목도, 주 예수 그리스도께서 우리의 "유월절 어린양"이 되어주셨다는 것이기 때문입니다. 바로의 권세로부터의 해방, 사탄의 세력으로부터 자유하게 해주신 일이 구속함을 얻은 하나님의 백성들이 "찬양하고, 선포"해야 할 제목의 우선순위인 것입니다.

㉡ 찬양하고 선포하는 것만이 아니라, "주의 존귀하고 영광스러운 위엄과 주의 기사를 나는 묵상하리이다"(5) 합니다. 주의 능하신 행사를 듣게 된, "사람들은 주의 두려운 일의 세력을 말할 것이요 나도 주의 광대하심을 선포하리이다"(6),

㉢ "저희가 주의 크신 은혜를 기념하여 말하며 주의 의를 노래하리이다"(7) 합니다. 여기서 "주의 행사, 주의 능한 일"이 무엇인가 하는 점이 드러나는데 그것은,

㉮ "주의 크신 은혜요", ㉯ "주의 의"라고 말씀합니다.

그러면 "주의 의"가 무엇을 뜻하는가? "노래하리이다" 하는 것을 보면 이는 기쁜 소식임이 분명하고, "주의 크신 은혜"와 결부되는 것을 보면 이는 복음의 기쁜 소식인 것입니다.

이점을 신약성경에서는 "그리스도 예수 안에 있는 구속으로 말미암아 하나님의 은혜로 값없이 의롭다 하심을 얻은 자 되었느니라"(롬 3:24) 하고 말씀하는데, "은혜와, 의"가 함께 나타나고 있습니다. 이것이 "주의 크신 은혜요, 주의 의"인 것입니다. 그래서 "주의 행사를 찬

양하고 선포하리라" 하는 것입니다.

둘째 단원(8-16) 주의 나라는 영원한 영광의 나라

③ 7절에서 "저희가 주의 크신 은혜를 기념하여" 하고 "크신 은혜"
가 나오자, "여호와는 은혜로우시며 자비하시며 노하기를 더디 하시
며 인자하심이 크시도다"(8) 하고, 만고불변의 하나님의 속성을 말씀
합니다.

㉠ 이 속성이 처음으로 계시된 것은 출애굽기 34장인데 배경은 금
송아지 우상을 숭배하여 하나님을 배신하였을 때입니다. "반포하시
되 여호와로라 여호와로라 자비롭고 은혜롭고 노하기를 더디 하고 인
자와 진실이 많은 하나님이로라"(출 34:6) 하십니다.

이는 구약성경을 지탱해주는 중추적(中樞的)인 하나님의 속성인데
민수기(14:18), 역대하(30:9), 느헤미야(9:17), 시편(86:15; 103:8;
145:8), 요엘(2:13), 요나(4:2)서 등으로 이어져 내려온 것입니다.

㉡ 은혜로우신, "여호와께서는 만유를 선대하시며 그 지으신 모든
것에 긍휼을 베푸시는도다 여호와여 주의 지으신 모든 것이 주께 감
사하며 주의 성도(聖徒)가 주를 송축하리이다"(9-10) 합니다.

④ "저희가 주의 나라의 영광을 말하며 주의 능을 일러서"(11),

㉠ "주의 능하신 일과 주의 나라의 위엄의 영광을 인생에게 알게
하리이다 주의 나라는 영원한 나라이니 주의 통치는 대대에 이르리이
다"(12-13) 합니다. 11-13절 안에는, "주의 나라"가 3번이나 강조되어
있는데 145편의 중심점이 "주의 나라"에 있습니다.

㉮ 주의 나라는 "영광"(11)의 나라요, ㉯ 주의 나라는 "위엄의 영

광"(12)의 나라요, ㉰ 주의 나라는 "영원한 나라"(13)요, ㉱ "주의 나라, 주의 통치는 대대에 이르리이다" 하고 말씀합니다.

㉡ 이점을 다니엘서에서는, "인자 같은 이가 하늘 구름을 타고 와서 옛적부터 항상 계신 자에게 나아와 그 앞에 인도되매 그에게 권세와 영광과 나라를 주고 모든 백성과 나라들과 각 방언하는 자로 그를 섬기게 하였으니 그 권세는 영원한 권세라 옮기지 아니할 것이요 그 나라는 폐하지 아니할 것이니라"(단 7:13-14) 하고 말씀합니다.

㉢ 이것이 하나님께서 자기 아들을 통하여 이루어나가시는 "하나님의 나라"요, 성도들이 "찬양하고, 선포"해야 할 내용인 것입니다. 그래서 "여호와께서는 모든 넘어지는 자를 붙드시며 비굴한 자를 일으키시는도다"(14) 하는 것입니다.

⑤ "중생의 눈이 주를 앙망하오니 주는 때를 따라 저희에게 식물을 주시며"(15),

㉠ "손을 펴사 모든 생물의 소원을 만족케 하시나이다"(16) 합니다. 104:27절에서도 "이것들이 다 주께서 때를 따라 식물주시기를 바라나이다" 합니다. 이는 하나님은 창조자시오, 보존자시며, 공급자이심을 나타냅니다.

사도 바울은 "피조물들도 썩어짐의 종노릇 한데서 해방되어 하나님의 자녀들의 영광의 자유에 이르는 것이니라"(롬 8:21) 합니다. 이것이 "주의 나라는 영원한 영광의 나라"입니다.

셋째 단원(17-21) 의롭고 은혜로우신 하나님

⑥ "여호와께서는 그 모든 행위에 의로우시며 그 모든 행사에 은혜

로우시도다"(17) 합니다.

㉠ 이는 하나님의 속성과, 하나님 나라의 성격을 이해하는데 중요한 요점이 됩니다. 이를 문맥적으로 보면, 둘째 단원에서 말씀한 "주의 나라"는 "의로우심과, 은혜로우심"으로 이루어나가시는 나라라는 말씀입니다.

㉡ 어찌하여 하나님은 우리의 죄를 그냥 용서하시지 않으시고, 자기 아들의 대속을 통해서 이루어주셨는가?

㉮ "그 모든 행위에 의로우시며", ㉯ "그 모든 행사에 은혜로우시기" 때문입니다. 주님께서 담당하신 "십자가"에는, 하나님의 "의로우심과, 은혜"가 함께 나타나 있는 것입니다.

㉢ 첫 창조는 "하나님이 보시기에 좋으셨더라"이고, 재창조는 "하나님 보시기에 의로우셨더라"인 것입니다.

메시아왕국은 어떤 나라인가? "그날에 유다 땅에서 이 노래를 부르리라 우리에게 견고한 성읍이 있음이여 여호와께서 구원(救援)으로 성과 곽을 삼으시리로다 너희는 문들을 열고 신(信)을 지키는 의로운 나라로 들어오게 할지어다"(사 26:1-2) 한, 구원의 성, 의로운 나라입니다.

⑦ "여호와께서는 자기에게 간구하는 모든 자 곧 진실하게 간구하는 모든 자에게 가까이 하시는도다"(18) 합니다.

㉠ 1-17절은 모두가 하나님의 "의로우시고, 은혜로우신" 하나님께서 행해주신 행사입니다. 성도들이 행해야할 일은 "찬양하고, 선포"하는 일이라 합니다. 그런데 18-21절 안에는 하나님의 행사에 대하여 응답해야할 인간의 행사가 있습니다.

㉮ 첫째는 "자기에게 간구하는 모든 자 곧 진실하게 간구하는 모든

자"(18)라 하신, "간구"하는 일입니다. "여호와가 말하였으니 이루리라, 그래도 이스라엘 족속이 이와 같이 자기들에게 이루어 주기를 내게 구하여야 할지라"(겔 37:36, 37) 하십니다. 이는 교제하기를 원하심을 나타냅니다. 이러한 자들에게 "가까이 하시도다" 하십니다. ㉯ 둘째는, "저는 자기를 경외하는 자의 소원을 이루시며 또 저희 부르짖음을 들으사 구원하시리로다"(19) 한 "경외"하는 일입니다. ㉰ 셋째는, "여호와께서 자기를 사랑하는 자는 다 보호하시고"(20상) 한, "사랑"하는 일입니다. ㉱ 넷째는, "내 입이 여호와의 영예를 말하며"(21) 한, 전파하는 일입니다. ㉲ 다섯째는 "그의 성호를 영영히 송축할지로다"(21) 합니다. 은혜를 입은 자들이 행해야할 일이, "간구, 경외, 사랑, 전파, 송축", 외에 다른 것이 있다 해도 이 안에 다 들어 있는 것입니다. 반면 "악인은 다 멸하시리로다"(20하), 즉 하나님을 사랑하지 않는 자, 곧 믿지 않는 자는 멸망을 당하게 된다 하십니다.

ㄴ "왕이신 나의 하나님이여, 송축하리이다"(1) 하고 시작한 145편은, "내 입이 여호와의 영예를 말하며 모든 육체가 그의 성호를 영영히 송축할지로다"(21) 하고, "송축"으로 마치고 있습니다.

ㄷ 이점에서 145편에 나타난 인칭(人稱)을 유념할 필요가 있습니다.

㉮ "나의 하나님이여"(1) 하고, "나"라는 1인칭으로 시작하여, "내 입"(21)이라는 1인칭으로 마치는 구조입니다. ㉯ 그런데 그 안에는 "주의 성도(10)와, 악인"(20), 즉 믿는 자와 불신자가 있습니다. ㉰ 그리고 "사람들(6), 만유(9), 중생(15), 모든 육체"(21)가 있습니다. 이는 무엇을 말씀해주고 있느냐 하면 145편의 말씀은 이스라엘만이 아니라, "모든 육체, 중생"이 받아야할 복음임을 말씀해주는 것입니다. 왜냐하면 여기에 사활이 걸려 있기 때문입니다. 이것이 "의롭고 은혜로우신 하나님"이요, "주의 영광의 나라 영원한 나라"입니다.

적용

성도들은 "영광의 나라, 영원한 나라" 시민권자들입니다. 이 땅에 사는 동안 하나님을 경외하고 사랑하면서, "기도"로 교제를 유지해 나가야만 하는 것입니다. 그리고 하나님의 "의로우시고 은혜로우신 행사"를 "찬양하고, 선포"하는 것은 성도가 마땅히 행하야야 할 바입니다.

묵상

㉠ 첫째 단원에 나타난 찬양해야할 이유들에 대해서,

㉡ "의로우시고, 은혜로우신" 하나님의 행사에 대해서,

㉢ 18-21절에 나타난 성도가 행해야 할 일에 대해서.

시편 146편 개관도표
대대로 영원히 통치하시는 하나님

찬양하라	1-2 1 ① 2	① **할렐루야** 내 영혼아 여호와를 **찬양하라** 나의 생전에 여호와를 **찬양하며** 나의 평생에 내 하나님을 **찬송하리로다**
의지하지 말라	3-4 3 4	② 방백들을 　　　　　　**의지하지 말며** 도울 힘이 없는 인생도 **의지하지 말지니** 그 호흡이 끊어지면 흙으로 돌아가서 당일에 그 도모가 소멸하리로다
하나님을 의지하고 소망을 둠	5-10 5 6 7 8 9 10	③ 야곱의 　　하나님으로 자기 도움을 삼으며 여호와 자기 하나님에게 그 소망을 두는 자는 복이 있도다 여호와는 천지와 바다와 그 중의 만물을 지으시며 영원히 진실함을 지키시며 ④ 압박당하는 자를 위하여 공의로 판단하시며 주린 자에게 식물을 주시는 자시로다 여호와께서 갇힌 자를 해방하시며 여호와께서 소경의 눈을 여시며 여호와께서 비굴한 자를 일으키시며 　　　　　　　　　　　여호와께서 의인을 사랑하시며 여호와께서 객을 보호하시며 고아와 과부를 붙드시고 　　　악인의 길은 굽게 하시는도다 ⑤ 시온아 여호와 네 하나님은 영원히 대대에 통치하시리로다 할렐루야

146편
대대로 영원히 통치하시는 하나님

146-150편은 도표에 표시된 대로, "할렐루야"로 시작하여, "할렐루야"로 마치는 할렐루야 시편입니다. "할렐루야"가 무엇과 결부되어 있는가를 보십시오. "대대에 통치하시리로다"(10) 한, "통치"입니다. 시편 마지막 부분에 이르러 "할렐루야" 대합창이 하나님께 올려지고 있는 웅장한 찬양을 듣게 됩니다.

도표를 보시면 "할렐루야, 찬양하라"(첫째 단원) 하면서, "의지하지 말아야"(둘째 단원) 할 것과, "하나님을 의지하고 소망을 두라"(셋째 단원) 하고, 의지할 것을 말씀합니다.

첫째 단원(1-2) 내 영혼아 찬양하라
둘째 단원(3-4) 사람을 의지하지 말라
셋째 단원(5-10) 하나님을 의지하고 소망을 두라

첫째 단원(1-2) 내 영혼아 찬양하라

① "할렐루야 내 영혼아 여호와를 찬양하라"(1) 합니다.

㉠ 시편 기자는 먼저 "내 영혼아 찬양하라" 하고, 자기 자신에게 찬양하라고 촉구합니다 "나의 생전에 여호와를 찬양하며 나의 평생에 내 하나님을 찬송하리로다"(2) 합니다. 신약성경에서도,

㉮ "이는 사랑하시는 자 안에서 우리에게 거저 주시는 바 그 은혜의 영광을 찬미하게 하려는 것이라"(엡 1:6), ㉯ "이는 그리스도 안에서 전부터 바라던 우리로 그의 영광의 찬송이 되게 하려 하심이라", ㉰ "이는 우리의 기업에 보증이 되사 그 얻으신 것을 구속하시고 그의 영광을 찬미하게 하려 하심이라"(엡 1:12, 14) 합니다.

둘째 단원(3-4) 사람을 의지하지 말라

② 둘째 단원에서는, "방백들을 의지하지 말며 도울 힘이 없는 인생도 의지하지 말지니"(3) 하고, 의지하지 말아야 할 것들을 말씀합니다.

㉠ 환난 날에, "그 호흡이 끊어지면 흙으로 돌아가서 당일에 그 도모가 소멸하게"(4) 될 인생을 의지한다면 하나님을 찬양할 이유를 상실하게 될 것입니다.

㉮ "너희는 인생을 의지하지 말라 그의 호흡은 코에 있나니 수에 칠 가치가 어디 있느뇨"(사 2:22), ㉯ "구원함에 말은 헛것임이여 그 큰 힘으로 구하지 못하는도다"(33:17) 하십니다.

셋째 단원(5-10) 하나님을 의지하고 소망을 두라

③ 셋째 단원은 찬양해야할 이유인데, 146편의 중심점이 여기에 있습니다. "야곱의 하나님으로 자기 도움을 삼으며 여호와 자기 하나님에게 그 소망을 두는 자는 복이 있도다"(5) 합니다.

㉠ 이하에 진술은 이에 대한 해설이라 할 수가 있는데, "야곱의 하나님"이라는 호칭에 어떤 의미가 함축이 되어 있는지 아시겠습니까? 야곱은 택하심의 대명사요, "심히 비천한 자를 후대하여 주신"(142:6, 7) 모델입니다. 그리고 "택하심"은 하나님의 사랑의 발로입니다. "지렁이 같은 너 야곱아"(사 41:14) 하신 비천한 야곱의 족속들을 선민으로 택하여주심은, "여호와께서 다만 너희를 사랑하심을 인하여"(신 7:8)라고 말씀합니다.

말라기 1:2절에서는, "내가 너희를 사랑하였노라" 하십니다. 그런데 무지한 인간은 "주께서 어떻게 사랑하셨나이까" 하고 퉁명스럽게 대꾸를 합니다. 그들을 향해서 "에서는 야곱의 형이 아니냐 그러나 내가 야곱을 사랑하였고" 하고, 택하심이 최고의 사랑임을 말씀하십니다.

㉡ 우리를 택하여 백성, 자녀로 삼아주신, "여호와는 천지와 바다와 그 중의 만물을 지으시며 영원히 진실함을 지키시는"(6) 창조주 하나님이시라고 말씀합니다. 이는 우리 하나님의 위대하심과 광대하심을 나타내는 표현입니다.

성경은, "태초에 하나님이 천지를 창조하시니라"(1:1) 하는 말씀으로 시작이 됩니다. 이는 창조의 기사를 말하려는 것이 아닙니다. 창세기의 1차 독자는 모세를 따라 출애굽한 야곱의 족속들입니다. 그들에게 모세는, "우리를 사랑하시고 택하셔서 애굽에서 구출하여 내신 분이 누구신지 아니냐? 천지 만물을 창조하시고 주관하시는 하나님이시다. 어깨를 펴라 두려워말고 담대하라"는 그런 뜻이 있는 것입니다.

㉢ "영원히 진실함을 지키시며"(6하) 합니다. "야곱의 하나님"은,

㉮ 첫째가 "여호와께서 다만 너희를 사랑하심을 인하여", ㉯ 둘째는 "또는 너희 열조에게 하신 맹세를 지키려 하심을 인하여"(신 7:8), 그래서 "영원히 진실함을 지키시는" 하나님이시라는 것입니다.

④ 7-9절은, 찬양해야할 구체적인 이유들을 열거하고 있는데,

㉠ 첫째가 "압박당하는 자를 위하여 공의로 판단하시며",

㉮ "주린 자에게 식물을 주시는 자시로다". ㉯ "여호와께서 갇힌 자를 해방하시며"(7), ㉰ "여호와께서 소경의 눈을 여시며", ㉱ "여호와께서 비굴한 자를 일으키시며", ㉲ "여호와께서 의인을 사랑하시며"(8), ㉳ "여호와께서 객을 보호하시며", ㉴ "고아와 과부를 붙드시고", ㉵ "악인의 길은 굽게 하시는도다"(9) 합니다.

㉡ 본문에는, "압박당하는 자, 주린 자, 갇힌 자, 소경" 등이 있습니다. 이 진술들을 상고하면서 무엇을 느끼셨습니까? "주의 성령이 내게 임하셨으니 이는 가난한 자에게 복음을 전하게 하시려고 내게 기름을 부으시고 나를 보내사 포로 된 자에게 자유를, 눈먼 자에게 다시 보게 함을 전파하며 눌린 자를 자유케 하고 주의 은혜의 해를 전파하게 하려 하심이라 하였더라"(눅 4:18-19) 한, 그리스도의 사역과 일치한다는 점입니다. 146편에도 "여호와께서 의인은 사랑하시나, 악인의 길은 굽게 하시는도다"(8, 9) 하고, "의인과 악인", 즉 신자와 불신자가 대조되어 있는 구조입니다.

⑤ "할렐루야 찬양하라"로 시작 된 146편은, "시온아 여호와 네 하나님은 영원히 대대에 통치하시리로다 할렐루야"(10) 하고 마칩니다.

㉠ 대부분의 시편들이 마지막에 초점이 맞춰져 있듯이 146편도 여기에 초점이 맞춰져 있습니다. 먼저 본문에서 하나님을 누구의 하나님이라 부르고 있는가를 주목해보시기 바랍니다.

㉮ "내 하나님을 찬송하리로다"(2) 하고 시작하여, ㉯ "야곱의 하나님, 자기 하나님"(5)이라 부르더니, ㉰ 결론에 이르러서는 손가락으로 나를 가리키듯이, "네 하나님은 영원히 대대에 통치하시리로다 할렐

루야"(10) 합니다.

ⓛ 이런 맥락에서, "시온아"(10상) 하고 부르고 있는 것은, 구속함을 얻은 교회 공동체를 가리키는 것이 됩니다. 이점이 "영원히 대대에 통치하시리로다" 하는 표현에도 드러나는데 이는, 영원히 왕 노릇하신다는 뜻으로 "영원히 야곱의 집에 왕 노릇하실 것이며 그 나라가 무궁하리라"(눅 1:33) 하신 메시아왕국을 가리키는 것이 됩니다.

㉮ 이를 바라보면서, "할렐루야 내 영혼아 여호와를 찬양하라 나의 생전에 여호와를 찬양하며 나의 평생에 내 하나님을 찬송하리로다"(1-2) 하는 것입니다. ㉯ 그래서 "야곱의 하나님으로 자기 도움을 삼으며 여호와 자기 하나님에게 그 소망을 두는 자는 복이 있도다"(5) 하는 것입니다.

적용

평생동안 찬양을 해도 모자라고, 아쉬워할 찬양할 이유가 있는 많은 그리스도인들이 마치 찬양할 이유가 없는 사람들처럼 살아가고 있는 것은 아닙니까? 그 이유는 3-4절, 즉 인생을 의지하고 있기 때문인지도 모릅니다. 6-9절로 나아가시기를 바랍니다. 그리하여 "압박당하고, 주리고, 갇힌 자, 소경"이었던 자신을 해방시켜주신 구속의 은총을 "할렐루야 내 영혼아 여호와를 찬양하라" 하시기를 바랍니다.

묵상

㉠ "나의 하나님, 야곱의 하나님, 네 하나님"이라 부르는 구속사적 의미에 대해서,

ⓛ 6-9절에 나타난 찬양할 이유들에 대해서,

ⓒ 결론에 이르러 "시온아" 하고 부르는 구속사적 의미에 대해서.

시편 147편 개관도표
시온아 네 하나님을 찬양하라

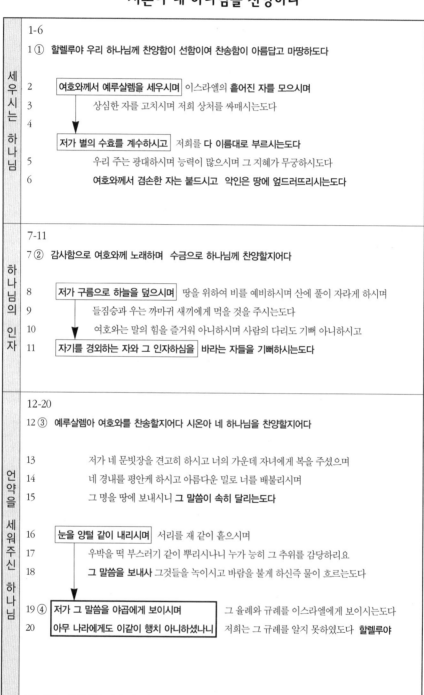

세 우 시 는 하 나 님	**1-6** 1 ① 할렐루야 우리 하나님께 찬양함이 선함이여 찬송함이 아름답고 마땅하도다 2 여호와께서 예루살렘을 세우시며 이스라엘의 흩어진 자를 모으시며 3 상심한 자를 고치시며 저희 상처를 싸매시는도다 4 저가 별의 수효를 계수하시고 저희를 다 이름대로 부르시는도다 5 우리 주는 광대하시며 능력이 많으시며 그 지혜가 무궁하시도다 6 여호와께서 겸손한 자는 붙드시고 악인은 땅에 엎드러뜨리시는도다
하 나 님 의 인 자	**7-11** 7 ② 감사함으로 여호와께 노래하며 수금으로 하나님께 찬양할지어다 8 저가 구름으로 하늘을 덮으시며 땅을 위하여 비를 예비하시며 산에 풀이 자라게 하시며 9 들짐승과 우는 까마귀 새끼에게 먹을 것을 주시는도다 10 여호와는 말의 힘을 즐거워 아니하시며 사람의 다리도 기뻐 아니하시고 11 자기를 경외하는 자와 그 인자하심을 바라는 자들을 기뻐하시는도다
언 약 을 세 워 주 신 하 나 님	**12-20** 12 ③ 예루살렘아 여호와를 찬송할지어다 시온아 네 하나님을 찬양할지어다 13 저가 네 문빗장을 견고히 하시고 너의 가운데 자녀에게 복을 주셨으며 14 네 경내를 평안케 하시고 아름다운 밀로 너를 배불리시며 15 그 명을 땅에 보내시니 그 말씀이 속히 달리는도다 16 눈을 양털 같이 내리시며 서리를 재 같이 흩으시며 17 우박을 떡 부스러기 같이 뿌리시나니 누가 능히 그 추위를 감당하리요 18 그 말씀을 보내사 그것들을 녹이시고 바람을 불게 하신즉 물이 흐르는도다 19 ④ 저가 그 말씀을 야곱에게 보이시며 그 율례와 규례를 이스라엘에게 보이시는도다 20 아무 나라에게도 이같이 행치 아니하셨나니 저희는 그 규례를 알지 못하였도다 **할렐루야**

147편
시온아 네 하나님을 찬양하라

저가 그 말씀을 야곱에게 보이시며 그 율례와 규례를 이스라엘에게 보이시는도다(시 147:19).

147편도 할렐루야 시편인데 146-150편이 같은 "할렐루야" 시편들이면서도 "찬양"을 촉구하는 대상(對象)들이 각기 다르다는 점을 유념해야만 합니다. 146편은 "할렐루야 내 영혼아 여호와를 찬양하라" 하고, "내 영혼"에게 촉구했는데, 147편은 "할렐루야 우리 하나님께 찬양하라" 하고, "우리"로 되어 있습니다. 이 "우리"가 12절에서는 "예루살렘아 여호와를 찬송할지어다 시온아 네 하나님을 찬양할지어다" 하고, 교회 공동체임이 드러납니다.

147편은 도표에 나타난 대로 3번 등장하는 "찬양하라"(1, 7, 12)는 촉구를 통해서 세 단원으로 나누어지는데 각 단원마다 "자연계시"에 나타난 하나님의 은총을 들어서 "특별계시"에 나타난 은총을 증거하는 구조로 되어 있습니다. 첫째 단원에서는, "여호와께서 예루살렘을 세우시며"(2) 하는 것과, "별의 수효를 계수하시고"가 짝을 이루고, 둘째 단원에서는 "여호와의 인자하심"(11)과, "구름으로 하늘을 덮으시며"가 짝을 이루고, 셋째 단원에서는, "저가 그 말씀을 야곱에게 보이시며"와, "눈을 양털같이 내리시며"가 짝을 이루고 있습니다. 이에 대한 신령한 의미가 무엇인가?

첫째 단원(1-6) 시온을 세우시는 하나님을 찬양하라
둘째 단원(7-11) 하나님의 인자를 바라고 찬양하라
셋째 단원(12-20) 언약을 세워주신 하나님을 찬양하라

첫째 단원(1-6) 시온을 세우시는 하나님을 찬양하라

① "할렐루야 우리 하나님께 찬양함이 선함이여 찬송함이 아름답고 마땅하도다"(1) 합니다.

㉠ 첫 절은 서론인데, 하나님은 찬양을 받으시기에 합당하신 분이시고, 우리는 찬양함이 "마땅하다"는 당위성을 말씀하고 있습니다. "할렐루야" 시편들을 상고하노라면 우주 만물의 찬양이 울려 퍼지는 계시록 4-5장을 연상하게 합니다.

㉮ 24장로들이 자기의 면류관을 벗어 드리면서, "우리 주 하나님이여 영광과 존귀와 능력을 받으시는 것이 합당하오니 주께서 만물을 지으신지라 만물이 주의 뜻대로 있었고 또 지으심을 받았나이다"(계 4:11) 하고 경배와 찬양을 드립니다. ㉯ "합당"(合當)하시다는 고백이 중요합니다. 입술로는 "찬양합니다, 감사합니다, 영광을 돌립니다" 하면서 마음 중심에 "찬양, 감사, 영광"을 받으시기에 합당하시다는 이유를 모르고 있다면 이것이 얼마나 공허한 일이겠는가?

㉡ 그래서 찬양할 첫째 이유로, "여호와께서 예루살렘을 세우시며 이스라엘의 흩어진 자를 모으시며"(2) 합니다.

㉮ "예루살렘을 세우시며" 하는 것은 성(城)을 중건한다는 뜻이기보다는, "흩어진 자를 모으시며" 하는 회복을 의미합니다. 하나님께

서 "세우시고자" 하는 것은 물리적인 성(城)이 아니라, "잃어버렸던 자"를 찾아 함께 거하시려는 것이기 때문입니다. ⒩ 이점을 모세를 통하여, "네 하나님 여호와께서 마음을 돌이키시고 너를 긍휼히 여기사 네 포로를 돌리시되 네 하나님 여호와께서 너를 흩으신 그 모든 백성 중에서 너를 모으시리니 너의 쫓겨 간 자들이 하늘가에 있을지라도 네 하나님 여호와께서 거기서 너를 모으실 것이며 거기서부터 너를 이끄실 것이라(신 30:3-4) 하고 말씀하셨습니다. ⒫ 그런데 "흩어진 자를 모으신다" 하심이 바벨론 포로귀환을 예표로 하여 사탄으로부터의 근본적인 돌아옴을 의미한다는 데까지 나아가야만 합니다. 이점을 선지자를 통해서, "내가 너희를 열국 중에서 취하여 내고 열국 중에서 모아 데리고 고토에 들어가서 맑은 물로 너희에게 뿌려서 너희로 정결케 하되 곧 너희 모든 더러운 것에서와 모든 우상을 섬김에서 너희를 정결케 할 것이며"(겔 36:24-25) 하고 예언하신 바입니다.

ⓒ 그래서 "상심한 자를 고치시며 저희 상처를 싸매시는도다"(3) 하는 것입니다. 이 "상심한 자"란 146:7절에서, "압박당하는 자, 주린 자"와 같은 자들로서 "고치시고, 싸매신다" 하심이 메시아 사역을 가리키는 것입니다.

ⓔ 그런데 절묘한 것은 이처럼 흩어진 자를 모르시는 하나님의 자비를, "저가 별의 수효를 계수하시고 저희를 다 이름대로 부르시는도다 우리 주는 광대하시며 능력이 많으시며 그 지혜가 무궁하시도다"(4-5) 하고, 자연계시를 들어 증거하고 있다는 점입니다.

㋐ 그러므로 "별의 수효를 계수하시고 저희를 다 이름대로 부르시는도다" 하는 표현을 통해서도, "그를 이끌고 밖으로 나가 가라사대 하늘을 우러러 뭇별을 셀 수 있나 보라 또 그에게 이르시되 네 자손이 이와 같으리라"(창 15:5) 하고, 아브라함에게 세워주신 메시아언약을

445

상기한다는 것은 결코 비약이 아닙니다.

왜냐하면 지금 하나님께서는, "별의 수효를 계수하시고, 부르시는" 일을 하고 계시는 것이 아니라, "시온에 대하여 말하기를 이 사람, 저 사람이 거기서 났나니 지존자가 친히 시온을 세우리라 하리로다 여호와께서 민족들을 등록하실 때에는 그 수를 세시며 이 사람이 거기서 났다 하시리로다(셀라)"(87:5-6) 한, 하나님의 나라를 건설하시는 일을 하고 계시기 때문입니다.

ⓜ 이어지는 문맥을 보면, "여호와께서 겸손한 자는 붙드시고 악인은 땅에 엎드러뜨리시는도다"(6) 합니다. 창조 사역을 진술하다가, "겸손한 자, 악인"을 대조시켜서, "사람"으로 전환하는 의도에서, "별의 수효를 계수하시고" 한 말씀이 단순한 천체(天體)를 의미하는 것이 아님을 드러냅니다. 이것이 "시온을 세우시는 하나님을 찬양하라"입니다.

둘째 단원(7-11) 하나님의 인자를 바라고 찬양하라

② 둘째 단원에서 또다시, "감사함으로 여호와께 노래하며 수금으로 하나님께 찬양할지어다"(7) 하고, "감사와, 찬양"을 촉구합니다.

㉠ 그런데 찬양할 이유로, "저가 구름으로 하늘을 덮으시며 땅을 위하여 비를 예비하시며 산에 풀이 자라게 하시며 들짐승과 우는 까마귀 새끼에게 먹을 것을 주시는도다"(8-9) 하는 것이 아닌가? "겸손한 자는 붙드시고"(6) 하다가, "들풀, 들짐승, 까마귀 새끼"를 말씀하는 의도가 무엇인지 아시겠습니까? "흩어진 자, 상심한 자, 겸손한 자들"(2, 3, 6)의 도움을 호소하는 소리가, "우는 까마귀 새끼"라는 표현으로 전환이 되고 있는 것입니다. 이런 뜻입니다. "공중의 새를 보라, 들의 백합화가 어떻게 자라는가 생각하여 보라, 오늘 있다가 내일 아

궁이에 던지우는 들풀도 하나님이 이렇게 입히시거든 하물며 너희일까 보냐 믿음이 적은 자들아"(마 6:26, 28, 30), 아시겠습니까?

ⓛ 그래서 이어지기를, "여호와는 말의 힘을 즐거워 아니하시며 사람의 다리도 기뻐 아니하시고"(10) 하는 것입니다. 이를 바꿔 말하면, "말의 힘을 의지하는 자, 사람의 민첩성을 의지하는", 그런 자를 기뻐하지 않으신다는 뜻입니다.

ⓒ 하나님은 "자기를 경외하는 자와 그 인자하심을 바라는 자들을 기뻐하시는도다"(11) 합니다.

㉮ "구름으로 하늘을 덮으시며 땅을 위하여 비를 예비하시며 산에 풀이 자라게 하시는" 하나님께서는, 자기를 "경외하는 자"를 보호하시고, ㉯ "들짐승과 우는 까마귀 새끼에게 먹을 것을 주시는" 하나님께서는 인자를 바라는 자들을 돌아보아주신다는 말씀입니다. 그러면 "하나님의 인자"는 무엇인가? "율법은 모세로 말미암아 주신 것이요 은혜와 진리는 예수 그리스도로 말미암아 온 것이라"(요 1:17) 한, "예수 그리스도"가 인자입니다.

유대인들이 "우리가 어떻게 하여야 하나님의 일을 하오리이까" 하고 물었습니다. 주님은 대답하시기를, "하나님의 보내신 자를 믿는 것이 하나님의 일이니라"(요 6:18, 29) 하셨습니다. 이것이 무슨 뜻인가? "하나님의 일", 즉 하나님의 나라는 예수 그리스도께서 건설하시기 위해서 오셨고, 너희가 할 우선적인 일은 그를 믿는 것이라는 뜻입니다. 이것이 "하나님 경외요, 인자를 바라는 자"입니다.

셋째 단원(12-20) 언약을 세워주신 하나님을 찬양하라

③ 셋째 단원에서 또다시 "예루살렘아 여호와를 찬송할지어다 시

온아 네 하나님을 찬양할지어다"(12) 하고, 찬양을 촉구합니다.

ㄱ 그리고 찬양할 이유로, "저가 네 문빗장을 견고히 하시고 너의 가운데 자녀에게 복을 주셨으며"(13) 합니다. 이는 훼파되었던 예루살렘 성벽을 복원한 사실을 가리키는데, 느헤미야는 "자 예루살렘 성을 중건하여 다시 수치를 받지 말자"(느 2:17) 하고 독려하면서 성벽을 복원하고는, "내가 저희에게 이르기를 해가 높이 뜨기 전에는 예루살렘 성문을 열지 말고 아직 파수할 때에 곧 문을 닫고 빗장을 지르며 또 예루살렘 거민으로 각각 반차를 따라 파수하되 자기 집 맞은편을 지키게 하라"(느 7:3) 하고 방비하였던 것입니다.

ㄴ 그리하여 "네 경내를 평안케 하시고 아름다운 밀로 너를 배불리시며 그 명을 땅에 보내시니 그 말씀이 속히 달리는도다"(14-15) 하고, "평안과 배불림"을 베풀어주신 하나님을 찬양하라는 것입니다.

ㄷ 그러다가 또다시, "눈을 양털 같이 내리시며 서리를 재 같이 흩으시며 우박을 떡 부스러기 같이 뿌리시나니 누가 능히 그 추위를 감당하리요"(16-17) 하는데 무슨 뜻인가? 바벨론에서의 70년 포로 기간은 "눈, 서리, 우박"이 내리는 추운 겨울과 같았던 것입니다. 그러나 "예레미야의 입으로 하신 말씀을 응하게 하시려고"(스 1:1), 즉 "그 말씀을 보내사 그것들을 녹이시고 바람을 불게 하신즉 물이 흐르는도다"(18), 즉 다시 돌아오게 하셨던 것입니다.

④ 이점이 "저가 그 말씀을 야곱에게 보이시며 그 율례와 규례를 이스라엘에게 보이시는도다"(19) 한 말씀에 분명히 나타납니다. 147편도 결론에 이르러 핵심적인 말씀이 등장하고 있는데,

ㄱ "율례와 규례"라는 표현을 모세 율법으로 한정하지 마시기 바랍니다. 105:9-10절을 보십시오. "이것은 아브라함에게 하신 언약이며

이삭에게 하신 맹세며 야곱에게 세우신 율례 곧 이스라엘에게 하신 영영한 언약이라" 합니다.

ⓛ "아무 나라에게도 이같이 행치 아니하셨나니 저희는 그 규례를 알지 못하였도다"(20) 하는데 모세는 신명기에서, "하나님이 사람을 세상에 창조하신 날부터 지금까지 지나간 날을 상고하여 보라 하늘 이 끝에서 저 끝까지 이런 큰 일이 있었느냐 이런 일을 들은 적이 있었느냐 어떤 국민이 불 가운데서 말씀하시는 하나님의 음성을 너처럼 듣고 생존하였었느냐"(신 4:32-33), 즉 "아무 나라에게도 이같이 행치 아니하셨다"는 것입니다. 그래서 "할렐루야" 하고 외치는 것입니다. 이것이 "언약을 세워주신 하나님을 찬양하라"요, "시온아 네 하나님을 찬양하라"입니다.

적용

신약의 성도들은 147편에서 진술한 예언적인 말씀이 성취된 이후를 살아가고 있는 참 이스라엘(요 1:47; 갈 6:16)입니다. 본문에서 성도들이 행해야할 것은 "찬양" 외에는 없습니다. "까마귀 새끼"의 부르짖음을 들으시고 먹을 것을 주시는 하나님께서 "하물며 너희일까 보냐" 하십니다.

저들은 예표적인 것을 받고도 이처럼 찬양을 했다면 신령한 은혜를 입은 우리들은 더욱 "찬송함이 아름답고 마땅하도다" 할 것입니다.

묵상

ⓐ 첫째 단원의 찬양할 이유에 대해서,

ⓛ 둘째 단원의 찬양할 이유에 대해서,

ⓒ 셋째 단원의 찬양할 이유에 대해서.

시편 148편 개관도표
천지와 만물은 다 찬양하여라

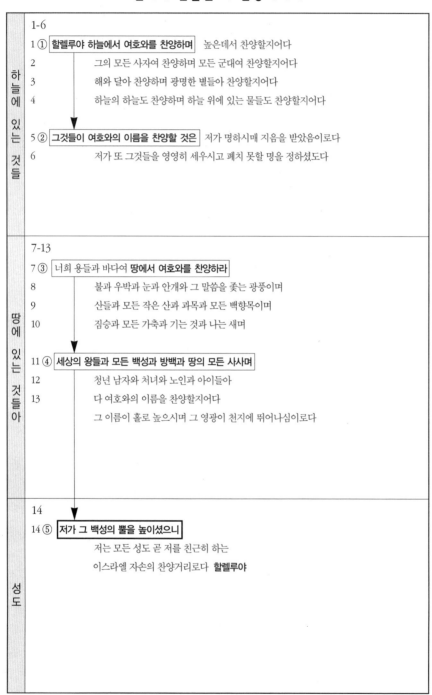

하늘에 있는 것들

1-6

1 ① **할렐루야 하늘에서 여호와를 찬양하며** 높은데서 찬양할지어다

2 　　　　그의 모든 사자여 찬양하며 모든 군대여 찬양할지어다

3 　　　　해와 달아 찬양하며 광명한 별들아 찬양할지어다

4 　　　　하늘의 하늘도 찬양하며 하늘 위에 있는 물들도 찬양할지어다

5 ② **그것들이 여호와의 이름을 찬양할 것은** 저가 명하시매 지음을 받았음이로다

6 　　　　저가 또 그것들을 영영히 세우시고 폐치 못할 명을 정하셨도다

땅에 있는 것들아

7-13

7 ③ **너희 용들과 바다여 땅에서 여호와를 찬양하라**

8 　　　　불과 우박과 눈과 안개와 그 말씀을 좇는 광풍이며

9 　　　　산들과 모든 작은 산과 과목과 모든 백향목이며

10 　　　　짐승과 모든 가축과 기는 것과 나는 새며

11 ④ **세상의 왕들과 모든 백성과 방백과 땅의 모든 사사며**

12 　　　　청년 남자와 처녀와 노인과 아이들아

13 　　　　다 여호와의 이름을 찬양할지어다

　　　　그 이름이 홀로 높으시며 그 영광이 천지에 뛰어나심이로다

성도

14

14 ⑤ **저가 그 백성의 뿔을 높이셨으니**

　　　　저는 모든 성도 곧 저를 친근히 하는

　　　　이스라엘 자손의 찬양거리로다 **할렐루야**

148편
천지와 만물은 다 찬양하여라

저가 그 백성의 뿔을 높이셨으니 저는 모든 성도 곧 저를 친근히 하는 이스라엘
자손의 찬양거리로다 할렐루야(시 148:14).

148편은 천지와 만물들에게 다 찬양하라고 촉구합니다. 찬양해야
할 이유는, "저가 명하시매 지음을 받았음이로다"(5), 즉 피조물(被造
物)이기 때문에 창조자를 찬양해야 한다는 것입니다. 148편을 통해서
말씀하시려는 핵심도, "저가 그 백성의 뿔을 높이셨으니"(14) 한 마지
막 절에 나타납니다.

도표를 보시면 첫째 단원에서는, "하늘에서 여호와를 찬양하며"(1),
둘째 단원에서는, "땅에서 여호와를 찬양하라"(7), 셋째 단원은 비록
한 절이지만 이는 결론이면서 핵심이 여기에 나타나는데 하나님께서,
"자기 백성의 뿔을 높여주셨기"(14) 때문에 찬양하라는 것입니다.

첫째 단원(1-6) 하늘에 있는 것들아 찬양하라
둘째 단원(7-13) 땅에 있는 것들아 찬양하라
셋째 단원(14) 성도들아 여호와를 찬양하라

첫째 단원(1-6) 하늘에 있는 것들아 찬양하라

① "할렐루야 하늘에서 여호와를 찬양하며 높은데서 찬양할지어다"(1) 합니다.

㉠ 하늘에 있는 것들이 무엇인가?

㉮ "그의 모든 사자여 찬양하며", ㉯ "모든 군대여 찬양할지어다"(2), ㉰ "해와 달아 찬양하며 광명한 별들아 찬양할지어다"(3) 합니다. "모든 사자, 모든 군대"란 천군 천사들을 가리키는 말입니다.

㉡ "하늘의 하늘도 찬양하며 하늘 위에 있는 물들도 찬양할지어다"(4) 합니다. 유대인들은 하늘을 "3층천"(고후 12:2)으로 여기고 있었는데, 천상(天上)의 모든 것들에게 찬양하라고 촉구하는 표현입니다.

② 찬양할 이유로, "그것들이 여호와의 이름을 찬양할 것은 저가 명하시매 지음을 받았음이로다"(5),

㉠ "저가 또 그것들을 영영히 세우시고 폐치 못할 명을 정하셨도다"(6) 합니다. 하나님께서는 천지와 만물을 창조만 하신 것이 아니라, "그의 능력의 말씀으로 만물을 붙드시며"(히 1:3), 즉 보존하시는 하나님이십니다.

예레미야 선지자는 이를 들어서, "나 여호와가 이같이 말하노라 너희가 능히 낮에 대한 나의 약정과 밤에 대한 나의 약정을 파하여 주야로 그때를 잃게 할 수 있을진대 내 종 다윗에게 세운 나의 언약도 파하여 그로 그 위에 앉아 다스릴 아들이 없게 할 수 있겠으며 내가 나를 섬기는 레위인 제사장에게 세운 언약도 파할 수 있으리라"(20-21) 하고, 하나님께서 세워주신 언약의 불변성을, "폐치 못할 명을 정하신" 우주의 질서를 들어 증거하고 있습니다.

그렇습니다. "말씀"으로 창조하신 "태양의 빛과 열, 달과 별들의 괘도와 운행"이 폐함이 없이 유지되고 있다는 놀라운 사실은 하나님께서 지으신 피조물을 보존하고 계신다는 증거가 되는 것입니다. 그래서 "하늘에 있는 것들아 찬양하라" 하는 것입니다.

둘째 단원(7-13) 땅에 있는 것들아 찬양하라

③ "너희 용들과 바다여 땅에서 여호와를 찬양하라"(7) 하고, "바다와, 땅"에 있는 것들에게 창조주 하나님께 찬양하라고 촉구합니다.

㉠ "너희 용들아" 하는 것은, 바다에 있는 거대한 생물(참고, 욥 41:1)들을 가리키는 것으로 볼 수가 있습니다.

㉡ 그런 후에 "불과 우박과 눈과 안개와 그 말씀을 좇는 광풍이며 산들과 모든 작은 산과 과목과 모든 백향목이며 짐승과 모든 가축과 기는 것과 나는 새며"(8-10) 하고, 13가지 종목들을 들고 있는데 이것들 하나하나에 의미를 부여할 필요는 없고, "바다와, 땅"에 있는 모든 것들에게 찬양을 촉구하는 것으로 족할 것입니다,

이점을 다윗은 19편에서, "하늘이 하나님의 영광을 선포하고 궁창이 그 손으로 하신 일을 나타내는도다 날은 날에게 말하고 밤은 밤에게 지식을 전하니 언어가 없고 들리는 소리도 없으나 그 소리가 온 땅에 통하고 그 말씀이 세계 끝까지 이르도다"(19:1-4) 하고 말씀합니다.

이는 하늘에 있는 것들과 땅에 있는 것들이 제 자리를 지키며 나름대로 창조주 하나님의 위대하시고 광대하신 영광을 나타내고 있음을 의미합니다.

사도 바울은 피조물에 대하여 진술하기를, "피조물의 고대하는 바는 하나님의 아들들의 나타나는 것이니 피조물이 허무한데 굴복하는

것은 자기 뜻이 아니요 오직 굴복케 하시는 이로 말미암음이라 그 바라는 것은 피조물도 썩어짐의 종노릇 한데서 해방되어 하나님의 아들들의 영광의 자유에 이르는 것이니라"(롬 8:19-21) 하고 말씀합니다.

④ 또한 "세상의 왕들과 모든 백성과 방백과 땅의 모든 사사며 청년 남자와 처녀와 노인과 아이들아 다 여호와의 이름을 찬양할지어다 그 이름이 홀로 높으시며 그 영광이 천지에 뛰어나심이로다"(11-13) 합니다.

㉠ 그러니까 이 진술도 "빈부귀천 모든 사람들아" 하나님을 찬양하라는 그런 뜻으로 보아야 할 것입니다. 이처럼 "하늘에 있는 것들, 땅에 있는 것들" 곧 만물에게 찬양을 돌리라 촉구하고 있는데, 이는 종말론적인 말씀인 것입니다.

㉡ 왜냐하면 계시록에 이르러 "만만 천천인 천사들과, 내가 또 들으니 하늘 위에와 땅 위에와 땅 아래와 바다 위에와 또 그 가운데 모든 만물이 가로되 보좌에 앉으신 이와 어린양에게 찬송과 존귀와 영광과 능력을 세세토록 돌릴지어다 하니 네 생물이 가로되 아멘 하고 장로들은 엎드려 경배하더라"(계 5:11, 13-14) 하고 말씀하기 때문입니다. "세상 나라가 우리 주와 그 그리스도의 나라가 되어 그가 세세토록 왕 노릇 하실"(계 11:15) 그런 날이 이르게 될 것입니다.

셋째 단원(14) 성도들아 여호와를 찬양하라

⑤ "저가 그 백성의 뿔을 높이셨으니"(14상) 합니다.

㉠ 148편도 우리의 시선과 주의를 결론으로 모아지게 하고 있습니다. 이런 구조는 출애굽 당시의 열 가지 재앙에도 나타납니다. 바로를

굴복시키기 위해서 열 가지 재앙이 필요했던 것은 아닙니다. 하나님께서는 "한 가지 재앙"(출 11:1)을 내린 후에야 보내도록 계획하셨고, 그렇게 연출을 하셨던 것입니다. 왜냐하면 출애굽 할 수 있었던 근거가 오직 "유월절 어린양의 피"에 있었다는 점을 실체(實體)가 오실 때까지 망각하지 않도록 자손 대대로 전하게 하시기 위해서였던 것입니다.

ⓛ 구속사의 맥락에서, "뿔을 높이셨다"는 것은 중요한 주제에 속합니다.

㉮ 우리는 이미 132:17절에서, "내가 거기서 다윗에게 뿔이 나게 할 것이라"는 말씀을 대한 바가 있는데 이 "뿔"이, "여호와께서 다윗에게 성실히 맹세하셨으니 변치 아니하실지라 이르시기를 네 몸의 소생을 네 위에 둘지라"(132:11) 하신 그리스도에게서 성취가 된 것입니다. ㉯ 계시록에는 "일곱 머리, 열 뿔"(계 17:9, 12)이 등장합니다. 그래서 이것이 무엇인가 하고 고심합니다. 70머리, 100뿔이라도 그것은 사탄이라는 한 몸에 붙어있는 것입니다. 사탄의 진영에만 뿔이 있는 것이 아니라 우리 진영에도 "다윗의 뿔" 곧 그리스도가 있고, 그의 구속으로 말미암아 몇 억의 뿔이 있는 것입니다. ㉰ 주님께서 제자들을, "능력과 권세"(눅 9:1) 주어서 파송하셨다는 것은 그들에게 뿔이 나게 하신 것과 같은 것입니다. 형제에게도 "뿔" 곧 하나님의 자녀가 되는 권세를 주셨습니다. 그래서 "악인의 뿔은 다 베고 의인의 뿔은 높이 들리로다"(75:10) 하는 것입니다.

ⓒ "할렐루야"(1)로 시작이 된 148편은, "저는 모든 성도 곧 저를 친근히 하는 이스라엘 자손의 찬양거리로다 할렐루야"(14하) 하고 마치고 있습니다.

우리도 "할렐루야" 하고 영광을 돌릴 것밖에는 없는 것입니다. 이것이 "천지와 만물은 다 찬양하여라"입니다.

적용

"성도"라는 말이 마지막 절에 가서 등장합니다. 그것은 만물보다 못하기 때문이 아니라 가장 소중한 존재이기 때문입니다. 형제가 하나님을 친근히 하는 성도임이 분명합니까? 그렇다면 하나님께서는 형제의 "뿔", 즉 능력과 권세를 높여주셨음을 믿으시기 바랍니다. 그리고 "할렐루야" 하고 소리 높여 하나님을 찬양하시기를 바랍니다.

묵상

㉠ 148편이 찬양하라고 촉구하는 대상들에 대해서,

㉡ 148편의 핵심적인 말씀이 무엇인가에 대해서,

㉢ "뿔"에 함축된 구속사적 의미에 대해서.

성도들아 새 노래로 찬양하라

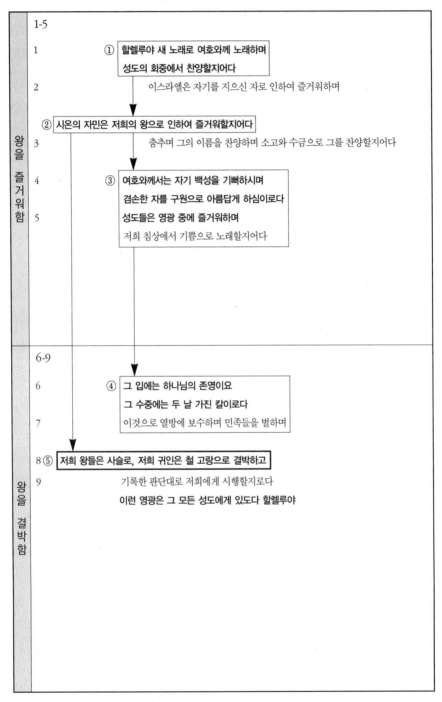

1-5

1 ① 할렐루야 새 노래로 여호와께 노래하며
성도의 회중에서 찬양할지어다

2 이스라엘은 자기를 지으신 자로 인하여 즐거워하며

② 시온의 자민은 저희의 왕으로 인하여 즐거워할지어다

3 춤추며 그의 이름을 찬양하며 소고와 수금으로 그를 찬양할지어다

4 ③ 여호와께서는 자기 백성을 기뻐하시며
겸손한 자를 구원으로 아름답게 하심이로다

5 성도들은 영광 중에 즐거워하며
저희 침상에서 기쁨으로 노래할지어다

6-9

6 ④ 그 입에는 하나님의 존영이요
그 수중에는 두 날 가진 칼이로다

7 이것으로 열방에 보수하며 민족들을 벌하며

8 ⑤ 저희 왕들은 사슬로, 저희 귀인은 철 고랑으로 결박하고

9 기록한 판단대로 저희에게 시행할지로다
이런 영광은 그 모든 성도에게 있도다 할렐루야

왕을 즐거워함

왕을 결박함

149편
성도들아 새 노래로 찬양하라

여호와께서는 자기 백성을 기뻐하시며 겸손한 자를 구원으로 아름답게 하심이로다(시 149:4).

149편도 할렐루야로 시작하여, 할렐루야로 마치는 "할렐루야" 시편인데, "할렐루야 새 노래로 여호와께 노래하며 성도의 회중에서 찬양할지어다"(1) 합니다. 본문에는 "성도"가 3번(1, 5, 9)이나 등장합니다. 그러므로 찬양하라 하고 촉구하는 대상이 "성도들아 새 노래로 찬양하라"가 될 수가 있습니다.

주목해야할 점은 도표에 표시된 대로 두 왕(2, 8)이 등장하는 구조(構造)인데, 요한복음 12장에도 두 왕이 등장합니다. 한 왕은 "너의 왕이 나귀를 타고 오신다" 한 그리스도요, 다른 왕은 "이 세상 임금이 쫓겨나리라"(요 12:15, 31) 한 사탄입니다. 이는 구속의 역사를 이해하는데 중요한 요점이 됩니다. 본문에서도 한 왕은 성도들에게 구원을 주는 왕으로(첫째 단원), 다른 왕은 멸망시키려는 대적으로 "결박"을 당하여(둘째 단원) 심판을 받게 됩니다.

첫째 단원(1-5) 시온은 왕으로 인하여 즐거워하라
둘째 단원(6-9) 저희 왕을 결박하여 심판하라

첫째 단원(1-5) 시온은 왕으로 인하여 즐거워하라

① "할렐루야 새 노래로 여호와께 노래하며 성도의 회중에서 찬양할지어다"(1) 합니다.

㉠ 이는 크게 두 마디로 되어 있는데,

㉮ 첫째가 "새 노래로 여호와께 노래하며" 한 말씀입니다. 시편에 등장하는 "새 노래"(33:3; 40:3; 96:1; 98:1; 144:9)가 어떤 문맥에서 주어졌는가를 관찰해 보시기를 바랍니다. 이사야 42:10절에서도, "항해하는 자와 바다 가운데 만물과 섬들과 그 거민들아 여호와께 새 노래로 노래하며 땅 끝에서부터 찬송하라" 하고 촉구하는데 이 말씀이, "너를 세워 백성과 이방의 빛이 되게 하리니"(사 42:6) 하시는 메시아 예언과 함께 주어진 것입니다. ㉯ 그리고 둘째는, "성도의 회중에서 찬양할지어다" 하는 말씀입니다. 이 촉구는, "내가 주의 이름을 형제에게 선포하고 회중에서 주를 찬송하리이다" 한 22:22절과 결부되는 말씀입니다. 무엇을 형제에게 "선포" 하고, 어찌하여 "회중에서 주를 찬송하리이다" 하는가? 22편은 메시아 예언으로 독특한 장인데 앞부분(1-21)은 그리스도가 당하실 수난 예언이고, 뒷부분(22-31)은 다시 살아나셨다는 기쁜 소식입니다. 그래서 "성도의 회중에서 찬양할지어다" 하는 것입니다.

㉡ 이런 맥락에서 "이스라엘은 자기를 지으신 자로 인하여 즐거워하며"(2상) 한, "지으심"을 첫 창조로 볼 수가 없는 것입니다.

② 이 "지으심"은 "시온의 자민은 저희의 왕으로 인하여 즐거워할지어다"(2하) 하는 이어지는 말씀에 의해서 해석이 되어야 마땅합니다.

㉠ "왕으로 인하여 즐거워" 하는 것만이 아니라, "춤추며 그의 이름

을 찬양하며 소고와 수금으로 그를 찬양할지어다"(3) 한다면 이는 첫 창조와 결부된 환희(歡喜)가 아닌 것입니다.

㉮ 이점을 스가랴서에서는, "시온의 딸아 크게 기뻐할지어다 예루 살렘의 딸아 즐거이 부를 지어다 보라 네 왕이 네게 임하나니 그는 공의로우며 구원을 베풀며 겸손하여서 나귀를 타나니 나귀의 작은 것 곧 나귀새끼니라"(슥 9:9) 하고 예언되어 있고, ㉯ 스바냐서에서는, "시온의 딸아 노래할지어다 이스라엘아 기쁘게 부를 지어다 예루살 렘 딸아 전심으로 기뻐하며 즐거워할지어다 여호와가 너의 형벌을 제하였고 너의 원수를 쫓아내었으며 이스라엘 왕 여호와가 너의 중에 있으니 네가 다시는 화를 당할까 두려워하지 아니할 것이라 (습 3:14-15) 예언하고 있습니다.

③ 본문에서도 "여호와께서는 자기 백성을 기뻐하시며 겸손한 자를 구원으로 아름답게 하심이로다"(4),

㉠ "성도들은 영광 중에 즐거워하며 저희 침상에서 기쁨으로 노래할지어다"(5) 하는 것입니다.

㉮ "성도들은 영광 중에 즐거워하며" 라는 표현은 의문(儀文)에 속한 말씀이 아니요, ㉯ 얼마나 즐거우면, "저희 침상에서 기쁨으로 노래할지어다" 하겠는가?

이 "새 노래, 기쁨, 즐거움"이 누구의 무엇으로 말미암아 주어지게 되는가를 생각한다면 그 답은 오직, "시온의 자민은 저희의 왕으로 인하여"(2) 한 "왕" 곧 그리스도로 모아지는 것입니다. 이것이 "시온은 왕으로 인하여 즐거워하라"입니다.

둘째 단원(6-9) 저희 왕을 결박하여 심판하라

④ "그 입에는 하나님의 존영이요 그 수중에는 두 날 가진 칼이로다"(6) 합니다.

㉠ 여기 성도들의 이중적(二重的)인 권세가 나타나는데,

㉮ 첫째는, "그 입에는 하나님의 존영(尊榮)이요", 즉 입으로는 선포하고 찬양하면서, ㉯ "그 수중에는 두 날 가진 칼이로다"(6하), 즉 성도들은 찬양대만이 아니라, "여호와의 군대"(출 12:41)라는 점입니다.

㉡ 이점을 신약성경에서는, "성령의 검 곧 하나님의 말씀을 가지라"(엡 6:17) 합니다. 그리고 계시록에서는 주님의, "그의 입에서 이한 검이 나오니 그것으로 만국을 치겠고 친히 저희를 철장으로 다스리며 또 친히 하나님 곧 전능하신 이의 맹렬한 진노의 포도주 틀을 밟겠고"(계 19:15) 하고 말씀합니다.

㉢ 그래서 본문에서도, "이것으로 열방에 보수하며 민족들을 벌하며"(7),

⑤ "저희 왕들은 사슬로, 저희 귀인은 철 고랑으로 결박하고"(8) 하는 것입니다.

㉠ 누구들이 이렇게 한다는 것입니까? "그 입에는 하나님의 존영이요 그 수중에는 두 날 가진 칼이로다"(6) 한, 성도들인 것입니다. 이것이 어떻게 가능하여지는가? "이기는 자와 끝까지 내 일을 지키는 그에게 만국을 다스리는 권세를 주리니 그가 철장을 가지고 저희를 다스려 질그릇 깨뜨리는 것과 같이 하리라 나도 내 아버지께 받은 것이 그러 하니라(계 2:26-27) 하고, 주님에게 있는 권세를 교회에다 위임하고 가셨기 때문에 가능하여지는 것입니다.

ⓛ "성도들의 회중에서 찬양할지어다"(1) 하고 시작한 149편은, "기록한 판단대로 저희에게 시행할지로다 이런 영광은 그 모든 성도에게 있도다"(9) 하고 "성도"로 마치고 있습니다. 이점을 사도 바울은, "성도가 세상을 판단할 것을 너희가 알지 못하느냐 세상도 너희에게 판단을 받겠거든 지극히 작은 일 판단하기를 감당치 못하겠느냐"(고전 6:2) 합니다. 이것이 "저희 왕을 결박하여 심판하라"는 뜻이요, "성도들아 새 노래로 찬양하라"입니다.

우리도 "할렐루야" 하고 영광을 돌릴 것밖에는 없습니다.

적용

본문에는 "성도"가 3번 등장합니다. 무엇과 결부되어 있는가를 관찰해보시기를 바랍니다. 왜냐하면 이것이 성도들인 우리에게 적용이 되는 바이기 때문입니다.

첫째는 "찬양하라"는 말씀입니다.

둘째는 "기뻐하고 즐거워하라"는 말씀입니다.

셋째는 "이런 영광은 그 모든 성도에게 있도다"(9) 하십니다. 한마디로 형제의 "그 입에는 하나님의 존영이요 그 수중에는 두 날 가진 칼이로다"(6)임을 잊지 마시기를 바랍니다.

묵상

ⓐ 두 왕이 대결하는 구속사적 의미에 대해서,

ⓛ 성도와 결부된 세 가지 축복(1, 5, 9)에 대해서,

ⓒ "그 입에는 하나님의 존영이요 그 수중에는 두 날 가진 칼이로다"(6)에 대해서.

시편 150편 개관도표
찬양의 대 합창

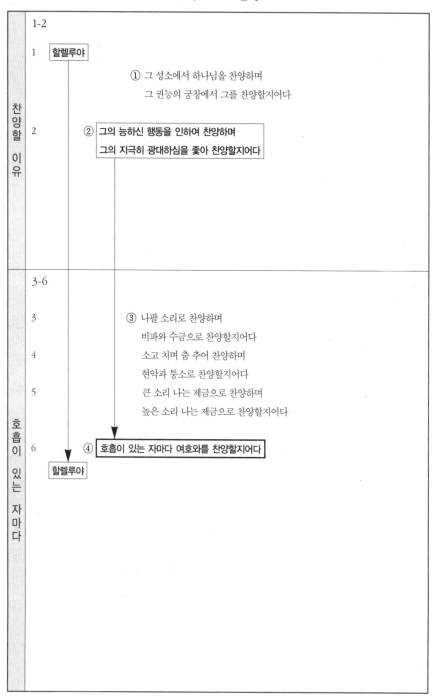

150편
찬양의 대 합창

그의 능하신 행동을 인하여 찬양하며 그의 지극히 광대하심을 좇아 찬양할지어
다(시 150:2).

마지막 편에 이르렀습니다. 1편이 시편 전체의 서론이듯이, 150편
은 시편 전체의 결론이요, 영광스러움으로 가득 찬 시편을 마치면서
올려드리는 송영입니다. 여섯 절 안에 "찬양하라"는 말이 11번이나
등장합니다.

내용은 어디서(1), 왜(2), 무엇으로(3-5), 누가(6) 찬양해야할 것인
가를 말씀해주고 있습니다. 도표에 표시된 대로 중심점은 찬양할 이
유를 말씀하는 2절입니다.

첫째 단원(1-2) 찬양받으시기에 합당하심
둘째 단원(3-6) 모든 것을 다하여 찬양하라

첫째 단원(1-2) 찬양받으시기에 합당하심

① "할렐루야 그 성소에서 하나님을 찬양하며 그 권능의 궁창에서
그를 찬양할지어다"(1) 합니다.

㉠ 이는 분명 장소를 가리키는 말인데, 모든 악기를 총동원하여 찬양하라는 150편의 의미문맥으로 볼 때에 하나님을 찬양하는데 장소적인 제약을 말하는 것이겠는가? 그러므로 "성소와 궁창"을 함께 거론하는 의도는, "땅과 하늘", 즉 온 천하(天下) 만물들아 다 찬양하라는 뜻으로 여겨집니다.

② 하나님께서 찬양받으시기에 합당하신 이유로 크게 두 가지를 들고 있는데,

㉠ 첫째는 "그의 능하신 행동을 인하여 찬양하며" 합니다. 능하신 행동이라면 크게 "창조사역과 구속사역"을 들 수가 있습니다. 그런데 "능하신"이라는 원어(게부라)적인 의미는 강력한 힘을 가리키는 말입니다. 그래서 현대인의 성경에서는 "놀라운 일"이라 번역을 하고, 공동번역에서는 "엄청난 일"이라 번역을 하고 있습니다.

그렇다면 형제는 창조사역과 구속사역 중 어느 것이 더욱 "엄청난 일"이라고 여겨지십니까? 그것은 구속사역입니다. 왜냐하면 첫 창조는 말씀만으로 가능하였으나 재창조는 하나님이시라도 말씀만으로는 불가능하고 자기 아들의 죽으시고 다시 사신 대속을 통해서 이루어 주셨기 때문입니다.

㉮ 71:16절에서는, "내가 주 여호와의 능하신 행적(行蹟)을 가지고 오겠사오며 주의 의 곧 주의 의만 진술하겠나이다" 말씀하고, ㉯ 106:2절에서는, "뉘 능히 여호와의 능하신 사적(事蹟)을 전파하며 그 영예를 다 광포할꼬" 말씀하고, ㉰ 145편에서도, "대대로 주의 행사를 크게 칭송하며 주의 능한 일을 선포하리로다(4), 주의 능(能)하신 일과 주의 나라의 위엄의 영광을 인생에게 알게 하리이다"(12) 말씀하

고 있는데, 모두가 엄청난 일을 의미하는 동일한 "게부라"입니다. 그리고 이는 모두가 구속사역을 증거하고 있는 말씀들인 것입니다.

ⓛ 둘째로, "그의 지극히 광대하심을 좇아 찬양할지어다"(2하) 합니다. 이는 하나님의 위대하심을 가리키는 말인데 이런 뜻입니다. 우리를 위하여 "그의 능하신 행동"(2상)을 베풀어주신 분이 누군지 아느냐? 위대하신 하나님이시다. 이것이 "찬양받으시기에 합당하심"입니다.

둘째 단원(3-6) 모든 것을 다하여 찬양하라

③ "나팔 소리로 찬양하며 비파와 수금으로 찬양할지어다"(3) 합니다. 이는 무엇으로 찬양을 할 것인가를 말씀함인데,

㉠ "소고 치며 춤추어 찬양하며 현악과 통소로 찬양할지어다"(4),

ⓛ "큰 소리 나는 제금으로 찬양하며 높은 소리 나는 제금으로 찬양할지어다"(5) 합니다. 이것 외에는 안 된다는 말인가? 아닙니다. 이를 히브리서 기자의 말을 들어 설명을 한다면 이 외의 일을 말하려면, "내게 시간이 부족하리로다"(히 11:32)가 될 것입니다.

역대상 23:5절에 의하면, "4천 명은 다윗의 찬송하기 위하여 지은 악기(樂器)로 여호와를 찬송하는 자요" 하는 말씀을 대하게 됩니다. 그러니까 4천 명의 찬양대 손에는 각기 악기가 들려 있었다는 것이 됩니다. 이럴 경우 우리는 "4천 명"이라는 숫자에 관심이 끌리기 마련인데 아닙니다. 중요한 것은 그 혁명적인 발상(發想)인 것입니다.

주님께서, "우리가 너희를 향하여 피리를 불어도 너희가 춤추지 않고 우리가 애곡하여도 너희가 가슴을 치지 아니하였다"(마 11:17) 하

신 의미를 생각해 보시기를 바랍니다. 세례 요한을 "애곡하는" 초상
집으로, 주님을 "피리를 부는" 잔치 집으로 비유하신 것입니다. 그렇
습니다. 구약시대의 이미지는 초상집입니다. 의문에는 "정죄, 죽임을
당하는 형벌의 두려움"이 있기 때문입니다.

조석으로 짐승이 피를 흘리며 죽임을 당하여 상번제로 드려지고
있는 의문에 속한 성소에서 4천의 악기 소리를 발하며 여호와 하나님
을 찬양했다는 발상은 가히 혁명적이라 표현할 수밖에 없는 것입니
다. 의문에 속한 제사장, 장로들 중에는 불경스럽다고 거부감을 나타
냈음직도 합니다. 그렇다면 다윗이 어떻게 이처럼 파격적으로 찬양을
할 수가 있었단 말인가? "주께서 나의 귀를 통하여 들리시기를 제사
와 예물을 기뻐 아니하시며 번제와 속죄제를 요구치 아니하신다 하신
지라"(40:6) 한, 복음을 깨달았기 때문입니다.

150편에서 이처럼 모든 악기를 총동원하여 하나님을 찬양하라고
촉구하고 있는 것도 동일한 맥락에서인 것입니다.

④ 누구들에게 찬양하라 하는가? "호흡이 있는 자마다 여호와를
찬양할지어다"(6) 합니다.

㉠ "호흡이 있는 자마다" 여호와를 찬양해야 한다는 점은 너무나
당연한 일입니다. 그러나 여기에는 종말적인 의미가 있다 하겠습니
다. 신약성경에서 "할렐루야"가 최초로 울려 퍼지는 곳이 어딘지 아
십니까? 계시록 19장입니다.

이 일 후에 내가 들으니
하늘에 허다한 무리의 큰 음성 같은 것이 있어 가로되
할렐루야 구원과 영광과 능력이 우리 하나님께 있도다

그의 심판은 참되고 의로운지라

음행으로 땅을 더럽게 한 큰 음녀를 심판하사

자기 종들의 피를 그의 손에 갚으셨도다 하고

두 번째 가로되 **할렐루야** 하더니

그 연기가 세세토록 올라가더라

또 이십 사 장로와 네 생물이 엎드려 보좌에 앉으신 하나님께

경배하여 가로되 아멘 **할렐루야** 하니

보좌에서 음성이 나서 가로되

하나님의 종들 곧 그를 경외하는 너희들아

무론대소하고 다 우리 하나님께 찬송하라 하더라

또 내가 들으니 허다한 무리의 음성도 같고

많은 물소리도 같고 큰 뇌성도 같아서 가로되

할렐루야 주 우리 하나님 곧 전능하신 이가 통치하시도다

우리가 즐거워하고 크게 기뻐하여 그에게 영광을 돌리세

어린양의 혼인 기약이 이르렀고

그 아내가 예비하였으니(계 19:1-7) 합니다.

4번 울려 퍼지는 "할렐루야"가 어떤 문맥에서 발하여지는지 주목해보셨습니까? "어린양의 신부가 예비 되었고, 하나님께서 통치하신다"는 문맥에서입니다.

시편은 서론격인 1편에서부터, "죄인과 악인, 의인의 길과 악인의 길", 두 길, 두 부류, 두 진영만이 있음을 보여주었습니다. 그리고 두

부류 사이에는 끊임없는 갈등과 적대감으로 의인의 진영이 고통을 당하면서 부르짖고 호소하는 연속이었습니다. 이들을 구원하시기 위해서 그리스도를 보내주실 것이 직접적으로, 간접적으로, 또는 암시적으로 나타나 있음을 보았습니다.

이제 시편의 대단원의 막을 내리는 150편에 와서는 더 이상 두 길, 두 부류가 아니라 오직 한 길, 즉 "성도의 회"(149:1, 5, 9)만이 남았을 뿐입니다. 이제 악인들은 없습니다. 그토록 빈번히 등장하던 "원수"들도 없습니다. 찾아도 만날 수가 없을 것입니다.

더 이상 눈물이 없습니다. 탄식이 없습니다. 저주가 없습니다. 심지어 기도와 부르짖음도 없습니다. 여호와의 능하신 행사를 선포하는 전도도 없습니다. 오직 찬양만이 있을 뿐입니다. 찬양만은 메시아왕국에서도 영원토록, 영원토록 돌리게 될 것입니다.

> 할렐루야 구원과 영광과 능력이 우리 하나님께 있도다.
> 보좌에서 음성이 나서 가로되 하나님의 종들
> 곧 그를 경외하는 너희들아 무론대소하고
> 다 우리 하나님께 찬송하라 하더라(계 19:1, 5).

"호흡이 있는 자마다 여호와를 찬양할지어다 할렐루야"(6) 아멘.

적용

시편 연구를 시작하면서 저 자신이 먼저 "경건에 이르기를 연습하라"(딤전 4:7) 하신, 경건에 이르기를 사모하는 마음으로 시작을 했고, 집필하는 내내 경건에 이르기를 기도하는 마음으로 임했습니다. 이제 시편 묵상을 끝마치면서 나 자신이 얼마나 경건에 이르게 되었는가를 생각합니다.

같은 심정으로 이제 형제가 "시편 파노라마"를 통해서 얼마나 경건에 이르게 되었는지가 궁금합니다. 형제여, 호흡이 있을 동안 여호와의 능하신 행사를 전파하며, 인자와 성실을 찬양하십시다.

묵상

㉠ 시편을 통해서 깨닫게 된바가 무엇입니까?

㉡ 시편을 통해서 얻은 유익이 무엇입니까?

㉢ 시편 파노라마를 마치면서 결단하게 된 것이 무엇입니까?